5년 최다 **전체 수석** 합격자 배출

브랜드만족 1위 박문각

근거자료 후면표기

2025

2차 기본서

임병주 행정사실무법

박문각 행정사연구소 편_임병주

동영상 강의 www.pmg.co.kr

박문각

박문각 행정사

PREFACE

머리말

행정사실무법은 행정심판사례(40점), 행정사법(20점), 비송사건절차법(40점)으로 출제가 됩니다. 이에 맞추어 행정사 시험에 적합한 기본서를 만들어야 한다는 생각이 항상 있었습니다.

기본서를 개정하면서 이러한 부분에 중점을 두었습니다.

1. 행정심판분야는 행정심판법의 전체적인 내용의 틀을 잡을 수 있도록 해야 하고, 행정심판의 종류와 심판청구요건, 심리과정에서 문제되는 것, 가구제, 재결의 종류, 재결의 효력이 전체적으로 연결되어 정리가 되어 있어야 하고, 어디에서 문제를 출제했고 사례를 어떻게 결론 낼 것인가를 알 수 있도록 하여야 합니다.

2. 비송사건분야는 정식소송과 차이점을 확실하게 이해한 후 절차개시, 심리, 재판, 재판의 불복으로 흐름을 잡고 각각 범위별 기본내용을 미리 단문으로 준비할 수 있도록 하여야 합니다.

3. 「행정사법」은 양이 많지는 않지만 조문 중심으로 암기를 하여 목차를 잡을 수 있도록 하여야 합니다.

이를 바탕으로 전년도 기본서와 비교하여 개정된 내용은 이렇습니다.

1. 행정심판법은 사례문제를 대비하여 중요쟁점이 되지 않는 부분은 조문만 수록하고 중요 쟁점에 대해서는 기본서가 요약집이 될 수 있도록 구성하였습니다.

2. 중요쟁점별로 기출된 문제를 제시하고 부록편에 역대 기출문제에 대한 자세한 해설을 별도로 추가하였습니다.

3. 행정사법과 비송사건절차법은 조문을 정리한 후 약술형 답안작성을 위한 목차와 핵심내용으로 편집을 하였습니다.

행정사
임병주 행정사실무법

본 교재는 기본서이지만 요약집으로도 활용할 수 있도록 내용을 최대한 간결하면서도 정확하게 표현하고자 노력하였습니다. 기본서와, 별도로 출판되는 사례/단문 교재 두 권이면 어떠한 문제가 출제되더라도 고득점을 할 수 있을 것이라는 신념으로 개정판을 출간하게 되었음을 알려드립니다.

교재를 구입하여 저와 함께하시는 수험생분들의 건승을 바라며 출판에 힘써주신 박문각 출판사 관계자 분들께 감사의 말씀을 전합니다.

2024년 10월

임병주

GUIDE

행정사 2차 시험 정보

1. 시험 일정: 매년 1회 실시

원서 접수	시험 일정	합격자 발표
2025년 8월경	2025년 10월경	2025년 12월경

2. 시험 과목 및 시간

<table>
<tr><th>교시</th><th>입실</th><th>시험 시간</th><th>시험 과목</th><th>문항 수</th><th>시험 방법</th></tr>
<tr><td>1교시</td><td>09:00</td><td>09:30~11:10
(100분)</td><td>[공통]
① 민법(계약)
② 행정절차론(행정절차법 포함)</td><td rowspan="2">과목당
4문항
(논술 1,
약술 3)
※ 논술 40점,
약술 20점</td><td rowspan="2">논술형 및
약술형
혼합</td></tr>
<tr><td>2교시</td><td>11:30</td><td>•일반/해사
행정사
11:40~13:20
(100분)

•외국어번역
행정사
11:40~12:30
(50분)</td><td>[공통]
③ 사무관리론
(민원 처리에 관한 법률, 행정업무의 운영 및 혁신에 관한 규정 포함)
[일반행정사]
④ 행정사실무법(행정심판사례, 비송사건절차법)
[해사행정사]
④ 해사실무법(선박안전법, 해운법, 해사안전기본법, 해사교통안전법, 해양사고의 조사 및 심판에 관한 법률)
[외국어번역행정사]
해당 외국어(외국어능력시험으로 대체 가능한 영어, 중국어, 일본어, 프랑스어, 독일어, 스페인어, 러시아어 등 7개 언어에 한함)</td></tr>
</table>

외국어능력검정시험 성적표 제출

2차 시험 원서 접수 마감일 전 5년 이내에 실시된 것으로 기준 점수 이상이어야 함

● 영어

시험명	TOEIC	TEPS	TOEFL	G-TELP	FLEX	IELTS
기준 점수	쓰기시험 150점 이상	쓰기시험 71점 이상	쓰기시험 25점 이상	GWT 작문시험에서 3등급 이상(1, 2, 3등급)	쓰기시험 200점 이상	쓰기시험 6.5점 이상

● 일본어, 중국어, 스페인어, 프랑스어, 독일어, 러시아어

시험명	FLEX (공통)	신HSK (중국어)	DELE (스페인어)	DELF/DALF (프랑스어)	괴테어학 (독일어)	TORFL (러시아어)
기준 점수	쓰기 시험 200점이상	6급 또는 5급 쓰기 60점 이상	C1 또는 B2 작문 15점 이상	C2 독해/작문 25점 이상 및 C1 또는 B2 작문 12.5점 이상	C2 또는 B2 쓰기 60점 이상 및 C1 쓰기 15점 이상	1~4단계 쓰기 66% 이상

시험의 면제

1. **면제 대상:** 공무원으로 재직한 사람과 외국어 번역 업무에 종사한 경력이 있는 사람 등은 행정사 자격시험의 전부 또는 일부가 면제된다(제2차 시험 일부 과목 면제).

2. **2차 시험 면제 과목**

일반/해사행정사	행정절차론, 사무관리론
외국어번역행정사	민법(계약), 해당 외국어

합격자 결정 방법

1. **합격기준:** 1차 시험 및 2차 시험 합격자는 과목당 100점을 만점으로 하여 모든 과목의 점수가 40점 이상이고, 전 과목의 평균 점수가 60점 이상인 사람으로 한다(단, 2차 시험에서 외국어시험을 외국어능력검정시험으로 대체하는 경우에는 해당 외국어시험은 제외).

2. **최소합격인원:** 2차 시험 합격자가 최소선발인원보다 적은 경우에는 최소선발인원이 될 때까지 모든 과목의 점수가 40점 이상인 사람 중에서 전 과목 평균점수가 높은 순으로 합격자를 추가로 결정한다. 이 경우 동점자가 있어 최소선발인원을 초과하는 경우에는 그 동점자 모두를 합격자로 한다.

GUIDE

출제경향 분석

Ⅰ. 총평

1. 한줄평

제12회 행정사실무법의 출제를 한마디로 축약하면 "평이하였다."입니다.

2. 행정심판 사례형 문제

행정심판사례의 경우 거부처분의 성립요건과 인용재결의 기속력에 관한 문제가 출제되었습니다. 행정심판의 대상으로서 거부처분의 성립요건과 이에 대해 적합한 행정심판의 유형을 묻는 문제였습니다. 거부처분은 취소심판, 무효등확인심판, 의무이행심판의 대상이 모두 된다는 것을 알아야 정확히 서술할 수 있는 문제였습니다.

인용재결의 기속력과 관련해서도 거부처분에 대해 인용재결이 있는 경우 행정청에게 재처분의무가 발생한다는 것과 새로운 사유로 다시 거부하는 것이 기속력에 위반되는지 문제였습니다. 다시 거부하는 사유가 새로운 사유인지 기본적 사실관계 동일성으로 비교하면 되는 문제입니다.

3. 약술형

(1) 행정사법은 아직까지 출제되지 않았던 문제이지만 행정사로서 행정사업무가 어떤 것이 있는지 알아야 된다는 의미에서 실전모의고사에서 한번 출제했던 문제가 그대로 출제되었습니다.

(2) 비송사건절차법은 이미 출제되었던 문제가 출제되어서 어렵지 않게 서술했을 것으로 보입니다. 비송사건에서 사실인정을 위한 직권탐지와 직권에 의한 증거조사는 여러 번 출제되었고, 비송사건의 종료원인도 이미 출제되었던 문제입니다. 우려했던 개별사건의 출제는 역시나 올해도 출제되지 않았습니다.

Ⅱ. 전년 대비 난이도 변화

전년도와 비교해 보면 난이도는 비슷하다고 보입니다. 사례문제의 경우 함정이 없었고 약술형은 평소 정리한 수준으로 서술하면 충분했을 것으로 보입니다.

Ⅲ. 내년 대비 시험준비 방향

과목별로 돌아가면서 난이도를 조절하는 시험경향에 비추어, 내년에는 어렵게 출제될 가능성이 높다고 조심스럽게 예상해 봅니다. 다만, 세부적인 내용보다는 기본이론을 충분히 정리하고 있는지를 묻는 문제로 출제될 것으로 보입니다. 출제되었던 쟁점과 주제를 중심으로 기본부터 착실하게 정리하는 것이 중요합니다.

행정사
임병주 행정사실무법

구분	행정심판법	행정사법	비송사건절차법
제1회	처분절차의 하자와 사정재결(40점)		1. 비송사건의 심리방법 (20점) 2. 재판상의 대위 (20점)
제2회	신뢰보호원칙 위반에 대한 인용재결 여부 (40점)	업무정지사유와 업무정지처분효과의 승계 (20점)	1. 비송사건절차의 종료 사유 (20점) 2. 과태료 재판에 대한 불복방법 (20점)
제3회	정보공개거부의 위법성과 인용재결 여부 (40점)	'장부 검사'와 '자격취소' (20점)	1. 항고의 의의 및 종류 (20점) 2. '토지관할'과 '우선관할 및 이송' (15점) 3. 관할법원의 지정 (5점)
제4회	가구제로서 임시처분(40점)	과태료 부과대상자의 유형 및 내용 (20점)	1. 재판의 방식과 고지 (20점) 2. 비송사건의 대리(사례) (20점)
제5회	1. 심판청구요건 중 대상적격, 청구인적격, 심판청구기간 (30점) 2. 처분사유 추가변경 (10점)	업무신고와 그 수리 거부 (20점)	1. 과태료 재판에 대한 즉시항고 (20점) 2. 재판의 취소·변경 (20점)
제6회	1. 거부처분 취소재결에 대한 기속력 (20점) 2. 거부처분의 성립요건 (20점)	금지행위와 벌칙 (20점)	1. 재판에 형성력, 형식적 확정력, 기판력, 집행력 (20점) 2. '절차비용의 부담자'와 '비용에 관한 재판' (20점)
제7회	1. 행정심판위원회 관할, 심판 참가인 (20점) 2. 인용재결에 대한 재처분의무, 그 이행확보수단(20점)	행정사의 업무와 관련된 의무와 책임 (20점)	1. 비송사건절차의 특징 20점) 2. 증거조사 (20점)
제8회	1. 고지의무와 심판청구기간 (20점) 2. 취소심판 인용재결의 종류 (20점)	업무신고의 기준과 행정사업무신고확인증 (20점)	1. 항고기간과 항고제기의 효과 (20점) 2. 대리인의 자격 및 대리가 허용되지 않는 경우 (10점) 3. 대리권의 증명 및 대리행위의 효력 (10점)
제9회	1. 이의신청과 행정심판의 구별 (20점) 2. 이의신청에서 처분사유의 추가·변경 (20점)	행정사법인의 설립과 설립인가의 취소 (20점)	1. 절차의 개시 유형 (20점) 2. 비송사건과 민사소송사건의 구별 기준 및 차이점 (20점)
제10회	1. 집행정지 (20점) 2. 재결의 기속력 (20점)	행정사법인의 업무신고 및 그 수리의 거부와 행정사법인의 업무수행방법 (20점)	1. 기일 (20점) 2. 재량이송과 이송재판의 효력 (20점)
제11회	1. 집행정지 (20점) 2. 재결의 기속력과 간접강제 (20점)	행정사 자격취소와 업무정지 (20점)	1. 토지관할과 이송 (20점) 2. 항고의 종류와 효과 (20점)
제12회	1. 거부처분의 성립요건과 행정심판의 종류 (20점) 2. 인용재결의 기속력의 내용과 범위 (20점)	일반 행정사의 업무 (20점)	1. 비송사건의 사실인정방법 (20점) 2. 비송사건의 종료원인 (20점)

STRUCTURE

구성 및 활용법

1

시험에 최적화된 체계적 교재 구성

주요 내용을 시험 출제영역에 따라 구성하였다. Chapter와 절로 내용을 구분하고 관련된 법조문과 판례를 함께 실었다. 시험에 출제된 바 있는 항목의 경우 출제 연도를 표시하였고, 기출문제를 따로 실어 어떤 내용이 언제 출제되었는지를 바로 알 수 있도록 하였다.

Chapter 01 비송사건

제1절 비송사건의 의의

01 비송사건의 의의

1. 의의

법원의 관할에 속하는 민사사건 가운데 사인의 생활관계의 후견적 감독을 대상으로 하는 사건을 비송사건이라 한다. 즉 민사사건 가운데 소송절차에 의하지 않는 사건을 말한다.

2. 소송사건의 비송화

사회발전 및 변화에 따라 전통적으로 소송으로 처리하던 사건을 현대사회의 여러 수요에 적합하게 비송의 영역으로 이관하여 소송절차가 아닌 법원의 재량에 의한 탄력적 처리를 하고자 하는 현상이 나타나고 있다. 이를 '소송사건의 비송화'라 한다.

02 비송사건과 소송사건의 구별

비송사건절차법
제1조 【적용 범위】 이 편(編)의 규정은 법원의 관할에 속하는 비송사건(非訟事件, 이하 "사건"이라 한다) 중 이 법 또는 그 밖의 다른 법령에 특별한 규정이 있는 경우를 제외한 모든 사건에 적용한다.

1. 형식적 의미의 비송사건

「비송사건절차법」에 규정된 사건과 그 총칙 규정의 적용 또는 준용을 받는 사건을 말한다. 「비송사건절차법」에서 직접 규정하는 사건은 제2편의 '민사비송사건'으로 법인, 신탁, 재판상의 대위, 공탁, 법인의 등기, 부부재산 약정의 등기에 관한 사건과 제3편의 '상사비송사건'으로 회사와 경매, 사채, 회사의 청산 등이 있다.

2. 실질적 의미의 비송사건

(1) 비송사건과 소송사건(민사소송)의 구별 2021년 제9회 기출

비송사건과 소송사건의 구별에 관해서는 견해대립이 있다.

2

이론과 관련된 법조문 및 판례

본문 내용과 관련된 법률, 규정, 시행규칙 등을 함께 수록해 따로 관련 법률을 찾지 않고도 바로 학습이 가능하도록 구성하였다. 관련 판례도 수록해 이론과 연관학습이 가능하도록 하였다.

행정사 임병주 행정사실무법

2. 요건

(1) 적극적 요건

① 처분이행명령재결이 있을 것, ② 피청구인인 행정청의 부작위, ③ 당사자의 신청, ④ 위원회가 기간을 정하여 시정을 명할 것, ⑤ 해당 행정청이 그 기간 내에 시정명령을 이행하지 아니하였을 것을 요건으로 한다.

01

(2) 소극적 요건

처분의 성질이나 그 밖의 불가피한 사유로 위원회가 직접 처분을 할 수 없는 경우에는 직접 처분이 허용되지 않는다.

판례

당해 행정청이 어떠한 처분을 하였다면 그 처분이 재결의 내용을 따르지 아니하였다고 하더라도 재결청이 직접 처분을 할 수는 없다.

행정심판법 제37조 제2항, 같은법 시행령 제27조의2 제1항의 규정에 따라 재결청이 직접 처분을 하기 위하여는 처분의 이행을 명하는 재결이 있었음에도 당해 행정청이 아무런 처분을 하지 아니하였어야 하므로, 당해 행정청이 어떠한 처분을 하였다면 그 처분이 재결의 내용에 따르지 아니하였다고 하더라도 재결청이 직접 처분을 할 수는 없다(대판 2002.7.23. 2000두9151).

3. 직접 처분의 사후관리

행정심판위원회가 직접처분을 한 때에는 그 사실을 해당 행정청에 통보하여야 하며, 그 통보를 받은 행정청은 행정심판위원회가 행한 처분을 해당 행정청이 행한 처분으로 보아 관계 법령에 따라 관리·감독 등 필요한 조치를 하여야 한다.

04 위원회의 간접강제 2019년 제7회, 2023년 제11회 기출

행정심판법
제50조의2 【위원회의 간접강제】 ① 위원회는 피청구인이 제49조 제2항(제49조 제4항에서 준용하는 경우를 포함한다) 또는 제3항에 따른 처분을 하지 아니하면 청구인의 신청에 의하여 결정으로 상당한 기간을 정하고 피청구인이 그 기간 내에 이행하지 아니하는 경우에는 그 지연기간에 따라 일정한 배상을 하도록 명하거나 즉시 배상을 할 것을 명할 수 있다.
② 위원회는 사정의 변경이 있는 경우에는 당사자의 신청에 의하여 제1항에 따른 결정의 내용을 변경할 수 있다.
③ 위원회는 제1항 또는 제2항에 따른 결정을 하기 전에 신청 상대방의 의견을 들어야 한다.
④ 청구인은 제1항 또는 제2항에 따른 결정에 불복하는 경우 그 결정에 대하여 행정소송을 제기할 수 있다.
⑤ 제1항 또는 제2항에 따른 결정의 효력은 피청구인인 행정청이 소속된 국가·지방자치단체 또는 공공단체에 미치며, 결정서 정본은 제4항에 따른 소송제기와 관계없이 「민사집행법」에 따른 강제집행에 관하여는 집행권원과 같은 효력을 가진다. 이 경우 집행문은 위원장의 명에 따라 위원회가 소속된 행정청 소속 공무원이 부여한다.

Chapter 06 행정심판의 재결 81

3

사례문제에 대비가 가능한 관련 판례 수록

대상적격처분 관련 판례 및 거부처분 관련 판례를 부록으로 수록해, 사례문제에 대비할 수 있도록 하였다.

대상적격처분 관련 판례
(사례문제 대비 참조)

1. 법규명령이나 조례

(1) 원칙

법령이나 조례의 제정 · 개정 · 폐지는 법령등의 목적을 실현하기 위한 행정청의 구체적 조치를 필요로 하기 때문에 그 자체로는 처분성이 인정되지 않는다.

법령 자체는 원칙적 항고소송의 대상되는 처분이 아니다.

의료기관의 명칭표시판에 진료과목을 함께 표시하는 경우 글자 크기를 제한하고 있는 구 의료법 시행규칙 제31조가 그 자체로서 국민의 구체적인 권리의무나 법률관계에 직접적인 변동을 초래하지 아니하므로 항고소송의 대상이 되는 행정처분이라고 할 수 없다(대판 2007.4.12. 2005두15168).

(2) 처분법규

법령이 행정청의 집행행위를 매개로 하지 않고 법령등 그 자체에 의해 특정인의 권리 · 의무에 직접적인 영향을 미치는 경우에는 취소소송의 대상이 된다. 이를 처분법규라 한다.

조례가 집행행위의 개입 없이도 그 자체로서 직접 국민의 구체적인 권리 · 의무나 법적 이익에 영향을 미치는 경우 항고소송의 대상되는 처분에 해당한다.

조례가 집행행위의 개입 없이도 그 자체로서 직접 국민의 구체적인 권리 · 의무나 법적 이익에 영향을 미치는 등의 법률상 효과를 발생하는 경우, 그 조례는 항고소송의 대상이 되는 행정처분에 해당한다(대판 1996.9.20. 95누8003)(일명 두밀분교폐교조례).

고시의 법적 성격

어떠한 고시가 일반적 · 추상적 성격을 가질 때에는 법규명령 또는 행정규칙에 해당할 것이지만, 다른 집행행위의 매개 없이 그 자체로서 직접 국민의 구체적인 권리의무나 법률관계를 규율하는 성격을 가질 때에는 처분에 해당한다고 할 것이다(대법원 2003.10.9.자 2003무23).

청소년유해매체물 결정 및 고시는 항고소송의 대상이 되는 처분이다.

구 청소년보호법(2001. 5. 24. 법률 제6479호로 개정되기 전의 것)에 따른 청소년유해매체물 결정 및 고시처분은 당해 유해매체물의 소유자 등 특정인만을 대상으로 한 행정처분이 아니라 일반 불특정 다수인을 상대방으로 하여 일률적으로 표시의무, 포장의무, 청소년에 대한 판매 · 대여 등의 금지의무 등 각종 의무를 발생시키는 행정처분이다(대판 2007.6.14. 2004두619).

항정신병 치료제의 요양급여에 관한 보건복지부 고시는 항고소송의 대상되는 행정처분에 해당한다.

이 사건 고시가 불특정의 항정신병 치료제 일반을 대상으로 한 것이 아니라 특정 제약회사의 특정 의약품을 규율 대상으로 하는 점 및 의사에 대하여 특정 의약품을 처방함에 있어서 지켜야 할 기준을 제시하면서 만일 그와 같은 처방기준에 따르지 않은 경우에는 국민건강보험공단에 대하여 그 약제비용을 보험급여로 청구할 수 없고 환자 본인에 대하여만 청구할 수 있게 한 점 등에 비추어 볼 때, 이 사건 고시는 다른 집행행위의 매개 없이 그 자체로서 제약회사, 요양기관, 환자 및 국민건강보험공단 사이의 법률관계

4

2013~2024년 기출문제 모범답안

2013~2024년 모든 기출문제 및 모범답안을 수록하여 보다 완벽한 시험 대비를 할 수 있도록 하였다. 모범답안을 통해 시험의 출제경향 및 자신의 학습 정도를 파악할 수 있을 것이다.

2013년 제1회 행정사 2차 기출문제
행정사실무법 모범답안

| 문제 1 | 도시개발사업의 시행자인 A는 개발 구역 내 토지가격을 평가함에 있어 반드시 거쳐야 하는 절차인 토지평가협의회의 심의를 거치지 아니하고 토지가격을 평가하였고, 관할 행정청은 이에 근거하여 환지예정지 지정처분을 내렸다. 처분을 받은 甲은 절차상 하자를 이유로 처분의 취소를 구하는 행정심판을 청구하고자 한다. 그런데 이 처분의 기초가 된 가격평가의 내용은 적정하였을 뿐만 아니라 환지예정지 지정처분을 받은 이해관계인들 중 甲을 제외하고는 아무도 이에 불복하지 않고 있다. 또한 만약 이 처분이 취소될 경우 다른 이해관계인들에 대한 환지예정지 지정처분까지도 변경되어 사실관계가 매우 복잡해짐으로써 사회적 혼란이 발생할 수 있게 된다. 甲의 청구가 인용될 수 있는지에 관하여 논하시오. (40점)

모범답안

Ⅰ 사례의 쟁점

甲의 청구의 인용가능성과 관련해서 ① 환지예정지 지정처분이 절차상 하자로서 위법한 처분인지, ② 이에 대해 사정재결이 인정될 수 있을 것인지 문제된다.

Ⅱ 절차하자의 독립적 위법사유

1. 문제의 소재

행정처분이 내용상 적정하더라도 절차상의 위법이 있는 경우 이것만으로 독립적 위법사유가 될 수 있는지 견해대립이 있다.

2. 견해대립

① 절차상 하자를 이유로 취소재결이 있더라도 행정청은 절차상 하자를 치유하여 동일한 처분을 할 것이라는 이유로 부정하는 부정설, ② 행정절차의 실효성을 보장하기 위해 긍정하는 긍정설, ③ 기속행위의 경우 위법사유로 보지 않지만 재량행위의 경우 위법사유가 된다는 절충설의 견해대립이 있다.

3. 판례

처분이 기속행위인지 재량행위인지 구별하지 않고 독립적 위법사유로 보고 있다.

4. 결어

현행 행정심판법 제49조 제4항이 절차의 위법 또는 부당을 이유로 취소재결을 인정하고 있으므로 긍정설이 타당하다.

Ⅲ 사정재결

1. 의의

행정심판위원회는 심판청구가 이유가 있다고 인정하는 경우에도 이를 인용하는 것이 공공복리에 크게 위배된다고 인정하면 그 심판청구를 기각하는 재결을 사정재결이라 한다.

2. 주문에 위법 · 부당 명시

행정심판위원회는 재결의 주문에 그 처분 또는 부작위가 위법하거나 부당하다는 것을 구체적으로 밝혀야 한다.

294 부록

CONTENTS

차 례

PART 01 행정심판

Chapter 1 행정심판 총설

제1절 행정심판과 행정구제 • 16
제2절 행정심판의 종류 • 22

Chapter 2 심판기관

제1절 행정심판위원회의 설치 • 24
제2절 행정심판위원회의 권한과 권한승계 • 25
제3절 행정심판위원회의 제척·기피·회피 • 27

Chapter 3 행정심판의 청구요건

제1절 행정심판의 대상 • 29
제2절 행정심판의 당사자 및 관계인 • 36
제3절 행정심판의 청구 • 47

Chapter 4 심판청구의 효과와 가구제

제1절 심판청구의 효과 • 55
제2절 「행정심판법」상 가구제 • 56
제3절 거부처분에 대한 가구제 • 60

Chapter 5 행정심판의 심리

제1절 심리의 내용과 범위 • 63
제2절 심리의 원칙 • 65

Chapter 6 행정심판의 재결

제1절 재결의 절차와 종류 • 71
제2절 재결의 기준과 효력 • 75

Chapter 7 고지제도
제1절 고지의 의의와 법적 성격 • 84
제2절 고지의 종류와 고지의무 위반 • 85

PART 02 비송사건절차법

Chapter 1 비송사건
제1절 비송사건의 의의 • 90
제2절 비송사건의 특질 • 93

Chapter 2 비송사건절차법 총칙
제1절 「비송사건절차법」 적용범위 • 95
제2절 관할법원 • 96
제3절 법원 직원의 제척·기피·회피 • 100
제4절 당사자 • 102
제5절 비송사건의 절차개시 • 107
제6절 비송사건 절차의 진행 • 110
제7절 비송사건의 심리 • 114
제8절 절차의 종료 • 117
제9절 절차의 비용 • 119
제10절 재판 • 124
제11절 항고 • 129

Chapter 3 민사비송사건
제1절 법인에 관한 사건 • 134
제2절 신탁에 관한 사건 • 144
제3절 재판상 대위에 관한 사건 • 166
제4절 보존·공탁·보관과 감정에 관한 사건 • 169
제5절 법인의 등기 • 173
제6절 부부재산 약정의 등기 • 176

CONTENTS

차 례

Chapter 4 상사비송사건

제1절 회사와 경매에 관한 사건 • 178

제2절 사채에 관한 사건 • 201

제3절 회사의 청산에 관한 사건 • 207

Chapter 5 과태료사건

제1절 서론 • 213

제2절 「비송사건절차법」상 과태료사건 • 214

PART 03 행정사법

Chapter 1 총칙

제1절 서설 • 220

제2절 행정사의 자격과 시험 • 222

Chapter 2 업무신고, 폐업·휴업신고

제1절 행정사의 업무신고 • 224

제2절 신고확인증 • 228

제3절 사무소 • 229

Chapter 3 행정사의 권리·의무

제1절 행정사의 업무관련 사항 • 232

제2절 행정사의 업무상 의무 • 234

Chapter 4 행정사법인

제1절 행정사법인의 설립과 업무 등 • 238

제2절 행정사법인의 해산 등 • 248

제3절 행정사법인의 경업금지 등 • 251
제4절 지도·감독 • 255
제5절 벌칙 • 258
제6절 대한행정사회 • 260

부록 관련 판례 · 기출문제 모범답안

대상적격처분 관련 판례 • 264
거부처분 관련 판례 • 290
제1회 행정사 2차 행정사실무법 기출문제 모범답안 • 294
제2회 행정사 2차 행정사실무법 기출문제 모범답안 • 299
제3회 행정사 2차 행정사실무법 기출문제 모범답안 • 303
제4회 행정사 2차 행정사실무법 기출문제 모범답안 • 308
제5회 행정사 2차 행정사실무법 기출문제 모범답안 • 313
제6회 행정사 2차 행정사실무법 기출문제 모범답안 • 319
제7회 행정사 2차 행정사실무법 기출문제 모범답안 • 325
제8회 행정사 2차 행정사실무법 기출문제 모범답안 • 331
제9회 행정사 2차 행정사실무법 기출문제 모범답안 • 336
제10회 행정사 2차 행정사실무법 기출문제 모범답안 • 343
제11회 행정사 2차 행정사실무법 기출문제 모범답안 • 350
제12회 행정사 2차 행정사실무법 기출문제 모범답안 • 357

행정사
임병주 행정사실무법

PART

01

행정심판

Chapter 01 행정심판 총설
Chapter 02 심판기관
Chapter 03 행정심판의 청구요건
Chapter 04 심판청구의 효과와 가구제
Chapter 05 행정심판의 심리
Chapter 06 행정심판의 재결
Chapter 07 고지제도

Chapter

01 행정심판 총설

제1절 행정심판과 행정구제

01 행정심판의 개념

행정심판은 위법 또는 부당한 처분 기타 공권력의 행사·불행사 등으로 인하여 권리나 이익을 침해당한 자가 행정기관에 대하여 그 시정을 구하는 절차를 말한다(「행정심판법」 제1조). 행정불복절차 중 준사법적 절차가 보장되는 행정불복절차만이 행정심판에 해당한다.

헌법

제107조 ③ 재판의 전심절차로서 행정심판을 할 수 있다. 행정심판의 절차는 법률로 정하되, 사법절차가 준용되어야 한다.

02 행정불복

행정불복이라 함은 행정결정에 대해 불복심사기관이 행정기관인 불복을 말한다. 이의신청과 행정심판이 있다.

03 이의신청과 구별

1. 「행정기본법」상 이의신청

(1) 의의

행정청의 행정결정에 대한 불복 중 행정심판이 아닌 불복방법을 이의신청이라 한다. 「행정기본법」은 처분에 대한 이의신청을 일반적으로 규정하고 있다.

행정기본법

제36조 【처분에 대한 이의신청】 ① 행정청의 처분(「행정심판법」 제3조에 따라 같은 법에 따른 행정심판의 대상이 되는 처분을 말한다. 이하 이 조에서 같다)에 이의가 있는 당사자는 처분을 받은 날부터 30일 이내에 해당 행정청에 이의신청을 할 수 있다.

② 행정청은 제1항에 따른 이의신청을 받으면 그 신청을 받은 날부터 14일 이내에 그 이의신청에 대한 결과를 신청인에게 통지하여야 한다. 다만, 부득이한 사유로 14일 이내에 통지할 수 없는 경우에는 그 기간을 만료일 다음 날부터 기산하여 10일의 범위에서 한 차례 연장할 수 있으며, 연장 사유를 신청인에게 통지하여야 한다.

③ 제1항에 따라 이의신청을 한 경우에도 그 이의신청과 관계없이 「행정심판법」에 따른 행정심판 또는 「행정소송법」에 따른 행정소송을 제기할 수 있다.

④ 이의신청에 대한 결과를 통지받은 후 행정심판 또는 행정소송을 제기하려는 자는 그 결과를 통지받은 날(제2항에 따른 통지기간 내에 결과를 통지받지 못한 경우에는 같은 항에 따른 통지기간이 만료되는 날의 다음 날을 말한다)부터 90일 이내에 행정심판 또는 행정소송을 제기할 수 있다.
⑤ 다른 법률에서 이의신청과 이에 준하는 절차에 대하여 정하고 있는 경우에도 그 법률에서 규정하지 아니한 사항에 관하여는 이 조에서 정하는 바에 따른다.

(2) 이의신청자

이의신청자는 행정청의 처분에 이의가 있는 당사자이다. 당사자는 처분의 상대방을 뜻하고 이해관계인인 제3자는 이에 해당하지 않는다.

(3) 이의신청의 대상

① 「행정심판법」에 따른 행정심판의 대상되는 처분에 한정된다. 「행정심판법」에 따른 처분 이외의 행정결정에 대해서는 개별법에 특별한 규정이 있는 경우에 이의신청이 인정될 수 있다.
② 부작위는 「행정기본법」상 이의신청의 대상이 되지 않는다.

(4) 이의신청의 제기기간

행정청의 처분에 이의가 있는 당사자는 처분을 받은 날부터 30일 이내에 해당 행정청에 이의신청을 할 수 있다. '처분을 받은 날'이란 처분이 도달한 날 즉 처분이 효력을 발생한 날을 말한다.

(5) 이의신청에 대한 처리기간

① 행정청은 이의신청을 받으면 그 신청을 받은 날부터 14일 이내에 그 이의신청에 대한 결과를 신청인에게 통지하여야 한다.
② 다만, 부득이한 사유로 14일 이내에 통지할 수 없는 경우에는 그 기간을 만료일 다음 날부터 기산하여 10일의 범위에서 한 차례 연장할 수 있으며, 연장 사유를 신청인에게 통지하여야 한다.

(6) 행정심판 또는 행정소송과의 관계

① 이의신청은 임의적 절차이다. 이의신청을 한 경우에도 그 이의신청과 관계없이 「행정심판법」에 따른 행정심판 또는 「행정소송법」에 따른 행정소송을 제기할 수 있다.
② 이의신청에 대한 결과를 통지받은 후 행정심판 또는 행정소송을 제기하려는 자는 그 결과를 통지받은 날(제2항에 따른 통지기간 내에 결과를 통지받지 못한 경우에는 같은 항에 따른 통지기간이 만료되는 날의 다음 날을 말한다)부터 90일 이내에 행정심판 또는 행정소송을 제기할 수 있다.

(7) 행정심판이 아닌 이의신청

① 종전에는 이의신청은 개별 법률에 근거가 있는 경우에만 제기할 수 있었으나, 「행정기본법」의 제정으로 행정심판의 대상이 되는 모든 처분에 대하여 해당 행정청에 이의신청을 할 수 있도록 하고, 이의신청 결과에 불복하는 경우에는 행정심판이나 행정소송을 제기할 수 있도록 하고 있다.
② 이런 점으로 볼 때 「행정기본법」에서 말하는 이의신청은 준사법절차를 갖춘 행정심판에 해당하지 않는 불복절차를 말한다.

2. '행정심판으로서 이의신청'과 '행정심판이 아닌 이의신청'

개별법상 이의신청이 행정심판인 경우가 있고 행정심판이 아닌 경우가 있다.

(1) 행정심판 제기 여부

행정심판 아닌 이의신청	이의신청을 거친 후에도 명문의 규정이 없는 이상 행정심판을 제기할 수 있다.
행정심판인 이의신청	이의신청을 거친 경우 이에 대해서는 「행정심판법」상 행정심판을 제기할 수 없다.

(2) 이의신청에 대한 결정의 성질

행정심판 아닌 이의신청	① 원처분을 취소 또는 변경하는 결정은 새로운 최종적 처분에 해당한다. ② 이의신청의 대상이 된 기존의 처분을 그대로 유지하는 기각결정은 단순한 사실행위로서 행정심판의 대상이 되지 않는다(원처분이 행정심판대상). ③ 단, 이의신청에 대한 기각결정이 새로운 신청에 따른 것이거나 별도의 의사결정 과정과 절차를 거쳐 이루어진 독립된 행정처분의 성격을 갖는 경우 행정심판의 대상이 된다.
행정심판인 이의신청	이의신청에 대한 결정에 고유한 위법이 있더라도 행정심판을 청구할 수 없고, 항고소송을 제기하여야 한다.

(3) 불가변력

행정심판인 이의신청과 행정심판이 아닌 이의신청의 결정 모두 불가변력이 인정된다.

판례

과세처분에 관한 이의신청절차에서 과세관청이 이의신청 사유가 옳다고 인정하여 과세처분을 직권으로 취소한 이상 그 후 특별한 사유 없이 이를 번복하고 종전 처분을 되풀이하는 것은 허용되지 않는다.

과세처분에 관한 이의신청절차에서 과세관청이 이의신청 사유가 옳다고 인정하여 과세처분을 직권으로 취소한 이상 그 후 특별한 사유 없이 이를 번복하고 종전 처분을 되풀이하는 것은 허용되지 않는다(대판 2010.9.30. 2009두1020).

(4) 처분사유의 추가·변경

행정심판 아닌 이의신청	기본적 사실관계의 동일성이 없는 사유라도 이를 처분의 적법성과 합목적성을 뒷받침하는 처분사유로 추가·변경할 수 있다.
행정심판인 이의신청	기본적 사실관계의 동일성이 있다고 인정되는 한도 내에서만 처분사유의 추가·변경을 인정한다.

판례

행정청의 내부시정절차에 해당하는 경우 당초 처분의 근거로 삼은 사유와 기본적 사실관계의 동일성이 인정되지 않는 사유라고 하더라도 처분사유로 추가·변경할 수 있다.

산업재해보상보험법상 심사청구에 관한 절차는 보험급여 등에 관한 처분을 한 근로복지공단으로 하여금 스스로의 심사를 통하여 당해 처분의 적법성과 합목적성을 확보하도록 하는 근로복지공단 내부의 시정절차에 해당한다고 보아야 한다. 따라서 처분청이 스스로 당해 처분의 적법성과 합목적성을 확보하고자 행하는 자신의 내부 시정절차에서는 당초 처분의 근거로 삼은 사유와 기본적 사실관계의 동일성이 인정되지 않는 사유라고 하더라도 이를 처분의 적법성과 합목적성을 뒷받침하는 처분사유로 추가·변경할 수 있다고 보는 것이 타당하다(대판 2012.9.13. 2012두3859).

(5) 판단의 기준시

행정심판 아닌 이의신청	결정시의 법령 및 사실상태를 기준으로 한다.
행정심판인 이의신청	처분시의 법령 및 사실상태를 기준으로 처분의 위법 또는 부당을 판단한다.

3. 구별기준 2021년 제9회 기출

(1) 문제의 소재

개별법률에서 이의신청이나 심사청구라는 명칭을 사용하는 행정불복 중 행정심판에 해당하는 것도 있고 아닌 것도 있다. 판단하는 기준에 대해 견해대립이 있다.

(2) 학설

1) 심판기관기준설

처분청 자체에 제기하는 이의신청은 행정심판이 아닌 이의신청으로 보고, 처분청의 직근상급행정청이나 행정심판위원회에 제기하는 이의신청은 행정심판인 이의신청으로 보는 견해이다.

2) 불복절차기준설

개별법률에서 이의신청 중 준사법절차가 보장되는 것만을 행정심판으로 보고 그렇지 않은 것은 행정심판이 아닌 이의신청으로 보는 견해이다.

(3) 판례

개별법률상 그 절차 및 담당기관의 차이가 있는지를 기준으로 구별하는 점에서 불복절차기준설을 취하는 것으로 본다.

(4) 소결

「헌법」 제107조 제3항은 행정심판절차는 사법절차를 준용되어야 한다고 규정하고 있는 점에서 준사법절차가 보장되는 것만 행정심판으로 봐야 한다.

04 특별행정심판

행정심판법

제4조 【특별행정심판 등】 ① 사안의 전문성과 특수성을 살리기 위하여 특히 필요한 경우 외에는 이 법에 따른 행정심판을 갈음하는 특별한 행정불복절차(이하 "특별행정심판"이라 한다)나 이 법에 따른 행정심판절차에 대한 특례를 다른 법률로 정할 수 없다.

② 다른 법률에서 특별행정심판이나 이 법에 따른 행정심판절차에 대한 특례를 정한 경우에도 그 법률에서 규정하지 아니한 사항에 관하여는 이 법에서 정하는 바에 따른다.

③ 관계 행정기관의 장이 특별행정심판 또는 이 법에 따른 행정심판절차에 대한 특례를 신설하거나 변경하는 법령을 제정·개정할 때에는 미리 중앙행정심판위원회와 협의하여야 한다.

1. 조세심판

(1) 국세에 대한 행정심판

① 국세부과처분에 대하여 행정소송을 제기하기 전에 국세청장에 대한 심사청구 또는 조세심판원장에 대한 심판청구를 거쳐야 한다. 심사청구 및 심판청구는 행정심판의 성질을 갖는다(「국세기본법」 제56조 제2항).

② 심사청구 및 심판청구를 하기 전에 세무서장에게 이의신청을 할 수 있으나 행정심판이 아니다.

(2) 지방세에 대한 행정심판

지방세부과처분에 대하여는 행정소송을 제기하기 전에 이의신청을 거치거나 거치지 아니하고 조세심판원장에게 심판청구를 하여야 한다. 심판청구는 행정심판의 성질을 갖는다(「지방세기본법」 제98조 제2항).

2. 노동행정심판

(1) 중재재정에 대한 중앙노동위원회의 재심

관계 당사자는 지방노동위원회 또는 특별노동위원회의 중재재정이 위법이거나 월권에 의한 것이라고 인정하는 경우에는 그 중재재정서의 송달을 받은 날부터 10일 이내에 중앙노동위원회에 그 재심을 신청할 수 있다(「노동조합 및 노동관계조정법」 제69조 제1항). 중앙노동위원회의 재심은 행정심판의 성질을 가진다.

(2) 지방노동위원회의 구제명령 등에 대한 중앙노동위원회의 재심

지방노동위원회 또는 특별노동위원회의 구제명령 또는 기각결정에 불복이 있는 관계 당사자는 그 명령서 또는 결정서의 송달을 받은 날부터 10일 이내에 중앙노동위원회에 그 재심을 신청할 수 있다(「노동조합 및 노동관계조정법」 제85조 제1항). 중앙노동위원회의 재심은 행정심판의 성질을 가진다.

(3) 노동위원회의 처분에 대한 중앙노동위원회의 재심

중앙노동위원회는 당사자의 신청이 있는 경우 지방노동위원회 또는 특별노동위원회의 처분을 재심하여 이를 인정·취소 또는 변경할 수 있다. 중앙노동위원회의 처분에 대한 소송은 중앙노동위원회 위원장을 피고(被告)로 하여 처분의 송달을 받은 날부터 15일 이내에 제기하여야 한다(「노동위원회법」 제27조 제1항).

3. 「산업재해보상보험법」상 보험급여결정 2021년 제9회 기출

① 국민건강보험공단의 "보험급여 결정등"에 불복하는 자는 공단에 심사청구를 할 수 있다. 보험급여 결정등에 대하여는 「행정심판법」에 따른 행정심판을 제기할 수 없다(「산업재해보상보험법」 제103조 제1항 · 제5항).

② 심사청구에 대한 결정에 불복하는 자는 산업재해보상보험재심사위원회에 재심사청구를 할 수 있다. 다만, 판정위원회의 심의를 거친 보험급여에 관한 결정에 불복하는 자는 제103조에 따른 심사청구를 하지 아니하고 재심사청구를 할 수 있다(「산업재해보상보험법」 제106조 제1항).

③ 재심사청구에 대한 재결은 「행정소송법」 제18조를 적용할 때 행정심판에 대한 재결로 본다(「산업재해보상보험법」 제111조 제2항).

4. 「공무원법」상 소청심사

공무원에 대한 처분, 그 밖에 본인의 의사에 반한 불리한 처분이나 부작위(不作爲)에 관한 행정소송은 소청심사위원회의 심사 · 결정을 거치지 아니하면 제기할 수 없다(「국가공무원법」 제16조 제1항).

5. 수용재결에 대한 이의신청

① 중앙토지수용위원회의 재결에 이의가 있는 자는 중앙토지수용위원회에 이의를 신청할 수 있다(「공익사업을 위한 토지 등의 취득 및 보상에 관한 법률」 제83조 제1항).

② 지방토지수용위원회의 재결에 이의가 있는 자는 해당 지방토지수용위원회를 거쳐 중앙토지수용위원회에 이의를 신청할 수 있다(「공익사업을 위한 토지 등의 취득 및 보상에 관한 법률」 제83조 제2항).

③ 중앙토지수용위원회에 대한 이의신청은 행정심판의 성질을 가진다.

2021년 제9회 기출문제

» 모범답안 교재 336p 참조

甲은 1988. 9. 1. A제철주식회사에 입사하여 발전시설에서 근무하다가 터빈 및 보일러 작동 소음에 장기간 노출되어 우측 청력에 중대한 장애가 발생하였다는 이유로 전보를 요청하였고, 2004. 3. 2. 시약생산과로 전보되어 근무하다가 2009. 2. 6. 퇴사하였다. 甲은 2009. 3. 6. 근로복지공단에 '우측 감각신경성 난청'에 대한 장해보상청구를 하였는데, 근로복지공단은 2009. 5. 9. 보험급여 청구를 3년간 행사하지 않아 장해보상청구권이 소멸하였다는 점을 사유로 장해급여 부지급 결정을 甲에게 통보하였다. 甲은 이에 불복하여 근로복지공단에 대한 심사청구를 거쳐 산업재해보상보험재심사위원회에 재심사청구를 하였다. 이에 근로복지공단은 甲의 상병이 업무상 재해인 소음성 난청으로 보기 어렵다는 처분사유를 추가하였다. 다음 물음에 답하시오. (40점)

물음 1) 근로복지공단이 행정심판의 피청구인이 될 수 있는지를 검토하고, 근로복지공단의 심사청구 및 산업재해보상보험재심사위원회의 재심사청구의 법적성질에 관하여 논하시오. (20점)

제2절 행정심판의 종류 2024년 제12회 기출

행정심판법
제5조【행정심판의 종류】 행정심판의 종류는 다음 각 호와 같다.
1. 취소심판: 행정청의 위법 또는 부당한 처분을 취소하거나 변경하는 행정심판
2. 무효등확인심판: 행정청의 처분의 효력 유무 또는 존재 여부를 확인하는 행정심판
3. 의무이행심판: 당사자의 신청에 대한 행정청의 위법 또는 부당한 거부처분이나 부작위에 대하여 일정한 처분을 하도록 하는 행정심판

01 취소심판

1. 의의

행정청의 위법 또는 부당한 처분이나 그 거부 그 밖에 이에 준하는 행정작용으로 인하여 권익을 침해당한 자가 그 취소 또는 변경을 구하는 행정심판을 취소심판이라 한다.

2. 대상

① 적극적 처분의 취소뿐만 아니라 소극적 처분인 거부처분의 취소를 포함한다. 변경에는 적극적 변경을 하는 것도 가능하다. 예 영업허가취소처분을 영업정지처분으로 변경하는 것
② 부작위는 대상이 되지 않는다.

3. 인용재결

① 처분취소재결, 처분변경명령재결, 처분변경명령재결이 있다.
* 종래 취소명령재결은 현행 「행정심판법」이 개정되면서 삭제됨
② 취소심판의 청구가 이유 있다고 인정할 때에는 그 심판청구를 인용하는 재결로써 처분을 취소 또는 다른 처분으로 변경하거나 처분을 다른 처분으로 변경할 것을 피청구인에게 명한다(「행정심판법」 제43조 제2항).

02 무효등확인심판

1. 의의

처분의 효력 유무 또는 존재 여부에 대한 확인을 구하는 행정심판이다. 처분의 무효확인 · 유효확인 · 실효확인 · 존재확인 · 부존재확인심판 등이 포함된다.

2. 대상

적극적 처분뿐만 아니라 소극적 처분인 거부처분도 포함된다. 부작위는 대상이 되지 않는다.

3. 인용재결

무효등확인심판의 청구가 이유 있다고 인정하는 경우에는 심판청구의 대상이 된 처분의 유효·무효 또는 존재·부존재를 확인하는 재결을 한다(「행정심판법」 제43조 제4항).

03 의무이행심판 2018년 제6회 기출

1. 의의

행정청의 위법 또는 부당한 거부처분이나 부작위에 대하여 일정한 처분을 하도록 하는 행정심판이다.

2. 성질

행정청의 거부처분이나 부작위를 대상으로 한다.

3. 인용재결

① 처분재결과 처분명령재결이 있다.

② 행정심판위원회는 심판청구가 이유 있다고 인정할 때에는 지체 없이 신청에 따른 처분을 하거나(형성재결) 처분청에 이행할 것을 명하는 재결(이행재결)을 한다(「행정심판법」 제43조 제3항).

2018년 제6회 기출문제

» 모범답안 교재 319p 참조

A시는 영농상 편의를 위해 甲의 토지와 인근 토지에 걸쳐서 이미 형성되어 사용되고 있던 자연발생적 토사구거를 철거하고, 콘크리트U형 수로관으로 된 구거를 설치하는 공사를 완료하였다. 甲은 A시의 공사가 자신의 토지 약 75m^{2}를 침해하였다는 사실을 발견하게 되었다. 이에 甲은 A시에 자신의 토지 약 75m^{2}에 설치되어 있는 구거를 철거하고 자신의 토지 외의 지역에 새로 구거를 설치해달라는 민원을 제기하였다. 다음 물음에 답하시오. (40점)

물음 2) 甲이 민원제기와는 별도로 A시에 대하여 해당 토지에 설치되어 있는 구거의 철거와 새로운 구거의 설치를 요구하는 의무이행심판을 제기하였다면, 甲이 제기한 행정심판의 대상적격과 청구인적격의 적법여부에 관하여 논하시오. (20점)

2024년 제12회 기출문제

» 모범답안 교재 357p 참조

甲은 자신이 소유한 토지에 주택을 건축하기 위하여 관할 행정청인 구청장 乙에게 토지형질변경허가를 신청하였으나 乙은 이 토지가 지형조건 등에 비추어 주택을 건축하기에 매우 부적합하다는 점을 이유로 허가를 거부하였다. 다음 물음에 답하시오. (40점)

물음 1) 乙의 거부행위가 행정심판의 대상이 되는지 그 요건을 검토하고, 乙의 거부행위에 대한 불복방법으로서 적합한 행정심판의 유형에 관하여 설명하시오. (20점)

Chapter

02 심판기관

제1절 행정심판위원회의 설치

01 개설

현행 「행정심판법」은 행정심판위원회가 심리와 의결, 그리고 재결을 모두 수행하고 있다.

02 행정심판위원회

1. 의의

행정심판위원회는 행정청의 처분 또는 부작위에 대한 행정심판의 청구를 심리·재결하는 합의제 행정청을 뜻한다.

2. 행정심판위원회의 설치

(1) 해당 행정청 소속 행정심판위원회가 심리·재결(「행정심판법」 제6조 제1항)

① 감사원, 국가정보원장, 그 밖에 대통령령으로 정하는 대통령 소속기관의 장
② 국회사무총장·법원행정처장·헌법재판소사무처장 및 중앙선거관리위원회사무총장
③ 국가인권위원회, 그 밖에 지위·성격의 독립성과 특수성 등이 인정되어 대통령령으로 정하는 행정청

(2) 국민권익위원회 소속 중앙행정심판위원회가 심리·재결(「행정심판법」 제6조 제2항)

① (1)에 따른 행정청 외의 국가행정기관의 장 또는 그 소속 행정청
② 특별시장·광역시장·도지사·특별자치도지사(특별시·광역시·도 또는 특별자치도의 교육감을 포함한다. 이하 "시·도지사"라 한다) 또는 특별시·광역시·도·특별자치도(이하 "시·도"라 한다)의 의회(의장, 위원회의 위원장, 사무처장 등 의회 소속 모든 행정청을 포함한다)
③ 「지방자치법」에 따른 지방자치단체조합 등 관계 법률에 따라 국가·지방자치단체·공공법인 등이 공동으로 설립한 행정청. 다만, 제3항 제3호에 해당하는 행정청은 제외한다.

(3) 시·도지사 소속 행정심판위원회가 심리·재결(「행정심판법」 제6조 제3항) 2019년 제7회 기출

① 시·도 소속 행정청
② 시·도의 관할구역에 있는 시·군·자치구의 장, 소속 행정청 또는 시·군·자치구의 의회(의장, 위원회의 위원장, 사무국장, 사무과장 등 의회 소속 모든 행정청을 포함한다)
③ 시·도의 관할구역에 있는 둘 이상의 지방자치단체(시·군·자치구를 말한다)·공공법인 등이 공동으로 설립한 행정청

(4) 처분청의 직근 상급행정기관 소속 행정심판위원회(「행정심판법」 제6조 제4항)

> ① 대통령령으로 정하는 국가행정기관 소속 특별지방행정기관의 장의 처분 또는 부작위
> ② 법무부 및 대검찰청 소속 특별지방행정기관(직근 상급행정기관이나 소관 감독행정기관이 중앙행정기관인 경우는 제외한다)의 처분·부작위(「행정심판법 시행령」 제3조).

2019년 제7회 기출문제 » 모범답안 교재 325p 참조

서울특별시 A구에 거주하는 甲은, 乙의 건축물(음식점 영업과 주거를 함께 하는 건물)이 甲 소유의 주택과 도로에 연접하고 있는데 乙이 건축관계법령을 위반하여 증개축공사를 하였고, 그로 인하여 甲의 집 앞 도로의 통행에 심각한 불편을 초래한다고 주장하면서 A구청을 상대로 지속적으로 민원을 제기하였다. 자신의 민원이 받아들여지지 않자 甲은 자신의 주장의 정당성과 乙이 행한 건축행위의 위법성을 입증하기 위하여 A구청장을 상대로 乙 소유 건축물의 설계도면과 준공검사내역 등의 문서를 공개해달라며 정보공개를 청구하였다. 그러나 A구청장은 해당정보가 乙의 사생활 및 영업상 비밀보호와 관련된 것임을 이유로 비공개결정하였다. 乙 또한 정보공개를 강력하게 반대하고 있다. 그러나 甲은 이에 불복하여 행정심판을 청구하려고 한다. 다음 물음에 답하시오. (40점)

물음 1) 甲이 청구하는 행정심판은 어느 행정심판위원회의 관할에 속하는가? 또한 이 행정심판에서 乙은 어떠한 지위에서 자신의 권익을 주장할수 있는가? (20점)

제2절 행정심판위원회의 권한과 권한승계

1. 행정심판위원회의 권한

(1) 심리권

행정심판위원회는 재결의 기초가 되는 사실관계나 법률관계를 명백히 하기 위하여 당사자 및 관계인의 주장과 반박을 듣고 이를 뒷받침하는 증거나 기타의 자료를 수집·조사하는 일련의 권한을 가지는데 이를 심리권이라 한다. 가장 대표적인 권한으로 증거조사권이 있다.

(2) 심리에 부수된 권한

대표자선정권고권, 청구인의 지위승계허가권, 대리인선임허가권, 피청구인의 경정결정권, 심판참가의 허가 및 요구권, 심판청구의 변경불허권, 보정명령권 등이 있다.

(3) 재결권

재결이란 심판청구에 대한 심리의 결과에 따라 종국적 판단을 하는 행위를 말한다. 사정재결, 집행정지결정권 또는 집행정지취소결정권을 가진다.

(4) 불합리한 법령 등의 개선

행정심판법

제59조 【불합리한 법령 등의 개선】 ① 중앙행정심판위원회는 심판청구를 심리·재결할 때에 처분 또는 부작위의 근거가 되는 명령 등(대통령령·총리령·부령·훈령·예규·고시·조례·규칙 등을 말한다. 이하 같다)이 법령에 근거가 없거나 상위 법령에 위배되거나 국민에게 과도한 부담을 주는 등 크게 불합리하면 관계 행정기관에 그 명령 등의 개정·폐지 등 적절한 시정조치를 요청할 수 있다. 이 경우 중앙행정심판위원회는 시정조치를 요청한 사실을 법제처장에게 통보하여야 한다.
② 제1항에 따른 요청을 받은 관계 행정기관은 정당한 사유가 없으면 이에 따라야 한다.

(5) 조사·지도권

중앙행정심판위원회는 행정청에 대하여 ① 위원회 운영 실태, ② 재결 이행 상황, ③ 행정심판의 운영 현황 등을 조사하고, 필요한 지도를 할 수 있다(「행정심판법」 제60조).

2. 위원회의 권한승계

(1) 송부

당사자의 심판청구 후 위원회가 법령의 개정·폐지 또는 피청구인의 경정 결정에 따라 그 심판청구에 대하여 재결할 권한을 잃게 된 경우에는 해당 위원회는 심판청구서와 관계 서류, 그 밖의 자료를 새로 재결할 권한을 갖게 된 위원회에 보내야 한다(「행정심판법」 제12조 제1항).

(2) 통지

송부를 받은 위원회는 지체 없이 그 사실을 ① 행정심판 청구인, ② 행정심판 피청구인, ③ 심판참가를 하는 자에게 알려야 한다(「행정심판법」 제12조 제2항).

제3절 행정심판위원의 제척 · 기피 · 회피 2013년 제1회 기출

1. 위원의 제척 · 기피

(1) 제척

제척은 법정사유가 발생한 경우 당연히 직무집행에서 배제되는 것을 뜻한다. 제척결정은 이를 확인하는 의미이다.

행정심판법

제10조【위원의 제척 · 기피 · 회피】 ① 위원회의 위원은 다음 각 호의 어느 하나에 해당하는 경우에는 그 사건의 심리 · 의결에서 제척(除斥)된다. 이 경우 제척결정은 위원회의 위원장(이하 "위원장"이라 한다)이 직권으로 또는 당사자의 신청에 의하여 한다.

1. 위원 또는 그 배우자나 배우자이었던 사람이 사건의 당사자이거나 사건에 관하여 공동 권리자 또는 의무자인 경우
2. 위원이 사건의 당사자와 친족이거나 친족이었던 경우
3. 위원이 사건에 관하여 증언이나 감정(鑑定)을 한 경우
4. 위원이 당사자의 대리인으로서 사건에 관여하거나 관여하였던 경우
5. 위원이 사건의 대상이 된 처분 또는 부작위에 관여한 경우

(2) 기피

당사자가 공정한 심리 · 의결을 기대하기 어려운 사정이 있는 경우 위원장에게 스스로 배제를 신청하는 것을 기피라 한다.

행정심판법

제10조【위원의 제척 · 기피 · 회피】 ② 당사자는 위원에게 공정한 심리 · 의결을 기대하기 어려운 사정이 있으면 위원장에게 기피신청을 할 수 있다.

(3) 제척 · 기피 절차

행정심판법

제10조【위원의 제척 · 기피 · 회피】 ③ 위원에 대한 제척신청이나 기피신청은 그 사유를 소명(疏明)한 문서로 하여야 한다. 다만, 불가피한 경우에는 신청한 날부터 3일 이내에 신청 사유를 소명할 수 있는 자료를 제출하여야 한다.

④ 제척신청이나 기피신청이 제3항을 위반하였을 때에는 위원장은 결정으로 이를 각하한다.

⑤ 위원장은 제척신청이나 기피신청의 대상이 된 위원에게서 그에 대한 의견을 받을 수 있다.

⑥ 위원장은 제척신청이나 기피신청을 받으면 제척 또는 기피 여부에 대한 결정을 하고, 지체 없이 신청인에게 결정서 정본(正本)을 송달하여야 한다.

2. 회피

행정심판법

제10조【위원의 제척 · 기피 · 회피】 ⑦ 위원회의 회의에 참석하는 위원이 제척사유 또는 기피사유에 해당되는 것을 알게 되었을 때에는 스스로 그 사건의 심리 · 의결에서 회피할 수 있다. 이 경우 회피하고자 하는 위원은 위원장에게 그 사유를 소명하여야 한다.

3. 직원에의 준용

행정심판법

제10조【위원의 제척 · 기피 · 회피】 ⑧ 사건의 심리 · 의결에 관한 사무에 관여하는 위원 아닌 직원에게도 제1항부터 제6항까지의 규정을 준용한다.

2013년 제1회 기출문제

» 모범답안 교재 296p 참조

행정심판위원회의 위원 등의 제척, 기피, 회피를 설명하시오. (20점)

Chapter 03 행정심판의 청구요건

1. **대상적격**

   위법 또는 부당한 처분 또는 거부·부작위

2. **당사자적격**

   (1) 청구인적격: 법률상 이익이 있는 자
   (2) 피청구인적격: 처분청 또는 권한을 승계한 행정청

3. **형식 및 기간**

   심판청구서 형식, 심판청구기간 이내

4. **청구서제출**

   행정심판위원회 또는 피청구인인 행정청에 제출(처분청 경유할 것인지는 임의적)

제1절 행정심판의 대상

01 개설

1. 개괄주의와 열기주의

개괄주의는 법률상 예외가 인정된 사항을 제외하고는 일반적으로 모든 사항에 대하여 행정심판을 인정하는 제도를 말하고, 열기주의는 특정한 사항에 대해서만 행정심판을 인정하는 제도를 말한다.

2. 「행정심판법」의 개괄주의

(1) 원칙

「행정심판법」 제3조 제1항은 행정청의 처분 또는 부작위에 대하여 다른 법률에 특별한 규정이 있는 경우를 제외하고는 이 법에 의하여 행정심판을 제기할 수 있다고 규정하여, 모든 처분 또는 부작위에 대하여 행정심판을 제기할 수 있는 개괄주의를 채택하고 있다.

(2) 예외

행정심판법

제3조【행정심판의 대상】 ① 행정청의 처분 또는 부작위에 대하여 다른 법률에 특별한 규정이 있는 경우 외에는 이 법에 따라 행정심판을 청구할 수 있다.

② 대통령의 처분 또는 부작위에 대하여는 다른 법률에서 행정심판을 청구할 수 있도록 정한 경우 외에는 행정심판을 청구할 수 없다.

제51조【행정심판 재청구의 금지】 심판청구에 대한 재결이 있으면 그 재결 및 같은 처분 또는 부작위에 대하여 다시 행정심판을 청구할 수 없다.

1) 대통령의 처분 · 부작위

대통령의 처분 또는 부작위에 대하여는 다른 법률에 특별한 규정이 있는 경우를 제외하고는 행정심판을 제기할 수 없다.

2) 심판재결

심판청구에 대한 재결이 있는 경우에는 당해 재결 및 동일한 처분 또는 부작위에 대하여 다시 심판청구를 제기할 수 없다.

3) 별도의 구제절차가 마련되어 있는 경우

통고처분이나 검사의 불기소처분과 같이 별도의 불복구제절차가 마련되어 있는 경우 행정심판의 대상이 되지 않는다.

02 처분 개념에 대한 분석

행정심판법

제2조【정의】 이 법에서 사용하는 용어의 뜻은 다음과 같다.

1. "처분"이란 행정청이 행하는 구체적 사실에 관한 법집행으로서의 공권력의 행사 또는 그 거부, 그 밖에 이에 준하는 행정작용을 말한다.

1. 행정청의 행정작용

행정심판법

제2조【정의】 이 법에서 사용하는 용어의 뜻은 다음과 같다.

4. "행정청"이란 행정에 관한 의사를 결정하여 표시하는 국가 또는 지방자치단체의 기관, 그 밖에 법령 또는 자치법규에 따라 행정권한을 가지고 있거나 위탁을 받은 공공단체나 그 기관 또는 사인(私人)을 말한다.

(1) 의의

행정청이라 함은 국가 또는 지방자치단체의 행정에 관한 의사를 결정·표시할 수 있는 권한을 가진 행정기관을 의미한다. 이에는 법령에 의하여 권한의 위임이나 위탁을 받은 행정기관, 공공단체 및 그 기관 또는 사인도 포함된다.

(2) 권한 승계의 경우

처분이나 부작위가 있은 뒤에 그 처분이나 부작위에 관계되는 권한이 다른 행정청에 승계된 때에는 그 권한을 승계한 행정청이 처분청 또는 부작위청이 된다(「행정심판법」 제17조 제1항).

2. 구체적 사실에 관한 법집행

(1) 의의

특정 사안에 법을 집행하여 특정인 또는 불특정 다수인에게 구체적이고 직접적인 영향을 미치는 행정작용을 말한다.

(2) 행정입법

1) 원칙

구체적 사실에 대한 법집행 작용이라는 점에서 일반적·추상적 규범인 법규명령이나 행정규칙은 원칙적 처분에 해당하지 않는다.

2) 처분법규[1]

① 처분적 법규명령이 행정심판의 대상이 될 것인지에 관해서는 견해대립이 있다.

② 법규명령은 구체적 규범통제의 대상으로 법규명령의 위헌·위법심사권이 법원에 전속된다는 점에서 부정설도 있지만, 처분법규는 처분에 해당하고 「행정심판법」상 처분개념과 「행정소송법」상 처분개념은 동일하게 규정되어 있으므로 행정소송에서와 마찬가지로 행정심판의 대상이 된다는 긍정설이 타당하다고 본다. 판례는 항고소송의 대상되는 처분으로 본다.

③ 대통령령은 「행정심판법」 제3조 제2항에 따라 행정심판의 대상이 되지 않는다.

판례

처분적 법규인 조례는 처분에 해당한다.

조례가 집행행위의 개입 없이도 그 자체로서 직접 국민의 구체적인 권리의무나 법적 이익에 영향을 미치는 등의 법률상 효과를 발생하는 경우 그 조례는 항고소송의 대상이 되는 행정처분에 해당한다(대판 1996. 9. 20. 95누8003).

3. 공권력의 행사

① 행정청이 행하는 구체적 사실에 관한 권력적 행정작용으로서, 강학상의 행정행위뿐만 아니라 권력적 사실행위도 이에 해당한다(다수설).

② 비권력적 행정작용은 처분에 해당하지 않는다.

1 처분법규 또는 처분적 법규명령이란 행정청의 별도 집행행위 없이 법규명령 자체로 직접 국민의 권리·의무에 법적 효과가 발생하는 법규명령을 말한다.

4. 그 거부

공권력 행사로서의 처분을 신청하고 이를 거부하여야 한다(거부처분에서 상술).

5. 그 밖에 이에 준하는 행정작용

행정심판대상을 확대하기 위한 포괄적 개념으로 권력적 작용이 아니라도 개인의 권익에 구체적으로 영향을 미치는 행정청의 대외적 작용으로 행정구제의 필요성이 인정되는 행정작용을 말한다.

6. 직접적인 법적 효과

처분은 특정 사안에 법을 집행하여 구체적이고 직접적인 법적 효과에 영향을 주는 행정작용이어야 한다.

판례

처분은 국민의 권리의무에 직접 관계가 있는 행위를 말한다.

항고소송의 대상이 되는 행정청의 처분은 원칙적으로 행정청의 공법상의 행위로서 국민의 권리의무에 직접 관계가 있는 행위를 말하므로, 법적 효과가 발생하지 않는 단순한 사실 또는 관념의 통지나, 법령의 해석 질의에 대한 답변 등은 그 자체로서 권리를 제한하거나 불이익을 주는 것이 아니어서 항고소송의 대상이 되는 처분이 아니라고 할 것이다(헌재 2014.6.26. 2012헌바333).

7. 처분 해당 여부가 불분명한 경우

① 행정청의 행위가 행정심판의 대상이 될 수 있는지 여부는 추상적 · 일반적으로 결정할 수 없고, 구체적인 경우에 따라 개별적으로 판단해야 한다.

② 행정청의 행위가 처분에 해당하는지가 불분명한 경우에는 불복방법의 선택에 중대한 이해관계를 가지는 상대방의 인식가능성과 예측가능성을 중요하게 고려하여 규범적으로 판단해야 한다고 한다.

판례

행정청의 행위가 '처분'에 해당하는지 불분명한 경우

행정청의 행위가 항고소송의 대상이 될 수 있는지는 추상적 · 일반적으로 결정할 수 없고, 구체적인 경우에 관련 법령의 내용과 취지, 그 행위의 주체 · 내용 · 형식 · 절차, 그 행위와 상대방 등 이해관계인이 입는 불이익 사이의 실질적 견련성, 법치행정의 원리와 그 행위에 관련된 행정청이나 이해관계인의 태도 등을 고려하여 개별적으로 결정하여야 한다. 행정청의 행위가 '처분'에 해당하는지 불분명한 경우에는 그에 대한 불복방법 선택에 중대한 이해관계를 가지는 상대방의 인식가능성과 예측가능성을 중요하게 고려하여 규범적으로 판단하여야 한다(대법원 2021.1.14. 2020두50324).

03 거부와 부작위의 대상적격

1. 거부 2015년 제3회, 2024년 제12회 기출

(1) 의의

거부는 처분의 신청에 대한 명백한 거절의 의사표시라는 점에서 처음부터 아무런 의사표시를 하지 않는 부작위와 구별된다.

(2) 거부처분의 성립요건

신청에 대한 거부가 처분이 되기 위해서는 ① 신청한 행위가 처분이어야 하고, ② 그 거부행위가 신청인의 법률관계에 어떤 변동을 일으키는 것이어야 하며, ③ 그 국민에게 그 처분을 요구할 법규상 또는 조리상의 신청권이 있어야 한다.

판례

거부처분이 성립하기 위해서는 국민에게 처분의 발동을 요구할 법규상 · 조리상의 신청권이 있어야 한다.

국민의 적극적 행위 신청에 대하여 행정청이 그 신청에 따른 행위를 하지 않겠다고 거부한 행위가 항고소송의 대상이 되는 행정처분에 해당하는 것이라고 하려면, 그 신청한 행위가 공권력의 행사 또는 이에 준하는 행정작용이어야 하고, 그 거부행위가 신청인의 법률관계에 어떤 변동을 일으키는 것이어야 하며, 그 국민에게 그 행위발동을 요구할 법규상 또는 조리상의 신청권이 있어야 한다(대판 2007.10.11. 2007두1316).

(3) 법률관계의 변동

'신청인의 법률관계에 어떤 변동을 일으키는 것'이라는 의미는 신청인의 실체상의 권리관계에 직접적인 변동을 일으키는 것은 물론, 그렇지 않다 하더라도 신청인이 실체상의 권리자로서 권리를 행사함에 중대한 지장을 초래하는 것도 포함한다.

(4) 신청권의 존재

1) 문제소재

거부처분의 성립요건으로서 신청권의 존재를 심판요건으로 볼 것인지, 본안판단의 문제로 볼 것인지 견해대립이 있다.

2) 학설

신청권을 본안에서 판단할 문제라는 본안문제설과 신청권을 거부처분의 성립요건으로 보는 성립요건설의 견해대립이 있다.

3) 판례

판례는 신청권을 거부처분이나 부작위의 성립요건으로 보고 있다.

4) 소결

신청권이 인정되지 않으면 처분의 의무가 성립되지 않으므로 심판요건 중 성립요건으로 보는 것이 타당하다.

(5) 신청권존부의 판단기준

신청권의 존부는 관계 법규의 해석에 의하여 일반 국민에게 그러한 신청권을 인정하고 있는가를 살펴 추상적으로 결정한다.

판례

신청권은 구체적 사건에서 신청인이 누구인가를 고려하지 않고 관계법규의 해석에 의하여 일반 국민에게 그러한 신청권을 인정하고 있는가를 살펴 추상적으로 결정된다.

거부처분의 처분성을 인정하기 위한 전제요건이 되는 신청권의 존부는 구체적 사건에서 신청인이 누구인가를 고려하지 않고 관계 법규의 해석에 의하여 일반 국민에게 그러한 신청권을 인정하고 있는가를 살펴 추상적으로 결정되는 것이고, 신청인이 그 신청에 따른 단순한 응답을 받을 권리를 넘어서 신청의 인용이라는 만족적 결과를 얻을 권리를 의미하는 것은 아니다. 따라서 국민이 어떤 신청을 한 경우에 그 신청의 근거가 된 조항의 해석상 행정발동에 대한 개인의 신청권을 인정하고 있다고 보여지면 그 거부행위는 항고소송의 대상이 되는 처분으로 보아야 할 것이고, 구체적으로 그 신청이 인용될 수 있는가 하는 점은 본안에서 판단하여야 할 사항인 것이다(대판 1996.6.11. 95누12460).

2. 부작위

행정심판법

제2조【정의】 이 법에서 사용하는 용어의 정의는 다음과 같다.

2. "부작위"라 함은 행정청이 당사자의 신청에 대하여 상당한 기간 내에 일정한 처분을 하여야 할 법률상 의무가 있는데도 처분을 하지 아니하는 것을 말한다.

(1) 의의

"부작위"라 함은 행정청이 당사자의 신청에 대하여 상당한 기간 내에 일정한 처분을 하여야 할 법률상 의무가 있음에도 불구하고 이를 하지 아니하는 것을 말한다.

(2) 부작위의 성립요건 2018년 제6회 기출

행정심판의 청구대상이 되는 부작위가 성립하기 위해서는 ① 처분에 대한 신청이 있을 것, ② 상당기간이 경과했을 것, ③ 행정청에 처분을 해야 할 법률상 의무가 있을 것, ④ 처분을 하지 않았을 것 즉 무응답 상태가 계속되어야 한다.

(3) 신청권의 존재

거부처분과 동일한 논리가 적용된다.

2015년 제3회 기출문제

≫ 모범답안 교재 303p 참조

A시는 2014. 5. 30. 구(舊) 도심지의 도시재생사업을 수행할 사업자를 공모하였다. 이 공모에는 甲, 乙, 丙 3개 업체가 지원하였다. 공모심사 결과, 乙이 사업자로 선정되고 甲과 丙은 탈락하였다. 甲은 2015. 5. 4. 乙이 해당 사업을 시행할 능력이 부족하고 사업자 선정과정도 공정하지 못하였다고 주장하면서, A시장에게 ① 심사위원별 평가점수, ② 심사위원 인적 사항 및 ③ 乙업체의 재정상태와 사업실적의 정보공개를 청구하였다. 그런데 A시장은 2015. 5. 18. 위 청구 중 ③에 관한 정보를 보유하고 있지 않으며, ①과 ②에 관한 정보는 비공개대상이라는 사유로 공개를 거부하고, 같은 날 이를 甲에게 통지하였다. 甲은 A시장의 정보공개거부처분의 위법·부당함을 주장하면서 이의신청을 하였으나 2015. 6. 15. 기각결정서를 송달받았다. 이에 甲은 2015. 8. 31. A시장을 상대로 관할 행정심판위원회에 정보공개거부처분의 취소를 구하는 행정심판을 청구하였다.
위 행정심판 청구요건의 적법여부 및 A시장의 정보공개거부처분의 적법여부에 관하여 논하시오. (40점)

2018년 제6회 기출문제

≫ 모범답안 교재 319p 참조

A시는 영농상 편의를 위해 甲의 토지와 인근 토지에 걸쳐서 이미 형성되어 사용되고 있던 자연발생적 토사구거를 철거하고, 콘크리트U형 수로관으로 된 구거를 설치하는 공사를 완료하였다. 甲은 A시의 공사가 자신의 토지 약 75m^2를 침해하였다는 사실을 발견하게 되었다. 이에 甲은 A시에 자신의 토지 약 75m^2에 설치되어 있는 구거를 철거하고 자신의 토지 외의 지역에 새로 구거를 설치해달라는 민원을 제기하였다. 다음 물음에 답하시오. (40점)

물음 2) 甲이 민원제기와는 별도로 A시에 대하여 해당 토지에 설치되어 있는 구거의 철거와 새로운 구거의 설치를 요구하는 의무이행심판을 제기하였다면, 甲이 제기한 행정심판의 대상적격과 청구인적격의 적법여부에 관하여 논하시오. (20점)

2024년 제12회 기출문제

≫ 모범답안 교재 357p 참조

甲은 자신이 소유한 토지에 주택을 건축하기 위하여 관할 행정청인 구청장 乙에게 토지형질변경허가를 신청하였으나 乙은 이 토지가 지형조건 등에 비추어 주택을 건축하기에 매우 부적합하다는 점을 이유로 허가를 거부하였다. 다음 물음에 답하시오. (40점)

물음 1) 乙의 거부행위가 행정심판의 대상이 되는지 그 요건을 검토하고, 乙의 거부행위에 대한 불복방법으로서 적합한 행정심판의 유형에 관하여 설명하시오. (20점)

제2절 행정심판의 당사자 및 관계인

01 청구인

1. 청구인능력

> 행정심판법
> **제14조 【법인이 아닌 사단 또는 재단의 청구인 능력】** 법인이 아닌 사단 또는 재단으로서 대표자나 관리인이 정하여져 있는 경우에는 그 사단이나 재단의 이름으로 심판청구를 할 수 있다.

① 청구인은 원칙적으로 자연인 또는 법인이어야 하지만, 법인이 아닌 사단 또는 재단으로서 대표자 또는 관리인이 정하여져 있는 경우에는 그 사단이나 재단의 이름으로 심판청구를 할 수 있다.

② 법주체인 국가나 지방자치단체는 청구인능력이 있지만, 행정기관은 법주체가 아니므로 원칙상 청구인 능력이 없다. 예외적으로 행정기관이 법령상 사인과 같은 사업수행자로서의 지위에 있는 경우에는 행정심판을 청구할 수 있다.

2. 청구인적격

> 행정심판법
> **제13조 【청구인 적격】** ① 취소심판은 처분의 취소 또는 변경을 구할 법률상 이익이 있는 자가 청구할 수 있다. 처분의 효과가 기간의 경과, 처분의 집행, 그 밖의 사유로 소멸된 뒤에도 그 처분의 취소로 회복되는 법률상 이익이 있는 자의 경우에도 또한 같다.
> ② 무효등확인심판은 처분의 효력 유무 또는 존재 여부의 확인을 구할 법률상 이익이 있는 자가 청구할 수 있다.
> ③ 의무이행심판은 처분을 신청한 자로서 행정청의 거부처분 또는 부작위에 대하여 일정한 처분을 구할 법률상 이익이 있는 자가 청구할 수 있다. 2018년 제6회 기출

(1) 의의

① 청구인적격이란 행정심판을 청구할 자격이 있는 자를 말한다. 청구인적격이 없는 자가 제기한 행정심판은 부적법 각하된다.

② 행정심판의 청구인은 행정심판을 제기할 '법률상 이익이 있는 자'이다.

(2) 법률상 이익의 의미

1) 문제소재

법률상 이익의 개념과 관련해서 견해대립이 있다.

2) 학설

① 종래 이론상 행정심판의 청구인적격의 범위와 관련하여 '권리구제설', '법률상 보호되는 이익구제설', '보호할 가치 있는 이익구제설', '적법성보장설'의 견해대립이 있었다.

② 현행 「행정심판법」상 법률상 이익의 개념과 관련하여 처분 등에 의해 법적으로 보호되는 개인적 이익을 침해당한 자만이 청구인적격이 있다는 '법률상 보호되는 이익구제설'과 쟁송법적 관

점에서 행정심판에 의하여 보호할 만한 가치가 있는 이익이 침해된 자는 청구인적격이 있다는 '보호할 가치 있는 이익구제설'의 대립이 있다.

3) 판례

판례도 "법률상 보호되는 이익이란 해당 처분의 근거 법규 및 관련 법규에 따라 보호되는 개별적·직접적·구체적 이익이 있는 경우를 말하고, 공익보호의 결과로 국민 일반이 공통적으로 가지는 일반적·간접적·추상적 이익이 생기는 경우에는 법률상 보호되는 이익이 있다고 할 수 없다."라고 하여 법률상 보호이익설의 입장을 취하고 있다.

판례

법률상 보호이익의 의미

행정처분의 직접 상대방이 아닌 제3자라 하더라도 당해 행정처분으로 법률상 보호되는 이익을 침해당한 경우에는 취소소송을 제기하여 당부의 판단을 받을 자격이 있다. 여기에서 말하는 법률상 보호되는 이익은 당해 처분의 근거 법규 및 관련 법규에 의하여 보호되는 개별적·직접적·구체적 이익이 있는 경우를 말하고, 공익보호의 결과로 국민 일반이 공통적으로 가지는 일반적·간접적·추상적 이익과 같이 사실적·경제적 이해관계를 갖는 데 불과한 경우는 여기에 포함되지 아니한다(대판 2015.7.23. 2012두19496, 19502).

4) 소결

행정심판도 법적 이익의 구제수단이고 「행정심판법」상 법률상 이익이라고 규정된 점에서 법률상 보호이익설이 타당하다.

(3) 회복되는 법률상 이익의 의미 2017년 제5회 기출

1) 의의

취소심판의 경우 처분등의 집행 그 밖의 사유로 인하여 소멸된 뒤에는 원칙적 처분의 취소를 구할 법률상 이익이 인정되지 않지만, 그 처분등의 취소로 인하여 회복되는 법률상 이익이 있는 자의 경우에는 여전히 취소심판을 구할 법률상 이익이 인정된다.

2) 회복되는 법률상 이익의 의미

① **학설**: 심판청구인적격의 법률상 이익과 동일하다는 견해와 법률상 이익보다 넓게 파악하여 명예·신용등 인격적 이익까지 포함한다는 견해의 대립이 있다.

② **판례**: 원칙적으로 법률상 이익과 동일하게 보지만 사안에 따라 장래 불이익처분을 받을 위험성 제거 및 명예·신용등 인격적 이익을 고려한 경우도 있다.

③ **결론**: 국민의 권리구제확대라는 측면에서 판례의 입장이 타당하다.

판례

효력기간이 경과된 제재적 행정처분이 그 후 다른 제재적 행정처분의 가중요건이 되는 경우의 취소를 구할 법률상 이익이 인정된다.

제재적 행정처분의 가중사유나 전제요건에 관한 규정이 법령이 아니라 규칙의 형식으로 되어 있다고 하더라도, 그러한 규칙이 법령에 근거를 두고 있는 이상 그 법적 성질이 대외적 · 일반적 구속력을 갖는 법규명령인지 여부와는 상관없이, …(중략)… 규칙이 정한 바에 따라 선행처분을 가중사유 또는 전제요건으로 하는 후행처분을 받을 우려가 현실적으로 존재하는 경우에는, 선행처분을 받은 상대방은 비록 그 처분에서 정한 제재기간이 경과하였다 하더라도 그 처분의 취소소송을 통하여 그러한 불이익을 제거할 권리보호의 필요성이 충분히 인정된다고 할 것이므로, 선행처분의 취소를 구할 법률상 이익이 있다고 보아야 한다(대판 2006.6.22. 2003두1684).

2017년 제5회 기출문제

» 모범답안 교재 313p 참조

행정사 甲은 "행정사와 그 사무직원은 업무에 관하여 법률이 정한 보수 외에 어떠한 명목으로도 위임인으로부터 금전 또는 재산상의 이익이나 그 밖의 반대급부(反對給付)를 받지 못한다."라는 「행정사법」의 규정에 위반하는 행위를 하였다는 이유로 관할 행정청인 A시장으로부터 1개월 업무정지처분을 한다는 내용의 처분서를 2017. 5. 1. 송달받았다. 그에 따라 甲은 1개월간 업무를 하지 못한 채, 그 업무정지기간은 만료되었다. 甲은 A시장으로부터 위 처분에 대한 행정심판 고지를 받지 못했다. 甲은 2017. 9. 8. 위 처분에 불복하여 행정심판위원회에 A시장의 업무정지처분의 취소를 구하는 행정심판을 제기하였다. 「행정사법 시행규칙」 [별표] 업무정지처분 기준에서는 제재처분의 횟수에 따라 제재가 가중되는 것으로 규정하고 있다. 다음 물음에 답하시오. (40점)

물음 1) 甲이 제기한 행정심판은 청구요건을 충족하는가? (30점)

2018년 제6회 기출문제

» 모범답안 교재 319p 참조

A시는 영농상 편의를 위해 甲의 토지와 인근 토지에 걸쳐서 이미 형성되어 사용되고 있던 자연발생적 토사구거를 철거하고, 콘크리트U형 수로관으로 된 구거를 설치하는 공사를 완료하였다. 甲은 A시의 공사가 자신의 토지 약 $75m^2$를 침해하였다는 사실을 발견하게 되었다. 이에 甲은 A시에 자신의 토지 약 $75m^2$에 설치되어 있는 구거를 철거하고 자신의 토지 외의 지역에 새로 구거를 설치해달라는 민원을 제기하였다. 다음 물음에 답하시오. (40점)

물음 2) 甲이 민원제기와는 별도로 A시에 대하여 해당 토지에 설치되어 있는 구거의 철거와 새로운 구거의 설치를 요구하는 의무이행심판을 제기하였다면, 甲이 제기한 행정심판의 대상적격과 청구인적격의 적법여부에 관하여 논하시오. (20점)

(4) 선정대표자

행정심판법

제15조【선정대표자】 ① 여러 명의 청구인이 공동으로 심판청구를 할 때에는 청구인들 중에서 3명 이하의 선정대표자를 선정할 수 있다.

② 청구인들이 제1항에 따라 선정대표자를 선정하지 아니한 경우에 위원회는 필요하다고 인정하면 청구인들에게 선정대표자를 선정할 것을 권고할 수 있다.

③ 선정대표자는 다른 청구인들을 위하여 그 사건에 관한 모든 행위를 할 수 있다. 다만, 심판청구를 취하하려면 다른 청구인들의 동의를 받아야 하며, 이 경우 동의받은 사실을 서면으로 소명하여야 한다.

④ 선정대표자가 선정되면 다른 청구인들은 그 선정대표자를 통해서만 그 사건에 관한 행위를 할 수 있다.

⑤ 선정대표자를 선정한 청구인들은 필요하다고 인정하면 선정대표자를 해임하거나 변경할 수 있다. 이 경우 청구인들은 그 사실을 지체 없이 위원회에 서면으로 알려야 한다.

(5) 청구인의 지위승계

1) 당연승계

행정심판법

제16조【청구인의 지위 승계】 ① 청구인이 사망한 경우에는 상속인이나 그 밖에 법령에 따라 심판청구의 대상에 관계되는 권리나 이익을 승계한 자가 청구인의 지위를 승계한다.

② 법인인 청구인이 합병(合倂)에 따라 소멸하였을 때에는 합병 후 존속하는 법인이나 합병에 따라 설립된 법인이 청구인의 지위를 승계한다.

③ 제1항과 제2항에 따라 청구인의 지위를 승계한 자는 위원회에 서면으로 그 사유를 신고하여야 한다. 이 경우 신고서에는 사망 등에 의한 권리·이익의 승계 또는 합병 사실을 증명하는 서면을 함께 제출하여야 한다.

④ 제1항 또는 제2항의 경우에 제3항에 따른 신고가 있을 때까지 사망자나 합병 전의 법인에 대하여 한 통지 또는 그 밖의 행위가 청구인의 지위를 승계한 자에게 도달하면 지위를 승계한 자에 대한 통지 또는 그 밖의 행위로서의 효력이 있다.

2) 허가승계

행정심판법

제16조【청구인의 지위 승계】 ⑤ 심판청구의 대상과 관계되는 권리나 이익을 양수한 자는 위원회의 허가를 받아 청구인의 지위를 승계할 수 있다.

⑥ 위원회는 제5항의 지위 승계 신청을 받으면 기간을 정하여 당사자와 참가인에게 의견을 제출하도록 할 수 있으며, 당사자와 참가인이 그 기간에 의견을 제출하지 아니하면 의견이 없는 것으로 본다.

⑦ 위원회는 제5항의 지위 승계 신청에 대하여 허가 여부를 결정하고, 지체 없이 신청인에게는 결정서 정본을, 당사자와 참가인에게는 결정서 등본을 송달하여야 한다.

⑧ 신청인은 위원회가 제5항의 지위 승계를 허가하지 아니하면 결정서 정본을 받은 날부터 7일 이내에 위원회에 이의신청을 할 수 있다.

(6) 청구인 변경

청구인적격이 없는 자가 제기한 행정심판은 부적법한 것으로 흠결이 보정되지 않는다. 따라서 행정심판절차에서는 임의적인 청구인 변경이 원칙적으로 허용되지 않는다.

판례

임의적 청구인변경은 원칙적 허용되지 않는다.

청구인적격이 없는 자의 명의로 제기된 행정심판청구에 대하여 행정청이나 재결청에게 행정심판청구인을 청구인적격이 있는 자로 변경할 것을 요구하는 보정을 명할 의무가 없고, 행정심판절차에서 임의적인 청구인의 변경은 원칙적으로 허용되지 아니한다(대판 1999.10.8. 98두10073).

02 제3자의 법률상 이익

1. 경업자심판

(1) 의의

기존업자가 행정청으로부터 영업허가를 받고 영업을 하고 있는데, 새로이 신규업자에 대한 인·허가처분이 내려진 경우 기존업자가 신규업자에 대한 인·허가처분에 대한 취소 등을 다투는 심판을 경업자심판이라 한다.

(2) 인정여부

1) 원칙

기존업자가 허가업을 경영하는 경우에는 자신의 경영상 이익의 침해를 이유로 경업자심판을 제기할 수 없지만, 특허업을 경영하는 경우에는 자신의 경영상 이익의 침해를 이유로 경업자심판을 제기할 수 있다고 한다.

2) 예외

허가업의 경우에도 관련 법규정이 과잉경쟁방지 차원에서 업체수를 제한하여 기존업자의 경영상 이익을 보호하는 취지의 규정을 둔 경우에는 법률상 이익이 인정될 수 있다.

✦ 경업자관계

법률상 이익 인정	① 약종상영업소 이전허가에 대한 기존업자의 취소청구 ② 기존 주유소업자가 거리제한으로 얻은 이익 ③ 분뇨 등 관련 영업허가를 받아 영업을 하고 있는 기존 업자의 이익(특허설) ④ 일반담배소매업자의 거리제한으로 인한 기존업자의 이익(구내 담배소매업 부정)
	① 자동차운송사업의 노선연장인가에 대한 기존업자의 이익 ② 자동차증차인가에 대한 기존업자의 이익 ③ 선박운송사업 면허처분에 대한 기존업자의 이익 ④ 시외버스의 시내버스로의 전환을 허용하는 사업계획인가처분에 대한 기존업자의 이익

법률상 이익 부정	① 석탄가공업허가에 의해 석탄가공업자가 누리는 이익 ② 숙박업 구조변경 허가처분을 받은 건물의 인근에서 여관을 경영하는 자의 숙박업 구조변경허가처분 ③ 기존 공중목욕장업자가 거리제한으로 받는 이익 ④ 약사의 한약조제로 인한 기존 한의사의 이익

2. 경원자심판

(1) 의의

경원자심판은 인·허가 등의 수익적 행정처분을 신청한 수인이 서로 경쟁관계에 있어서 일방에 대한 면허나 인·허가 등의 행정처분이 타방에 대한 불인가·불허가 등으로 귀결될 수 밖에 없는 경우에 불허가 등으로 인해 자기의 법률상 이익을 침해당한 자가 허가 등을 받은 자의 처분을 다투는 심판을 말한다.

(2) 판례

① 경원자관계에 있는 자는 원칙적으로 타인에 대한 허가처분의 취소를 구할 수도 있고 자신에 대한 불허가처분의 취소를 구할 수도 있다.

② 다만, 처음부터 명백한 법적 장애로 신청이 인용될 가능성이 배제되는 경우 법률상 이익이 인정되지 않는다.

판례

경원자심판이 인정되는 경우

1. 인·허가 등의 수익적 행정처분을 신청한 수인이 서로 경쟁관계에 있어서 일방에 대한 허가 등의 처분이 타방에 대한 불허가 등으로 귀결될 수밖에 없는 때 허가 등의 처분을 받지 못한 자는 비록 경원자에 대하여 이루어진 허가 등 처분의 상대방이 아니라 하더라도 당해 처분의 취소를 구할 원고 적격이 있다. 다만, 명백한 법적 장애로 인하여 원고 자신의 신청이 인용될 가능성이 처음부터 배제되어 있는 경우에는 당해 처분의 취소를 구할 정당한 이익이 없다(대판 2009.12.10. 2009두8359).
2. 인가·허가 등 수익적 행정처분을 신청한 여러 사람이 서로 경원관계에 있어서 한 사람에 대한 허가 등 처분이 다른 사람에 대한 불허가 등으로 귀결될 수밖에 없을 때 허가 등 처분을 받지 못한 사람은 신청에 대한 거부처분의 직접 상대방으로서 원칙적으로 자신에 대한 거부처분의 취소를 구할 원고적격이 있다(대판 2015.10.29. 2013두27517).

3. 인인심판

(1) 의의

인인심판이란 특정주민에 대한 수익적 처분이 이웃하는 주민에게 불이익하게 되는 경우, 이로 인한 침해를 받는 인근주민이 그 침해를 다투는 심판을 말한다.

(2) 판례

[법률상 이익을 인정한 판례]

판례

건축되는 연탄공장건축허가에 대해 주거지역 내 거주하는 사람의 주거의 안녕과 생활환경을 보호하고자 하는 것은 법률상 이익이라 할 것이다.

구 도시계획법과 건축법의 규정취지를 볼 때 이 법률들이 주거지역 안에서의 일정한 건축을 금지하고 또는 제한하고 있는 것은 도시계획법과 건축법이 추구하는 공공복리의 증진을 도모하고자 하는 데 그 목적이 있는 동시에, 한편으로는 주거지역 내에 거주하는 사람의 주거의 안녕과 생활환경을 보호하고자 하는 데도 그 목적이 있는 것으로 해석된다. 그러므로 주거지역 내에 거주하는 사람이 받는 … 이익은 단순한 반사적 이익이나 사실상의 이익이 아니라 바로 법률에 의하여 보호되는 이익이라 할 것이다(대판 1975.5.13. 73누96・97).

납골당설치결정에 대해 거리제한으로 얻게 되는 주민들의 이익은 법률상 이익이다.

납골당 설치장소에서 500m 내에 20호 이상의 인가가 밀집한 지역에 거주하는 주민들에게는 납골당이 누구에 의하여 설치되는지를 따질 필요 없이 납골당 설치에 대하여 환경 이익 침해 또는 침해 우려가 있는 것으로 사실상 추정되어 원고적격이 인정된다고 보는 것이 타당하다(대판 2011.9.8. 2009두6766).

[법률상 이익을 부정한 판례]

판례

인접건물소유자들로서는 위 준공처분의 무효확인이나 취소를 구할 법률상 이익이 없다.

건물의 준공처분은 건축허가를 받아 건축된 건물이 건축허가서대로 건축행정목적에 적합한가의 여부를 확인하고 준공검사필증을 교부하여 줌으로써 허가받은 자로 하여금 건축한 건물을 사용・수익할 수 있게 하는 법률효과를 발생시키는 것에 불과하며, 건축한 건물이 인접주택소유자의 권리를 침해하는 경우 준공처분이 그러한 침해까지 정당화하는 것은 아닐 뿐만 아니라, 인접주택소유자가 입는 생활환경상의 이익침해는 실제로 위 건물의 전부 또는 일부가 철거됨으로써 회복되거나 보호받을 수는 있는 것인데, … 인접건물소유자들로서는 위 준공처분의 무효확인이나 취소를 구할 법률상 이익이 없다고 할 것이다(대판 1993.11.9. 93누13988).

지역주민들에 불과한 원고들에게는 위 상수원보호구역변경처분의 취소를 구할 법률상의 이익이 없다.

상수원보호구역설정의 근거가 되는 수도법 제5조 제1항 및 동시행령 제7조 제1항이 보호하고자 하는 것은 상수원의 확보와 수질보전일 뿐이고, 그 상수원에서 급수를 받고 있는 지역주민들이 받을 이익은 직접적이고 구체적으로 보호하고 있지 않음이 명백하여 위 지역주민들이 가지는 이익은 상수원의 확보와 수질보호라는 공공의 이익이 달성됨에 따라 반사적으로 얻게 되는 이익에 불과하므로, 지역주민들에 불과한 원고들에게는 위 상수원보호구역변경처분의 취소를 구할 법률상의 이익이 없다(대판 1995.9.26. 94누14544).

01

생태 · 자연도 1등급으로 지정되었던 지역을 2등급 또는 3등급으로 변경하는 내용의 환경부장관의 결정에 대해 해당 1등급 권역의 인근 주민은 이를 다툴 법률상 이익이 없다.

생태 · 자연도는 토지이용 및 개발계획의 수립이나 시행에 활용하여 자연환경을 체계적으로 보전 · 관리하기 위한 것일 뿐, 1등급 권역의 인근 주민들이 가지는 생활상 이익을 직접적이고 구체적으로 보호하기 위한 것이 아님이 명백하고, 1등급 권역의 인근 주민들이 가지는 이익은 환경보호라는 공공의 이익이 달성됨에 따라 반사적으로 얻게 되는 이익에 불과하므로, 인근 주민에 불과한 갑은 생태 · 자연도 등급권역을 1등급에서 일부는 2등급으로, 일부는 3등급으로 변경한 결정의 무효 확인을 구할 원고적격이 없다(대판 2014.02.21. 2011두29052).

4. 환경심판

환경영향평가 지역 내의 주민에게는 법률상 이익이 사실상 추정되지만, 평가지역 외의 주민도 직접적 환경상 피해를 입증하면 법률상 이익을 인정하고 있다.

판례

환경영향평가 대상지역 안의 주민들은 특단의 사정이 없는 한 환경상의 이익에 대한 침해 또는 침해우려가 있는 것으로 사실상 추정되어 공유수면매립면허처분 등의 무효확인을 구할 청구인적격이 인정된다.

각 관련 규정의 취지는, 공유수면매립과 농지개량사업시행으로 인하여 직접적이고 중대한 환경피해를 입으리라고 예상되는 환경영향평가 대상지역 안의 주민들이 전과 비교하여 수인한도를 넘는 환경침해를 받지 아니하고 쾌적한 환경에서 생활할 수 있는 개별적 이익까지도 이를 보호하려는 데에 있다고 할 것이므로, 위 주민들이 공유수면매립면허처분 등과 관련하여 갖고 있는 위와 같은 환경상의 이익은 주민 개개인에 대하여 개별적으로 보호되는 직접적 · 구체적 이익으로서 그들에 대하여는 특단의 사정이 없는 한 환경상의 이익에 대한 침해 또는 침해우려가 있는 것으로 사실상 추정되어 공유수면매립면허처분 등의 무효확인을 구할 원고적격이 인정된다.

환경영향평가 대상지역 밖의 주민이라 할지라도 공유수면매립면허처분 등으로 인하여 환경상 이익에 대한 침해 또는 침해우려가 있다는 것을 입증함으로써 그 처분 등의 무효확인을 구할 청구인적격을 인정받을 수 있다.

환경영향평가 대상지역 밖의 주민이라 할지라도 공유수면매립면허처분 등으로 인하여 그 처분 전과 비교하여 수인한도를 넘는 환경피해를 받거나 받을 우려가 있는 경우에는, 공유수면매립면허처분 등으로 인하여 환경상 이익에 대한 침해 또는 침해우려가 있다는 것을 입증함으로써 그 처분 등의 무효확인을 구할 원고적격을 인정받을 수 있다(대판 2006.3.16. 2006두330).

03 피청구인

1. 피청구인적격

행정심판법

제17조【피청구인의 적격 및 경정】 ① 행정심판은 처분을 한 행정청(의무이행심판의 경우에는 청구인의 신청을 받은 행정청)을 피청구인으로 하여 청구하여야 한다. 다만, 심판청구의 대상과 관계되는 권한이 다른 행정청에 승계된 경우에는 권한을 승계한 행정청을 피청구인으로 하여야 한다.

② 청구인이 피청구인을 잘못 지정한 경우에는 위원회는 직권으로 또는 당사자의 신청에 의하여 결정으로써 피청구인을 경정(更正)할 수 있다.

③ 위원회는 제2항에 따라 피청구인을 경정하는 결정을 하면 결정서 정본을 당사자(종전의 피청구인과 새로운 피청구인을 포함한다. 이하 제6항에서 같다)에게 송달하여야 한다.

④ 제2항에 따른 결정이 있으면 종전의 피청구인에 대한 심판청구는 취하되고 종전의 피청구인에 대한 행정심판이 청구된 때에 새로운 피청구인에 대한 행정심판이 청구된 것으로 본다.

⑤ 위원회는 행정심판이 청구된 후에 제1항 단서의 사유가 발생하면 직권으로 또는 당사자의 신청에 의하여 결정으로써 피청구인을 경정한다. 이 경우에는 제3항과 제4항을 준용한다.

⑥ 당사자는 제2항 또는 제5항에 따른 위원회의 결정에 대하여 결정서 정본을 받은 날부터 7일 이내에 위원회에 이의신청을 할 수 있다.

(1) 취소심판과 무효등확인심판

처분을 한 행정청을 피청구인으로 하여 청구하여야 한다.

(2) 의무이행심판

청구인의 신청을 받은 행정청을 피청구인으로 하여 청구하여야 한다.

(3) 권한이 승계된 경우

심판청구의 대상과 관계되는 권한이 다른 행정청에 승계된 경우에는 권한을 승계한 행정청을 피청구인으로 하여야 한다.

2. 피청구인의 경정

(1) 유형

1) 청구인이 피청구인을 잘못 지정한 경우

청구인이 피청구인을 잘못 지정한 경우에는 위원회는 직권으로 또는 당사자의 신청에 의하여 결정으로써 피청구인을 경정(更正)할 수 있다.

2) 권한승계로 행정청이 변경된 경우

위원회는 행정심판이 청구된 후에 권한승계로 행정청이 변경되는 경우 직권으로 또는 당사자의 신청에 의하여 결정으로써 피청구인을 경정한다.

(2) 결정서 송달

위원회는 피청구인을 경정하는 결정을 하면 결정서 정본을 당사자(종전의 피청구인과 새로운 피청구인을 포함한다)에게 송달하여야 한다.

⑶ 피청구인 경정의 효과

피청구인경정 결정이 있으면 종전의 피청구인에 대한 심판청구는 취하되고 종전의 피청구인에 대한 행정심판이 청구된 때에 새로운 피청구인에 대한 행정심판이 청구된 것으로 본다.

⑷ 이의신청

당사자는 위원회의 결정에 대하여 결정서 정본을 받은 날부터 7일 이내에 위원회에 이의신청을 할 수 있다.

04 대리인 및 국선대리인

1. 대리인

행정심판법

제18조【대리인의 선임】 ① 청구인은 법정대리인 외에 다음 각 호의 어느 하나에 해당하는 자를 대리인으로 선임할 수 있다.

1. 청구인의 배우자, 청구인 또는 배우자의 사촌 이내의 혈족
2. 청구인이 법인이거나 제14조에 따른 청구인 능력이 있는 법인이 아닌 사단 또는 재단인 경우 그 소속 임직원
3. 변호사
4. 다른 법률에 따라 심판청구를 대리할 수 있는 자
5. 그 밖에 위원회의 허가를 받은 자

② 피청구인은 그 소속 직원 또는 제1항 제3호부터 제5호까지의 어느 하나에 해당하는 자를 대리인으로 선임할 수 있다.

③ 제1항과 제2항에 따른 대리인에 관하여는 제15조 제3항 및 제5항을 준용한다.

2. 국선대리인

행정심판법

제18조의2【국선대리인】 ① 청구인이 경제적 능력으로 인해 대리인을 선임할 수 없는 경우에는 위원회에 국선대리인을 선임하여 줄 것을 신청할 수 있다.

② 위원회는 제1항의 신청에 따른 국선대리인 선정 여부에 대한 결정을 하고, 지체 없이 청구인에게 그 결과를 통지하여야 한다. 이 경우 위원회는 심판청구가 명백히 부적법하거나 이유 없는 경우 또는 권리의 남용이라고 인정되는 경우에는 국선대리인을 선정하지 아니할 수 있다.

③ 국선대리인 신청절차, 국선대리인 지원 요건, 국선대리인의 자격·보수 등 국선대리인 운영에 필요한 사항은 국회규칙, 대법원규칙, 헌법재판소규칙, 중앙선거관리위원회규칙 또는 대통령령으로 정한다.

05 참가인 2019년 제7회 기출

행정심판법

제20조【심판참가】 ① 행정심판의 결과에 이해관계가 있는 제3자나 행정청은 해당 심판청구에 대한 제7조 제6항 또는 제8조 제7항에 따른 위원회나 소위원회의 의결이 있기 전까지 그 사건에 대하여 심판참가를 할 수 있다.

② 제1항에 따른 심판참가를 하려는 자는 참가의 취지와 이유를 적은 참가신청서를 위원회에 제출하여야 한다. 이 경우 당사자의 수만큼 참가신청서 부본을 함께 제출하여야 한다.

③ 위원회는 제2항에 따라 참가신청서를 받으면 참가신청서 부본을 당사자에게 송달하여야 한다.

④ 제3항의 경우 위원회는 기간을 정하여 당사자와 다른 참가인에게 제3자의 참가신청에 대한 의견을 제출하도록 할 수 있으며, 당사자와 다른 참가인이 그 기간에 의견을 제출하지 아니하면 의견이 없는 것으로 본다.

⑤ 위원회는 제2항에 따라 참가신청을 받으면 허가 여부를 결정하고, 지체 없이 신청인에게는 결정서 정본을, 당사자와 다른 참가인에게는 결정서 등본을 송달하여야 한다.

⑥ 신청인은 제5항에 따라 송달을 받은 날부터 7일 이내에 위원회에 이의신청을 할 수 있다.

제21조【심판참가의 요구】 ① 위원회는 필요하다고 인정하면 그 행정심판 결과에 이해관계가 있는 제3자나 행정청에 그 사건 심판에 참가할 것을 요구할 수 있다.

② 제1항의 요구를 받은 제3자나 행정청은 지체 없이 그 사건 심판에 참가할 것인지 여부를 위원회에 통지하여야 한다.

제22조【참가인의 지위】 ① 참가인은 행정심판 절차에서 당사자가 할 수 있는 심판절차상의 행위를 할 수 있다.

② 이 법에 따라 당사자가 위원회에 서류를 제출할 때에는 참가인의 수만큼 부본을 제출하여야 하고, 위원회가 당사자에게 통지를 하거나 서류를 송달할 때에는 참가인에게도 통지하거나 송달하여야 한다.

③ 참가인의 대리인 선임과 대표자 자격 및 서류 제출에 관하여는 제18조, 제19조 및 이 조 제2항을 준용한다.

2019년 제7회 기출문제

≫ 모범답안 교재 325p 참조

서울특별시 A구에 거주하는 甲은, 乙의 건축물(음식점 영업과 주거를 함께 하는 건물)이 甲 소유의 주택과 도로에 연접하고 있는데 乙이 건축관계법령을 위반하여 증개축공사를 하였고, 그로 인하여 甲의 집 앞 도로의 통행에 심각한 불편을 초래한다고 주장하면서 A구청을 상대로 지속적으로 민원을 제기하였다. 자신의 민원이 받아들여지지 않자 甲은 자신의 주장의 정당성과 乙이 행한 건축행위의 위법성을 입증하기 위하여 A구청장을 상대로 乙 소유 건축물의 설계도면과 준공검사내역 등의 문서를 공개해달라며 정보공개를 청구하였다. 그러나 A구청장은 해당정보가 乙의 사생활 및 영업상 비밀보호와 관련된 것임을 이유로 비공개결정하였다. 乙 또한 정보공개를 강력하게 반대하고 있다. 그러나 甲은 이에 불복하여 행정심판을 청구하려고 한다. 다음 물음에 답하시오. (40점)

물음 1) 甲이 청구하는 행정심판은 어느 행정심판위원회의 관할에 속하는가? 또한 이 행정심판에서 乙은 어떠한 지위에서 자신의 권익을 주장할 수 있는가? (20점)

제3절 행정심판의 청구

01 행정심판의 청구기간

행정심판법
제27조【심판청구의 기간】① 행정심판은 처분이 있음을 알게 된 날부터 90일 이내에 청구하여야 한다.
② 청구인이 천재지변, 전쟁, 사변(事變), 그 밖의 불가항력으로 인하여 제1항에서 정한 기간에 심판청구를 할 수 없었을 때에는 그 사유가 소멸한 날부터 14일 이내에 행정심판을 청구할 수 있다. 다만, 국외에서 행정심판을 청구하는 경우에는 그 기간을 30일로 한다.
③ 행정심판은 처분이 있었던 날부터 180일이 지나면 청구하지 못한다. 다만, 정당한 사유가 있는 경우에는 그러하지 아니하다.
④ 제1항과 제2항의 기간은 불변기간(不變期間)으로 한다.
⑤ 행정청이 심판청구 기간을 제1항에 규정된 기간보다 긴 기간으로 잘못 알린 경우 그 잘못 알린 기간에 심판청구가 있으면 그 행정심판은 제1항에 규정된 기간에 청구된 것으로 본다.
⑥ 행정청이 심판청구 기간을 알리지 아니한 경우에는 제3항에 규정된 기간에 심판청구를 할 수 있다.
⑦ 제1항부터 제6항까지의 규정은 무효등확인심판청구와 부작위에 대한 의무이행심판청구에는 적용하지 아니한다.

1. 적용대상

심판청구기간은 취소심판과 거부처분에 대한 의무이행심판청구에만 적용되고, 무효등확인심판청구나 부작위에 대한 의무이행심판청구에는 적용되지 않는다.

2. 원칙적 심판청구기간

심판청구는 원칙적으로 처분이 있음을 안 날로부터 90일 이내(불변기간), 처분이 있었던 날로부터 180일 이내에 제기하여야 한다. 두 기간 중 어느 하나라도 기간이 경과하면 심판청구를 제기하지 못한다.

3. 처분이 있음을 안 날

(1) 특정인에 대한 처분

① 처분이 있음을 안 날이란 당사자가 통지·공고 기타의 방법에 의하여 당해 처분이 있었다는 사실을 현실적으로 안 날을 의미하고 추상적으로 알 수 있었던 날이 아니다.
② 처분을 서면으로 하는 경우 그 서면이 상대방에게 도달한 날, 공시송달의 경우에는 서면이 도달한 것으로 간주되는 날을 뜻한다.
③ 처분을 기재한 서류가 당사자의 주소에 송달되는 등으로 사회통념상 처분이 있음을 당사자가 알 수 있는 상태에 놓여진 때에는 반증이 없는 한 그 처분이 있음을 알았다고 추정할 수 있다.

(2) 불특정 다수인에 대한 처분

불특정 다수인을 대상으로 하는 처분은 그 처분의 효력이 불특정 다수인에게 일률적으로 적용되는 것이므로, 그에 대한 행정심판 청구기간도 그 행정처분에 이해관계를 갖는 자가 고시 또는 공고가 있었다는 사실을 현실적으로 알았는지 여부에 관계없이 고시가 효력을 발생하는 날에 행정처분이 있음을 알았다고 보아야 한다.

(3) 처분이 있음을 알지 못한 경우

행정심판은 처분이 있었던 날부터 180일이 지나면 청구하지 못한다. 다만, 정당한 사유가 있는 경우에는 그러하지 아니하다.

판례

처분이 있음을 안 날의 의미

행정심판법 제18조 제1항 소정의 심판청구기간 기산점인 '처분이 있음을 안 날'이라 함은 당사자가 통지·공고 기타의 방법에 의하여 당해 처분이 있었다는 사실을 현실적으로 안 날을 의미하고, 추상적으로 알 수 있었던 날을 의미하는 것은 아니라 할 것이며, 다만 처분을 기재한 서류가 당사자의 주소에 송달되는 등으로 사회통념상 처분이 있음을 당사자가 알 수 있는 상태에 놓여진 때에는 반증이 없는 한 그 처분이 있음을 알았다고 추정할 수는 있다(대판 1995.11.24. 95누11535).

고시 또는 공고에 의한 처분의 경우(불특정 다수인)

통상 고시 또는 공고에 의하여 행정처분을 하는 경우에는 그 처분의 상대방이 불특정 다수인이고, 그 처분의 효력이 불특정 다수인에게 일률적으로 적용되는 것이므로, 그에 대한 행정심판 청구기간도 그 행정처분에 이해관계를 갖는 자가 고시 또는 공고가 있었다는 사실을 현실적으로 알았는지 여부에 관계없이 고시가 효력을 발생하는 날인 고시 또는 공고가 있은 후 5일이 경과한 날에 행정처분이 있음을 알았다고 보아야 한다(대판 2000.9.8. 99두11257).

고시 또는 공고에 의한 처분의 경우(특정인)

행정소송법 제20조 제1항 소정의 제소기간 기산점인 '처분이 있음을 안 날'이라 함은 당사자가 통지, 공고 기타의 방법에 의하여 당해 처분이 있었다는 사실을 현실적으로 안 날을 의미하는 바, 특정인에 대한 행정처분을 주소불명 등의 이유로 송달할 수 없어 관보·공보·게시판·일간신문 등에 공고한 경우에는, 공고가 효력을 발생하는 날에 상대방이 그 행정처분이 있음을 알았다고 볼 수는 없고, 상대방이 당해 처분이 있었다는 사실을 현실적으로 안 날에 그 처분이 있음을 알았다고 보아야 한다(대판 2006.4.28. 2005두14851).

4. 예외적인 심판청구기간

(1) 안 날로부터 90일의 예외

청구인의 천재·지변·전쟁·사변 그 밖에 불가항력으로 인하여 90일 이내에 심판청구를 할 수 없었을 때에는 그 사유가 소멸한 날로부터 14일 이내(국외는 30일)에 심판청구를 제기할 수 있다(「행정심판법」 제27조 제2항).

(2) 있었던 날로부터 180일 이내의 예외

청구인이 정당한 사유가 있어서 180일이 경과된 경우에는 그 기간 경과 이후라도 심판청구를 제기할 수 있다(「행정심판법」 제27조 제3항). 정당한 사유는 불가항력보다는 넓은 개념이다.

(3) 제3자의 심판청구기간의 특칙

① 처분의 제3자는 처분에 대한 통지의 대상이 아니어서 통상 처분이 있음을 알지 못하므로 특별한 사유가 없는 한 처분이 있은 날로부터 180일 이내 청구할 수 있고, 기간 내 청구하지 못했다 하더라도 특별한 이유가 없는 한 정당한 사유가 있는 경우로 봐서 180일이 경과한 후에도 심판청구가 적법하다고 본다(대판 1988.9.27. 88누29).

② 제3자가 어떤 경위로든 행정처분이 있음을 알았거나 쉽게 알 수 있는 등 심판청구가 가능하였다는 사정이 있는 경우에는 그때로부터 90일 이내에 행정심판을 청구하여야 한다(대판 1996.9.6. 95누16233).

판례

제3자에 대한 특칙

행정심판법 제18조 제3항에 의하면 행정처분의 상대방이 아닌 제3자라도 처분이 있은 날로부터 180일을 경과하면 행정심판청구를 제기하지 못하는 것이 원칙이지만, 다만 정당한 사유가 있는 경우에는 그러하지 아니하도록 규정되어 있는 바, 행정처분의 직접 상대방이 아닌 제3자는 일반적으로 처분이 있는 것을 바로 알 수 없는 처지에 있으므로, 위와 같은 심판청구기간 내에 심판청구를 제기하지 아니하였다고 하더라도, 그 기간 내에 처분이 있은 것을 알았거나 쉽게 알 수 있었기 때문에 심판청구를 제기할 수 있었다고 볼 만한 특별한 사정이 없는 한, 위 법조항 본문의 적용을 배제할 "정당한 사유"가 있는 경우에 해당한다고 보아 위와 같은 심판청구기간이 경과한 뒤에도 심판청구를 제기할 수 있다(대판 1992.7.28. 91누12844).

정당한 사유가 인정되지 않는 경우

행정처분의 상대방이 아닌 제3자는 일반적으로 처분이 있는 것을 바로 알 수 있는 처지에 있지 아니하므로 처분이 있은 날로부터 180일이 경과하더라도 특별한 사유가 없는 한 구 행정심판법(1995.12.6. 법률 제5000호로 개정되기 전의 것) 제18조 제3항 단서 소정의 정당한 사유가 있는 것으로 보아 심판청구가 가능하다고 할 것이나, 그 제3자가 어떤 경위로든 행정처분이 있음을 알았거나 쉽게 알 수 있는 등 행정심판법 제18조 제1항 소정의 심판청구기간 내에 심판청구가 가능하였다는 사정이 있는 경우에는 그 때로부터 90일 이내에 행정심판을 청구하여야 한다(대판 1997.9.12. 96누14661).

5. 심판청구기간의 오고지 · 불고지

(1) 오고지 2020년 제8회 기출

행정청이 심판청구기간을 처분이 있음을 안 날로부터 90일보다 긴 기간으로 잘못 알린 경우에는, 그 잘못 알린 기간 내에 심판청구가 있으면 그 심판청구는 90일 내에 제기된 것으로 본다(「행정심판법」 제27조 제5항).

(2) 불고지

행정청이 심판청구기간을 알리지 않은 경우에는 처분이 있은 날로부터 180일 이내에 심판청구를 할 수 있다(「행정심판법」 제27조 제6항).

2020년 제8회 기출문제

» 모범답안 교재 331p 참조

甲은 관할 행정청인 A시장에게 노래연습장업의 등록을 하고 그 영업을 영위해 오고 있다. 甲은 2020. 3. 5. 13:30경 영업장소에 청소년을 출입시켜 주류를 판매・제공하였다는 이유로 단속에 적발되었다. A시장은 사전통지 절차를 거친 후 2020. 4. 8. 甲에 대한 3개월의 영업정지처분의 통지서를 송달하였고, 甲은 다음날 처분 통지서를 수령하였다. 통지서에는 "처분이 있음을 안 날부터 120일 이내에 B행정심판위원회에 행정심판을 제기할 수 있다"라고 청구기간이 잘못 기재되어 있었다. 甲은 해당 처분이 자신의 위반행위에 비하여 과중한 제재처분이라고 주장하면서 A시장을 피청구인으로 하여 B행정심판위원회에 2020. 8. 3. 취소심판을 제기하였다. 다음 물음에 답하시오. (40점)

물음 1) 甲이 제기한 행정심판은 청구기간을 준수하였는지 논하시오. (20점)

02 심판청구서의 제출

행정심판법

제28조【심판청구의 방식】 ① 심판청구는 서면으로 하여야 한다.

② 처분에 대한 심판청구의 경우에는 심판청구서에 다음 각 호의 사항이 포함되어야 한다.

1. 청구인의 이름과 주소 또는 사무소(주소 또는 사무소 외의 장소에서 송달받기를 원하면 송달장소를 추가로 적어야 한다)
2. 피청구인과 위원회
3. 심판청구의 대상이 되는 처분의 내용
4. 처분이 있음을 알게 된 날
5. 심판청구의 취지와 이유
6. 피청구인의 행정심판 고지 유무와 그 내용

③ 부작위에 대한 심판청구의 경우에는 제2항 제1호・제2호・제5호의 사항과 그 부작위의 전제가 되는 신청의 내용과 날짜를 적어야 한다.

④ 청구인이 법인이거나 제14조에 따른 청구인 능력이 있는 법인이 아닌 사단 또는 재단이거나 행정심판이 선정대표자나 대리인에 의하여 청구되는 것일 때에는 제2항 또는 제3항의 사항과 함께 그 대표자・관리인・선정대표자 또는 대리인의 이름과 주소를 적어야 한다.

⑤ 심판청구서에는 청구인・대표자・관리인・선정대표자 또는 대리인이 서명하거나 날인하여야 한다.

1. 서면주의

심판청구는 서면으로 하여야 한다. 다만, 엄격한 형식을 요하지 아니하는 서면행위로 해석되므로 형식과 관계없이 그 내용이 처분에 대한 불복을 청구하는 경우 행정심판청구로 보아야 한다.

판례

행정심판청구는 엄격한 형식을 요하지 않는 서면행위로 해석

행정심판법 제19조, 제23조의 규정 취지와 행정심판제도의 목적에 비추어 보면 행정소송의 전치요건인 행정심판청구는 엄격한 형식을 요하지 아니하는 서면행위로 해석되므로, 위법·부당한 행정처분으로 인하여 권리나 이익을 침해당한 자로부터 그 처분의 취소나 변경을 구하는 서면이 제출되었을 때에는 그 표제와 제출기관의 여하를 불문하고 이를 행정심판법 제18조 소정의 행정심판청구로 보고, 불비된 사항이 보정가능한 때에는 보정을 명하고 보정이 불가능하거나 보정명령에 따르지 아니한 때에 비로소 부적법 각하를 하여야 할 것이며, 더욱이 심판청구인은 일반적으로 전문적 법률지식을 갖고 있지 못하여 제출된 서면의 취지가 불명확한 경우도 적지 않으나, 이러한 경우에도 행정청으로서는 그 서면을 가능한 한 제출자의 이익이 되도록 해석하고 처리하여야 한다(대판 2000.6.9. 98두2621).

국민고충처리위원회에 접수된 신청서가 행정기관의 처분에 대하여 시정을 구하는 취지임이 내용상 분명한 것으로서 국민고충처리위원회가 이를 당해 처분청 또는 그 재결청에 송부한 경우에 한하여 행정심판법 제17조 제2항, 제7항의 규정에 의하여 그 신청서가 국민고충처리위원회에 접수된 때에 행정심판청구가 제기된 것으로 볼 수 있다(대판 1995.9.29. 95누5332).

2. 전자정보처리조직을 통한 심판청구

행정심판법

제52조【전자정보처리조직을 통한 심판청구 등】 ① 이 법에 따른 행정심판 절차를 밟는 자는 심판청구서와 그 밖의 서류를 전자문서화하고 이를 정보통신망을 이용하여 위원회에서 지정·운영하는 전자정보처리조직(행정심판 절차에 필요한 전자문서를 작성·제출·송달할 수 있도록 하는 하드웨어, 소프트웨어, 데이터베이스, 네트워크, 보안요소 등을 결합하여 구축한 정보처리능력을 갖춘 전자적 장치를 말한다. 이하 같다)을 통하여 제출할 수 있다.

② 제1항에 따라 제출된 전자문서는 이 법에 따라 제출된 것으로 보며, 부본을 제출할 의무는 면제된다.

③ 제1항에 따라 제출된 전자문서는 그 문서를 제출한 사람이 정보통신망을 통하여 전자정보처리조직에서 제공하는 접수번호를 확인하였을 때에 전자정보처리조직에 기록된 내용으로 접수된 것으로 본다.

④ 전자정보처리조직을 통하여 접수된 심판청구의 경우 제27조에 따른 심판청구 기간을 계산할 때에는 제3항에 따른 접수가 되었을 때 행정심판이 청구된 것으로 본다.

03 심판청구의 제출절차

1. 제출기관

행정심판법

제23조【심판청구서의 제출】 ① 행정심판을 청구하려는 자는 제28조에 따라 심판청구서를 작성하여 피청구인이나 위원회에 제출하여야 한다. 이 경우 피청구인의 수만큼 심판청구서 부본을 함께 제출하여야 한다.

② 행정청이 제58조에 따른 고지를 하지 아니하거나 잘못 고지하여 청구인이 심판청구서를 다른 행정기관에 제출한 경우에는 그 행정기관은 그 심판청구서를 지체 없이 정당한 권한이 있는 피청구인에게 보내야 한다.

③ 제2항에 따라 심판청구서를 보낸 행정기관은 지체 없이 그 사실을 청구인에게 알려야 한다.

④ 제27조에 따른 심판청구 기간을 계산할 때에는 제1항에 따른 피청구인이나 위원회 또는 제2항에 따른 행정기관에 심판청구서가 제출되었을 때에 행정심판이 청구된 것으로 본다.

2. 피청구인의 처리

행정심판법

제24조【피청구인의 심판청구서 등의 접수 · 처리】 ① 피청구인이 제23조 제1항 · 제2항 또는 제26조 제1항에 따라 심판청구서를 접수하거나 송부받으면 10일 이내에 심판청구서(제23조 제1항 · 제2항의 경우만 해당된다)와 답변서를 위원회에 보내야 한다. 다만, 청구인이 심판청구를 취하한 경우에는 그러하지 아니하다.

② 제1항에도 불구하고 심판청구가 그 내용이 특정되지 아니하는 등 명백히 부적법하다고 판단되는 경우에 피청구인은 답변서를 위원회에 보내지 아니할 수 있다. 이 경우 심판청구서를 접수하거나 송부받은 날부터 10일 이내에 그 사유를 위원회에 문서로 통보하여야 한다.

③ 제2항에도 불구하고 위원장이 심판청구에 대하여 답변서 제출을 요구하면 피청구인은 위원장으로부터 답변서 제출을 요구받은 날부터 10일 이내에 위원회에 답변서를 제출하여야 한다.

④ 피청구인은 처분의 상대방이 아닌 제3자가 심판청구를 한 경우에는 지체 없이 처분의 상대방에게 그 사실을 알려야 한다. 이 경우 심판청구서 사본을 함께 송달하여야 한다.

⑤ 피청구인이 제1항 본문에 따라 심판청구서를 보낼 때에는 심판청구서에 위원회가 표시되지 아니하였거나 잘못 표시된 경우에도 정당한 권한이 있는 위원회에 보내야 한다.

⑥ 피청구인은 제1항 본문 또는 제3항에 따라 답변서를 보낼 때에는 청구인의 수만큼 답변서 부본을 함께 보내되, 답변서에는 다음 각 호의 사항을 명확하게 적어야 한다.

⑦ 제4항과 제5항의 경우에 피청구인은 송부 사실을 지체 없이 청구인에게 알려야 한다.

⑧ 중앙행정심판위원회에서 심리 · 재결하는 사건인 경우 피청구인은 제1항 또는 제3항에 따라 위원회에 심판청구서 또는 답변서를 보낼 때에는 소관 중앙행정기관의 장에게도 그 심판청구 · 답변의 내용을 알려야 한다.

3. 피청구인의 직권취소 등

행정심판법

제25조【피청구인의 직권취소등】 ① 제23조 제1항 · 제2항 또는 제26조 제1항에 따라 심판청구서를 받은 피청구인은 그 심판청구가 이유 있다고 인정하면 심판청구의 취지에 따라 직권으로 처분을 취소 · 변경하거나 확인을 하거나 신청에 따른 처분(이하 이 조에서 "직권취소등"이라 한다)을 할 수 있다. 이 경우 서면으로 청구인에게 알려야 한다.

② 피청구인은 제1항에 따라 직권취소등을 하였을 때에는 청구인이 심판청구를 취하한 경우가 아니면 제24조 제1항 본문에 따라 심판청구서 · 답변서를 보내거나 같은 조 제3항에 따라 답변서를 보낼 때 직권취소등의 사실을 증명하는 서류를 위원회에 함께 제출하여야 한다.

4. 행정심판위원회의 처리

행정심판법

제26조【위원회의 심판청구서 등의 접수 · 처리】 ① 위원회는 제23조 제1항에 따라 심판청구서를 받으면 지체 없이 피청구인에게 심판청구서 부본을 보내야 한다.

② 위원회는 제24조 제1항 본문 또는 제3항에 따라 피청구인으로부터 답변서가 제출된 경우 답변서 부본을 청구인에게 송달하여야 한다.

5. 청구취지의 변경

행정심판법

제29조【청구의 변경】 ① 청구인은 청구의 기초에 변경이 없는 범위에서 청구의 취지나 이유를 변경할 수 있다.

② 행정심판이 청구된 후에 피청구인이 새로운 처분을 하거나 심판청구의 대상인 처분을 변경한 경우에는 청구인은 새로운 처분이나 변경된 처분에 맞추어 청구의 취지나 이유를 변경할 수 있다.

③ 제1항 또는 제2항에 따른 청구의 변경은 서면으로 신청하여야 한다. 이 경우 피청구인과 참가인의 수만큼 청구변경신청서 부본을 함께 제출하여야 한다.

④ 위원회는 제3항에 따른 청구변경신청서 부본을 피청구인과 참가인에게 송달하여야 한다.

⑤ 제4항의 경우 위원회는 기간을 정하여 피청구인과 참가인에게 청구변경 신청에 대한 의견을 제출하도록 할 수 있으며, 피청구인과 참가인이 그 기간에 의견을 제출하지 아니하면 의견이 없는 것으로 본다.

⑥ 위원회는 제1항 또는 제2항의 청구변경 신청에 대하여 허가할 것인지 여부를 결정하고, 지체 없이 신청인에게는 결정서 정본을, 당사자 및 참가인에게는 결정서 등본을 송달하여야 한다.

⑦ 신청인은 제6항에 따라 송달을 받은 날부터 7일 이내에 위원회에 이의신청을 할 수 있다.

⑧ 청구의 변경결정이 있으면 처음 행정심판이 청구되었을 때부터 변경된 청구의 취지나 이유로 행정심판이 청구된 것으로 본다.

(1) 의의

청구취지의 변경이란, 심판청구의 계속 중에 청구인이 당초 청구한 청구취지나 이유를 변경하는 것을 말한다.

(2) 요건

1) 청구기초에 변경이 없을 것

① 청구인은 청구의 기초에 변경이 없는 범위에서 청구의 취지나 이유를 변경할 수 있다.

② 청구의 기초에 변경이 없는 범위란 청구한 사건의 동일성을 깨뜨리지 않는 범위를 말한다. 대체로 전후의 심판청구로 달성하려고 하는 법률상 이익의 동일성이 유지되는 경우를 말한다.

2) 처분변경의 경우

행정심판이 청구된 후에 피청구인이 새로운 처분을 하거나 심판청구의 대상인 처분을 변경한 경우이어야 한다.

(3) 효과

청구변경의 결정이 있으면 행정심판이 청구되었을 때부터 변경된 청구의 취지나 이유로 행정심판이 청구된 것으로 본다.

Chapter

04 심판청구의 효과와 가구제

제1절 심판청구의 효과

01 행정심판위원회에 대한 효과

행정심판이 청구된 경우 행정심판위원회는 이를 심리·재결할 의무를 진다.

02 처분에 대한 효과

1. 집행부정지원칙

(1) 의의

심판청구는 처분의 효력이나 그 집행 또는 절차의 속행(續行)에 영향을 주지 아니한다. 이를 집행부정지의 원칙이라 한다.

(2) 제도의 취지

집행부정지의 원칙은 심판청구의 남용을 막고, 행정집행의 부당한 지체를 막으려는 취지에서 입법정책상 채택된 것이다. 국민의 권리구제가 제한되거나 경시된다는 문제점이 있다. 「행정심판법」은 이러한 문제점을 보완하기 위해 예외적 집행정지결정을 할 수 있도록 하고 있다.

2. 예외적 집행정지

집행부정지의 원칙은 국민의 권리구제가 제한되거나 경시된다는 문제점이 있다. 「행정심판법」은 이러한 문제점을 보완하기 위해 위원회가 일정한 요건하에 예외적 집행정지결정을 할 수 있도록 하고 있다.

제2절 「행정심판법」상 가구제

행정심판법

제30조【집행정지】① 심판청구는 처분의 효력이나 그 집행 또는 절차의 속행(續行)에 영향을 주지 아니한다.

② 위원회는 처분, 처분의 집행 또는 절차의 속행 때문에 중대한 손해가 생기는 것을 예방할 필요성이 긴급하다고 인정할 때에는 직권으로 또는 당사자의 신청에 의하여 처분의 효력, 처분의 집행 또는 절차의 속행의 전부 또는 일부의 정지(이하 "집행정지"라 한다)를 결정할 수 있다. 다만, 처분의 효력정지는 처분의 집행 또는 절차의 속행을 정지함으로써 그 목적을 달성할 수 있을 때에는 허용되지 아니한다.

③ 집행정지는 공공복리에 중대한 영향을 미칠 우려가 있을 때에는 허용되지 아니한다.

④ 위원회는 집행정지를 결정한 후에 집행정지가 공공복리에 중대한 영향을 미치거나 그 정지사유가 없어진 경우에는 직권으로 또는 당사자의 신청에 의하여 집행정지 결정을 취소할 수 있다.

⑤ 집행정지 신청은 심판청구와 동시에 또는 심판청구에 대한 제7조 제6항 또는 제8조 제7항에 따른 위원회나 소위원회의 의결이 있기 전까지, 집행정지 결정의 취소신청은 심판청구에 대한 제7조 제6항 또는 제8조 제7항에 따른 위원회나 소위원회의 의결이 있기 전까지 신청의 취지와 원인을 적은 서면을 위원회에 제출하여야 한다. 다만, 심판청구서를 피청구인에게 제출한 경우로서 심판청구와 동시에 집행정지 신청을 할 때에는 심판청구서 사본과 접수증명서를 함께 제출하여야 한다.

⑥ 제2항과 제4항에도 불구하고 위원회의 심리·결정을 기다릴 경우 중대한 손해가 생길 우려가 있다고 인정되면 위원장은 직권으로 위원회의 심리·결정을 갈음하는 결정을 할 수 있다. 이 경우 위원장은 지체 없이 위원회에 그 사실을 보고하고 추인(追認)을 받아야 하며, 위원회의 추인을 받지 못하면 위원장은 집행정지 또는 집행정지 취소에 관한 결정을 취소하여야 한다.

⑦ 위원회는 집행정지 또는 집행정지의 취소에 관하여 심리·결정하면 지체 없이 당사자에게 결정서 정본을 송달하여야 한다.

01 집행정지

1. 의의

집행정지는 심판이 청구된 경우 대상되는 처분의 효력이나 집행 또는 절차의 속행을 정지시키는 것을 말한다.

2. 집행정지결정의 요건

(1) 적극적 요건

① 집행정지대상인 처분이 존재할 것, ② 심판청구의 계속, ③ 중대한 손해가 생기는 것을 예방할 필요성, ④ 긴급한 필요의 존재를 요건으로 한다.

(2) 소극적 요건

① 집행정지처분으로 인하여 공공복리에 중대한 영향을 미칠 우려가 없어야 한다.

② 판례는 명문의 규정이 없지만 심판청구의 이유없음이 명백하지 않을 것을 요구하고 있다.

3. 요건에 대한 분석

(1) 정지대상인 처분의 존재

① 집행정지의 대상은 처분의 효력, 집행 또는 절차의 속행이다. 따라서 처분 전이나, 부작위처분, 처분이 소멸된 후에는 그 대상이 없어 허용되지 않는다.

② 집행정지가 허용될 수 있는 심판은 취소심판과 무효등확인심판이며 의무이행심판은 집행정지가 허용되지 않는다.

③ 거부처분에 대해 집행정지가 가능할 것인가에 대해서는 견해대립이 있다(별도 후술).

(2) 적법한 심판청구의 계속

① 집행정지는 심판청구의 계속(繫屬)을 요건으로 한다. 계속된 심판청구는 심판청구 기간 등의 심판청구 요건을 갖춘 적법한 것이어야 한다.

② 심판청구 요건은 집행정지 신청에 대한 결정을 하기 전에 갖추면 된다. 행정심판을 청구하기 전에 집행정지 신청을 한 경우에도 집행정지 신청에 대한 결정이 있기 전에 행정심판을 청구하면 그 하자가 치유되므로 집행정지 결정을 받을 수 있다.

(3) 중대한 손해발생의 우려

원상회복이 곤란한 손해는 물론 금전부과처분으로 경제적 손실이나 기업 이미지 및 신용의 훼손으로 인해 사업을 계속할 수 없거나 중대한 경영상의 위기를 맞게 될 것으로 보이는 등의 경우를 포함한다.

(4) 긴급한 필요의 존재

긴급한 필요란 중대한 손해가 발생될 가능성이 절박하여 재결을 기다릴 만한 시간적 여유가 없는 경우를 말한다.

(5) 공공복리에 중대한 영향을 미칠 우려가 없을 것

집행정지는 적극적 요건이 충족되어 집행정지가 청구인의 권리보전을 위하여 필요한 경우에도 공공복리에 중대한 영향을 미칠 우려가 없는 때에만 허용된다.

판례

출입국관리법상의 강제퇴거명령에 대하여는 집행정지를 허용하면서, 강제퇴거명령의 집행을 위한 보호명령에 대하여는 그 집행정지시 공공복리에 중대한 영향을 미칠 우려가 있다는 이유로 집행정지를 허용하지 않은 사례

출입국관리법상의 강제퇴거명령 및 그 집행을 위한 같은 법 제63조 제1항, 같은법 시행령 제78조 제1항 소정의 보호명령에 대하여 그 취소를 구하는 소송이 제기되고 나아가 강제퇴거명령의 집행이 정지되었다면, 강제퇴거명령의 집행을 위한 보호명령의 보호기간은 결국 본안소송이 확정될 때까지의 장기간으로 연장되는 결과가 되어 그 보호명령이 그대로 집행된다면 본안소송에서 승소하더라도 회복하기 어려운 손해를 입게 된다고 할 것이나, 그 보호명령의 집행을 정지하면 외국인의 출입국 관리에 막대한 지장을 초래하여 공공복리에 중대한 영향을 미칠 우려가 있다는 이유로, 그 보호명령의 집행정지를 허용하지 않은 것은 정당하다(대판 1997.1.20. 자 96두31).

4. 집행정지결정의 대상

집행정지의 대상은 처분의 효력이나 집행 또는 그 절차의 속행의 전부 또는 일부이다. 다만, 처분의 효력정지는 처분의 집행이나 절차의 속행을 정지함으로써 그 목적을 달성할 수 있을 때에는 허용되지 않는다.

5. 집행정지결정의 절차

(1) 집행정지신청

집행정지신청은 심판청구와 동시에 또는 심판청구에 대한 위원회나 소위원회의 의결이 있기 전까지, 위원회나 소위원회의 의결이 있기 전까지 신청의 취지와 원인을 적은 서면을 위원회에 제출하여야 한다. 다만, 심판청구서를 피청구인에게 제출한 경우로서 심판청구와 동시에 집행정지신청을 할 때에는 심판청구서 사본과 접수증명서를 함께 제출하여야 한다.

(2) 위원장의 직권결정

위원회의 심리・결정을 기다릴 경우 중대한 손해가 생길 우려가 있다고 인정되면 위원장은 직권으로 위원회의 심리・결정을 갈음하는 결정을 할 수 있다. 이 경우 위원장은 지체 없이 위원회에 그 사실을 보고하고 추인(追認)을 받아야 하며, 위원회의 추인을 받지 못하면 위원장은 집행정지 또는 집행정지 취소에 관한 결정을 취소하여야 한다.

(3) 결정서 정본 송달

위원회는 집행정지 또는 집행정지의 취소에 관하여 심리・결정하면 지체 없이 당사자에게 결정서 정본을 송달하여야 한다.

6. 집행정지결정의 취소

위원회는 집행정지를 결정한 후에 집행정지가 공공복리에 중대한 영향을 미치거나 그 정지사유가 없어진 경우에는 직권으로 또는 당사자의 신청에 의하여 집행정지 결정을 취소할 수 있다(「행정심판법」 제30조 제4항).

7. 집행정지결정의 효력

(1) 형성력

효력정지결정에 의해 처분의 전부 또는 일부 처분의 효력이 정지되는 효력이 발생한다. 이를 정지결정의 형성력이라 한다. 형성력은 제3자에게도 효력이 미치므로 대세효를 가진다.

(2) 시간적 효력

집행정지결정의 주문에 정하여진 시기까지 그 효력은 정지한다. 다만, 결정주문에 정함이 없는 때에는 재결이 확정될 때까지 정지한다. 때문에 집행정지결정의 효력은 장래에 향하여 발생한다.

02 임시처분 2016년 제4회 기출

행정심판법

제31조【임시처분】① 위원회는 처분 또는 부작위가 위법·부당하다고 상당히 의심되는 경우로서 처분 또는 부작위 때문에 당사자가 받을 우려가 있는 중대한 불이익이나 당사자에게 생길 급박한 위험을 막기 위하여 임시지위를 정하여야 할 필요가 있는 경우에는 직권으로 또는 당사자의 신청에 의하여 임시처분을 결정할 수 있다.
② 제1항에 따른 임시처분에 관하여는 제30조 제3항부터 제7항까지를 준용한다. 이 경우 같은 조 제6항 전단 중 "중대한 손해가 생길 우려"는 "중대한 불이익이나 급박한 위험이 생길 우려"로 본다.
③ 제1항에 따른 임시처분은 제30조 제2항에 따른 집행정지로 목적을 달성할 수 있는 경우에는 허용되지 아니한다.

1. 의의

임시처분이란 처분 또는 부작위에 대하여 인정되는 임시지위를 정하는 가구제이다. 임시처분은 의무이행심판에 의한 권리구제의 실효성을 보장하기 위한 제도이다.

2. 집행정지에 대한 보충성

① 임시처분은 집행정지로 목적을 달성할 수 있는 경우에는 허용되지 아니한다. 임시처분은 집행정지와의 관계에서 보충적 구제수단이다.
② 실무상 거부처분이나 부작위에 대한 집행정지를 인정하지 않으므로 임시처분은 거부처분이나 부작위에 대한 유일한 「행정심판법」상의 가구제 제도이다.

3. 임시처분의 요건

(1) 적극적 요건

① 처분 또는 부작위가 위법·부당하다고 상당히 의심될 것, ② 당사자가 받을 우려가 있는 중대한 불이익이나 당사자에게 생길 급박한 위험의 방지, ③ 임시지위를 정할 필요성의 존재를 요건으로 한다.

(2) 소극적 요건

① 임시처분으로 인하여 공공복리에 중대한 영향을 미칠 우려가 없어야 한다.
② 집행정지로 목적을 달성할 수 있는 경우에는 허용되지 아니한다(집행정지에 대한 보충성).

4. 임시처분의 절차

(1) 임시처분 신청

임시처분 신청은 심판청구와 동시에 또는 심판청구에 대한 위원회나 소위원회의 의결이 있기 전까지, 임시처분 결정의 취소신청은 심판청구에 대한 위원회나 소위원회의 의결이 있기 전까지 신청의 취지와 원인을 적은 서면을 위원회에 제출하여야 한다. 다만, 심판청구서를 피청구인에게 제출한 경우로서 심판청구와 동시에 임시처분신청을 할 때에는 심판청구서 사본과 접수증명서를 함께 제출하여야 한다.

(2) **위원장의 직권결정**

위원회의 심리·결정을 기다릴 경우 중대한 손해가 생길 우려가 있다고 인정되면 위원장은 직권으로 위원회의 심리·결정을 갈음하는 결정을 할 수 있다. 이 경우 위원장은 지체 없이 위원회에 그 사실을 보고하고 추인(追認)을 받아야 하며, 위원회의 추인을 받지 못하면 위원장은 임시처분 또는 임시처분 취소에 관한 결정을 취소하여야 한다.

(3) **결정서 정본 송달**

위원회는 임시처분 또는 임시처분 취소에 관하여 심리·결정하면 지체 없이 당사자에게 결정서 정본을 송달하여야 한다.

5. 임시처분결정의 취소

위원회는 임시처분을 결정한 후에 임시처분이 공공복리에 중대한 영향을 미치거나 그 임시처분의 사유가 없어진 경우에는 직권으로 또는 당사자의 신청에 의하여 임시처분 결정을 취소할 수 있다.

제3절 거부처분에 대한 가구제 2022년 제10회, 2023년 제11회 기출

1. 집행정지의 인정여부

(1) **집행정지의 의의**

행정심판위원회가 직권 또는 당사자의 신청에 의하여 처분의 효력, 처분의 집행 또는 절차의 속행의 전부 또는 일부의 정지를 결정하는 것을 집행정지라 한다.

(2) **집행정지결정의 요건**

1) **적극적 요건**

집행정지는 ① 집행정지대상인 처분 존재, ② 적법한 심판청구의 계속, ③ 중대한 손해가 생기는 것을 예방할 필요성, ④ 긴급성을 요건으로 한다.

2) **소극적 요건**

① 집행정지처분으로 인하여 공공복리에 중대한 영향을 미칠 우려가 없어야 한다.
② 판례는 본안청구의 이유 없음이 명백하지 않을 것을 소극적 요건으로 보고 있다.

(3) **거부처분에 대한 집행정지**

1) **쟁점**

집행정지의 대상인 처분과 관련 거부처분에 대해 집행정지가 가능한지에 대해서 견해대립이 있다.

2) 학설

① 거부처분에 대해 집행정지를 하더라도 행정청이 신청에 따른 처분을 할 의무를 부담하지 않는다는 점에서 부정설, ② 원칙적으로 인정되지 않지만 거부처분의 집행정지에 의하여 신청인에게 어떠한 법적 이익이 있다고 인정되는 예외적 경우에는 인정된다는 예외적 긍정설, ③ 집행정지결정의 기속력에 의해 행정청에게 잠정적인 재처분의무가 생긴다고 볼 수 있다는 점에서 긍정설의 견해대립이 있다.

3) 판례

판례는 일률적으로 거부처분에 대한 집행정지를 부정한다.

4) 결론

거부처분은 그 자체를 침익적 처분으로 볼 수 없고 거부처분에 대해서는 임시처분이 가능하다는 점에서 부정설이 타당하다.

2. 임시처분의 인정여부

(1) 임시처분의 의의

임시처분이란 행정심판위원회가 직권 또는 당사자의 신청에 의하여 처분 또는 부작위에 대하여 인정되는 임시지위를 정하는 가구제이다.

(2) 임시처분의 요건

1) 적극적 요건

① 처분 또는 부작위가 위법・부당하다고 상당히 의심될 것, ② 당사자가 받을 우려가 있는 중대한 불이익이나 당사자에게 생길 급박한 위험의 방지의 필요성, ③ 임시지위를 정할 필요성의 존재를 요건으로 한다.

2) 소극적 요건

① 임시처분으로 인하여 공공복리에 중대한 영향을 미칠 우려가 없을 것, ② 집행정지로 목적달성이 가능하지 않을 것을 요건으로 한다.

(3) 거부처분의 경우

행정청의 거부처분에 대해 임시처분의 요건을 갖춘 경우 위원회의 임시처분이 가능하다.

2016년 제4회 기출문제

» 모범답안 교재 308p 참조

甲은 A행정청이 시행한 국가공무원시험의 1차 객관식시험에 응시하였으나 불합격(이하 '처분'이라 함)하였다. 이 시험은 1차 객관식시험, 2차 주관식시험과 3차 면접시험으로 구성되고, 3차 면접시험에 합격한 경우에 최종 합격자가 된다. 또한 3차 면접시험에 응시하기 위해서는 2차 주관식시험에, 2차 주관식시험에 응시하기 위해서는 1차 객관식시험에 각각 합격하여야 한다. 甲은 위 처분에 대하여 행정심판을 청구하였으나, 관할 행정심판위원회가 2차 주관식시험 시행 전까지 재결하지 않을 것에 대비하여 법적 수단을 강구하고자 한다. 甲이 재결 전이라도 2차 주관식시험에 응시하기 위하여 취할 수 있는 행정심판법상 구제수단에는 어떠한 것이 있는지 논하시오. (40점)

2022년 제10회 기출문제

» 모범답안 교재 343p 참조

甲은 '사실상의 도로'로서 인근 주민들의 통행로로 이용되고 있는 토지(이하 '이 사건 토지'라 한다)를 매수한 다음 관할 구청장 乙에게 그 지상에 주택을 신축하겠다는 내용의 건축허가를 신청하였으나, 乙은 '위 토지가 건축법상 도로에 해당하여 건축을 허용할 수 없다'는 사유로 건축허가를 거부하였다. 이에 甲은 위 거부행위에 대해 취소심판청구 및 집행정지신청을 하였다. 다음 물음에 답하시오. (40점)

물음 1) 乙은 '甲의 건축허가 신청을 거부한 행위는 취소심판의 대상이 되는 거부처분이 아니고, 또 건축허가 거부행위에 대해서는 집행정지가 허용되지 않는다.'고 주장한다. 乙의 주장은 타당한가? (20점)

2023년 제11회 기출문제

» 모범답안 교재 350p 참조

A시의 공공주택난을 해소하기 위한 청년대상 공공아파트 1개 동을 건설하기 위하여 甲은 시장 乙에게 주택건설사업계획승인신청을 하였다. 이 신청에 대하여 乙은 관계 법령에 따라 아파트 건설이 가능하다고 구술로 답을 하였다. 그러나 乙의 임기 만료 후에 새로 취임한 시장 丙은 공공아파트 신축 예정지역 인근에 시 지정 공원이 있어 아파트 건설로 A시의 환경, 미관 등이 손상될 우려가 있다는 이유로, 주택건설사업계획승인신청을 반려하는 처분(이하 '이 사건 반려처분'이라 한다)을 하였다. 甲은 이에 불복하여 이 사건 반려처분의 취소를 구하는 행정심판청구및 집행정지신청(이하 '이 사건 취소심판'이라 한다)을 하였다. 다음 물음에 답하시오. (40점)

물음 1) 이 사건 취소심판에서 집행정지의 인용 여부를 검토하시오. (20점)

Chapter

05 행정심판의 심리

제1절 심리의 내용과 범위

01 심리의 내용

1. 심리의 의의

행정심판의 심리란 재결의 기초가 되는 사실 및 법률관계를 명백히 하기 위하여 당사자 및 관계인의 주장과 반박을 듣고 증거 기타 자료를 수집·조사하는 절차를 말한다.

2. 내용

(1) 요건심리

> 행정심판법
>
> 제32조【보정】① 위원회는 심판청구가 적법하지 아니하나 보정(補正)할 수 있다고 인정하면 기간을 정하여 청구인에게 보정할 것을 요구할 수 있다. 다만, 경미한 사항은 직권으로 보정할 수 있다.
>
> ② 청구인은 제1항의 요구를 받으면 서면으로 보정하여야 한다. 이 경우 다른 당사자의 수만큼 보정서 부본을 함께 제출하여야 한다.
>
> ③ 위원회는 제2항에 따라 제출된 보정서 부본을 지체 없이 다른 당사자에게 송달하여야 한다.
>
> ④ 제1항에 따른 보정을 한 경우에는 처음부터 적법하게 행정심판이 청구된 것으로 본다.
>
> ⑤ 제1항에 따른 보정기간은 제45조에 따른 재결 기간에 산입하지 아니한다.
>
> ⑥ 위원회는 청구인이 제1항에 따른 보정기간 내에 그 흠을 보정하지 아니한 경우에는 그 심판청구를 각하할 수 있다.

1) 의의

요건심리는 당해 심판청구가 적법한 심판청구요건을 갖추었는지를 형식적으로 심리하는 것이다. 요건심리결과 제기요건이 갖추어지지 않은 것으로 인정될 때에는 당해 심판청구는 부적법 각하재결을 내려야 한다.

2) 불비된 요건의 보정

① 위원회는 심판청구가 적법하지 아니하나 보정(補正)할 수 있다고 인정하면 기간을 정하여 청구인에게 보정할 것을 요구할 수 있다. 다만, 경미한 사항은 직권으로 보정할 수 있다.
② 보정을 한 경우에는 처음부터 적법하게 행정심판이 청구된 것으로 본다.
⑤ 보정기간은 재결 기간에 산입하지 아니한다.

3) 보정할 수 없는 심판청구의 각하

위원회는 심판청구서에 타인을 비방하거나 모욕하는 내용 등이 기재되어 청구 내용을 특정할 수 없고 그 흠을 보정할 수 없다고 인정되는 경우에는 보정요구 없이 그 심판청구를 각하할 수 있다.

4) 위원회의 직권조사사항

행정심판청구요건의 존부는 위원회의 직권조사사항이다. 당사자의 주장이 없더라도 직권조사할 수 있다.

5) 요건구비의 판단시점

행정심판청구요건의 존부는 변론종결시를 기준으로 판단한다. 행정심판청구 당시 심판청구요건의 흠결이 있는 경우에도 위원회에서 사실확정이 되기 전까지 요건을 갖추면 적법한 행정심판청구가 된다.

(2) 본안심리

① 심판청구요건이 적법하게 갖추어진 경우 당해 심판청구의 내용에 관하여 판단한다.
② 본안심리의 결과 심판청구가 이유 있는 경우 인용하고, 그렇지 않은 경우 기각한다.
③ 요건심리와 본안심리는 항상 시간적으로 전·후관계에 있는 것은 아니다. 본안심리 중에도 심판청구의 형식적 요건에 흠이 발견되면 위원회는 언제든 각하할 수 있다.

02 심리범위

> 행정심판법
> 제47조【재결의 범위】① 위원회는 심판청구의 대상이 되는 처분 또는 부작위 외의 사항에 대하여는 재결하지 못한다.
> ② 위원회는 심판청구의 대상이 되는 처분보다 청구인에게 불리한 재결을 하지 못한다.

1. 불고불리 및 불이익변경금지

(1) 불고불리의 원칙

위원회는 심판청구의 대상인 처분 또는 부작위 외의 사항에 대해서는 재결을 하지 못한다.

(2) 불이익변경금지의 원칙

위원회는 심판청구의 대상이 되는 처분보다 청구인에게 불리한 재결을 하지 못한다.

2. 법률문제 · 사실문제

행정심판의 심리는 법률문제와 사실문제까지 심리할 수 있다. 법률문제는 처분의 적법·위법의 문제뿐만 아니라 당·부당의 문제까지 심리한다.

3. 재량문제

행정심판은 행정청의 재량처분에 대해 일탈·남용의 위법뿐만 아니라 재량권 발동의 합목적성의 심사인 부당까지 심리할 수 있다.

01

제2절 심리의 원칙

01 심리의 기본원칙

1. 대심주의

「행정심판법」은 청구인과 피청구인이 서로 대등한 입장에서 공격·방어방법을 제출할 수 있게 하고, 행정심판위원회가 제3자적 입장에서 심리를 진행하도록 하는 대심주의를 채택하고 있다.

2. 처분권주의

행정심판은 청구인의 심판청구에 의해 행정심판이 개시되고, 심판대상과 범위가 당사자에 의해 결정되며, 심판절차의 종료도 청구인이 결정할 수 있도록 하여 처분권주의에 입각해 있다. 다만, 청구기간의 제한, 청구인낙의 불인정 등 공익적 견지에서 처분권주의가 많은 제한을 받는다.

3. 직권심리주의

> **행정심판법**
> **제39조【직권심리】** 위원회는 필요하면 당사자가 주장하지 아니한 사실에 대하여도 심리할 수 있다.
>
> **제36조【증거조사】** ① 위원회는 사건을 심리하기 위하여 필요하면 직권으로 또는 당사자의 신청에 의하여 다음 각 호의 방법에 따라 증거조사를 할 수 있다.

(1) 의의

① 직권심리주의란 심리에 있어서 심판기관이 당사자의 사실의 주장에 근거하지 않거나 그 주장에 구속되지 않고 적극적으로 직권으로 필요한 사실의 탐지 또는 증거조사를 행하는 원칙을 말한다.

② 「행정심판법」은 '직권탐지'와 '직권증거조사'를 인정하고 있다.

(2) 직권탐지

① 위원회는 필요하면 당사자가 주장하지 아니한 사실에 대하여도 심리할 수 있다(「행정심판법」 제39조).

② 위원회의 직권탐지는 불고불리의 원칙상 당사자가 신청한 사항에 대하여 신청의 범위 내에서만 가능하다.

(3) 직권증거조사

1) 증거조사의 방법

위원회는 사건을 심리하기 위하여 필요하면 직권으로 또는 당사자의 신청에 의하여 다음 각 호의 방법에 따라 증거조사를 할 수 있다.

1. 당사자나 관계인(관계행정기관 소속 공무원을 포함한다. 이하 같다)을 위원회의 회의에 출석하게 하여 신문(訊問)하는 방법
2. 당사자나 관계인이 가지고 있는 문서·장부·물건 또는 그 밖의 증거자료의 제출을 요구하고 영치(領置)하는 방법
3. 특별한 학식과 경험을 가진 제3자에게 감정을 요구하는 방법
4. 당사자 또는 관계인의 주소·거소·사업장이나 그 밖의 필요한 장소에 출입하여 당사자 또는 관계인에게 질문하거나 서류·물건 등을 조사·검증하는 방법

2) 증거조사의 촉탁

위원회는 필요하면 위원회가 소속된 행정청의 직원이나 다른 행정기관에 촉탁하여 증거조사를 하게 할 수 있다(「행정심판법」 제36조 제2항).

3) 증표의 제시

증거조사를 수행하는 사람은 그 신분을 나타내는 증표를 지니고 이를 당사자나 관계인에게 내보여야 한다(「행정심판법」 제36조 제3항).

4) 협조의무

당사자 등은 위원회의 조사나 요구 등에 성실하게 협조하여야 한다(「행정심판법」 제36조 제4항).

4. 심리의 방식

행정심판법

제40조 【심리의 방식】 ① 행정심판의 심리는 구술심리나 서면심리로 한다. 다만, 당사자가 구술심리를 신청한 경우에는 서면심리만으로 결정할 수 있다고 인정되는 경우 외에는 구술심리를 하여야 한다.
② 위원회는 제1항 단서에 따라 구술심리 신청을 받으면 그 허가 여부를 결정하여 신청인에게 알려야 한다.
③ 제2항의 통지는 간이통지방법으로 할 수 있다.

(1) 구술 또는 서면심리

행정심판의 심리는 구술심리나 서면심리로 한다. 다만, 당사자가 구술심리를 신청한 경우에는 서면심리만으로 결정할 수 있다고 인정되는 경우 외에는 구술심리를 하여야 한다.

(2) 구술심리 신청에 대한 통지

위원회는 구술심리 신청을 받으면 그 허가 여부를 결정하여 신청인에게 알려야 한다. 통지는 간이통지방법으로 할 수 있다.

5. 비공개주의

심리의 공개 여부에 관한 명문의 규정 없으나 직권심리주의·서면심리주의 등을 채택한 「행정심판법」의 전체적인 구조로 보아 비공개주의를 원칙으로 하되, 필요한 경우 위원회의 결정으로 심리를 공개할 수 있다고 보는 견해가 다수설이다.

02 당사자의 절차적 권리

1. 위원에 대한 기피신청권

당사자는 행정심판위원이나 직원에게 공정한 심리·의결을 기대하기 어려운 사정이 있으면 위원장에게 기피신청을 할 수 있다(「행정심판법」 제10조 제2항).

2. 구술심리신청권

당사자가 구술심리를 신청한 경우에는 서면심리만으로 결정할 수 있다고 인정되는 경우 외에는 구술심리를 하여야 한다(「행정심판법」 제40조 제1항).

3. 주장에 대한 보충권(보충서면제출)

① 당사자는 심판청구서·보정서·답변서·참가신청서 등에서 주장한 사실을 보충하고 다른 당사자의 주장을 다시 반박하기 위하여 필요하면 위원회에 보충서면을 제출할 수 있다(「행정심판법」 제33조 제1항).

② 이 경우 다른 당사자의 수만큼 보충서면 부본을 함께 제출하여야 한다. 위원회는 보충서면을 받으면 지체 없이 다른 당사자에게 그 부본을 송달하여야 한다(「행정심판법」 제33조 제2항).

③ 위원회는 필요하다고 인정하면 보충서면의 제출기한을 정할 수 있다(「행정심판법」 제33조 제3항).

4. 증거서류제출권

당사자는 심판청구서·보정서·답변서·참가신청서·보충서면 등에 덧붙여 그 주장을 뒷받침하는 증거서류나 증거물을 제출할 수 있다. 증거서류에는 다른 당사자의 수만큼 증거서류 부본을 함께 제출하여야 한다. 위원회는 당사자가 제출한 증거서류의 부본을 지체 없이 다른 당사자에게 송달하여야 한다(「행정심판법」 제34조 제1·2·3항).

5. 증거조사신청권

위원회에 대해 직권증거조사를 신청할 수 있다(「행정심판법」 제36조 제1항).

03 위원회의 심리과정상 절차진행

1. 자료제출요구

위원회는 사건 심리에 필요하면 관계 행정기관이 보관 중인 관련 문서, 장부, 그 밖에 필요한 자료를 제출할 것을 요구할 수 있다. 특별한 사정이 없으면 위원회의 요구에 따라야 한다(「행정심판법」 제35조 제1항).

2. 의견진술요구

위원회는 필요하다고 인정하면 사건과 관련된 법령을 주관하는 행정기관이나 그 밖의 관계 행정기관의 장 또는 그 소속 공무원에게 위원회 회의에 참석하여 의견을 진술할 것을 요구하거나 의견서를 제출할 것을 요구할 수 있다. 특별한 사정이 없으면 위원회의 요구에 따라야 한다(「행정심판법」 제35조 제2항).

3. 중앙행정기관장의 의견제출권

중앙행정심판위원회에서 심리·재결하는 심판청구의 경우 소관 중앙행정기관의 장은 의견서를 제출하거나 위원회에 출석하여 의견을 진술할 수 있다(「행정심판법」 제35조 제4항).

4. 절차의 병합·분리

위원회는 필요하면 관련되는 심판청구를 병합하여 심리하거나 병합된 관련 청구를 분리하여 심리할 수 있다(「행정심판법」 제37조).

5. 심리기일의 지정·변경

(1) 기일 지정

심리기일은 위원회가 직권으로 지정한다.

(2) 기일변경

심리기일의 변경은 직권으로 또는 당사자의 신청에 의하여 한다.

(3) 간이통지

위원회는 심리기일이 변경되면 지체 없이 그 사실과 사유를 당사자에게 알려야 한다. 심리기일의 통지나 심리기일 변경의 통지는 서면으로 하거나 심판청구서에 적힌 전화, 휴대전화를 이용한 문자전송, 팩시밀리 또는 전자우편 등 간편한 통지 방법(이하 "간이통지방법"이라 한다)으로 할 수 있다.

04 심판청구 등의 취하

행정심판법

제42조【심리의 방식】 ① 청구인은 심판청구에 대하여 제7조 제6항 또는 제8조 제7항에 따른 의결이 있을 때까지 서면으로 심판청구를 취하할 수 있다.

② 참가인은 심판청구에 대하여 제7조 제6항 또는 제8조 제7항에 따른 의결이 있을 때까지 서면으로 참가신청을 취하할 수 있다.

③ 제1항 또는 제2항에 따른 취하서에는 청구인이나 참가인이 서명하거나 날인하여야 한다.

④ 청구인 또는 참가인은 취하서를 피청구인 또는 위원회에 제출하여야 한다. 이 경우 제23조 제2항부터 제4항까지의 규정을 준용한다.

⑤ 피청구인 또는 위원회는 계속 중인 사건에 대하여 제1항 또는 제2항에 따른 취하서를 받으면 지체 없이 다른 관계 기관, 청구인, 참가인에게 취하 사실을 알려야 한다.

05 처분사유의 추가·변경 2017년 제5회, 2021년 제9회 기출

1. 의의

행정청이 처분을 하면서 처분사유를 밝힌 후 당해 처분에 대한 심판의 계속 중 당해 처분의 적법성을 유지하기 위하여 처분 당시 제시된 처분사유를 변경하거나 다른 사유를 추가하는 것을 처분사유의 추가·변경이라 한다.

2. 인정 여부

「행정심판법」에 명문의 인정규정이 없다는 점에서 인정 여부에 대한 견해대립이 있다. 분쟁의 일회적 해결을 위해 제한적 범위 내에서 인정해야 한다는 것이 다수설과 판례이다.

(1) 견해대립

① 기본적 사실관계의 동일성이 유지되는 한도 내에서 처분사유의 추가·변경을 인정한다는 기본적 사실관계 동일성설, ② 소송물의 변경이 없는 한 처분사유의 추가·변경을 인정해야 한다는 소송물 기준설, ③ 처분의 유형 및 심판의 유형에 따라 허용범위가 달라진다는 개별적 기준설의 대립이 있다.

(2) 판례

판례는 일반적으로 기본적 사실관계의 동일성이 유지되는 한도 내에서 처분사유의 추가·변경을 인정하고 있다.

(3) 결어

분쟁의 일회적 해결의 필요성과 심판청구인의 예기치 못한 불이익을 방지해야 할 필요성을 균형있게 조절해야 한다는 점에서 기본적 사실관계 동일성설이 타당하다고 본다.

3. 기본적 사실관계의 동일성

기본적 사실관계의 동일성 유무는 처분사유를 법률적으로 평가하기 이전의 구체적 사실에 착안하여 그 기초인 사회적 사실관계가 기본적인 점에서 동일한지에 따라 결정된다.

4. 추가·변경사유의 존재시기

추가사유나 변경사유는 처분 당시에 이미 존재하고 있던 것이어야 하며, 처분 후에 새로 생긴 사유를 처분사유로 추가하거나 이를 처분사유로 변경할 수 없다.

5. 허용시기

처분사유의 추가·변경은 행정심판위원회의 의결시까지만 허용된다.

2017년 제5회 기출문제

» 모범답안 교재 313p 참조

행정사 甲은 "행정사와 그 사무직원은 업무에 관하여 법률이 정한 보수외에 어떠한 명목으로도 위임인으로부터 금전 또는 재산상의 이익이나 그 밖의 반대급부(反對給付)를 받지 못한다."라는 「행정사법」의 규정에 위반하는 행위를 하였다는 이유로 관할 행정청인 A시장으로부터 1개월 업무정지처분을 한다는 내용의 처분서를 2017. 5. 1. 송달받았다. 그에 따라 甲은 1개월간 업무를 하지 못한 채, 그 업무정지기간은 만료되었다. 甲은 A시장으로부터 위 처분에 대한 행정심판 고지를 받지 못했다. 甲은 2017. 9. 8. 위 처분에 불복하여 행정심판위원회에 A시장의 업무정지처분의 취소를 구하는 행정심판을 제기하였다. 「행정사법 시행규칙」 [별표] 업무정지처분 기준에서는 제재처분의 횟수에 따라 제재가 가중되는 것으로 규정하고 있다. 다음 물음에 답하시오. (40점)

물음 1) 행정심판의 청구요건이 충족되었다고 가정할 경우, A시장은 행정심판과정에서 처분시 제시하지 않았던 '甲이 2개의 행정사 사무소를 설치·운영하였음'이라는 처분사유를 추가할 수 있는가? (10점)

2021년 제9회 기출문제

» 모범답안 교재 336p 참조

甲은 1988. 9. 1. A제철주식회사에 입사하여 발전시설에서 근무하다가 터빈 및 보일러 작동 소음에 장기간 노출되어 우측 청력에 중대한 장애가 발생하였다는 이유로 전보를 요청하였고, 2004. 3. 2. 시약생산과로 전보되어 근무하다가 2009. 2. 6. 퇴사하였다. 甲은 2009. 3. 6. 근로복지공단에 '우측 감각신경성 난청'에 대한 장해보상청구를 하였는데, 근로복지공단은 2009. 5. 9. 보험급여 청구를 3년간 행사하지 않아 장해보상청구권이 소멸하였다는 점을 사유로 장해급여 부지급 결정을 甲에게 통보하였다. 甲은 이에 불복하여 근로복지공단에 대한 심사청구를 거쳐 산업재해보상보험재심사위원회에 재심사청구를 하였다. 이에 근로복지공단은 甲의 상병이 업무상 재해인 소음성 난청으로 보기 어렵다는 처분사유를 추가하였다. 다음 물음에 답하시오. (40점)

물음 2) 근로복지공단에 의한 처분사유의 추가가 허용될 수 있는지를 검토하시오. (20점)

06 조정제도

행정심판법

제43조의2 【조정】 ① 위원회는 당사자의 권리 및 권한의 범위에서 당사자의 동의를 받아 심판청구의 신속하고 공정한 해결을 위하여 조정을 할 수 있다. 다만, 그 조정이 공공복리에 적합하지 아니하거나 해당 처분의 성질에 반하는 경우에는 그러하지 아니하다.

② 위원회는 제1항의 조정을 함에 있어서 심판청구된 사건의 법적·사실적 상태와 당사자 및 이해관계자의 이익 등 모든 사정을 참작하고, 조정의 이유와 취지를 설명하여야 한다.

③ 조정은 당사자가 합의한 사항을 조정서에 기재한 후 당사자가 서명 또는 날인하고 위원회가 이를 확인함으로써 성립한다.

④ 제3항에 따른 조정에 대하여는 제48조부터 제50조까지, 제50조의2, 제51조의 규정을 준용한다.

Chapter

06 행정심판의 재결

제1절 재결의 절차와 종류

01 의의

① 재결은 심판청구사건에 대한 행정심판위원회의 판단을 말한다(「행정심판법」 제2조 제3호).

② 「행정법」상의 다툼에 대해 유권적 판정을 내리는 준사법적 행위인 동시에 확인적 행정행위로서의 성질을 가진다.

02 재결의 절차

행정심판법

제45조【재결 기간】 ① 재결은 제23조에 따라 피청구인 또는 위원회가 심판청구서를 받은 날부터 60일 이내에 하여야 한다. 다만, 부득이한 사정이 있는 경우에는 위원장이 직권으로 30일을 연장할 수 있다.

② 위원장은 제1항 단서에 따라 재결 기간을 연장할 경우에는 재결 기간이 끝나기 7일 전까지 당사자에게 알려야 한다.

제46조【재결의 방식】 ① 재결은 서면으로 한다.

② 제1항에 따른 재결서에는 다음 각 호의 사항이 포함되어야 한다.

1. 사건번호와 사건명
2. 당사자·대표자 또는 대리인의 이름과 주소
3. 주문
4. 청구의 취지
5. 이유
6. 재결한 날짜

③ 재결서에 적는 이유에는 주문 내용이 정당하다는 것을 인정할 수 있는 정도의 판단을 표시하여야 한다.

제47조【재결의 범위】 ① 위원회는 심판청구의 대상이 되는 처분 또는 부작위 외의 사항에 대하여는 재결하지 못한다.

② 위원회는 심판청구의 대상이 되는 처분보다 청구인에게 불리한 재결을 하지 못한다.

제48조【재결의 송달과 효력 발생】 ① 위원회는 지체 없이 당사자에게 재결서의 정본을 송달하여야 한다. 이 경우 중앙행정심판위원회는 재결 결과를 소관 중앙행정기관의 장에게도 알려야 한다.

② 재결은 청구인에게 제1항 전단에 따라 송달되었을 때에 그 효력이 생긴다.

③ 위원회는 재결서의 등본을 지체 없이 참가인에게 송달하여야 한다.

④ 처분의 상대방이 아닌 제3자가 심판청구를 한 경우 위원회는 재결서의 등본을 지체 없이 피청구인을 거쳐 처분의 상대방에게 송달하여야 한다.

03 재결의 종류

행정심판법

제43조 【재결의 구분】 ① 위원회는 심판청구가 적법하지 아니하면 그 심판청구를 각하(却下)한다.

② 위원회는 심판청구가 이유가 없다고 인정하면 그 심판청구를 기각(棄却)한다.

③ 위원회는 취소심판의 청구가 이유가 있다고 인정하면 처분을 취소 또는 다른 처분으로 변경하거나 처분을 다른 처분으로 변경할 것을 피청구인에게 명한다.

④ 위원회는 무효등확인심판의 청구가 이유가 있다고 인정하면 처분의 효력 유무 또는 처분의 존재 여부를 확인한다.

⑤ 위원회는 의무이행심판의 청구가 이유가 있다고 인정하면 지체 없이 신청에 따른 처분을 하거나 처분을 할 것을 피청구인에게 명한다.

1. 각하재결

심판청구의 제기요건에 흠결이 있는 경우에 심판청구가 부적법하여 본안심리를 거절하는 재결을 각하재결이라 한다.

2. 기각재결

① 본안심리의 결과, 청구인의 심판청구가 이유 없어 원처분을 적법하게 보는 재결을 기각재결이라 한다.

② 기각재결에는 기속력이 없으므로 위원회의 기각재결이 있다고 하더라도 처분청은 당해 처분을 직권으로 취소·변경할 수 있다.

3. 인용재결

(1) 의의

본안심리의 결과 청구인의 청구가 이유 있다고 인정하여 청구의 취지를 받아들이는 재결을 말한다.

(2) 취소심판 2020년 제8회 기출

① 위원회는 취소심판의 청구가 이유가 있다고 인정하면 처분을 취소 또는 다른 처분으로 변경하거나 처분을 다른 처분으로 변경할 것을 피청구인에게 명한다. 구 「행정심판법」은 취소명령재결이 있었으나 현행 「행정심판법」은 이를 삭제하고 처분변경명령재결을 인정하고 있다(「행정심판법」 제43조 제3항).

② 변경재결에 있어서 변경에 대해서는 소극적 일부취소뿐만 아니라 적극적으로 원처분에 갈음한 새로운 처분도 포함한다.

(3) 무효등확인심판

위원회는 무효등확인심판의 청구가 이유가 있다고 인정하면 처분의 효력 유무 또는 처분의 존재 여부를 확인한다(「행정심판법」 제43조 제4항). 처분의 유효·무효·실효·존재·부존재확인 등의 재결이 있다.

(4) 의무이행심판

위원회는 의무이행심판의 청구가 이유가 있다고 인정하면 지체 없이 신청에 따른 처분을 하거나 처분을 할 것을 피청구인에게 명한다(「행정심판법」 제43조 제5항).

1) 처분재결과 처분명령재결의 선택

① 처분재결과 처분명령재결 중 어떠한 재결을 하여야 하는가에 대해서는 원칙적 처분명령재결을 해야 하고 예외적 처분재결을 해야 한다는 견해와, 위원회의 선택재량이 인정된다는 견해의 대립이 있다.

② 실무상으로는 처분명령재결을 하고 있고, 처분재결은 극히 예외적으로 인정되고 있다.

2) 특정처분명령재결과 일정처분명령재결

① **기속행위**: 청구인의 청구내용대로의 처분을 하거나 이를 할 것을 명하여야 한다는 것이 일반적 견해이다.

② **재량행위**: 재결시를 기준으로 원칙상 특정처분을 해야 할 것이 명백한 경우에는 신청대로 처분을 하거나 하도록 하고, 명백하지 않다면 재량권의 일탈·남용 및 부당을 명시하여 하자 없는 재량행사를 명하는 재결을 하여야 한다는 것이 일반적 견해이다.

2020년 제8회 기출문제 » 모범답안 교재 331p 참조

甲은 관할 행정청인 A시장에게 노래연습장업의 등록을 하고 그 영업을 영위해 오고 있다. 甲은 2020. 3. 5. 13:30경 영업장소에 청소년을 출입시켜 주류를 판매·제공하였다는 이유로 단속에 적발되었다. A시장은 사전통지 절차를 거친 후 2020. 4. 8. 甲에 대한 3개월의 영업정지처분의 통지서를 송달하였고, 甲은 다음날 처분 통지서를 수령하였다. 통지서에는 “처분이 있음을 안 날부터 120일 이내에 B행정심판위원회에 행정심판을 제기할 수 있다”라고 청구기간이 잘못 기재되어 있었다. 甲은 해당 처분이 자신의 위반행위에 비하여 과중한 제재처분이라고 주장하면서 A시장을 피청구인으로 하여 B행정심판위원회에 2020. 8. 3. 취소심판을 제기하였다. 다음 물음에 답하시오. (40점)

물음 2) B행정심판위원회가 A시장의 영업정지 처분이 비례원칙에 위반하여 위법하다고 판단하는 경우 어떤 종류의 재결을 할 수 있는지 논하시오. (단, 취소심판의 청구요건을 모두 갖추었다고 가정한다.) (20점)

04 사정재결 2013년 제1회 기출

행정심판법

제44조【사정재결】 ① 위원회는 심판청구가 이유가 있다고 인정하는 경우에도 이를 인용(認容)하는 것이 공공복리에 크게 위배된다고 인정하면 그 심판청구를 기각하는 재결을 할 수 있다. 이 경우 위원회는 재결의 주문(主文)에서 그 처분 또는 부작위가 위법하거나 부당하다는 것을 구체적으로 밝혀야 한다.

② 위원회는 제1항에 따른 재결을 할 때에는 청구인에 대하여 상당한 구제방법을 취하거나 상당한 구제방법을 취할 것을 피청구인에게 명할 수 있다.

③ 제1항과 제2항은 무효등확인심판에는 적용하지 아니한다.

1. 의의

행정심판위원회는 심판청구가 이유가 있다고 인정하는 경우에도 이를 인용하는 것이 공공복리에 크게 위배된다고 인정하면 그 심판청구를 기각하는 재결을 사정재결이라 한다.

2. 요건

① 처분 또는 부작위의 취소나 이행을 구하는 청구일 것, ② 청구가 이유 있다고 인정하는 경우일 것, ③ 인용재결을 하는 것이 공공복리에 크게 위배될 것을 요건으로 한다.

3. 주문에 위법·부당 명시

행정심판위원회는 재결의 주문에 그 처분 또는 부작위가 위법하거나 부당하다는 것을 구체적으로 밝혀야 한다.

4. 사정재결에 대한 구제조치

행정심판위원회는 사정재결을 할 때에는 청구인에 대하여 상당한 구제방법을 취하거나 상당한 구제방법을 취할 것을 피청구인에게 명할 수 있다.

5. 직권에 의한 사정재결

사정재결에 관하여는 당사자의 명백한 주장이 없는 경우에도 기록에 나타난 여러 사정을 기초로 직권으로 판단할 수 있다는 것이 판례이다.

6. 판단시점

처분의 위법·부당의 판단기준시점은 처분시를 기준으로, 공공복리의 존재 여부에 관한 판단기준시점은 재결시를 기준으로 한다는 것이 일반적 견해이다.

7. 적용범위

취소심판과 의무이행심판에서 인정되고, 무효등확인심판에서는 인정되지 않는다.

2013년 제1회 기출문제

» 모범답안 교재 294p 참조

도시개발사업의 시행자인 A는 개발 구역 내 토지가격을 평가함에 있어 반드시 거쳐야 하는 절차인 토지평가협의회의 심의를 거치지 아니하고 토지가격을 평가하였고, 관할 행정청은 이에 근거하여 환지예정지 지정처분을 내렸다. 처분을 받은 甲은 절차상 하자를 이유로 처분의 취소를 구하는 행정심판을 청구하고자 한다. 그런데 이 처분의 기초가 된 가격평가의 내용은 적정하였을 뿐만 아니라 환지예정지 지정처분을 받은 이해관계인들 중 甲을 제외하고는 아무도 이에 불복하지 않고 있다. 또한 만약 이 처분이 취소될 경우 다른 이해관계인들에 대한 환지예정지 지정처분까지도 변경되어 사실관계가 매우 복잡해짐으로써 사회적 혼란이 발생할 수 있게 된다. 甲의 청구가 인용될 수 있는 지에 관하여 논하시오. (40점)

제2절 재결의 기준과 효력

01 재결의 기준시

1. 의의

처분은 원칙적으로 처분 당시의 사실상태와 법률상태를 기초로 하여 행하여진다. 그런데 처분 또는 부작위에 대하여 그 위법·부당성을 다투는 행정심판이 청구되어 해당 행정심판이 계속 중에 처분 또는 부작위의 근거가 된 법령이 개정되거나 폐지되어 처분 당시의 사실상태와 법률상태에 변화가 생긴 경우 어느 시점의 사실상태와 법률상태를 근거로 하여 심판할 것인가 하는 문제가 발생한다.

2. 취소심판에서의 위법·부당성 판단의 기준시점

(1) 학설

① 행정심판에서 해당 처분의 위법·부당 여부의 판단은 처분 당시의 법령 상태와 사실상태를 기준으로 해야 한다는 '처분시설', ② 해당 처분의 위법 여부의 판단은 재결 당시의 법령상태와 사실상태를 기준으로 해야 한다는 '재결시설', ③ 원칙적으로 처분시설을 취하되, 계속적 효력을 가진 처분이나 미집행의 처분에 대한 심판에 있어서는 재결시를 기준으로 한다는 '절충설'의 견해대립이 있다.

(2) 판례

판례는 처분시설에 입각하고 있다. 다만, 제재적 처분의 경우 위법행위시의 사실관계와 법령에 따라 처분의 적법 여부를 판단하여야 한다는 입장이다.

판례

행정처분의 위법·부당 여부는 원칙적으로 처분시를 기준으로 판단한다.

행정심판에 있어서 행정처분의 위법·부당 여부는 원칙적으로 처분시를 기준으로 판단하여야 할 것이나, 재결청은 처분 당시 존재하였거나 행정청에 제출되었던 자료뿐만 아니라, 재결 당시까지 제출된 모든 자료를 종합하여 처분 당시 존재하였던 객관적 사실을 확정하고 그 사실에 기초하여 처분의 위법·부당 여부를 판단할 수 있다(대판 2001.7.27. 99두5092).

3. 의무이행심판에서의 위법·부당성 판단의 기준시점

의무이행심판은 핵심이 과거에 행해진 거부처분의 위법·부당 여부를 판단하는 것이 아니라 재결시점에서 거부처분을 계속 유지하는 것이 위법·부당한지를 판단하는 데 있다. 따라서 의무이행심판의 목적을 달성하기 위해서는 재결시점에서 해당 거부처분이 위법·부당한지를 판단하는 것이 타당할 것이다.

4. 부작위의 위법 · 부당성 판단의 기준시점

부작위는 재결시까지 아무런 처분이 없음을 전제로 하는 점, 인용재결의 효력과의 관계를 볼 때 재결시의 법률관계에 있어서의 처분권 행사가 적법한지를 가리는 것이기 때문에 재결(의결) 시를 기준으로 위법 · 부당 여부를 판단하여야 한다는 '재결시설'이 판례와 재결례이다.

02 재결의 효력

1. 형성력

(1) 의의

① 재결의 형성력이란 재결에 의해 기존의 법률관계에 변동을 가져오는 효력을 뜻한다.

② 처분을 취소하는 내용의 재결이 있으면, 처분의 효력은 처분청의 별도의 행위를 기다릴 것 없이 처분시에 소급하여 소멸되고, 변경재결에 의하여 원래의 처분이 취소되고 이를 대신하는 별도의 처분이 이루어진 뒤에도 새로운 처분의 효력을 즉시 발생하게 되는 것은 모두 재결의 형성력의 효과이다.

판례

원처분에 대한 형성적 취소재결이 확정된 경우 처분청의 원처분에 대한 취소처분은 항고소송의 대상이 되지 않는다.

원처분에 대한 형성적 취소재결이 확정된 경우 처분청의 원처분은 자동적으로 소멸하고 원처분에 대한 취소처분은 확인적 의미밖에 없으므로 항고소송의 대상이 되지 않는다(대판 1998.4.24. 97누17131).

(2) 인정범위

형성력은 '재결청이 직접 처분을 취소 · 변경하는 재결'이나 '신청에 따른 처분을 하는 재결'에만 인정되며, '무효확인재결'이나 '처분청에 일정한 처분을 할 것을 명하는 재결'에는 형성력이 인정되지 않는다.

2. 대세효

재결의 형성력은 당사자뿐만 아니라 제3자에게도 미치며, 이를 대세효라 한다.

3. 기속력 2018년 제6회, 2022년 제10회, 2024년 제12회 기출

행정심판법

제49조【재결의 기속력 등】① 심판청구를 인용하는 재결은 피청구인과 그 밖의 관계 행정청을 기속(羈束)한다.

② 재결에 의하여 취소되거나 무효 또는 부존재로 확인되는 처분이 당사자의 신청을 거부하는 것을 내용으로 하는 경우에는 그 처분을 한 행정청은 재결의 취지에 따라 다시 이전의 신청에 대한 처분을 하여야 한다.

③ 당사자의 신청을 거부하거나 부작위로 방치한 처분의 이행을 명하는 재결이 있으면 행정청은 지체 없이 이전의 신청에 대하여 재결의 취지에 따라 처분을 하여야 한다.

④ 신청에 따른 처분이 절차의 위법 또는 부당을 이유로 재결로써 취소된 경우에는 제2항을 준용한다.
⑤ 법령의 규정에 따라 공고하거나 고시한 처분이 재결로써 취소되거나 변경되면 처분을 한 행정청은 지체 없이 그 처분이 취소 또는 변경되었다는 것을 공고하거나 고시하여야 한다.
⑥ 법령의 규정에 따라 처분의 상대방 외의 이해관계인에게 통지된 처분이 재결로써 취소되거나 변경되면 처분을 한 행정청은 지체 없이 그 이해관계인에게 그 처분이 취소 또는 변경되었다는 것을 알려야 한다.

(1) 의의

재결의 기속력은 피청구인인 행정청이나 관계행정청으로 하여금 재결의 취지에 따라 행동할 의무를 발생시키는 효력을 뜻한다. 심판청구를 인용하는 재결은 피청구인과 그 밖의 관계 행정청을 기속한다.

(2) 기속력의 내용

1) 반복금지의무(부작위 의무)

① 인용재결의 내용에 모순되는 내용의 동일한 처분을 동일한 사실관계하에서 반복할 수 없다.
② 종전 처분시와 다른 사유를 들어 처분을 하는 것은 기속력에 저촉되지 아니한다.
③ 동일한 사유인지 다른 사유인지는 종전 처분에 관하여 위법한 것으로 재결에서 판단된 사유와 기본적 사실관계에서 동일성이 인정되는 사유인지 여부에 따라 판단하여야 한다.

판례

재결에 적시된 위법사유를 시정 · 보완한 처분은 재결의 기속력에 반하지 않는다.

택지초과소유부담금 부과처분을 취소하는 재결이 있는 경우 당해 처분청은 재결의 취지에 반하지 아니하는 한, 즉 당초 처분과 동일한 사정 아래에서 동일한 내용의 처분을 반복하는 것이 아닌 이상, 그 재결에 적시된 위법사유를 시정 · 보완하여 정당한 부담금을 산출한 다음 새로이 부담금을 부과할 수 있는 것이고, 이러한 새로운 부과처분은 재결의 기속력에 저촉되지 아니한다(대판 1997.2.25. 96누14784).

2) 재처분의무(적극적 의무)

① 재결에 의하여 취소되거나 무효 또는 부존재로 확인되는 처분이 당사자의 신청을 거부하는 것을 내용으로 하는 경우에는 그 처분을 한 행정청은 재결의 취지에 따라 다시 이전의 신청에 대한 처분을 하여야 한다(「행정심판법」 제49조 제2항).
② 당사자의 신청을 거부하거나 부작위로 방치한 처분의 이행을 명하는 재결이 있으면 행정청은 지체 없이 이전의 신청에 대하여 재결의 취지에 따라 처분을 하여야 한다(「행정심판법」 제49조 제3항).

판례

처분이 절차, 방법의 위법으로 인한 것이라면 피청구인은 적법한 절차와 형식을 갖추어 다시 신청을 거부하는 것이 위법이라 볼 수 없다.

행정청의 거부처분을 취소하는 판결이 확정된 경우에는 그 처분을 행한 행정청이 판결의 취지에 따라 이전의 신청에 대하여 재처분할 의무가 있다고 할 것이나, 그 취소사유가 행정처분의 절차, 방법의 위법으로 인한 것이라면 그 처분행정청은 그 확정판결의 취지에 따라 그 위법사유를 보완하여 다시 종전의 신청에 대한 거부처분을 할 수 있고, 그러한 처분도 위 조항에 규정된 재처분에 해당한다(대판 2005.1.14. 2003두13045).

처분이 실체법상의 위법사유에 기해 재결로 취소된 경우 행정청은 원칙적으로 신청을 인용하는 처분을 하여야 한다.

취소소송에서 소송의 대상이 된 거부처분을 실체법상의 위법사유에 기하여 취소하는 판결이 확정된 경우에는 당해 거부처분을 한 행정청은 원칙적으로 신청을 인용하는 처분을 하여야 하고, 사실심 변론종결 이전의 사유를 내세워 다시 거부처분을 하는 것은 확정판결의 기속력에 저촉되어 허용되지 아니한다(대판 2001.3.23. 99두5238).

행정처분의 적법 여부는 행정처분이 행하여진 때의 법령과 사실을 기준으로 판단하는 것이므로 확정판결의 당사자인 처분 행정청은 종전 처분 후에 발생한 새로운 사유를 내세워 다시 거부처분을 할 수 있다.

행정소송법 제30조 제2항에 의하면, 행정청의 거부처분을 취소하는 판결이 확정된 경우에는 처분을 행한 행정청이 판결의 취지에 따라 이전 신청에 대하여 재처분을 할 의무가 있다. 행정처분의 적법 여부는 행정처분이 행하여진 때의 법령과 사실을 기준으로 판단하는 것이므로 확정판결의 당사자인 처분 행정청은 종전 처분 후에 발생한 새로운 사유를 내세워 다시 거부처분을 할 수 있고, 그러한 처분도 위 조항에 규정된 재처분에 해당한다(대판 2011.10.27. 2011두14401).

새로운 사유인지는 종전 처분에 관하여 위법한 것으로 판결에서 판단된 사유와 기본적 사실관계의 동일성이 인정되는 사유인지에 따라 판단되어야 한다.

여기에서 '새로운 사유'인지는 종전 처분에 관하여 위법한 것으로 판결에서 판단된 사유와 기본적 사실관계의 동일성이 인정되는 사유인지에 따라 판단되어야 하고, 기본적 사실관계의 동일성 유무는 처분사유를 법률적으로 평가하기 이전의 구체적인 사실에 착안하여 그 기초인 사회적 사실관계가 기본적인 점에서 동일한지에 따라 결정되며, 추가 또는 변경된 사유가 처분 당시에 그 사유를 명기하지 않았을 뿐 이미 존재하고 있었고 당사자도 그 사실을 알고 있었다고 하여 당초 처분사유와 동일성이 있는 것이라고 할 수는 없다(대판 2011.10.27. 2011두14401).

3) 결과제거의무(원상회복의무)

명문의 규정은 없으나, 처분의 취소재결 또는 무효확인재결이 있는 경우 행정청은 본래의 처분에 의해 발생한 상태를 제거할 의무를 진다. 예를 들면 압류처분이 취소재결된 경우 압류가 없는 상태로 원상회복을 시켜야 한다.

(3) 기속력의 범위

1) 주관적 범위

인용재결의 기속력은 피청구인인 행정청과 그 밖의 관계행정청을 기속한다.

2) 객관적 범위

재결의 주문 및 그 전제가 되는 요건사실의 인정과 효력의 판단에만 미치고, 이와 직접 관계없는 다른 처분에는 영향을 주지 않는다.

3) 시간적 범위

취소재결의 경우 위법판단시인 처분시를 기준으로 의무이행재결의 경우 재결시의 사실관계나 법령을 전제로 하여 구속력을 가진다.

판례

재결의 객관적 범위

행정심판법 제37조에서 정하고 있는 행정심판청구에 대한 재결이 행정청과 그 밖의 관계 행정청을 기속하는 효력은 당해 처분에 관하여 재결주문 및 그 전제가 된 요건사실의 인정과 판단에만 미치고 이와 직접 관계가 없는 다른 처분에 대하여는 미치지 아니한다(대판 1998.2.27. 96누3972).

4. 기판력 불인정

재결에는 명문의 규정이 없는 한 판결에서와 같은 기판력이 인정되지 않는다. 따라서 재결이 확정된 경우에도 처분의 기초가 된 사실관계나 법률적 판단이 확정되고 당사자들이나 법원이 이에 기속되어 모순되는 주장이나 판단을 할 수 없게 되는 것은 아니다.

5. 불가쟁력

행정심판의 재결은 다시 행정심판을 청구하지 못한다. 재결 자체에 고유한 위법이 있는 경우에 한하여 행정소송을 제기할 수 있다. 이 경우에도 제소기간이 경과하면 더 이상 다툴 수 없게 되는데 이때 불가쟁력이 발생한다.

6. 불가변력

재결도 일종의 준사법적 판단행위이므로 행정심판위원회가 스스로 이를 취소·변경할 수 없는 효력이 발생한다.

2018년 제6회 기출문제

» 모범답안 교재 319p 참조

A시는 영농상 편의를 위해 甲의 토지와 인근 토지에 걸쳐서 이미 형성되어 사용되고 있던 자연발생적 토사구거를 철거하고, 콘크리트U형 수로관으로 된 구거를 설치하는 공사를 완료하였다. 甲은 A시의 공사가 자신의 토지 약 $75m^2$를 침해하였다는 사실을 발견하게 되었다. 이에 甲은 A시에 자신의 토지 약 $75m^2$에 설치되어 있는 구거를 철거하고 자신의 토지 외의 지역에 새로 구거를 설치해달라는 민원을 제기하였다. 다음 물음에 답하시오. (40점)

물음 1) 甲이 제기한 민원에 대해 A시는 甲이 실제로 해당 구거에 의하여 상당한 영농상의 이득을 향유하고 있으며 구거를 새로 설치하려면 많은 예산이 소요된다는 이유로 甲의 청구를 거부하는 처분을 하였다. 만약 甲이 A시의 거부처분에 대한 취소심판을 제기하여 인용재결을 받았다면, A시는 전혀 다른 사유를 들어 甲의 청구에 대하여 다시 거부처분을 할 수 있는지를 논하시오. (20점)

2022년 제10회 기출문제

» 모범답안 교재 343p 참조

甲은 '사실상의 도로'로서 인근 주민들의 통행로로 이용되고 있는 토지(이하 '이 사건 토지'라 한다)를 매수한 다음 관할 구청장 乙에게 그 지상에 주택을 신축하겠다는 내용의 건축허가를 신청하였으나, 乙은 '위 토지가 「건축법」상 도로에 해당하여 건축을 허용할 수 없다'는 사유로 건축허가를 거부하였다. 이에 甲은 위 거부행위에 대해 취소심판청구 및 집행정지신청을 하였다. 다음 물음에 답하시오. (40점)

물음 2) 이 사건 토지는 「건축법」상 도로에 해당하지 않는다는 이유로 행정심판위원회가 甲의 취소심판청구를 인용하는 재결을 하자 乙은 '이 사건 토지는 인근 주민들의 통행에 제공된 사실상의 도로인데 그 지상에주택을 건축하여 주민들의 통행을 막는 것은 사회공동체와 인근주민들의 이익에 반하므로, 甲이 신청한 주택 건축을 허용할 수 없다'는 이유로 다시 건축허가를 거부하였다. 위 재결에도 불구하고 乙이 다시 건축허가를 거부한 것은 적법한가? (20점)

2024년 제12회 기출문제

» 모범답안 교재 357p 참조

甲은 자신이 소유한 토지에 주택을 건축하기 위하여 관할 행정청인 구청장 乙에게 토지형질변경허가를 신청하였으나 乙은 이 토지가 지형조건 등에 비추어 주택을 건축하기에 매우 부적합하다는 점을 이유로 허가를 거부하였다. 다음 물음에 답하시오. (40점)

물음 2) 甲은 위 거부행위에 대하여 관할 행정심판위원회에 행정심판을 제기하였고 그 결과 인용재결이 내려졌다. 그런데 乙은 이 토지는 도시계획변경을 추진 중이므로 공공목적상 원형유지의 필요가 있는 지역으로서 법령에서 정하고 있는 다른 불허가 사유에 해당한다는 이유로 다시 불허가 처분을 하였다. 乙에 대한 거부행위가 법적으로 정당한지를 설명하시오. (20점)

03 위원회의 직접 처분 2019년 제7회 기출

행정심판법

제50조【위원회의 직접 처분】 ① 위원회는 피청구인이 제49조 제3항에도 불구하고 처분을 하지 아니하는 경우에는 당사자가 신청하면 기간을 정하여 서면으로 시정을 명하고 그 기간에 이행하지 아니하면 직접 처분을 할 수 있다. 다만, 그 처분의 성질이나 그 밖의 불가피한 사유로 위원회가 직접 처분을 할 수 없는 경우에는 그러하지 아니하다.

② 위원회는 제1항 본문에 따라 직접 처분을 하였을 때에는 그 사실을 해당 행정청에 통보하여야 하며, 그 통보를 받은 행정청은 위원회가 한 처분을 자기가 한 처분으로 보아 관계 법령에 따라 관리·감독 등 필요한 조치를 하여야 한다.

1. 의의

행정청이 처분명령재결의 취지에 따라 이전의 신청에 대한 처분을 하지 아니하는 때에 위원회가 당해 처분을 직접 행하는 것을 말한다.

2. 요건

(1) 적극적 요건

① 처분이행명령재결이 있을 것, ② 피청구인인 행정청의 부작위, ③ 당사자의 신청, ④ 위원회가 기간을 정하여 시정을 명할 것, ⑤ 해당 행정청이 그 기간 내에 시정명령을 이행하지 아니하였을 것을 요건으로 한다.

(2) 소극적 요건

처분의 성질이나 그 밖의 불가피한 사유로 위원회가 직접 처분을 할 수 없는 경우에는 직접 처분이 허용되지 않는다.

판례

당해 행정청이 어떠한 처분을 하였다면 그 처분이 재결의 내용을 따르지 아니하였다고 하더라도 재결청이 직접 처분을 할 수는 없다.

행정심판법 제37조 제2항, 같은법 시행령 제27조의2 제1항의 규정에 따라 재결청이 직접 처분을 하기 위하여는 처분의 이행을 명하는 재결이 있었음에도 당해 행정청이 아무런 처분을 하지 아니하였어야 하므로, 당해 행정청이 어떠한 처분을 하였다면 그 처분이 재결의 내용에 따르지 아니하였다고 하더라도 재결청이 직접 처분을 할 수는 없다(대판 2002.7.23. 2000두9151).

3. 직접 처분의 사후관리

행정심판위원회가 직접처분을 한 때에는 그 사실을 해당 행정청에 통보하여야 하며, 그 통보를 받은 행정청은 행정심판위원회가 행한 처분을 해당 행정청이 행한 처분으로 보아 관계 법령에 따라 관리·감독 등 필요한 조치를 하여야 한다.

04 위원회의 간접강제 2019년 제7회, 2023년 제11회 기출

행정심판법

제50조의2【위원회의 간접강제】 ① 위원회는 피청구인이 제49조 제2항(제49조 제4항에서 준용하는 경우를 포함한다) 또는 제3항에 따른 처분을 하지 아니하면 청구인의 신청에 의하여 결정으로 상당한 기간을 정하고 피청구인이 그 기간 내에 이행하지 아니하는 경우에는 그 지연기간에 따라 일정한 배상을 하도록 명하거나 즉시 배상을 할 것을 명할 수 있다.

② 위원회는 사정의 변경이 있는 경우에는 당사자의 신청에 의하여 제1항에 따른 결정의 내용을 변경할 수 있다.

③ 위원회는 제1항 또는 제2항에 따른 결정을 하기 전에 신청 상대방의 의견을 들어야 한다.

④ 청구인은 제1항 또는 제2항에 따른 결정에 불복하는 경우 그 결정에 대하여 행정소송을 제기할 수 있다.

⑤ 제1항 또는 제2항에 따른 결정의 효력은 피청구인인 행정청이 소속된 국가·지방자치단체 또는 공공단체에 미치며, 결정서 정본은 제4항에 따른 소송제기와 관계없이 「민사집행법」에 따른 강제집행에 관하여는 집행권원과 같은 효력을 가진다. 이 경우 집행문은 위원장의 명에 따라 위원회가 소속된 행정청 소속 공무원이 부여한다.

⑥ 간접강제 결정에 기초한 강제집행에 관하여 이 법에 특별한 규정이 없는 사항에 대하여는 「민사집행법」의 규정을 준용한다. 다만, 「민사집행법」 제33조(집행문부여의 소), 제34조(집행문부여 등에 관한 이의신청), 제44조(청구에 관한 이의의 소) 및 제45조(집행문부여에 대한 이의의 소)에서 관할 법원은 피청구인의 소재지를 관할하는 행정법원으로 한다.

1. 의의

행정청의 거부나 부작위에 대한 인용재결에 의해 행정청이 재처분의무를 이행하지 않는 경우 손해배상을 통해 이행을 강제하는 것을 말한다.

2. 요건

① 거부나 부작위에 대한 취소재결 또는 무효・부존재확인재결이나 의무이행명령재결이 있을 것, ② 피청구인인 행정청의 부작위, ③ 청구인의 신청, ④ 위원회의 상당기간 경과에 대한 지연배상 또는 즉시배상명령이 있을 것을 요건으로 한다.

3. 간접강제 결정의 변경

행정심판위원회는 간접강제의 결정 후에 사정변경이 있는 경우에는 당사자의 신청에 따라 결정의 내용을 변경할 수 있다.

4. 배상금의 추심

① 간접강제 결정이 있은 후에 피청구인이 그 결정에서 정한 상당한 기간 내에 재처분을 하지 않으면, 청구인은 그 결정 자체를 집행권원으로 하여 집행문을 부여받아 집행할 수 있다.

② 다만, 간접강제 결정에서 정한 의무이행 기한이 경과한 후에라도 재결의 취지에 따른 재처분이 행하여지면 배상금을 추심함으로써 심리적 강제를 꾀한다는 당초의 목적이 소멸하여 처분 상대방이 더 이상 배상금을 추심하는 것은 허용되지 않는다(대판 2010.12.23. 2009다37725).

2019년 제7회 기출문제 ≫ 모범답안 교재 325p 참조

서울특별시 A구에 거주하는 甲은, 乙의 건축물(음식점 영업과 주거를 함께 하는 건물)이 甲 소유의 주택과 도로에 연접하고 있는데 乙이 건축관계법령을 위반하여 증개축공사를 하였고, 그로 인하여 甲의 집 앞 도로의 통행에 심각한 불편을 초래한다고 주장하면서 A구청을 상대로 지속적으로 민원을 제기하였다. 자신의 민원이 받아들여지지 않자 甲은 자신의 주장의 정당성과 乙이 행한 건축행위의 위법성을 입증하기 위하여 A구청장을 상대로 乙 소유 건축물의 설계도면과 준공검사내역 등의 문서를 공개해달라며 정보공개를 청구하였다. 그러나 A구청장은 해당정보가 乙의 사생활 및 영업상 비밀보호와 관련된 것임을 이유로 비공개결정하였다. 乙 또한 정보공개를 강력하게 반대하고 있다. 그러나 甲은 이에 불복하여 행정심판을 청구하려고 한다. 다음 물음에 답하시오. (40점)

물음 2) 행정심판의 인용재결에도 불구하고 A구청장이 해당 정보를 공개하지 않는 경우 행정심판위원회가 재결의 구속력을 확보하기 위해 취할 수 있는 방법은 무엇인가? (20점)

2023년 제11회 기출문제

≫ 모범답안 교재 350p 참조

A시의 공공주택난을 해소하기 위한 청년대상 공공아파트 1개동을 건설하기 위하여 甲은 시장 乙에게 주택건설사업계획승인신청을 하였다. 이 신청에 대하여 乙은 관계 법령에 따라 아파트 건설이 가능하다고 구술로 답을 하였다. 그러나 乙의 임기 만료 후에 새로 취임한 시장 丙은 공공아파트 신축 예정지역 인근에 시 지정 공원이 있어 아파트 건설로 A시의 환경, 미관 등이 손상될 우려가 있다는 이유로, 주택건설사업계획승인신청을 반려하는 처분(이하 '이 사건 반려처분'이라 한다)을 하였다. 甲은 이에 불복하여 이 사건 반려처분의 취소를 구하는 행정심판청구및 집행정지신청(이하 '이 사건 취소심판'이라 한다)을 하였다. 다음 물음에 답하시오. (40점)

물음 1) 이 사건 취소심판에서 집행정지의 인용 여부를 검토하시오. (20점)

물음 2) 丙은 이 사건 취소심판에 대한 인용재결이 있었음에도 불구하고 이 사건 반려처분에 대하여 아무런 조치를 취하지 않았다. 이때 甲이 취할 수 있는 「행정심판법」상 구제수단에 관하여 설명하시오. (20점)

05 재결에 대한 불복

1. 재심판청구의 금지

행정심판의 청구에 대한 재결이 있는 경우에는 당해 재결 및 동일한 처분 또는 부작위에 대하여는 다시 심판청구를 하지 못한다(「행정심판법」 제51조).

2. 재결에 대한 행정소송

재결이 있는 경우 항고소송의 대상은 원처분을 대상으로 하나 재결 자체에 고유한 위법이 있음을 이유로 그 취소·변경을 구하거나 재결에 무효사유가 있음을 이유로 무효확인을 구하는 항고소송을 제기할 수 있다(원처분주의).

Chapter

07 고지제도

제1절 고지의 의의와 법적 성격

01 고지제도의 의의

1. 의의

고지제도란 행정청이 처분을 함에 있어서 그 상대방에게 당해 처분에 대하여 행정심판을 제기할 경우 필요한 사항을 아울러 고지할 의무를 지우는 제도를 말한다. 이는 행정심판 제기의 기회를 실질적으로 보장하고 행정심판의 제기를 예상하여 처분에 신중을 기하게 됨으로써 결과적으로 행정의 적정화를 도모할 수 있게 한다.

2. 「행정심판법」상 고지와 「행정절차법」상 고지

고지제도는 「행정심판법」과 「행정절차법」에 규정되어 있다.

① 「행정심판법」상 고지는 직권고지와 청구에 의한 고지를 규정하고 있으나, 「행정절차법」에는 청구에 의한 고지규정이 없다.

② 「행정심판법」상 고지는 행정심판에 대한 고지이나, 「행정절차법」상 고지는 행정심판뿐만 아니라 행정소송 기타 불복방법까지 고지해야 한다.

3. 「행정심판법」상 서류의 송달

「행정심판법」상 서류의 송달에 관하여는 「민사소송법」 중 송달에 관한 규정을 준용한다.

02 법적 성격

① 고지는 비권력적 사실행위로서 고지 자체로는 아무런 법적 효과도 발생하지 않는다. 때문에 행정심판의 고지를 하지 않았다 하여 당해 처분 자체의 효력에 아무 영향이 없고 이 자체가 취소쟁송의 대상이 되지 않는다.

② 「행정심판법」에는 행정청의 불고지·오고지에 대해서는 일정한 제재수단 또는 구제수단이 별도로 규정되어 있다.

판례

고지는 비권력적 사실행위이다.

고지는 비권력적 사실행위이므로 행정청이 고지의무를 이행하지 않아도 당해 처분 자체의 효력에는 아무런 영향을 미치지 않는다(대판 1987.11.24. 87누529).

제2절 고지의 종류와 고지의무 위반

01 고지의 종류

행정심판법

제58조【행정심판의 고지】① 행정청이 처분을 할 때에는 처분의 상대방에게 다음 각 호의 사항을 알려야 한다.

1. 해당 처분에 대하여 행정심판을 청구할 수 있는지
2. 행정심판을 청구하는 경우의 심판청구절차 및 심판청구기간

② 행정청은 이해관계인이 요구하면 다음 각 호의 사항을 지체 없이 알려 주어야 한다. 이 경우 서면으로 알려 줄 것을 요구받으면 서면으로 알려 주어야 한다.

1. 해당 처분이 행정심판의 대상이 되는 처분인지
2. 행정심판의 대상이 되는 경우 소관 위원회 및 심판청구 기간

1. 직권에 의한 고지

(1) 고지의 상대방

처분의 상대방이 직권에 의한 고지의 대상이다. 이해관계인은 고지의무의 상대방은 아니지만 직권고지가 가능하다.

(2) 고지의 대상

① 대상되는 처분은 서면으로 행해지는 경우에 한하지 않는다.

② 「행정심판법」상 처분뿐만 아니라 다른 개별법령에 의한 심판청구의 대상이 되는 경우도 포함된다.

③ 신청대로 처분이 행해지는 경우는 대상이 되지 않지만, 이에 대한 거부나 신청된 것과 다른 내용의 처분 및 부관이 붙여진 처분의 경우는 고지의 대상이 된다.

(3) 고지의 내용

① 행정심판을 청구할 수 있는지, ② 심판청구절차, ③ 심판청구 기간을 고지하여야 한다.

(4) 고지의 방법과 시기

① 「행정심판법」은 고지의 방식에 관하여 아무런 규정을 두고 있지 않다. 고지는 서면 또는 말로서 할 수 있다.

② 고지는 처분을 할 때 하여야 한다. 처분 후에 고지하더라도 행정심판의 제기에 큰 지장을 주지 않는 한도 내에서 그 하자가 치유된다고 본다.

2. 청구에 의한 고지

(1) 청구권자

처분의 이해관계인이 청구권자이다.

(2) **고지의 대상**

① 대상되는 처분은 서면으로 행해지는 경우에 한하지 않는다.

② 「행정심판법」상 처분뿐만 아니라 다른 개별법령에 의한 심판청구의 대상이 되는 경우도 포함된다.

(3) **고지의 내용**

① 해당 처분이 행정심판의 대상이 되는 처분인지, ② 행정심판의 대상이 되는 경우 소관 위원회, ③ 심판청구 기간을 고지하여야 한다.

(4) **고지의 방법과 시기**

① 고지는 서면 또는 말로서 할 수 있다. 청구인으로부터 서면으로 알려줄 것을 요구받은 때에는 서면으로 알려야 한다.

② 고지의 청구를 받은 때에는 행정청은 지체 없이 고지하여야 한다.

02 고지의무 위반의 효과

1. 불고지의 효과

(1) **경유절차에 대한 불고지**

① 행정청이 고지를 하지 아니하여 청구인이 심판청구서를 타 행정기관에 제출한 때에는 당해 행정기관은 그 심판청구서를 지체 없이 정당한 권한 있는 행정청에 송부하고 그 사실을 청구인에게 통지하여야 한다(「행정심판법」 제23조 제2항·제3항).

② 이 경우 심판청구기간을 계산함에 있어서는 최초의 행정기관에 심판청구서가 제출된 때에 심판청구가 제기된 것으로 본다(「행정심판법」 제23조 제4항).

(2) **청구기간의 불고지** 2017년 제5회 기출

행정청이 청구기간을 고지하지 않은 때에는 처분이 있음을 알았는지 여부와 관련없이 처분이 있은 날로부터 180일 이내에 제기하면 된다(「행정심판법」 제27조 제6항).

2. 오고지의 효과

(1) **경유절차의 오고지**

불고지효과와 동일하다.

(2) **청구기간의 오고지**

① 행정청이 고지한 심판청구기간이 착오로 소정의 기간보다 길게 된 때에는 그 고지된 청구기간 내에 심판청구가 있으면 적법한 기간 내에 이루어진 것으로 본다(「행정심판법」 제27조 제5항).

② 「행정심판법」상의 오고지 규정은 행정소송에 적용되지 않는다는 것이 판례이다.

판례

「행정심판법」상 오고지 규정은 행정소송을 제기하는 경우까지 확대된다고 할 수 없다.

행정처분시나 그 이후 행정청으로부터 행정심판 제기기간에 관하여 법정심판 청구기간보다 긴 기간으로 잘못 통지받은 경우에 보호할 신뢰이익은 그 통지받은 기간 내에 행정심판을 제기한 경우에 한하는 것이지 행정소송을 제기한 경우에까지 확대된다고 할 수 없으므로, 당사자가 행정처분시나 그 이후 행정청으로부터 행정심판 제기기간에 관하여 법정심판 청구기간보다 긴 기간으로 잘못 통지받아 행정소송법상 법정 제소기간을 도과하였다고 하더라도, 그것이 당사자가 책임질 수 없는 사유로 인한 것이라고 할 수는 없다(대판 2001.5.8. 2000두6916).

(3) **행정심판을 제기할 필요가 없다고 잘못 고지한 경우**

필수적 행정심판전치주의가 적용되는 경우에 있어서도 행정심판절차를 거치지 않고 바로 행정소송을 제기할 수 있다(「행정심판법」 제18조 제3항 제4호).

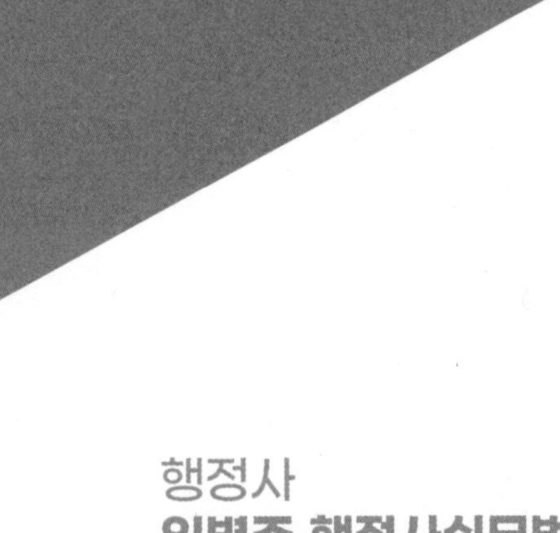

행정사
임병주 행정사실무법

PART

02

비송사건절차법

Chapter 01 비송사건
Chapter 02 비송사건절차법 총칙
Chapter 03 민사비송사건
Chapter 04 상사비송사건
Chapter 05 과태료사건

Chapter

01 비송사건

제1절 비송사건의 의의

01 비송사건의 의의

1. 의의

법원의 관할에 속하는 민사사건 가운데 사인의 생활관계의 후견적 감독을 대상으로 하는 사건을 비송사건이라 한다. 즉 민사사건 가운데 소송절차에 의하지 않는 사건을 말한다.

2. 소송사건의 비송화

사회발전 및 변화에 따라 전통적으로 소송으로 처리하던 사건을 현대사회의 여러 수요에 적합하게 비송의 영역으로 이관하여 소송절차가 아닌 법원의 재량에 의한 탄력적 처리를 하고자 하는 현상이 나타나고 있다. 이를 '소송사건의 비송화'라 한다.

02 비송사건과 소송사건의 구별

비송사건절차법

제1조【적용 범위】이 편(編)의 규정은 법원의 관할에 속하는 비송사건(非訟事件, 이하 "사건"이라 한다) 중 이 법 또는 그 밖의 다른 법령에 특별한 규정이 있는 경우를 제외한 모든 사건에 적용한다.

1. 형식적 의미의 비송사건

「비송사건절차법」에 규정된 사건과 그 총칙 규정의 적용 또는 준용을 받는 사건을 말한다. 「비송사건절차법」에서 직접 규정하는 사건은 제2편의 '민사비송사건'으로 법인, 신탁, 재판상의 대위, 공탁, 법인의 등기, 부부재산 약정의 등기에 관한 사건과 제3편의 '상사비송사건'으로 회사와 경매, 사채, 회사의 청산 등이 있다.

2. 실질적 의미의 비송사건

(1) 비송사건과 소송사건(민사소송)의 구별 2021년 제9회 기출

비송사건과 소송사건의 구별에 관해서는 견해대립이 있다.

(2) 학설

종래 통설은 법원의 행위를 기준으로 민사에 관한 사항의 처리에 있어서 법원의 판단의 기준을 단순히 적용하여 권리・의무의 존부를 판단하는 것이 소송사건임에 대하여, 법원이 사인의 생활관계에 후견적으로 개입하여 가장 합목적적이라고 생각하는 바에 따라 처리하도록 맡긴 사항은 비송사건에 해당한다는 견해이다. 민사소송은 민사사법이고, 비송사건은 민사행정이라고도 표현한다.

(3) 판례

사건마다 조금씩 다르지만 법원의 합목적적 재량과 절차의 간이・신속의 필요성이라는 비송사건의 특성을 기준으로 합목적적으로 판단하고 있다.

(4) 결어

어느 사건이 비송사건에 해당하는가에 대해서 법률의 규정이 명확하지 않는 한, 비송사건과 소송사건의 구별은 반드시 절대적인 것이 아니다. 사건의 특성상 비송사건의 특성이 강하게 요구되느냐에 따라 구별되어야 한다고 본다.

03 비송사건과 민사소송의 차이 2021년 제9회 기출

1. 절차의 개시와 취하

(1) 민사소송

① 민사소송에서 절차의 개시는 당사자의 신청을 필요로 한다.

② 당사자는 소의 취하를 통해 절차를 종료할 수도 있다.

(2) 비송사건

① 비송사건의 절차개시는 당사자의 신청에 의하는 경우가 많지만, 특수한 사건은 검사의 청구 또는 법원의 직권으로 개시되는 경우가 있다.

② 직권주의가 인정되는 경우 사건을 취하할 수 없고, 당사자의 신청에 의한 경우에도 사건의 취하가 인정되지만 신청의 포기・인낙이 인정되지 않는다.

2. 심리방식

(1) 민사소송

민사소송절차에서는 원고・피고 간의 대심구조를 채택하여 공개된 법정에서 구술변론을 열어 양쪽 당사자에게 충분한 주장・증명의 기회를 보장하고 있다(필수적 변론).

(2) 비송사건

엄격한 대심구조를 채택하고 있지 않으며, 비공개가 원칙으로 법원이 증인 또는 감정인의 심문에 관하여는 조서를 작성하고 기타의 심문에 관하여는 필요하다고 인정하는 경우에 한하여 조서를 작성한다.

3. 자료의 수집

(1) 민사소송

① 민사소송은 변론주의에 따라 당사자가 제출한 자료만이 재판의 기초가 되고 당사자가 주장하지 않은 사실을 법원이 인정할 수 없다.

② 민사소송은 당사자의 사실에 대한 자백이 있으면 법원 및 당사자를 구속한다.

(2) 비송사건

비송절차에서는 법원이 당사자가 제출한 자료에 구속되지 않으며 직권으로 사실을 탐지할 수 있어서 당사자의 주장이나 자백에 구속되지 않으며 필요한 경우 증거조사를 행할 수 있다.

4. 재판의 형식

(1) 민사소송

민사소송의 재판형식은 판결이다. 판결이 일단 선고된 경우 선고법원은 원칙적 그 판결을 취소, 변경할 수 없다.

(2) 비송사건

비송사건의 재판형식은 결정이다. 비송사건의 결정은 법원의 결정이 있은 후에도 결정이 위법·부당하다고 생각되는 경우 그 취소, 변경이 가능하다.

5. 재판의 불복

(1) 민사소송

민사송의 재판에 대한 불복은 항소, 상고가 있다.

(2) 비송사건

비송사건의 재판에 대한 불복은 항고이다.

6. 기판력

(1) 민사소송

민사소송에서 확정된 종국판결에 대해서는 기판력이 인정되어 판결로 확정된 사안과 동일한 사항에 대해 당사자는 소송으로 다툴 수 없고 법원도 그와 모순·저촉되는 판단을 할 수 없다.

(2) 비송사건

비송사건의 재판에는 기판력이 인정되지 않는다. 법원이 당사자의 신청을 받아들이지 않은 경우 당사자는 다시 이를 신청할 수 있고, 법원도 본래와 다른 결정을 할 수 있다.

2021년 제9회 기출문제 » 모범답안 교재 341p 참조

비송사건과 민사소송사건의 구별 기준 및 차이점에 관하여 설명하시오. (20점)

제2절 비송사건의 특질 2019년 제7회 기출

1. 직권주의

(1) 절차개시

비송사건절차는 법원이 공익적 입장에서 당사자의 신청이 없더라도 적극적으로 절차를 개시하는 경우가 있다.

(2) 심판의 대상

비송사건절차에서 심판의 대상과 범위는 당사자의 신청 내용에 구속되지 않는다.

(3) 절차의 종결

비송사건절차에서는 직권으로 절차가 개시되는 사건은 당사자에 의한 취하가 인정되지 않는다. 신청에 의해 절차가 개시되는 경우에도 신청의 취하는 가능하지만 신청의 포기 · 인낙, 화해가 인정되지 않는다.

2. 변호사독점주의 비채택

민사소송은 소송대리인이 변호사(또는 법무법인)이어야 하나 비송사건은 소송능력자라면 누구나 소송행위를 대리할 수 있다(「비송사건절차법」 제6조).

3. 직권탐지주의

법원은 직권으로 사실의 탐지와 필요하다고 인정하는 증거의 조사를 하여야 한다(「비송사건절차법」 제11조).

4. 비공개주의

비송사건의 재판은 법원의 결정으로 하며 심문은 공개하지 아니한다. 다만, 법원은 심문을 공개함이 적정하다고 인정하는 자에게 방청을 허가할 수 있다(「비송사건절차법」 제13조).

5. 재판의 기판력 결여

① 비송사건의 재판에는 기판력이 인정되지 않는다.

② 법원이 당사자의 신청을 받아들이지 않은 경우 당사자는 이를 다시 신청하는 것도 허용되며, 법원도 본래의 결정과 다른 결정을 할 수 있다.

6. 기속력의 제한

(1) 재판의 직권취소 · 변경

비송사건의 재판에는 원칙적 기속력이 인정되지 않으므로, 법원은 재판을 한 후에 그 재판이 위법 또는 부당하다고 인정할 때에는 이를 취소하거나 변경할 수 있다(「비송사건절차법」 제19조 제1항).

(2) 재판의 직권취소 · 변경 제한

① 신청에 의하여만 재판을 하여야 하는 경우에 신청을 각하(却下)한 재판은 신청에 의하지 아니하고는 취소하거나 변경할 수 없다(「비송사건절차법」 제19조 제2항).

② 즉시항고로써 불복할 수 있는 재판은 취소하거나 변경할 수 없다(「비송사건절차법」 제19조 제3항).

7. 간이주의

(1) 간이한 진행

비송사건은 민사소송에 비하여 절차를 간이하게 진행하여 신속하게 사건을 결정할 수 있으므로 비용이 적게 든다.

(2) 이유제시

항고법원의 재판이 아니라면 비송사건의 재판에는 이유를 붙이지 않는다(「비송사건절차법」 제22조).

(3) 조서작성

"법원사무관등"은 증인 또는 감정인의 심문에 관하여는 조서를 작성하고, 그 밖의 심문에 관하여는 필요하다고 인정하는 경우에만 조서를 작성한다(「비송사건절차법」 제14조).

(4) 송달방법

비송사건재판의 고지는 법원이 적당하다고 인정하는 방법으로 한다. 다만, 공시송달(公示送達)을 하는 경우에는 「민사소송법」의 규정에 따라야 한다(「비송사건절차법」 제18조 제2항).

2019년 제7회 기출문제

» 모범답안 교재 328p 참조

비송사건절차의 특징을 설명하시오. (20점)

Chapter

02 비송사건절차법 총칙

제1절 「비송사건절차법」 적용범위

비송사건절차법

제1조【적용 범위】 이 편(編)의 규정은 법원의 관할에 속하는 비송사건(非訟事件, 이하 "사건"이라 한다) 중 이 법 또는 그 밖의 다른 법령에 특별한 규정이 있는 경우를 제외한 모든 사건에 적용한다.

제251조【외국인에 관한 비송사건절차】 외국인에 관한 사건의 절차로서 조약(條約)에 의하여 특별히 정하여야 할 사항은 대법원규칙으로 정한다.

01 일반법

법원의 관할에 속하는 모든 비송사건에 적용되는 일반법이다.

02 외국인에 관한 비송사건절차

① 외국인에 관한 비송사건절차에 관해서도 이법이 적용되지만, 조약에 의하여 특별히 정하여야 할 사항은 대법원규칙으로 정한다.

② 대표적인 조약으로 '한미우호통상항해조약'이 있다.

제2절 관할법원

01 사물관할(단독부 · 합의부)

「비송사건절차법」은 사건의 성질에 따라서 각각의 사건마다 단독부와 합의부 관할을 별도로 규정하고 있다.

02 심급관할

1. 제1심 관할법원

비송사건의 1심 관할법원은 지방법원 또는 지원이 된다.

2. 항고법원(제2심 법원)

지방법원 단독판사가 1심으로 한 결정 · 명령에 대한 항고사건은 지방법원 본원 합의부의 관할에 속하고, 지방법원 합의부가 1심으로 한 결정 · 명령에 대한 항고사건은 고등법원이 관할법원이다(「법원조직법」 제32조 제2항, 제28조).

3. 재항고법원(제3심 법원)

항고법원의 결정 · 명령에 대한 재항고사건은 대법원이 종심으로 심판한다(「법원조직법」 제14조 제2호).

4. 특별항고

불복할 수 없는 결정이나 명령에 대하여는 재판에 영향을 미친 헌법위반이 있거나, 재판의 전제가 된 명령 · 규칙 · 처분의 헌법 또는 법률의 위반 여부에 대한 판단이 부당하다는 것을 이유로 하는 때에만 대법원에 특별항고(特別抗告)를 할 수 있다(「민사소송법」 제449조 제1항).

03 토지관할 2015년 제3회 기출

1. 의의

토지관할은 소재지를 달리하는 동종의 법원 사이에서 소재지에 따라 재판권의 분담을 정한 것이다.

2. 원칙

① 「비송사건절차법」은 토지관할에 관한 일반적 규정을 두고 있지 않고 있다. 각각의 사건마다 당사자와 법원의 편의를 고려하여 개별적으로 관할을 정하고 있다.

② 사람의 주소지, 주된 사무소 소재지, 물건소재지, 채무이행지, 소송계속지 등을 기준으로 사건별로 관할이 규정되어 있다.

3. 특칙

비송사건절차법

제2조【관할법원】 ① 법원의 토지 관할이 주소에 의하여 정하여질 경우 대한민국에 주소가 없을 때 또는 대한민국 내의 주소를 알지 못할 때에는 거소지(居所地)의 지방법원이 사건을 관할한다.

② 거소가 없을 때 또는 거소를 알지 못할 때에는 마지막 주소지의 지방법원이 사건을 관할한다.

③ 마지막 주소가 없을 때 또는 그 주소를 알지 못할 때에는 재산이 있는 곳 또는 대법원이 있는 곳을 관할하는 지방법원이 사건을 관할한다.

(1) 토지관할의 특칙

토지 관할이 주소에 의하여 정하여질 경우 특칙이 「비송사건절차법」 제2조에 규정되어 있다.

(2) 주소가 없거나 알지 못할 때

거소지의 지방법원이 사건을 관할한다.

(3) 거소가 없거나 알지 못할 때

마지막 주소지의 지방법원이 사건을 관할한다.

(4) 마지막 주소지가 없거나 알지 못할 때

재산이 있는 곳 또는 대법원이 있는 곳을 관할하는 지방법원이 사건을 관할한다.

04 우선관할과 이송 2015년 제3회 기출

비송사건절차법

제3조【우선관할 및 이송】 관할법원이 여러 개인 경우에는 최초로 사건을 신청받은 법원이 그 사건을 관할한다. 이 경우 해당 법원은 신청에 의하여 또는 직권으로 적당하다고 인정하는 다른 관할법원에 그 사건을 이송할 수 있다.

1. 우선관할

(1) 관할의 경합

관할법원이 여러 곳인 경우가 있다(관할의 경합). 당사자는 임의로 그 하나를 선택할 수 있는데 이를 '선택관할'이라 한다. 일반적으로 선택에 의해 다른 법원이 관할권이 당연히 소멸하는 것은 아니므로 다른 관할법원에 이송도 가능하다.

(2) 우선관할

1) 의의

특별히 당사자가 최초로 선택하여 신청을 한 법원에만 관할권을 인정하는 경우를 '우선관할'이라 한다. 즉, 「비송사건절차법」 제3조가 이를 규정한 것이다.

2) 중복제소와 관계

비송사건에서는 동일한 사건의 신청을 2중으로 하는 것이 금지되지 않는다. 2중의 신청이 허용되는 것을 전제로 우선관할에 의한 대응을 하고 있다.

3) 직권으로 절차가 개시되는 경우

법원이 직권으로 절차를 개시한 경우의 우선관할에 관한 명문의 규정이 없다. 이 경우도 최초로 직권으로 절차를 개시한 법원만이 관할권을 가지는 것으로 해석하는 것이 일반적이다.

2. 이송 2022년 제10회 기출

(1) 적당한 법원으로 이송

우선관할을 갖는 법원은 신청에 의하여 또는 직권으로 적당하다고 인정하는 다른 관할법원에 그 사건을 이송할 수 있다.

(2) 관할권이 없는 법원의 이송

우선관할로 인해 다른 법원은 해당 비송사건에 대한 관할권을 잃게 된다. 다른 법원은 「민사소송법」 제34조 제1항을 준용하여 해당 사건을 최초로 신청을 받은 관할법원에 이송해야 한다는 것이 일반적 견해이다.

(3) 이송의 효력 2022년 제10회 기출

① 이송받은 법원은 이송결정에 따라야 한다. 소송을 이송받은 법원은 사건을 다시 다른 법원에 이송하지 못한다(「민사소송법」 제38조 준용).

② 이송결정이 확정된 때에는 소송은 처음부터 이송받은 법원에 계속(係屬)된 것으로 본다(「민사소송법」 제40조 준용).

(4) 불복

이송의 재판으로 인하여 권리를 침해당한 자는 그 재판에 대하여 항고할 수 있다(「비송사건절차법」 제20조).

(5) 비송사건과 소송사건 간의 이송 여부

1) 비송사건과 소송사건 간의 이송

민사소송으로 제기하는 경우 또는 그 반대의 경우 이송을 허용할 것인가 문제된다.

2) 학설

비송사건도 통상의 민사법원의 재판권에 속하는 것이므로 「민사소송법」상 소송의 이송을 유추하여 관할법원에 이송하는 것이 허용된다는 것이 일반적 견해이다.

3) 판례

판례는 「비송사건절차법」에 의해 불복할 사건을 보통민사소송으로 불복하는 것은 부당하다고 하여 사건을 각하한다는 입장이다(이송을 부정).

05 관할의 지정 2015년 제3회 기출

비송사건절차법
제4조【관할법원의 지정】 ① 관할법원의 지정은 여러 개의 법원의 토지 관할에 관하여 의문이 있을 때에 한다.
② 관할법원의 지정은 관계 법원에 공통되는 바로 위 상급법원이 신청에 의하여 결정(決定)함으로써 한다. 이 결정에 대하여는 불복신청을 할 수 없다.

02

1. 의의

여러 법원 사이의 토지관할에 관하여 의문이 있을 때 신청에 의하여 상급법원이 관할법원을 정하는 것을 지정관할이라 한다.

2. 지정하는 상급법원

관할법원의 지정은 관계 법원에 공통되는 바로 위 상급법원이 결정으로 한다.

3. 신청의 방식

신청의 방식은 특별한 규정이 없는 한 「비송사건절차법」 제8조에 의해 서면 또는 말로 할 수 있다(「민사소송법」 제161조 준용).

4. 불복신청

① 관할법원을 지정하는 결정에 대해서는 불복신청을 할 수 없다.
② 관할법원의 지정신청을 각하하는 결정에 대하여는 항고를 할 수 있다(「비송사건절차법」 제20조 제2항).

2015년 제3회 기출문제 » 모범답안 교재 306p 참조

비송사건 관할에 관한 다음 물음에 답하시오. (20점)
(1) '토지관할'과 '우선관할 및 이송'에 관하여 설명하시오. (15점)
(2) 관할법원의 지정에 관하여 설명하시오. (5점)

2023년 제11회 기출문제 » 모범답안 교재 354p 참조

비송사건의 토지관할과 이송에 관하여 설명하시오. (20점)

제3절 법원 직원의 제척 · 기피 · 회피

비송사건절차법
제5조 【법원 직원의 제척 · 기피】 사건에 관하여는 법원 직원의 제척(除斥) 또는 기피(忌避)에 관한 「민사소송법」의 규정을 준용한다.

01 필요성

비송사건의 재판도 사법상 법률관계에 관한 것이므로 법원 직원이 직무를 공정하게 행하여야 한다. 「비송사건절차법」은 이를 위해 비송사건에도 「민사소송법」상의 법원 직원의 제척 또는 기피에 관한 준용규정을 두고 있다. 제척 · 기피 · 회피의 대상으로 법원 직원은 법관 및 법원사무관 등을 모두 포함하는 의미이다.

02 제척

1. 의의

일정한 법정사유가 있는 경우 법률상 당연히 직무집행을 할 수 없는 것을 '제척'이라 한다.

2. 사유

'법관이 사건의 당사자와 관계가 있는 경우'와 '법관이 사건의 심리에 이미 관여한 경우' 두 가지로 나누어 볼 수 있다.

민사소송법
제41조 【제척의 이유】 법관은 다음 각 호 가운데 어느 하나에 해당하면 직무집행에서 제척(除斥)된다.
1. 법관 또는 그 배우자나 배우자이었던 사람이 사건의 당사자가 되거나, 사건의 당사자와 공동권리자 · 공동의무자 또는 상환의무자의 관계에 있는 때
2. 법관이 당사자와 친족의 관계에 있거나 그러한 관계에 있었을 때
3. 법관이 사건에 관하여 증언이나 감정(鑑定)을 하였을 때
4. 법관이 사건당사자의 대리인이었거나 대리인이 된 때
5. 법관이 불복사건의 이전심급의 재판에 관여하였을 때. 다만, 다른 법원의 촉탁에 따라 그 직무를 수행한 경우에는 그러하지 아니하다.

제42조 【제척의 재판】 법원은 제척의 이유가 있는 때에는 직권으로 또는 당사자의 신청에 따라 제척의 재판을 한다.

3. 법원의 직권 또는 당사자의 신청

법원은 제척의 이유가 있는 때에는 직권으로 또는 당사자의 신청에 따라 제척의 재판을 한다.

4. 효력

제척의 이유가 인정되면, 해당 법관은 당연히 그 직무집행으로부터 배제된다.

03 기피

1. 의의

제척원인 이외에 재판의 공정을 기대하기 어려운 사정이 있는 경우 당사자의 신청과 그에 대한 재판에 의해 법관을 직무집행으로부터 배제하는 것을 '기피'라 한다.

2. 사유

> **민사소송법**
> **제43조【당사자의 기피권】** ① 당사자는 법관에게 공정한 재판을 기대하기 어려운 사정이 있는 때에는 기피신청을 할 수 있다.
> ② 당사자가 법관을 기피할 이유가 있다는 것을 알면서도 본안에 관하여 변론하거나 변론준비기일에서 진술을 한 경우에는 기피신청을 하지 못한다.

재판의 공정을 기대하기 어려운 사정이 있는 때란 공정한 재판을 할 수 있다는 의심을 할 만한 객관적인 사정이 있고, 그러한 의심이 단순한 주관적 우려나 추측을 넘어 합리적인 것이라고 인정할 만한 때를 말한다.

3. 당사자의 신청

기피절차는 당사자의 신청으로만 개시된다. 법원의 직권에 의한 제척과 구별된다.

4. 효력

기피의 이유가 인정되는 경우 해당 법관은 그 직무집행에서 배제된다.

04 회피

1. 의의

법관이 당사자의 신청이나 재판을 거치지 않고 감독권이 있는 법원의 허가를 받아 스스로 직무집행을 피하는 것을 '회피'라 한다.

2. 사유

> **민사소송법**
> **제49조【법관의 회피】** 법관은 제41조 또는 제43조의 사유가 있는 경우에는 감독권이 있는 법원의 허가를 받아 회피(回避)할 수 있다.

「비송사건절차법」에는 별도의 규정이 없지만 「민사소송법」 제49조를 준용하여 회피제도도 인정된다고 본다. 제척사유와 기피사유는 회피사유가 된다.

05 절차의 정지

법원은 제척 또는 기피신청이 있는 경우에는 그 재판이 확정될 때까지 소송절차를 정지하여야 한다. 다만, 제척 또는 기피신청이 각하된 경우 또는 종국판결(終局判決)을 선고하거나 긴급을 요하는 행위를 하는 경우에는 그러하지 아니하다(「민사소송법」 제48조 준용).

제4절 당사자

01 당사자 개념

1. 소송사건의 당사자

민사소송은 당사자 대립구조를 기초로 절차의 주체로 관여하는 사람을 일반적으로 당사자·원고·피고로 부른다.

2. 비송사건의 당사자 개념의 불명확성

비송사건은 당사자 대립구조를 취하고 있지 않고, 자기의 이름으로 절차에 관여하는 사람이 있더라도 그 사람이 반드시 절차의 주체가 되는 것이 아니고, 재판의 효력이 미치는 범위도 쉽게 알 수 없는 경우가 많으며, 직권으로 개시되는 절차에서는 자기의 이름으로 재판을 요구하는 사람이 없으므로 비송사건에서의 당사자의 의미는 민사소송처럼 그 개념이 분명한 것은 아니다.

3. 비송사건의 당사자 확정

비송사건절차에서도 당사자 개념을 분명히 하는 것은 필요하다. 결론적으로 비송사건에서 당사자는 신청인, 재판을 받을 수 있는 자, 또는 항고인, 재판에 의하여 직접 그 권리의무에 영향을 받는 자가 당사자가 된다.

02 당사자능력과 비송절차능력

1. 당사자능력

소송의 당사자가 될 수 있는 일반적 자격을 가지는 자로서 자연인과 법인은 원칙적 당사자능력이 있다(「민사소송법」 제51조). 견해대립은 있으나 법인이 아닌 사단이나 재단은 대표자 또는 관리인이 있는 경우에는 그 사단이나 재단의 이름으로 당사자가 될 수 있다(「민사소송법」 제52조).

2. 비송절차능력

민사소송의 소송능력에 대응하는 개념으로 「비송사건절차법」의 명문의 규정이 없다. 절차법의 특성상 「민사소송법」상 소송능력에 관한 「민사소송법」 제51조, 제55조(제한능력자의 소송능력), 제57조(외국인의 소송능력)의 규정이 준용된다고 보는 것이 일반적이다.

03 비송사건절차에서 선정당사자

1. 선정당사자의 의의

민사소송에서는 공동의 이해관계를 가진 여러 사람이 그 가운데에서 모두를 위하여 당사자가 될 한 사람 또는 여러 사람을 선정할 수 있다(「민사소송법」 제53조).

2. 비송사건절차에서 인정 여부

「비송사건절차법」은 소송능력자라면 변호사가 아니라도 제한 없이 대리인이 되는 것을 허용하고 있으므로 「민사소송법」상 선정당사자 규정은 준용되지 않는다.

판례

비송사건절차법 제5조, 제8조, 제10조, 제24조, 제30조 등 관계법령들의 규정내용에 비추어 보면 선정당사자에 관한 민사소송법 제49조의 규정은 비송사건절차법이 적용되는 비송사건에는 준용되거나 유추적용되지 않는다고 보아야 할 것이다(대판 1990.12.7.자 90마674, 90마카11).

04 복수당사자(공동신청사건)

1. 의의

비송사건들 중에 수인의 당사자가 공동으로 사건에 관여할 것을 요구하는 경우 이를 복수당사자 사건 또는 공동신청사건이라 한다.

2. 유형

(1) 법률상 필수적 공동신청을 해야 하는 경우

법률이 반드시 공동으로 신청할 것을 요구하는 경우에는 신청인의 일부를 빼고 신청하면 그 신청은 보정이 없는 한 부적법 각하된다(「비송사건절차법」 제104조).

(2) 여러 이해관계인이 독립신청을 한 경우

여러 이해관계인은 각각 독립하여 법원에 신청할 수 있는 경우가 있다(「비송사건절차법」 제90조). 이러한 신청은 독립한 것이기 때문에 어느 하나의 신청이 취하되거나 각하되어도 다른 신청에 영향을 미치는 것은 아니다.

(3) 임의적으로 공동신청으로 신청요건이 충족되어야 신청이 되는 경우

필수적 공동신청은 아니지만 여러 사람의 신청인이 공동하여서만 신청요건을 충족할 수 있는 경우가 있다(「상법」 제366조). 이 경우 신청은 하나이므로 공동당사자는 서로 모순되는 행위를 할 수 없다.

(4) 여러 개의 신청이 있는 때는 병합심리 · 재판을 하는 경우

법률의 규정상으로는 반드시 공동의 신청이 필요한 것은 아니지만, 여러 개의 신청이 있으면 심리와 재판을 병합하여 행할 것이 요구되는 경우가 있다(「비송사건절차법」 제86조의2 제2항). 여러 개의 신청이 필수적 공동신청은 아니므로 신청인은 각자 신청을 취하할 수 있다.

05 비송사건절차에 참가

1. 제3자 참가

「가사소송법」상 이해관계가 있는 자(제3자)의 재판상 참가를 준용할 수 있을지 「비송사건절차법」에는 명문의 규정이 있다. 법원 실무상으로는 명문의 규정이 없다는 이유로 이를 인정할 수 없다고 본다.

2. 보조참가

「비송사건절차법」은 보조참가에 관한 「민사소송법」 제71조를 준용하고 있지 않다. 비송사건에 보조참가를 허용하여도 불합리할 것은 없다는 이유로 허용된다는 것이 일반적 견해이다.

06 비송사건의 대리인

비송사건절차법
제6조 【대리인】 ① 사건의 관계인은 소송능력자로 하여금 소송행위를 대리(代理)하게 할 수 있다. 다만, 본인이 출석하도록 명령을 받은 경우에는 그러하지 아니하다.
② 법원은 변호사가 아닌 자로서 대리를 영업으로 하는 자의 대리를 금하고 퇴정(退廷)을 명할 수 있다. 이 명령에 대하여는 불복신청을 할 수 없다.

1. 비송사건 대리인의 자격 2020년 제8회 기출

(1) 소송능력자

비송사건에 있어서는 변호사대리의 원칙은 채택되지 않고, 소송능력자이기만 하면 다른 아무 제한이 없이 비송사건의 대리인이 될 수 있다.

(2) 대리가 허용되지 않는 경우

1) 본인이 출석하도록 명령을 받은 경우

법원이 본인의 진술을 직접 들어야 할 필요가 있다거나, 대리인의 진술이 불완전한 경우에는 당사자 본인의 출석을 명할 수 있다. 이러한 경우에는 소송행위를 대리할 수 없다.

2) 법원의 대리금지 · 퇴정명령 2016년 제4회 기출

법원은 변호사가 아닌 자로서 대리를 영업으로 하는 자의 대리를 금하고 퇴정(退廷)을 명할 수 있고 이 경우 대리가 허용되지 않는다. 이 명령에 대하여는 불복신청을 할 수 없다.

2. 대리권의 증명 2020년 제8회 기출

비송사건절차법

제7조【대리권의 증명】 ① 제6조에 따른 대리인에 관하여는 「민사소송법」 제89조를 준용한다.
② 대리인의 권한을 증명하는 사문서(私文書)에 관계 공무원 또는 공증인의 인증(認證)을 받아야 한다는 명령에 대하여는 불복신청을 할 수 없다.

민사소송법

제89조【소송대리권의 증명】 ① 소송대리인의 권한은 서면으로 증명하여야 한다.
② 제1항의 서면이 사문서인 경우에는 법원은 공증인, 그 밖의 공증업무를 보는 사람(이하 "공증사무소"라 한다)의 인증을 받도록 소송대리인에게 명할 수 있다.
③ 당사자가 말로 소송대리인을 선임하고, 법원사무관등이 조서에 그 진술을 적어 놓은 경우에는 제1항 및 제2항의 규정을 적용하지 아니한다.

02

(1) 서면에 의한 증명

비송사건절차에서 소송대리인의 권한은 서면으로 증명하여야 한다. 일반적으로 위임장에 의해 증명한다.

(2) 사문서에 의한 증명

대리인의 권한을 증명하는 서면이 사문서인 경우 그 진정성이 의심스러울 때에는 대리인의 권한을 증명하는 사문서에 관계 공무원 또는 공증인의 인증을 받아오도록 명령할 수 있고 이 명령에 대해서는 불복할 수 없다.

(3) 증명제외

당사자가 말로 소송대리인을 선임하고, 법원사무관등이 조서에 그 진술을 적어 놓은 경우에는 조서에 의하여 위임의 사실이 증명되므로 서면에 의한 증명이 적용되지 않는다.

3. 대리행위의 효력 2020년 제8회 기출

(1) 유권대리의 효력

비송대리인이 그 대리권의 범위 내에서 행한 비송행위는 직접 본인에게 효력이 생긴다.

(2) 무권대리의 효력

① 비송대리인이 대리권이 없는 경우 그 대리행위는 무효이다.
② 무권대리행위가 신청인 경우 법원은 이를 부적법 각하한다.
③ 법원이 부적법 사유를 간과하고 재판을 하였을 경우, 그 재판은 당연무효가 되는 것은 아니고, 재판으로 인하여 권리를 침해당한 자는 그 재판에 대하여 항고할 수 있다(「비송사건절차법」 제20조 제1항).

4. 대리권의 보정 · 추인

(1) 보정명령

소송능력 · 법정대리권 또는 소송행위에 필요한 권한의 수여에 흠이 있는 경우에는 법원은 기간을 정하여 이를 보정하도록 명하여야 하며, 만일 보정하는 것이 지연됨으로써 손해가 생길 염려가 있는 경우에는 법원은 보정하기 전의 당사자 또는 법정대리인으로 하여금 일시적으로 소송행위를 하게 할 수 있다(「민사소송법」 제59조).

(2) 흠의 추인

소송능력, 법정대리권 또는 소송행위에 필요한 권한의 수여에 흠이 있는 사람이 소송행위를 한 뒤에 보정된 당사자나 법정대리인이 이를 추인(追認)한 경우에는, 그 소송행위는 이를 한 때에 소급하여 효력이 생긴다(「민사소송법」 제60조).

5. 당사자의 사망과 비송대리권의 소멸

(1) 「민사소송법」 준용 여부

민사소송에서는 당사자가 사망하더라도 소송대리권은 소멸하지 않는다(「민사소송법」 제95조 제1호). 비송사건에서 이를 준용할 것인가 문제된다.

(2) 비송사건의 경우

명문의 규정은 없지만, 비송사건절차에서는 신청에 의하여 절차가 개시된 경우에도 이후에는 직권으로 절차가 진행되므로 절차의 중단이 없고, 만약 절차의 목적이 일신전속적이라면 절차는 종료되지만, 그렇지 않은 때에는 당사자가 사망하더라도 그 상속인으로 하여금 직권으로 절차를 승계시키는 점 등을 고려하면, 당사자가 사망하더라도 비송사건의 대리권은 소멸하지 않는다.

2016년 제4회 기출문제

» 모범답안 교재 311p 참조

B시의 X지구토지구획정리조합의 조합원인 甲 외 255명은 조합장의 배임행위를 이유로 임시총회 소집을 요구하였으나 조합장이 이에 응하지 않으므로 조합정관의 규정에 따라 법원에 비송사건인 임시총회 소집허가신청을 하였다. 이 절차에서 甲이 영업 중인 행정사 乙에게 소송행위를 대리하게 하였다. 이에 乙이 甲의 대리인으로서 진술하려고 하였으나 법원이 대리행위를 금지하고 퇴정을 명하였다. 법원의 명령이 적법한지 여부와 그 이유를 설명하시오. (20점)

2020년 제8회 기출문제

» 모범답안 교재 335p 참조

비송사건의 대리에 관한 다음 물음에 답하시오. (20점)

물음 1) 대리인의 자격 및 대리가 허용되지 않는 경우에 관하여 설명하시오. (10점)

물음 2) 대리권의 증명 및 대리행위의 효력에 관하여 설명하시오. (10점)

제5절 비송사건의 절차개시 2021년 제9회 기출

01 절차의 개시

비송사건의 절차는 당사자의 신청에 의하여 개시되는 '신청사건', 법원이 직권으로 개시하는 '직권사건', 검사의 청구에 의하여 개시되는 '검사청구사건'이 있다.

02 신청사건

1. 의의

신청사건은 당사자의 신청에 의해서만 절차가 개시되는 사건으로 비송사건의 대부분은 신청사건이다.

2. 신청의 방식

비송사건절차법
제8조 【신청 및 진술의 방법】 신청 및 진술에 관하여는 「민사소송법」 제161조를 준용한다.

민사소송법
제161조 【신청 또는 진술의 방법】 ① 신청, 그 밖의 진술은 특별한 규정이 없는 한 서면 또는 말로 할 수 있다.
② 말로 하는 경우에는 법원사무관등의 앞에서 하여야 한다.
③ 제2항의 경우에 법원사무관등은 신청 또는 진술의 취지에 따라 조서 또는 그 밖의 서면을 작성한 뒤 기명날인 또는 서명하여야 한다.

(1) 서면 또는 구술

비송사건의 신청은 특별한 규정이 없는 한 서면 또는 말로 할 수 있다(「민사소송법」 제161조 준용). 특별한 규정에 의해 서면으로만 하여야 하는 경우 서면에 의하여야 한다.

(2) 서면에 의한 신청

1) 기재사항

비송사건절차법
제9조 【신청서의 기재사항, 증거서류의 첨부】 ① 신청서에는 다음 각 호의 사항을 적고 신청인이나 그 대리인이 기명날인하거나 서명하여야 한다.
1. 신청인의 성명과 주소
2. 대리인에 의하여 신청할 때에는 대리인의 성명과 주소
3. 신청의 취지와 그 원인이 되는 사실
4. 신청 연월일
5. 법원의 표시
② 증거서류가 있을 때에는 그 원본 또는 등본을 신청서에 첨부하여야 한다.

2) 인지의 첨부

신청서에는 소정의 인지를 붙여야 한다. 「비송사건절차법」에 따라 재판을 구하는 신청은 신청서에 1천 원의 인지를 붙여야 한다(「민사소송 등 인지법」 제9조 제5항 제2호).

(3) 말로 하는 신청

말로 하는 경우에는 법원사무관등의 앞에서 하여야 한다. 이 경우 법원사무관등은 신청 또는 진술의 취지에 따라 조서 또는 그 밖의 서면을 작성한 뒤 기명날인 또는 서명하여야 한다(「민사소송법」 제161조 제3항). 증거서류의 첨부, 인지의 부착도 필요하다.

(4) 부적법한 신청의 보정

신청서의 기재사항에 흠이 있는 경우 그 보정을 할 수 없는 경우가 아니라면, 법원은 상당한 기간을 정하여 보정을 명하고 신청인이 보정에 응하지 않을 때 신청을 부적법한 것으로 각하한다.

03 직권사건

1. 의의

당사자의 신청이 없더라도 법원이 일정한 처분을 하거나 또는 절차를 개시할 수 있는 사건을 직권사건이라 한다. 과태료사건이 대표적이며 그 외에 회사의 해산명령, 법원에 의한 청산인의 선임 또는 해임사건이 있다.

2. 절차의 개시

① 법원은 법률의 규정에 의하여 직권으로 절차를 개시하는 경우에는 그 사건을 알게 된 경위를 불문하고 즉시 절차를 개시하여야 한다.

② 관할 관청의 통고 또는 통지에 의한 경우 이러한 통지는 법원의 직권발동을 촉구하는 데 지나지 않는다. 따라서 통고 또는 통지의 취하나 철회가 있더라도 법원은 절차를 개시하거나 계속 진행할 수 있다.

판례

과태료처분의 재판은 법원이 과태료에 처하여야 할 사실이 있다고 판단되면 비송사건절차법에 의하여 직권으로 그 절차를 개시하는 것이고 관할 관청의 통고 또는 통지는 법원의 직권발동을 촉구하는 데에 지나지 아니하므로, 후에 관할 관청으로부터 이미 행한 통고 또는 통지의 취하 내지 철회가 있다고 하더라도 그 취하・철회는 비송사건절차법에 의한 법원의 과태료 재판을 개시・진행하는 데 장애가 될 수 없다(대판 1998.12.23.자 98마2866).

04 검사청구사건

비송사건절차법
제16조【검사에 대한 통지】 법원, 그 밖의 관청, 검사와 공무원은 그 직무상 검사의 청구에 의하여 재판을 하여야 할 경우가 발생한 것을 알았을 때에는 그 사실을 관할법원에 대응한 검찰청 검사에게 통지하여야 한다.

1. 의의

① 비송사건 가운데 당사자의 신청이나 법원의 직권사건 이외에 검사의 청구에 의하여 개시되는 사건을 검사청구사건이라 한다.

② 검사청구사건은 청구권자로서 검사만 규정한 경우는 없고 이해관계인의 청구나 법원의 직권을 절차개시요건으로 같이 규정하고 있다.

2. 검사의 청구

검사청구사건은 공익에 미치는 영향이 크므로 검사가 공익의 대표자로서 관여하는 것으로 검사는 이러한 종류의 비송사건절차를 개시하여야 할 경우를 알게 되면 법원에 재판을 청구하여야 한다.

3. 법원의 통지

검사의 신청에 의하여 재판을 하는 경우 그것을 관할법원을 대응하는 검찰청의 검사가 모르는 경우가 있으므로 법원 등은 검사의 청구에 의하여 재판을 하여야 할 경우가 발생한 것을 알았을 때에는 그 사실을 관할법원에 대응한 검찰청 검사에게 통지하여야 한다.

2021년 제9회 기출문제

» 모범답안 교재 340p 참조

비송사건절차의 개시 유형에 관하여 설명하시오. (20점)

제6절 비송사건 절차의 진행

1. 직권진행

① 비송사건절차의 진행에 대하여도 직권주의가 지배하며, 어떤 형태에 의하건 일단 절차가 개시된 이상 법원이 직권으로 절차를 진행한다.

② 기일의 지정·변경, 송달, 사실의 탐지 및 증거조사 등은 법원이 직권으로 수행하며 당사자의 신청에 구애받지 않고 직권으로 이루어진다.

2. 절차의 중단·정지

① 비송사절차는 직권으로 진행되므로 당사자의 사망, 능력의 상실, 파산, 법정대리인의 사망 또는 대리권의 소멸 등의 사실이 발생하였을 경우에도 원칙적 절차를 진행할 수 있고, 「민사소송법」상 중단·정지의 개념은 고려할 필요가 없다.

② 사건자체가 목적을 잃은 경우 절차가 종료될 수는 있다.

3. 비공개주의

> 비송사건절차법
> **제13조 【심문의 비공개】** 심문(審問)은 공개하지 아니한다. 다만, 법원은 심문을 공개함이 적정하다고 인정하는 자에게는 방청을 허가할 수 있다.

4. 기일 2022년 제10회 기출

(1) 의의

> 비송사건절차법
> **제10조 【「민사소송법」의 준용】** 사건에 관하여는 기일(期日), 기간, 소명(疎明) 방법, 인증(人證)과 감정(鑑定)에 관한 「민사소송법」의 규정을 준용한다.

기일은 비송사건절차에 있어서 법원과 당사자 또는 그 밖의 관계인이 일정한 장소에 모여 비송사건에 관한 행위를 하기 위하여 정하여진 일정한 시간을 말한다. 「비송사건절차법」은 기일에 관한 「민사소송법」의 규정을 준용하고 있다.

(2) 기일의 종류

비송사건절차에서 기일은 '심문기일'(「비송사건절차법」 제15조 제2항)과 '증인심문기일'(「비송사건절차법」 제14조) 등이 있다.

(3) 기일의 지정과 변경

> 민사소송법
> **제165조 【기일의 지정과 변경】** ① 기일은 직권으로 또는 당사자의 신청에 따라 재판장이 지정한다. 다만, 수명법관 또는 수탁판사가 신문하거나 심문하는 기일은 그 수명법관 또는 수탁판사가 지정한다.

> 제166조 【공휴일의 기일】 기일은 필요한 경우에만 공휴일로도 정할 수 있다.

1) 기일의 지정권자

① 기일은 재판장이 지정한다.
② 수명법관 또는 수탁판사가 신문하거나 심문하는 기일은 그 수명법관 또는 수탁판사가 지정한다.
③ 공휴일은 필요한 경우에만 기일로 정할 수 있다.

2) 재판장의 직권

기일의 지정은 재판장이 직권으로 지정한다. 민사소송에서는 당사자의 신청에 따라 재판장이 지정할 수 있지만, 비송사건에서는 기일을 열지 여부가 법원의 직권에 의하므로 당사자의 신청에 의한 기일 지정은 일반적으로 인정되지 않는다고 본다.

3) 기일 지정의 효력발생

기일의 지정은 성질상 즉시 효력이 발생하고 고지된 때에 효력이 생기는 것은 아니다.

4) 기일의 통지

> 민사소송법
> 제167조 【기일의 통지】 ① 기일은 기일통지서 또는 출석요구서를 송달하여 통지한다. 다만, 그 사건으로 출석한 사람에게는 기일을 직접 고지하면 된다.
> ② 법원은 대법원규칙이 정하는 간이한 방법에 따라 기일을 통지할 수 있다. 이 경우 기일에 출석하지 아니한 당사자·증인 또는 감정인 등에 대하여 법률상의 제재, 그 밖에 기일을 게을리함에 따른 불이익을 줄 수 없다.

① 기일은 원칙적으로 송달에 의한다. 다만, 그 사건으로 출석한 사람에게는 기일을 직접 고지하면 된다.
② 당사자의 주소 등 또는 근무장소를 알 수 없는 경우 등 공시송달의 일정한 요건을 갖춘 경우 기일통지서의 공시송달도 허용된다.

5) 기일의 해태

① 당사자 또는 대리인이 심문기일에 출석하지 않은 경우라도 절차를 그대로 진행하는 데 아무런 지장이 없다.
② 증인, 감정인이 출석하지 않은 경우에는 「민사소송법」 규정이 준용된다(「비송사건절차법」 제10조).

6) 검사에 대한 심문기일의 통지

> 비송사건절차법
> 제15조 【검사의 의견 진술 및 심문 참여】 ① 검사는 사건에 관하여 의견을 진술하고 심문에 참여할 수 있다.
> ② 사건 및 그에 관한 심문의 기일은 검사에게 통지하여야 한다.

① 검사는 공익의 대표자로서 비송사건에 관하여 의견을 진술하고 심문에 참여할 수 있다. 이러한 기회를 보장하기 위해서 심문의 기일은 검사에게 통지하여야 한다.

② 검사의 의견진술과 심문의 참여는 재량으로 본다. 실무상 본조항은 훈시규정으로 이러한 통지 없이 재판을 하여도 위법은 아니라고 보고 있다.

2022년 제10회 기출문제 » 모범답안 교재 348p 참조

「비송사건절차법」상 기일에 관하여 설명하시오. (20점)

5. 기간

비송사건절차법

제10조【「민사소송법」의 준용】 사건에 관하여는 기일(期日), 기간, 소명(疎明) 방법, 인증(人證)과 감정(鑑定)에 관한 「민사소송법」의 규정을 준용한다.

민사소송법

제170조【기간의 계산】 기간의 계산은 「민법」에 따른다.

제171조【기간의 시작】 기간을 정하는 재판에 시작되는 때를 정하지 아니한 경우에 그 기간은 재판의 효력이 생긴 때부터 진행한다.

제172조【기간의 신축, 부가기간】 ① 법원은 법정기간 또는 법원이 정한 기간을 늘이거나 줄일 수 있다. 다만, 불변기간은 그러하지 아니하다.
② 법원은 불변기간에 대하여 주소 또는 거소가 멀리 떨어진 곳에 있는 사람을 위하여 부가기간(附加期間)을 정할 수 있다.
③ 재판장·수명법관 또는 수탁판사는 제1항 및 제2항의 규정에 따라 법원이 정한 기간 또는 자신이 정한 기간을 늘이거나 줄일 수 있다.

제173조【소송행위의 추후보완】 ① 당사자가 책임질 수 없는 사유로 말미암아 불변기간을 지킬 수 없었던 경우에는 그 사유가 없어진 날부터 2주 이내에 게을리한 소송행위를 보완할 수 있다. 다만, 그 사유가 없어질 당시 외국에 있던 당사자에 대하여는 이 기간을 30일로 한다.
② 제1항의 기간에 대하여는 제172조의 규정을 적용하지 아니한다.

(1) 기간의 의의

일정한 시점부터 다른 시점까지의 시간의 경과를 기간이라 한다. 비송사건절차상 기간에 관하여는 「민사소송법」을 준용하고 있다.

(2) 기간의 계산

1) 초일불산입의 원칙

기간을 일, 주, 월 또는 연으로 정한 때에는 기간의 초일은 산입하지 아니한다. 그러나 그 기간이 오전 영시로부터 시작하는 때에는 그러하지 아니하다.

2) 기간을 정하는 재판에 시작되는 때를 정하지 아니한 경우

그 기간은 재판의 효력이 생긴 때부터 진행한다.

3) 기간의 말일

기간의 말일이 토요일 또는 공휴일에 해당한 때에는 기간은 그 익일로 만료한다.

(3) 기간의 신축, 부가기간

1) 필요성

적정하면서 신속한 심리의 진행을 위해 법원은 기간을 정하는 한편, 그것에 의하여 생긴 불이익을 피하기 위해 기간의 신축을 인정한다.

2) 불변기간이 아닌 경우

법원은 불변기간이 아닌 한, 법정기간 또는 법원이 정한 기간을 늘리거나 줄일 수 있다.

3) 불변기간

불변기간은 법원이 기간을 신축할 수 없고, 주소 또는 거소가 멀리 떨어진 곳에 있는 사람을 위하여 부가기간(附加期間)을 정할 수 있다.

(4) 불변기간의 추후보완

당사자가 책임질 수 없는 사유로 말미암아 불변기간을 지킬 수 없었던 경우에는 그 사유가 없어진 날부터 2주 이내에 게을리한 소송행위를 보완할 수 있다. 다만, 그 사유가 없어질 당시 외국에 있던 당사자에 대하여는 이 기간을 30일로 한다.

6. 재판의 고지

비송사건절차법

제18조【재판의 고지】 ① 재판은 이를 받은 자에게 고지함으로써 효력이 생긴다.

② 재판의 고지는 법원이 적당하다고 인정하는 방법으로 한다. 다만, 공시송달(公示送達)을 하는 경우에는 「민사소송법」의 규정에 따라야 한다.

③ 법원사무관등은 재판의 원본에 고지의 방법, 장소, 연월일을 부기(附記)하고 도장을 찍어야 한다.

민사소송법

제194조【공시송달의 요건】 ① 당사자의 주소등 또는 근무장소를 알 수 없는 경우 또는 외국에서 하여야 할 송달에 관하여 제191조의 규정에 따를 수 없거나 이에 따라도 효력이 없을 것으로 인정되는 경우에는 법원사무관등은 직권으로 또는 당사자의 신청에 따라 공시송달을 할 수 있다.

제195조【공시송달의 방법】 공시송달은 법원사무관등이 송달할 서류를 보관하고 그 사유를 법원게시판에 게시하거나, 그 밖에 대법원규칙이 정하는 방법에 따라서 하여야 한다.

(1) 송달의 의의

1) 개념

송달은 당사자 그 밖의 이해관계인에게 절차상 필요한 서류를 법정의 방식에 의하여 통지하는 행위를 말한다.

2) 구별개념

① **공고**: 공고는 사실 등을 전달하는 행위로 특정인에 대한 것이 아니라 일반인에 대한 것이라는 점에서 송달과 구별된다.

② **송부**: 송부는 송달과 마찬가지로 관련 서류를 전달하는 행위를 말하지만, 송달의 엄격한 방식에 의하지 않은 것을 말한다.

(2) 비송사건절차에서 재판의 고지

1) 원칙(법원의 재량)

비송사건재판은 이를 받은 자에게 고지함으로써 효력이 생기는데, 재판의 고지는 법원이 적당하다고 인정하는 방법으로 한다. 비송사건재판의 고지는 법원이 재량으로 상당한 방법으로 고지할 수 있다.

2) 예외

① **기일의 통지**: 기일에 관한 「민사소송법」의 규정이 비송사건절차에도 준용되므로 기일의 통지는 송달에 의하여야 한다.

② **공시송달**: 고지를 받아야 할 사람에게 소재불명 등의 사유가 있는 때에는 공시송달의 방법에 의할 수밖에 없으며 공시송달의 경우 「민사소송법」의 규정에 따라야 한다.

(3) 송달의 방식

「민사소송법」상 송달에는 교부송달, 우편송달, 송달함 송달 등이 있다. 비송사건절차에서 송달의 방법으로 고지하는 경우에는 「민사소송법」상의 송달에 관한 규정을 준용하면 된다.

(4) 공시송달

비송사건에서도 상대방의 주소등 또는 근무장소를 알 수 없는 경우 등에는 공시송달이 허용된다고 봐야 한다. 공시송달은 법원사무관등이 송달할 서류를 보관하고 그 사유를 법원게시판에 게시하는 방법에 의해 송달한다.

제7절 비송사건의 심리 2013년 제1회 기출

01 심문

1. 심리의 의의

비송사건에서 심리는 사권관계형성을 위한 사실확정의 절차라고 할 수 있으므로 그 대부분은 사실관계의 조사절차이다.

2. 심문에 의한 심리

(1) 심리의 원칙

① 비송사건의 재판은 결정으로 하므로 그 심리에는 변론이 필요하지 않다. 비송사건의 재판은 일반적으로 심문의 방법에 의하여 심리한다.

② 심문도 비송사건절차에서는 필수적인 것은 아니고 임의적이다.

③ 법률규정에 의해 재판 전에 관계인의 의견 또는 진술을 듣도록 규정하고 있는 경우가 있는데 이러한 경우 반드시 그 의견이나 진술을 들어야 하지만 반드시 심문기일을 열어 말로 진술하는 것을 청취할 필요는 없고, 서면진술만 허용하여도 무방하다.

(2) 심문의 비공개

심문(審問)은 공개하지 아니한다. 다만, 법원은 심문을 공개함이 적정하다고 인정하는 자에게는 방청을 허가할 수 있다(「비송사건절차법」 제13조).

(3) 심문기일의 통지

① 당사자나 그 밖의 관계인을 법정에서 말로 심문하고자 하는 경우에는 법원은 심문기일을 지정하여 통지하여야 한다.

② 진술을 할 사람이 신청서 또는 심문기일통지서 등을 송달받고도 아무런 답변을 하지 않고, 심문기일에 출석하지도 않은 때에는 진술을 포기한 것으로 보아 그 진술을 듣지 않고 재판하여도 무방하다.

(4) 심문조서의 작성

법원사무관 등은 증인 또는 감정인의 심문에 관하여는 조서를 작성하고, 그 밖의 심문에 관하여는 필요하다고 인정하는 경우에만 조서를 작성한다(「비송사건절차법」 제13조).

02 사실인정의 방법 2024년 제12회 기출

비송사건절차법

제11조【직권에 의한 탐지 및 증거조사】 법원은 직권으로 사실의 탐지와 필요하다고 인정하는 증거의 조사를 하여야 한다.

제12조【촉탁할 수 있는 사항】 사실 탐지, 소환, 고지(告知), 재판의 집행에 관한 행위는 촉탁할 수 있다.

1. 자료수집의 직권주의

비송사건의 심리에 있어서는 사실발견을 위한 자료 수집의 책임과 권능은 법원에 있다. 자료 수집의 방법과 범위는 법원이 자유롭게 정할 수 있다.

2. 절대적 진실 발견

비송사건절차에서는 사실인정에 관하여 절대적 진실발견주의를 채택하여 직권탐지와 직권증거조사의 원칙을 채택하고 있다.

3. 직권탐지와 증거조사 2019년 제7회 기출

(1) 사실의 탐지

사실의 탐지를 하는 방식은 법원이 자료의 수집에 적합한 형태로 하면 충분하고 특별한 제한이 없다. 개인이나 단체에 대한 서면 조회 또는 전화 조회, 당사자나 관계인의 심문 등 어떠한 방법이라도 상관이 없다.

(2) 증거의 조사

증거조사 방법 가운데 인증과 감정에 관해서는 「민사소송법」을 준용하고 있다. 비송사건의 증거조사방법에는 증인신문과 감정만 포함되고 나머지는 모두 사실의 탐지에 속하는 것으로 보는 것이 일반적 견해이다.

(3) 심문

당사자에 대한 심문에 의해 사실인정을 할 수 있지만 심문은 비공개를 원칙으로 한다. 증인 또는 감정인의 심문도 비공개로 이루어진다. 심문은 법정 내에서 행해지지만 증인등이 출석할 수 없을 때에는 법원 밖에서 할 수 있다.

(4) 증거조사의 촉탁

증인 또는 감정인의 심문에 관하여는 「민사소송법」 규정에 따라 수명법관 또는 수탁판사로 하여금 증거조사를 하게 할 수 있고, 사실 탐지도 촉탁할 수 있다.

4. 조서의 작성

법원의 사무관 등은 증인 또는 감정인의 심문에 관하여는 조서를 작성하고, 그 밖의 심문에 관하여는 필요하다고 인정하는 경우에만 조서를 작성한다.

5. 증명의 정도

비송사건절차에서는 법정의 증거조사절차에 따르지 않는 간이한 증명방식으로 사실인정을 할 수 있는 자유로운 증명으로 충분하다. 자유로운 증명도 증명이므로 엄격한 증명과 비교하여 법관의 확신의 정도에 차이는 없다.

6. 증명책임

직권탐지주의에서도 변론주의에서와 마찬가지로 진위불명이라는 사태가 생길 수 있으므로, 법원의 직권조사만으로 반드시 사실의 진상이 분명히 밝혀지지 않는 경우 증명책임의 위험을 당사자가 지게 된다.

2013년 제1회 기출문제

» 모범답안 교재 297p 참조

비송사건의 심리방법을 설명하시오. (20점)

2024년 제12회 기출문제

» 모범답안 교재 361p 참조

비송사건절차에서의 사실인정의 원칙과 방법에 관하여 설명하시오. (20점)

제8절 절차의 종료 2014년 제2회, 2024년 제12회 기출

01 절차의 종료사유

비송사건의 절차종료는 ① 법원의 종국재판에 의한 종료, ② 당사자의 행위에 의한 종료, ③ 당사자의 사망등에 의한 종료가 있다.

02 법원의 종국재판에 의한 종료

1. 의의

종국재판은 법원이 비송사건을 종결하기 위하여 하는 재판을 말한다. 종국재판은 법원의 결정으로써 한다.

2. 효력발생

(1) 재판의 고지

종국재판은 이를 받은 자에게 고지함으로써 효력이 생긴다. 재판의 고지는 법원이 적당하다고 인정하는 방법으로 한다. 다만, 공시송달(公示送達)을 하는 경우에는 「민사소송법」의 규정에 따라야 한다.

(2) 통상항고가 허용되는 경우

통상항고가 허용되는 사건이라도 재판의 고지와 동시에 절차가 종료된다. 통상항고가 있게 되면 항고법원에 의한 재판이 개시되기 때문이다.

(3) 즉시항고가 허용되지 않는 경우

즉시항고가 허용되지 않는 비송사건은 재판의 고지와 동시에 절차가 종료된다.

(4) 즉시항고가 허용되는 경우

즉시항고가 허용되는 경우에는 즉시항고가 있는 경우 재판은 확정되지 않지만, 기간 내에 즉시항고가 없는 경우 재판은 확정되고 절차는 종료된다.

03 당사자의 행위에 의한 종료

1. 신청의 취하

(1) 신청의 취하

민사소송은 소를 취하하여 재판을 종료할 수 있지만 비송사건절차에서는 처분권주의가 배제되고 직권주의가 지배하므로 언제나 신청의 취하가 인정되는 것은 아니다.

(2) 신청에 의해서만 절차가 개시된 경우

1) 신청의 취하 인정

당사자의 신청에 의하여서만 절차가 개시되는 신청사건의 경우는 신청의 취하에 의하여 절차가 종료된다.

2) 취하의 시기

결정의 고지가 있기까지는 제1심에 계속 중이든 항고심에 계속 중이든 자유롭게 취하할 수 있다.

3) 취하의 방식

신청의 취하에 대한 방식과 관련해서 「비송사건절차법」에는 별다른 규정이 없다. 신청과 마찬가지로 서면 또는 말로 할 수 있다(「비송사건절차법」 제8조).

4) 신청취하의 효과

신청이 취하된 경우 사건은 처음부터 법원에 계속되지 않았던 것으로 보며, 이미 행하여진 비송행위는 모두 그 효력을 잃는다(「민사소송법」 제267조 제1항).

(3) 직권에 의해 절차가 개시된 경우

① 법원의 직권으로 개시되는 직권사건의 경우에는 취하라는 관념을 인정할 수 없다.

② 절차의 개시가 당사자의 신청으로 또는 법원의 직권으로도 이루어질 수 있는 사건의 경우 당사자의 신청에 의하여 절차가 개시되었더라도 그 재판의 공익성에 비추어 신청에 취하에 의해 절차가 당연히 종료되는 것은 아니다.

2. 화해

「비송사건절차법」에는 화해에 관한 규정이 없다. 합의가 성립한 경우에 합의조서를 작성하고 신청의 취하라는 절차를 취할 수 있다.

04 당사자의 사망에 의한 종료

1. 해당 절차에서 구하는 권리가 상속대상이 되는 경우

신청사건의 신청인 또는 항고인이 사망한 경우에 그 당사자가 해당 절차에서 구하는 권리가 상속의 대상이 되는 경우에는 상속인이 그 절차를 승계한다.

2. 해당 절차에서 구하는 권리가 상속대상이 되지 않는 경우

당사자가 해당 절차에서 구하는 권리가 상속의 대상이 되지 않는 것이라면 당사자의 사망으로 비송사건절차는 종료된다.

2014년 제2회 기출문제 » 모범답안 교재 301p 참조

비송사건절차의 종료 사유에 대하여 설명하시오. (20점)

2024년 제12회 기출문제 » 모범답안 교재 362p 참조

비송사건절차의 종료 원인에 대하여 설명하시오. (20점)

제9절 절차의 비용

01 절차비용의 의의

비송사건의 절차비용은 '재판 전의 절차비용'과 '재판의 고지비용'을 말한다.

1. 재판 전의 절차비용

(1) 의의

비송사건의 절차가 개시된 때부터 재판의 고지가 이루어지기까지의 절차를 수행하기 위하여 소요된 일체의 비용을 말한다.

(2) 비용의 종류

1) 법원에 납부하는 비용

수수료(인지액), 송달료, 증거조사비용이 이에 해당한다.

2) 법원이외에 제3자에게 지출하는 비용

대서료, 제출대행료가 이에 해당한다.

3) 기일 출석을 위한 비용

여비, 숙박료 등이 이에 해당한다.

4) 변호사비용

민사소송에서는 소송대리인인 변호사의 보수도 소송비용에 산입되는데 비송사건에는 「민사소송법」의 이러한 규정이 준용되지 않으므로 비용으로 산입되지 않는다는 것이 일반적이다.

2. 재판의 고지비용

(1) 의의

비송사건은 재판은 고지에 의하여 효력이 발생하므로 그 고지를 하기 위해 필요한 비용이다.

(2) 비용의 범위

고지는 법원이 적당하다고 인정하는 방법에 의하므로 일률적이지 않지만 우편송달의 경우에는 등기우편료가 이에 해당한다.

02 비용부담의 원칙 2018년 제6회 기출

비송사건절차법

제24조【비용의 부담】재판 전의 절차와 재판의 고지 비용은 부담할 자를 특별히 정한 경우를 제외하고는 사건의 신청인이 부담한다. 다만, 검사가 신청한 경우에는 국고에서 부담한다.

1. 신청인 부담의 원칙

(1) 「비송사건절차법」상 원칙

민사소송은 패소자부담의 원칙이 적용되나, 비송사건절차는 그 비용을 부담할 자를 특별히 정한 경우를 제외하고는 신청인이 부담하고 검사가 신청한 경우에는 국고에서 부담하도록 하고 있다.

(2) 직권으로 개시한 사건

법원이 직권으로 개시한 사건에 있어서는 명문의 규정은 없지만 국고에서 부담하고 패소자가 부담하는 것이 아니다.

2. 예외

(1) 법률에 특별한 규정이 있는 경우

① 법률에 비용을 부담할 자를 특별히 정한 경우에는 그 법률규정에 의한다.

② 재판상 대위에 관한 사건에서 항고절차비용에 대한 「비송사건절차법」 제51조, 법원이 질물에 의한 변제충당청구를 허가한 경우에 대한 「비송사건절차법」 제56조, 환매권 대위 행사시의 감정인 선임에 관한 「비송사건절차법」 제57조, 회사의 해산명령 사건과 관련한 「비송사건절차법」 제96조 제1항, 과태료 재판절차의 비용에 관한 「비송사건절차법」 제248조 제4항, 제5항 등에서 별도로 규정하고 있다.

(2) 법원의 명령에 의하는 경우

> **비송사건절차법**
> **제26조 【관계인에 대한 비용 부담 명령】** 법원은 특별한 사유가 있을 때에는 이 법에 따라 비용을 부담할 자가 아닌 관계인에게 비용의 전부 또는 일부의 부담을 명할 수 있다.

법원은 특별한 사유가 있을 때에는 이 법에 따라 비용을 부담할 자가 아닌 관계인에게 비용의 전부 또는 일부의 부담을 명할 수 있고 이에 따라 비용을 부담하는 관계인은 비용부담의 원칙의 예외에 해당한다.

03 비용의 공동부담

> **비송사건절차법**
> **제27조 【비용의 공동 부담】** 비용을 부담할 자가 여럿인 경우에는 「민사소송법」 제102조를 준용한다.
>
> **민사소송법**
> **제102조 【공동소송의 경우】** ① 공동소송인은 소송비용을 균등하게 부담한다. 다만, 법원은 사정에 따라 공동소송인에게 소송비용을 연대하여 부담하게 하거나 다른 방법으로 부담하게 할 수 있다.
> ② 제1항의 규정에 불구하고 법원은 권리를 늘리거나 지키는 데 필요하지 아니한 행위로 생긴 소송비용은 그 행위를 한 당사자에게 부담하게 할 수 있다.

1. 신청인이 여럿인 경우

공동소송인은 소송비용을 균등하게 부담한다. 다만, 법원은 사정에 따라 공동소송인에게 소송비용을 연대하여 부담하게 하거나 다른 방법으로 부담하게 할 수 있다.

2. 불필요한 행위로 생긴 비용

공동소송인이라도 권리를 늘리거나 지키는 데 필요하지 아니한 행위로 생긴 소송비용은 그 행위를 한 당사자에게 부담하게 할 수 있다.

04 국고에 의한 비용의 체당

비송사건절차법
제30조【국고에 의한 비용의 체당】 직권으로 하는 탐지, 사실조사, 소환, 고지, 그 밖에 필요한 처분의 비용은 국고에서 체당(替當)하여야 한다.

1. 법원이 직권으로 하는 비용

법원이 직권으로 하는 탐지, 사실조사, 소환, 고지, 그 밖에 필요한 처분의 비용은 국고에서 체당(替當)하여야 한다. 체당이란 대납을 의미한다. 신청에 의한 증거조사비용은 현행법에 규정이 없다.

2. 최종적 부담

국고에서 체당한 비용은 최종적으로 부담자가 정하여지기까지는 법원이 대신 지출하고, 비용부담자가 정해지면 국고는 비용부담자의 부담으로 돌린다.

05 비용에 관한 재판과 불복신청

비송사건절차법
제25조【비용에 관한 재판】 법원은 제24조에 따른 비용에 관하여 재판을 할 필요가 있다고 인정할 때에는 그 금액을 확정하여 사건의 재판과 함께 하여야 한다.

1. 비용에 관한 재판 2018년 제6회 기출

(1) 의의

비송사건절차의 신청인은 통상 절차비용을 스스로 지출하거나 예납하므로 별도로 비용에 대한 재판을 할 필요가 없지만, 비용의 지출자와 비용의 부담자가 다를 때에는 비용을 상환하게 하기 위해서 별도로 비용에 관한 재판을 할 필요성이 있고 이를 위해 규정된 것이다.

(2) 요건(법원이 필요하다고 인정할 때)

① 비송사건절차에서 모든 경우 비용에 관한 재판을 하는 것은 아니며, 법원이 필요하다고 인정하는 때에 한하여 비용에 관한 재판을 한다.

② 법원이 필요하다고 인정하는 때란 절차비용의 예납자 또는 지출자와 비용의 부담자가 다를 때를 말한다.

(3) 사건의 재판과 함께

① 민사소송은 재판에서 비용부담자를 정하고 비용액은 나중에 별도의 소송비용액 확정절차에 의하는 것이 일반적이나, 비송사건절차에서는 사건의 재판과 함께 그 금액을 확정하여 비용에 관한 재판을 하여야 한다.

② 사건이 재판에 의하지 아니하고 종료하는 경우 필요하다면 비용의 재판만을 할 수 있다.

(4) 비용액의 확정

절차비용액의 확정은 절차비용 자체의 금액을 확정하는 것이 아니라, 절차비용의 부담자가 그 예납자나 지출자에게 상환할 절차비용의 금액을 확정한다는 의미이다.

2. 비용의 재판에 대한 불복

> 비송사건절차법
> 제28조【비용의 재판에 대한 불복신청】 비용의 재판에 대하여는 그 부담의 명령을 받은 자만 불복신청을 할 수 있다. 이 경우 독립하여 불복신청을 할 수 없다.

(1) 불복신청권자

비용의 재판에 대하여는 그 부담의 명령을 받은 자만 불복신청을 할 수 있다.

(2) 불복방법

불복신청의 방법은 항고이다. 항고의 대상은 비용부담을 명하는 것 자체에 대한 불복과 비용액에 대한 불복 모두를 포함한다.

(3) 독립한 불복신청 금지

① 비용의 재판에 관하여는 본안의 재판과 독립하여 불복신청을 할 수 없고 항고와 동시에 하여야 한다.

② 사건이 재판에 의하지 않고 종료하여 비용의 재판만을 하였거나, 항고권이 없는 사람에게 비용부담을 명하는 경우에 비용의 재판에 관하여 불복이 허용된다고 본다.

06 비용에 관한 재판의 집행

비송사건절차법

제29조【비용 채권자의 강제집행】① 비용의 채권자는 비용의 재판에 의하여 강제집행을 할 수 있다.

② 제1항에 따른 강제집행의 경우에는 「민사집행법」의 규정을 준용한다. 다만, 집행을 하기 전에 재판서의 송달은 하지 아니한다.

③ 비용의 재판에 대한 항고가 있을 때에는 「민사소송법」 제448조 및 제500조를 준용한다.

제21조【항고의 효력】항고는 특별한 규정이 있는 경우를 제외하고는 집행정지의 효력이 없다.

1. 강제집행

비용의 채권자는 비용의 재판에 의하여 강제집행을 할 수 있다. 비용의 채권자란 비용에 관한 재판에서 비용을 상환받을 사람으로 정하여진 사람을 말한다.

2. 강제집행의 절차

강제집행의 경우에는 「민사집행법」의 규정을 준용한다. 다만, 집행을 하기 전에 재판서의 송달은 하지 아니한다.

3. 비용에 관한 재판의 항고

(1) 항고의 효력

항고는 특별한 규정이 있는 경우를 제외하고는 집행정지의 효력이 없다(「비송사건절차법」 제21조).

(2) 집행정지

비용의 재판에 대한 항고가 있을 때에는 「민사소송법」 제448조 및 제500조를 준용하여 항고법원 또는 원심법원이나 판사는 항고에 대한 결정이 있을 때까지 원심재판의 집행을 정지하거나 그 밖에 필요한 처분을 명할 수 있다.

4. 소송구조

(1) 의의

소송구조는 「민사소송법」상 제도로서 패소할 것이 분명한 경우가 아니며 소송비용을 지출할 자금능력이 부족한 사람에 대하여 신청 또는 직권으로 법원이 일시적으로 소송에 필요한 비용의 납입이나 지급을 유예하는 제도를 말한다.

(2) 비송사건에 인정 여부

판례는 「비송사건절차법」에서는 「민사소송법」 제128조 이하의 소송구조에 관한 규정을 준용하고 있지 않으므로 비송사건을 대상으로 하는 소송구조신청은 부적법하다는 입장이다.

2018년 제6회 기출문제

» 모범답안 교재 324p 참조

「비송사건절차법」상 '절차비용의 부담자'와 '비용에 관한 재판'에 관하여 설명하시오. (20점)

제10절 재판

01 재판의 종류

1. 종국재판과 종국재판 이외의 재판

재판의 중요성의 차이에 따라 '종국재판'과 '종국재판 이외의 재판'으로 구별한다.

(1) 종국재판

① 종국재판은 법원이 비송사건을 종결하기 위하여 하는 재판을 말한다.
② 종국재판은 재판서를 작성한다.

(2) 종국재판 이외의 재판

① 종국재판 이외의 재판은 직접 사건의 종결을 목적으로 하지 않는 법원의 처분을 말하며 절차상 사항이나 절차의 파생적 사안에 대한 법원의 판단이다.
② 종국재판과 달리 재판서의 작성이 필요하지 않다.

2. 본안 전의 재판과 본안의 재판

종국재판은 '본안 전의 재판'과 '본안의 재판'으로 나눌 수 있다.

(1) 본안 전의 재판

신청요건을 갖추지 않아 본안 전의 재판으로 신청을 배척하는 재판을 말한다.

(2) 본안의 재판

신청요건을 갖춘 경우 법원이 사건의 내용을 심리하여 이유가 있는 경우 적극적 재판(인용)하거나 이유가 없어 소극적 재판(기각)하는 재판을 말한다.

02 재판의 방식 2016년 제4회 기출

비송사건절차법
제17조 【재판의 방식】 ① 재판은 결정으로써 한다.
② 재판의 원본에는 판사가 서명날인하여야 한다. 다만, 신청서 또는 조서에 재판에 관한 사항을 적고 판사가 이에 서명날인함으로써 원본을 갈음할 수 있다.
③ 재판의 정본(正本)과 등본에는 법원사무관등이 기명날인하고, 정본에는 법원인(法院印)을 찍어야 한다.
④ 제2항에 따른 서명날인은 기명날인으로 갈음할 수 있다.

1. 재판의 형식

비송사건의 재판은 결정으로써 한다. 결정에는 법률의 특별한 규정(예 항고법원의 재판, 과태료 재판 등)이 없는 한 반드시 이유를 기재할 필요가 없다.

2. 재판의 원본

결정은 서면에 의하여야 하고 결정서의 원본에는 판사가 서명날인하여야 한다. 다만, 신청서 또는 조서에 재판에 관한 사항을 적고 판사가 이에 서명날인함으로써 원본을 갈음할 수 있다.

3. 재판의 정본과 등본

(1) 성립형식

재판의 정본과 등본에는 법원사무관등이 기명날인하고, 정본에는 법원인(法院印)을 찍어야 한다.

(2) 정본

정본은 원본의 전부를 복사하고 정본임을 인증한 서면으로 원본에 대신하여 그와 동일한 효력을 가진다.

(3) 등본

등본은 원본의 전부를 복사하고 등본임을 인증한 서면으로 원본의 존재와 내용을 증명하는 효력만을 가진다는 점에서 정본과 다르다.

03 재판의 효력발생(고지) 2016년 제4회 기출

비송사건절차법
제18조 【재판의 고지】 ① 재판은 이를 받은 자에게 고지함으로써 효력이 생긴다.
② 재판의 고지는 법원이 적당하다고 인정하는 방법으로 한다. 다만, 공시송달(公示送達)을 하는 경우에는 「민사소송법」의 규정에 따라야 한다.
③ 법원사무관등은 재판의 원본에 고지의 방법, 장소, 연월일을 부기(附記)하고 도장을 찍어야 한다.

1. 재판의 고지

(1) 효력발생

재판은 이를 받은 자에게 고지함으로써 효력이 생긴다.

(2) 고지의 의의

고지란 고지를 받는 사람으로 하여금 그 내용을 알 수 있는 상태에 두는 것을 말한다. 상대방이 그 내용을 알았을 것까지는 필요하지 않고, 객관적으로 보아 내용을 알 수 있는 상태에 있을 것을 필요로 한다.

(3) 고지의 방법

재판의 고지는 법원이 적당하다고 인정하는 방법으로 한다. 다만, 공시송달을 하는 경우에는 「민사소송법」의 규정에 따라야 한다. 고지에 관한 행위는 촉탁할 수 있다(「비송사건절차법」 제12조).

2. 고지의 상대방

① 고지의 상대방은 재판을 받은 자이다.
② 재판을 받은 사람은 재판의 직접적 대상에 의하여 자기의 법률관계가 직접 영향을 받는 사람을 말하고, 재판에 의하여 간접적으로 자기의 법률관계에 영향을 받는 사람은 이에 포함되지 않는다.
③ 즉 재판을 받은 사람이 신청인과 반드시 일치하는 것은 아니다.

2016년 제4회 기출문제

» 모범답안 교재 310p 참조

「비송사건절차법」상 재판의 방식과 고지에 대하여 설명하시오. (20점)

04 재판의 효력 2018년 제6회 기출

1. 효력발생시기

① 비송사건의 재판은 고지함으로써 효력이 생긴다. 효력이 생긴다는 것은 종국재판의 내용에 따라 당사자 사이의 법률관계 형성·변경하는 형성력, 집행력 등이 생기는 것을 의미하고 확정을 기다릴 필요는 없다.
② 따라서 즉시항고가 허용되는 재판이라도 그 확정을 기다릴 필요 없이 고지와 동시에 재판의 효력이 생기는 것이다.

2. 재판의 형성력

재판에 의해 재판의 목적이 된 사권관계는 그 재판의 취지에 따라 변동한다. 이를 형성력이라 한다. 형성력은 재판을 받은 사람 외에 다른 제3자에 대하여도 생기게 된다.

3. 재판의 집행력

① 비송사건은 사권관계의 형성을 목적으로 하므로 그 집행이 필요하지 않는 것이 일반적이다.
② 다만, 절차비용에 관한 재판, 과태료 재판처럼 급부를 명하는 재판은 집행력을 갖는다.

4. 재판의 확정력

(1) 의의

일단 성립한 재판에 대해 법원 스스로 그 재판을 취소·변경할 수 없고, 당사자도 통상항고나 즉시항고와 같은 통상의 불복방법으로 다툴 수 없게 되어 더 이상 다툴 수 없는 것을 확정력이라 한다.

(2) 비송사건재판의 확정력

1) 원칙

비송사건에서는 법원이 일단 재판을 한 뒤라도 그 재판이 위법 또는 부당하다고 인정할 때에는 이를 취소하거나 변경할 수 있으므로 비송사건의 재판은 원칙적·형식적 확정력이 인정되지 않는다.

2) 예외

① 통상항고가 허용되는 재판은 항고에 대한 최종심의 실체적 재판이 있을 때에 법원이 그 재판을 취소·변경할 수 없게 되어 형식적 확정력이 생긴다.

② 즉시항고가 허용되는 재판에는 불복신청이 없거나 즉시항고기간의 도과 또는 즉시항고권의 포기 등이 있을 때에 법원은 그 재판을 취소·변경할 수 없게 되어 형식적 확정력이 생긴다.

5. 재판의 기판력

비송사건의 재판이 확정되면 민사소송의 판결에서 인정되는 기판력이 인정될 것인가에 대해 부정설이 일반적 견해이다.

2018년 제6회 기출문제

» 모범답안 교재 323p 참조

비송사건의 재판에 형성력, 형식적 확정력, 기판력, 집행력이 있는지를 설명하시오. (20점)

05 재판의 취소·변경 2017년 제5회 기출

비송사건절차법

제19조【재판의 취소·변경】① 법원은 재판을 한 후에 그 재판이 위법 또는 부당하다고 인정할 때에는 이를 취소하거나 변경할 수 있다.

② 신청에 의하여만 재판을 하여야 하는 경우에 신청을 각하(却下)한 재판은 신청에 의하지 아니하고는 취소하거나 변경할 수 없다.

③ 즉시항고(卽時抗告)로써 불복할 수 있는 재판은 취소하거나 변경할 수 없다.

1. 취소·변경 자유의 원칙

(1) 의의

비송사건은 법원이 재판을 한 후에 그 재판이 위법 또는 부당하다고 인정할 때에는 이를 취소하거나 변경할 수 있다. 이를 '취소·변경 자유의 원칙'이라 한다.

(2) 취소와 변경의 개념

재판의 취소는 재판의 효력을 소멸시키는 것을 말하고, 재판의 변경은 재판의 일부 또는 전부를 취소한 뒤 이에 새로운 내용을 부가하여 원재판에 대신하는 다른 내용의 재판을 하는 것을 말한다.

2. 사유

법원은 재판을 한 후에 그 재판이 위법 또는 부당하다고 인정할 때에는 이를 취소하거나 변경할 수 있다.

3. 신청

취소·변경의 재판은 항상 직권에 의하며, 신청이 필요하지 않다. 따라서 신청을 각하하는 재판에 대해서는 항고를 할 수 없다.

4. 취소 · 변경을 할 수 있는 법원

취소 · 변경을 할 수 있는 법원은 원재판을 한 제1심법원에 한한다. 항고법원은 항고에 의해 원재판을 취소 · 변경할 수 있다.

5. 취소 · 변경시기

시기에 대한 특별한 제한은 없다. 항고법원의 재판 중에도 취소 · 변경이 가능하다.

6. 취소 · 변경의 효과

재판의 취소 · 변경되면 그에 따라 사권관계의 변동이 생기게 된다. 취소 · 변경의 소급효가 인정될 것인가에 대해서는 견해대립이 있다.

7. 취소 · 변경의 제한

(1) 신청을 각하한 재판

신청에 의하여만 재판을 하여야 하는 경우에 신청을 각하한 재판은 신청에 의하지 아니하고는 취소하거나 변경할 수 없다.

(2) 즉시항고로써 불복하는 재판

즉시항고로써 불복할 수 있는 재판은 취소하거나 변경할 수 없다.

8. 사정변경에 의한 취소 · 변경

(1) 의의

재판이 처음부터 위법 · 부당한 것은 아니지만 사후에 사정변경으로 부당하게 된 경우 재판을 한 법원이 이를 취소 또는 변경하는 것을 말한다.

(2) 인정 여부

「비송사건절차법」에는 명문의 규정이 없지만 사정변경에 의한 취소 · 변경을 인정할 필요가 있는 경우도 있다.

(3) 대상

법원이 계속적 법률관계에 대해 일정한 법률관계를 형성하였고 그것이 사정변경으로 말미암아 적절하지 않게 된 경우 사정변경에 의한 취소 · 변경의 대상이 된다.

판례

민법 제63조에 의한 임시이사의 선임은 비송사건절차법의 규제를 받는 것인 바, 법원은 임시이사 선임결정을 한 후에 사정변경이 생겨 그 선임결정이 부당하다고 인정될 때에는 이를 취소 또는 변경할 수 있다(대판 1992.7.3.자 91마730).

2017년 제5회 기출문제 » 모범답안 교재 318p 참조

비송사건재판의 취소 · 변경을 설명하시오. (20점)

제11절 항고

01 항고의 의의

비송사건에서 항고는 하급법원의 재판이 아직 확정되기 전에 상급법원에 대하여 그 취소·변경을 구하는 불복신청을 말한다. 비송사건의 재판에 대한 불복신청은 항고에 의하며 그 외의 방법이 인정되지 않는다.

02 항고의 종류 2015년 제3회 기출

1. 통상항고

① 통상항고 또는 보통항고는 기간제한 없이 어느 때나 제기할 수 있는 항고를 말한다.
② 비송사건의 재판에 대한 원칙적 항고가 이에 속한다.

2. 즉시항고

(1) 의의

① 사건의 신속한 해결의 필요에 의해 제기기간의 제한이 있는 항고를 말한다.
② 즉시항고는 법률에 명문의 규정이 있는 경우에 한해 인정된다.

(2) 제기기간

비송사건의 즉시항고는 재판이 고지된 날로부터 1주 이내에 하여야 한다.

3. 재항고

① 항고법원의 결정에 대한 항고를 재항고라 한다.
② 항고법원의 결정 및 명령에 대하여는 재판에 영향을 미친 헌법·법률·명령 또는 규칙의 위반을 이유로 드는 때에만 가능하다.
③ 재항고에는 「민사소송법」의 상고에 관한 규정이 준용된다.

4. 특별항고

(1) 의의

불복할 수 없는 결정이나 명령에 대하여 재판에 영향을 미친 헌법 위반이 있거나, 재판의 전제가 된 명령·규칙·처분의 헌법 또는 법률의 위반 여부에 대한 판단이 부당하다는 것을 이유로 하는 때에만 대법원에 제기하는 항고를 말한다.

(2) 제기기간

재판이 고지된 날로부터 1주 이내에 하여야 한다.

2015년 제3회 기출문제 » 모범답안 교재 305p 참조

비송사건절차에서 항고의 의의 및 종류에 관하여 설명하시오. (20점)

2023년 제11회 기출문제

» 모범답안 교재 355p 참조

비송사건 재판에 대한 항고의 종류와 효과를 설명하시오. (20점)

03 항고의 절차

1. 항고권자

비송사건절차법

제20조【항고】 ① 재판으로 인하여 권리를 침해당한 자는 그 재판에 대하여 항고할 수 있다.

② 신청에 의하여만 재판을 하여야 하는 경우에 신청을 각하한 재판에 대하여는 신청인만 항고할 수 있다.

(1) 재판으로 권리를 침해당한 자

항고권자는 재판으로 인하여 권리를 침해당한 자이다. 권리를 침해당한 자란 재판으로 인하여 직접적이고 객관적으로 권리의 침해를 받은 사람을 말하고 주관적으로 권리를 침해당하였다고 믿는 사람을 말하는 것은 아니다.

(2) 재판으로 권리를 침해당하지 않은 자

재판으로 인하여 직접적 권리를 침해당하지 않은 사람이 제기한 항고라고 할지라도 반드시 그 항고를 각하할 필요는 없고, 법원은 「비송사건절차법」 제19조 제1항에 의하여 직권으로 원재판을 취소 또는 변경할 수 있다.

(3) 신청사건

신청에 의하여만 재판을 하여야 하는 경우에 신청을 각하한 재판에 대하여는 신청인만 항고할 수 있다. 여기서 신청을 각하한 재판은 부적법하다 하여 각하한 경우뿐만 아니라, 신청이 이유 없다 하여 기각하는 재판을 포함하여 널리 신청을 배척한 모든 재판을 말한다.

(4) 불복신청이 금지되는 경우

「비송사건절차법」에서 별도로 불복신청을 허용하지 않는 경우에는 항고할 수 없다.

2. 항고의 제기

비송사건절차법

제23조【항고의 절차】 이 법에 따른 항고에 관하여는 특별한 규정이 있는 경우를 제외하고는 항고에 관한 「민사소송법」의 규정을 준용한다.

민사소송법

제443조【항소 및 상고의 절차규정준용】 ① 항고법원의 소송절차에는 제1장의 규정을 준용한다.

② 재항고와 이에 관한 소송절차에는 제2장의 규정을 준용한다.

제444조【즉시항고】 ① 즉시항고는 재판이 고지된 날부터 1주 이내에 하여야 한다.

② 제1항의 기간은 불변기간으로 한다.

제445조【항고제기의 방식】 항고는 항고장을 원심법원에 제출함으로써 한다.

제446조【항고의 처리】 원심법원이 항고에 정당한 이유가 있다고 인정하는 때에는 그 재판을 경정하여야 한다.

제447조【즉시항고의 효력】 즉시항고는 집행을 정지시키는 효력을 가진다.

제448조【원심재판의 집행정지】 항고법원 또는 원심법원이나 판사는 항고에 대한 결정이 있을 때까지 원심재판의 집행을 정지하거나 그 밖에 필요한 처분을 명할 수 있다.

(1) 항고제기의 방식

항고는 항고장을 원심법원에 제출함으로써 한다. 항고장에는 당사자와 법정대리인, 항고로써 불복하는 결정의 표시와 그 결정에 대한 항고의 취지를 기재하여야 한다(「민사소송법」 제397조 제1항).

(2) 항고기간 2020년 제8회 기출

1) 통상항고

통상항고는 기간의 제한이 없으며 언제든지 제기할 수 있다.

2) 즉시항고

즉시항고는 재판이 고지된 날부터 1주 이내에 하여야 한다(「민사소송법」 제444조 제1항).

3. 항고제기의 효과 2020년 제8회 기출

(1) 확정차단의 효력

1) 통상항고

통상항고로 불복하는 비송사건재판은 확정력이 없으므로 통상항고의 제기는 확정차단의 효력이 문제되지 않는다.

2) 즉시항고

즉시항고를 허용하는 재판에서는 즉시항고의 제기에 의하여 원재판의 확정이 차단된다.

(2) 이심의 효력

원심법원에 항고의 제기가 있으면 원재판의 대상인 사건은 항고심으로 이심된다.

(3) 집행정지의 효력

1) 원칙

비송사건의 재판은 고지에 의하여 즉시 효력이 생기므로 재판의 확정을 기다리지 않고 집행력 및 형성력이 생긴다. 항고를 하더라도 형성력, 집행력에는 아무런 영향을 미치지 않는 것이 원칙이다.

2) 예외

① **재판에 의한 집행정지**: 「민사소송법」 제448조가 준용되어 항고법원 또는 원심법원이나 판사는 항고에 대한 결정이 있을 때까지 원심재판의 집행을 정지하거나 그 밖에 필요한 처분을 명할 수 있다.

② **법률의 특별한 규정**: 즉시항고의 경우에는 「비송사건절차법」에서 집행정지의 효력을 부여하여 항고법원의 재판의 확정시까지 원재판에 기한 집행을 할 수 없고, 그 원재판으로 인한 권리관계 형성이 되지 않는 경우가 있다. 예 과태료 재판에 대한 즉시항고 「비송사건절차법」 제248조 제3항 등

4. 항고심의 심리

(1) 제1심 절차준용

항고심의 심리에는 제1심의 절차가 준용된다.

(2) 심리방식

항고법원이 변론을 열거나 이해관계인을 심문할 것인지 여부를 결정하는 것은 항고법원의 자유재량에 속하므로 서면심리만으로 결정에 이르렀다고 하여 이를 위법하다고 할 수 없다.

(3) 비공개

심문은 공개하지 않는 것이 원칙이다.

(4) 직권탐지, 직권증거조사

항고법원은 직권으로 사실의 탐지와 필요하다고 인정하는 증거의 조사를 행한다. 항고법원은 항고이유로 주장된 바 없더라도 마땅히 진실 여부를 직권으로 조사하여 항고의 인용 여부를 재판한다.

5. 항고법원의 재판

(1) 항고의 각하와 기각

① 항고가 부적법하다고 인정하는 경우 항고를 각하한다.

② 항고의 이유가 없거나 원결정의 이유가 정당하지 않은 경우에도 다른 이유에 따라 그 결정이 정당하다고 인정할 때는 항고를 기각할 수 있다.

(2) 원결정의 취소 · 변경

① 원결정이 정당하지 않다고 인정한 때에는 항고법원은 원결정을 취소하여야 한다(「민사소송법」 제416조).

② 항고법원은 원결정을 취소한 뒤 스스로 새로운 재판을 할 경우도 있고(원재판 변경), 사건을 원심법원에 환송하는 경우도 있다.

③ 원재판을 관할위반을 이유로 취소한 때에는 사건을 관할법원에 이송하여야 한다(「민사소송법」 제419조)

(3) 불이익변경금지의 원칙

직권주의가 적용되는 비송사건에서는 불이익변경금지의 원칙은 준용되지 않는다. 다만 과태료 사건에서는 불이익변경금지의 원칙이 준용된다.

6. 재항고

항고법원의 결정 및 명령에 대하여는 재판에 영향을 미친 헌법 · 법률 · 명령 또는 규칙의 위반을 이유로 드는 때에만 재항고할 수 있다(「민사소송법」 제442조).

2020년 제8회 기출문제

» 모범답안 교재 334p 참조

비송사건의 제1심 법원 재판에 불복하여 항고하는 경우, 항고기간과 항고제기의 효과에 관하여 설명하시오. (20점)

04 항고절차의 종료

항고절차는 재판에 의해 종료되지만 그 외에 항고취하와 항고권의 포기에 의해 절차는 즉시 종료된다.

1. 항고의 취하

항고의 취하는 서면으로 하는 것이 원칙이나 심문기일에서 말로도 할 수 있다.

2. 항고권의 포기

항고권은 포기할 수 있다. 항고권의 포기는 항고하기 이전에는 제1심법원에 항고를 한 뒤에는 재판기록이 있는 법원에 서면으로 하여야 한다. 항소를 한 뒤의 항소권의 포기는 항소취하의 효력도 가진다(「민사소송법」 제395조 제3항).

Chapter

03 민사비송사건

제1절 법인에 관한 사건

01 법인에 관한 비송사건

「비송사건절차법」 제2편 민사비송사건 중, 제1장은 법인에 관한 사건을 규정하고 있다. 법인에 관한 사건에는 재단법인의 정관보충사건, 임시이사 또는 특별대리인의 선임사건, 법인의 해산 및 청산 감독사건, 임시총회 소집에 관한 사건, 검사인의 선임사건, 청산인의 선임 또는 해임사건, 청산인 또는 검사인의 보수에 관한 사건, 감정인의 선임 비용 등에 관한 사건이 있다.

02 재단법인의 정관보충사건

> 비송사건절차법
>
> 제32조【재단법인의 정관 보충 사건의 관할】 ①「민법」 제44조에 따른 사건은 법인설립자 사망 시의 주소지의 지방법원이 관할한다.
>
> ② 법인설립자의 주소가 국내에 없을 때에는 그 사망 시의 거소지 또는 법인설립지의 지방법원이 관할한다.
>
> 민법
>
> 제44조【재단법인의 정관의 보충】 재단법인의 설립자가 그 명칭, 사무소소재지 또는 이사임면의 방법을 정하지 아니하고 사망한 때에는 이해관계인 또는 검사의 청구에 의하여 법원이 이를 정한다.

1. 사건의 의의

재단법인의 설립자는 일정한 재산을 출연하고 필수적 기재사항을 기재한 정관을 작성하여 기명날인하여야 한다. 그런데 재단법인의 설립자가 목적과 자산에 관한 규정을 정하고 나머지 그 명칭, 사무소소재지 또는 이사임면의 방법을 정하지 아니하고 사망한 때에는 이해관계인 또는 검사의 청구에 의하여 법원이 이를 정한다.

2. 관할

법인설립자 사망 시의 주소지의 지방법원이 관할한다. 법인설립자의 주소가 국내에 없을 때에는 그 사망 시의 거소지 또는 법인설립지의 지방법원이 관할한다.

3. 신청인

신청할 수 있는 자는 이해관계인 또는 검사이다. 이해관계인은 재단법인의 성립 또는 불성립으로 인하여 자기의 권리의무에 영향을 받게 될 사람이다. 상속인, 상속재산관리인, 유언집행자 등이 이에 해당한다. 이해관계인의 범위를 엄격하게 한정할 필요는 없다.

4. 설립자의 사망

정관의 보충은 설립자가 사망한 경우이어야 한다. 설립자가 여럿인 경우 그 가운데 1명이라도 남았다면 그 생존자가 정관을 보완할 수 있으므로 이때는 인정되지 않는다.

5. 신청절차

신청은 일반원칙에 따라 서면 또는 구술로 할 수 있다(「비송사건절차법」 제8조, 「민법」 제161조).

03 법인의 임시이사 선임사건

비송사건절차법

제33조【임시이사 또는 특별대리인의 선임, 법인의 해산 · 청산의 감독의 관할】 ① 임시이사 또는 특별대리인의 선임(選任)은 법인의 주된 사무소 소재지의 지방법원 합의부가 관할한다.

민법

제57조【이사】 법인은 이사를 두어야 한다.

제63조【임시이사의 선임】 이사가 없거나 결원이 있는 경우에 이로 인하여 손해가 생길 염려 있는 때에는 법원은 이해관계인이나 검사의 청구에 의하여 임시이사를 선임하여야 한다.

1. 사건의 의의

법인의 이사는 법인의 필수 기관으로 사단법인이든 재단법인이든 이사가 있어야 한다. 이사의 사망, 임기만료 등으로 이사 전부 또는 일부가 없게 되는 경우가 생길 수 있고 후임이사가 선임되기까지 어느 정도 시간이 걸리므로 공백이 생길 수 있다. 이로 인한 손해를 예방하기 위해 법원이 선임하도록 규정을 하고 있다.

2. 권리능력 없는 법인에 유추적용

권리능력 없는 사단이나 재단의 경우에도 위 규정을 유추적용하여 법원이 임시이사를 선임할 수 있다.

3. 선임의 요건

(1) 이사가 없거나 결원이 있을 것

이사가 전혀 없거나 정관에서 정한 인원수에 부족이 있는 경우를 말한다.

(2) 손해가 생길 염려

통상적인 이사선임에 따라 이사가 선임되기를 기다리는 경우 법인이나 제3자에게 손해가 생길 우려가 있는 것을 말한다.

4. 관할

법인의 주된 사무소 소재지의 지방법원 합의부가 관할한다.

5. 신청인

① 임시이사의 선임을 신청할 수 있는 자는 이해관계인 또는 검사이다.

② 이해관계인은 임시이사가 선임되는 것에 관하여 법률상의 이해관계가 있는 자로서 법인의 내부자뿐만 아니라, 채권자나 그 밖에 법인과 사이에 권리의무를 가지는 외부자도 포함된다.

6. 신청절차

신청은 일반원칙에 따라 서면 또는 구술로 할 수 있다(「비송사건절차법」 제8조, 「민법」 제161조).

7. 재판

① 임시이사 선임에 관한 재판은 결정으로 하고 법원이 적당하다고 인정하는 방법으로 고지함으로써 그 효력이 생긴다.

② 피선임자는 법원의 결정에 구속되는 것은 아니며 위 결정에 기하여 법인과 피선임자 사이의 계약 등을 통해 피선임자의 취임승낙이 있어야 한다. 따라서 법원은 임시이사로 선임하려는 사람이 승낙의 의사가 있는지 여부를 재판 전에 확인하여 두는 것이 좋다.

8. 불복

(1) 항고

① 법원의 결정에 대한 불복은 항고로써만 불복할 수 있고 일반민사소송절차에서 법원의 임시이사결정을 무효로 할 수 없다.

② 임시이사 선임결정에 대하여 권리를 침해당한 이해관계인이 아닌 사람의 항고라 할지라도 반드시 각하할 것은 아니고, 법원이 원재판이 위법 또는 부당하다면 취소·변경할 수 있다.

판례

법원의 결정에 따른 임시이사선임에 관하여는 비송사건절차법에 의한 항고로서만이 불복이 가능하다(대판 1976.10.26. 76다1771).

(2) 집행정지

항고는 특별한 규정이 있는 경우를 제외하고 집행정지의 효력이 없으므로 임시이사 선임결정의 집행을 정지하려면 항고법원 또는 원심법원으로 하여금 그 재판의 집행을 정지하거나 기타 필요한 처분을 하도록 신청하여야 하며 「민사소송법」상 가처분절차로 그 집행을 정지할 수 없다.

판례

비송사건절차법에 의한 법원의 임시이사 선임결정에 대하여 불복이 있으면 비송사건절차법 규정에 따라 항고하여야 할 것이고 또 그 임시이사 선임결정의 집행을 정지하려면 비송사건절차법 제23조와 민사소송법 제418조에 의하여 항고법원 또는 원심법원으로 하여금 그 재판의 집행을 정지하거나 기타 필요한 처분을 하도록 신청할 것이지 민사소송법상의 가처분절차에 의할 것이 아니다(대판 1963.12.12. 63다321).

(3) 개임신청에 대한 거부재판

법원이 선임한 임시이사를 개임하여 달라는 신청은 법원의 직권발동을 촉구하는 의미밖에 없고, 임시이사의 개임 여부는 법원이 직권으로 판단하는 사항이므로 신청을 거부하는 재판을 하였더라도 그에 대한 항고가 허용될 수 없으므로 항고심에서는 이를 각하하여야 한다.

판례

비송사건절차법 제33조 제1항에 따라 법원이 선임한 임시이사를 개임하여 달라는 신청은 법원의 직권발동을 촉구하는 의미밖에 없고, 임시이사의 개임 여부는 법원이 직권으로 판단하는 사항이다. 그리고 설령 법원이 직권발동을 촉구하는 의미의 신청을 거부하는 재판을 하였더라도 그에 대한 항고가 허용될 수 없으므로 항고심에서는 이를 각하하여야 한다(대판 2017.10.27.자 2017마5671).

02

9. 임시이사의 지위

(1) 등기 여부

임시이사의 선임에 대하여는 이를 등기하여야 한다는 규정이 없으며 임시이사가 일시적 기관임을 이유로 등기를 필요로 하지 않는다.

(2) 임기

임시이사는 정식의 이사가 선임될 때까지의 일시적 기관이고, 정식의 이사가 임명된 경우에는 그 권한은 당연히 소멸한다.

(3) 지위 및 권한

임시이사의 지위 및 권한은 정식이사와 동일하다.

(4) 사임

임시이사는 언제든지 사임할 수 있고, 법원의 승인을 받을 필요가 없다.

04 법인의 특별대리인 선임사건

비송사건절차법

제33조 【임시이사 또는 특별대리인의 선임, 법인의 해산 · 청산의 감독의 관할】 ① 임시이사 또는 특별대리인의 선임(選任)은 법인의 주된 사무소 소재지의 지방법원 합의부가 관할한다.

민법

제64조 【특별대리인의 선임】 법인과 이사의 이익이 상반하는 사항에 관하여는 이사는 대표권이 없다. 이 경우에는 전조의 규정에 의하여 특별대리인을 선임하여야 한다.

1. 사건의 의의

법인과 이사의 이익이 상반하는 사항에 대하여는 이사는 법인의 대표권이 없다. 이 경우 따로 대표권을 행사할 수 있는 이사가 없는 때에 법원이 그 법인의 특별대리인을 선임한다.

2. 선임의 요건

(1) 법인과 이사의 이익이 상반하는 사항

법인과 이사의 이익이 상반하는 사항은 법인과 이사가 직접 거래의 상대방이 되는 경우뿐 아니라, 이사의 개인적 이익과 법인의 이익이 충돌하고 이사에게 선량한 관리자로서의 의무 이행을 기대할 수 없는 사항은 모두 포함한다(대판 2013.11.28. 2010다91831).

(2) 대표권을 가지는 이사가 없을 것

따로 대표권을 가지는 이사가 있는 경우에는 그 다른 이사가 해당 사항에 대하여 법인을 대표하면 되므로 특별대리인을 선임할 필요가 없다.

3. 관할법원

법인의 주된 사무소 소재지의 지방법원 합의부가 관할한다.

4. 신청인

① 특별대리인의 선임을 신청할 수 있는 자는 이해관계인 또는 검사이다.

② 이해관계인은 법인과 이익이 상반하는 해당 이사 및 그 거래가 제3자와 사이에 행하여진 경우에는 그 제3자도 이해관계인으로 신청을 할 수 있다.

5. 신청방식, 심리 및 재판, 불복방법

① 신청은 일반원칙에 따라 서면 또는 구술로 할 수 있다(「비송사건절차법」 제8조, 「민법」 제161조).

② 심리 및 재판, 불복방법은 임시이사 선임과 동일하다.

6. 특별대리인의 지위

(1) 등기 여부

특별대리인의 선임에 대하여는 이를 등기하여야 한다는 규정이 없어 등기를 필요로 하지 않는다.

(2) 지위 및 권한

특별대리인은 임시이사와 달리 그 선임의 사유가 된 사항에 관하여만 권한을 갖는다. 따라서 특별대리인을 선임하는 재판을 할 때 그 대리할 사항을 명시하여야 한다.

05 임시총회 소집에 관한 사건

비송사건절차법

제34조【임시총회 소집 사건에 관한 관할】 ① 「민법」 제70조 제3항에 따른 사건은 법인의 주된 사무소 소재지의 지방법원 합의부가 관할한다.

② 「민법」 제70조 제3항에 따른 임시총회 소집의 허가신청과 그 사건의 재판에 관하여는 제80조 및 제81조를 각각 준용한다.

제80조 【업무 · 재산상태의 검사 및 총회소집 허가의 신청】 ① 「상법」 제277조 제2항에 따른 검사의 허가를 신청하는 경우에는 검사를 필요로 하는 사유를 소명하고, 같은 법 제366조 제2항에 따른 총회 소집의 허가를 신청하는 경우에는 이사가 그 소집을 게을리한 사실을 소명하여야 한다.
② 제1항에 따른 신청은 서면으로 하여야 한다.

제81조 【업무 · 재산상태의 검사 등의 신청에 대한 재판】 ① 제80조에 따른 신청에 대하여는 법원은 이유를 붙인 결정으로써 재판을 하여야 한다.
② 신청을 인용한 재판에 대하여는 불복신청을 할 수 없다.

민법

제70조 【임시총회】 ① 사단법인의 이사는 필요하다고 인정한 때에는 임시총회를 소집할 수 있다.
② 총사원의 5분의 1 이상으로부터 회의의 목적사항을 제시하여 청구한 때에는 이사는 임시총회를 소집하여야 한다. 이 정수는 정관으로 증감할 수 있다.
③ 전항의 청구있는 후 2주간 내에 이사가 총회소집의 절차를 밟지 아니한 때에는 청구한 사원은 법원의 허가를 얻어 이를 소집할 수 있다.

1. 사건의 의의

총사원의 5분의 1 이상으로부터 회의의 목적사항을 제시하여 청구한 때에는 이사는 임시총회를 소집하여야 한다. 그럼에도 불구하고 이사가 청구 있는 후 2주간 내에 이사가 총회소집의 절차를 밟지 아니한 때에 청구한 사원은 법원의 허가를 얻어 이를 소집할 수 있다.

2. 관할법원

법인의 주된 사무소 소재지의 지방법원 합의부가 관할한다.

3. 신청권자

(1) 임시총회의 소집을 청구하였던 사원

이사에게 임시총회의 소집을 청구하였던 총 사원 5분의 1 이상의 사원이 신청인이 된다. 이 5분의 1 이상이라는 정수는 정관으로 증감할 수 있다.

신청은 수인이 공동하여서만 신청요건을 구비하는 경우로서 재판시까지 그 요건이 존재하여야 하며, 그 정수의 부족이 생긴 때에는 신청이 부적법하게 되어 각하된다.

(2) 선정당사자

선정당사자에 관한 「민사소송법」 제49조의 규정은 「비송사건절차법」이 적용되는 비송사건에는 준용되거나 유추적용되지 않으므로 선정당사자가 한 신청은 그가 단독으로 한 것에 불과하여 정수 미달로서 부적법하다는 것이 판례이다.

(3) 총회를 소집하지 않은 이사

임시총회소집허가 신청의 대상인 법인이 사건본인이 되고, 총회를 소집하지 않은 이사는 사건의 당사자가 아니다.

4. 신청절차

(1) 신청방식

임시총회 허가신청은 서면으로 하여야 한다(「비송사건절차법」 제80조 제2항 준용). 서면에는 회의의 목적사항을 제시하여야 한다(「비송사건절차법」 제80조 제2항 준용).

(2) 소명

신청인은 이사가 그 소집을 게을리한 사실을 소명하여야 한다(「비송사건절차법」 제80조 제1항 준용). 소명의 방법은 「민사소송법」이 준용된다(「비송사건절차법」 제10조).

5. 재판의 형식

임시총회소집 허가신청에 대하여는 법원은 이유를 붙인 결정으로써 재판을 하여야 한다(「비송사건절차법」 제81조 제1항 준용).

6. 불복

① 신청을 각하하거나 기각하는 재판에 대하여는 항고로 불복할 수 있다.
② 신청을 인용하는 재판에 대하여는 불복의 신청을 할 수 없다(「비송사건절차법」 제81조 제2항 준용).

06 법인의 해산 및 청산의 감독사건

비송사건절차법

제33조【임시이사 또는 특별대리인의 선임, 법인의 해산·청산의 감독의 관할】 ② 법인의 해산 및 청산에 대한 감독은 그 주된 사무소 소재지의 지방법원이 관할한다.

제35조【법인에 대한 검사인의 선임】 법원은 특별히 선임한 자로 하여금 법인의 감독에 필요한 검사(檢査)를 하게 할 수 있다.

민법

제95조【해산, 청산의 검사, 감독】 법인의 해산 및 청산은 법원이 검사, 감독한다.

1. 사건의 의의

본래 법인의 업무에 대한 감독은 설립의 허가를 한 각 주무관청이 감독하는 것이 적당하지만 법인의 해산과 청산은 재산관계의 정리가 중요하므로 법원에 감독에 의하도록 하고 있다.

2. 관할법원

법인의 주된 사무소 소재지의 지방법원이 관할한다.

3. 절차

법인의 해산과 청산의 검사·감독은 신청에 의하지 않고, 법원이 직권으로 개시한다.

4. 감독 방법

관할법원은 언제라도 직권으로 감독에 필요한 검사를 할 수 있으며, 필요한 경우에는 검사인으로 하여금 법인의 감독에 필요한 검사를 하게 할 수 있다.

5. 검사 방법

검사의 방법과 내용에 대하여는 특별한 제한이 없다. 주로 재산상황이 주된 내용이 될 것이다. 검사는 법원 자신이 행할 수도 있다.

02

07 청산인의 선임 · 해임사건

민법

제82조【청산인】 법인이 해산한 때에는 파산의 경우를 제하고는 이사가 청산인이 된다. 그러나 정관 또는 총회의 결의로 달리 정한 바가 있으면 그에 의한다.

제83조【법원에 의한 청산인의 선임】 전조의 규정에 의하여 청산인이 될 자가 없거나 청산인의 결원으로 인하여 손해가 생길 염려가 있는 때에는 법원은 직권 또는 이해관계인이나 검사의 청구에 의하여 청산인을 선임할 수 있다.

제84조【법원에 의한 청산인의 해임】 중요한 사유가 있는 때에는 법원은 직권 또는 이해관계인이나 검사의 청구에 의하여 청산인을 해임할 수 있다.

비송사건절차법

제36조【청산인】 법인의 청산인(清算人)에 관하여는 제117조 제1항, 제119조 및 제121조를 준용한다.

제117조【관할법원】 ① 합명회사와 합자회사의 청산에 관한 사건은 회사의 본점 소재지의 지방법원이 관할한다.

② 주식회사와 유한회사의 청산에 관한 사건은 회사의 본점 소재지의 지방법원 합의부가 관할한다.

제119조【청산인의 선임 · 해임 등의 재판】 청산인의 선임 또는 해임의 재판에 대하여는 불복신청을 할 수 없다.

제121조【청산인의 결격사유】 다음 각 호의 어느 하나에 해당하는 자는 청산인으로 선임될 수 없다.

1. 미성년자
2. 피성년후견인
3. 자격이 정지되거나 상실된 자
4. 법원에서 해임된 청산인
5. 파산선고를 받은 자

1. 사건의 의의

법인 해산 시 청산인이 될 자가 없거나 청산인의 결원으로 인하여 손해가 생길 염려가 있는 때에는 법원은 청산인을 선임할 수 있다. 청산인이 중병으로 직무를 수행할 수 없는 경우와 같은 중요한 사유가 있는 때에는 법원은 청산인을 해임할 수 있다.

2. 관할법원

청산인의 선임 및 해임은 법인의 본점 소재지(주된 사무소 소재지)의 지방법원이 관할한다(「비송사건절차법」 제117조 제1항).

3. 신청인

청산인의 선임과 해임을 법원이 직권으로 할 수도 있고, 이해관계인이나 검사의 청구에 의하여 청산인을 해임할 수 있다.

4. 신청방식

신청방식은 일반원칙에 따라 서면 또는 구술로 할 수 있다.

5. 요건

(1) 선임의 요건

① 법인의 해산시 청산인이 될 자가 없거나 청산인의 결원으로 인하여 손해가 생길 염려가 있어야 한다.

② 청산인의 결격사유에 해당하지 않아야 한다. 미성년자, 피성년후견인, 자격이 정지되거나 상실된 자, 법원에서 해임된 청산인, 파산선고를 받은 자는 청산인이 될 수 없다.

(2) 해임의 요건

법원은 청산인에게 중요한 사유가 있는 때 청산인을 해임할 수 있다. 중요한 사유란 청산인의 무능, 태만, 질병, 비행 기타 청산인의 업무를 수행하기에 부적당한 일체의 이유를 말한다.

6. 청산인의 보수

비송사건절차법

제37조【청산인 또는 검사인의 보수】 법원이 법인의 청산인 또는 제35조에 따라 검사할 자를 선임한 경우에는 제77조 및 제78조를 준용한다.

제77조【검사인의 보수】 법원은 「상법」 제298조, 제310조 제1항, 제422조 제1항 또는 제467조 제1항에 따라 검사인을 선임한 경우 회사로 하여금 검사인에게 보수를 지급하게 할 수 있다. 이 경우 그 보수액은 이사와 감사의 의견을 들어 법원이 정한다.

제78조【즉시항고】 제76조 및 제77조에 따른 재판에 대하여는 즉시항고를 할 수 있다.

법원은 청산인을 선임한 경우 회사로 하여금 청산인의 보수를 지급하게 할 수 있다. 보수액은 이사와 감사의 의견을 들어 법원이 정한다. 보수의 결정에 대하여는 즉시항고를 할 수 있다.

7. 재판

청산인의 선임과 해임은 법원의 결정으로써 한다. 청산인의 선임 또는 해임에 관한 모든 요건이 충족된 경우 법원은 청산인을 선임 또는 해임할 의무가 있다.

8. 불복신청의 제한

청산인의 선임 또는 해임의 재판에 대하여는 불복신청을 할 수 없다. 신청을 각하한 재판에 대해서는 항고할 수 있다.

08 감정인의 선임, 비용 등에 관한 사건

비송사건절차법

제38조【감정인의 선임 비용 등】「민법」 제91조 제2항에 따른 감정인을 선임하는 경우에는 제124조 및 제125조를 준용한다.

제124조【감정인의 선임 비용】 법원이 「상법」 제259조 제4항 또는 그 준용규정에 따른 감정인을 선임한 경우 그 비용은 회사가 부담한다. 감정인의 소환 및 심문 비용의 경우에도 또한 같다.

제125조【감정인 선임의 절차 및 재판】 제124조에 따른 감정인의 선임 절차와 재판에 관하여는 제58조 및 제59조를 준용한다.

민법

제91조【채권변제의 특례】 ① 청산 중의 법인은 변제기에 이르지 아니한 채권에 대하여도 변제할 수 있다.
② 전항의 경우에는 조건있는 채권, 존속기간의 불확정한 채권 기타 가액의 불확정한 채권에 관하여는 법원이 선임한 감정인의 평가에 의하여 변제하여야 한다.

1. 사건의 의의

청산 중의 법인은 변제기에 이르지 아니한 채권에 대하여도 변제할 수 있다. 이 경우 조건 있는 채권, 존속기간의 불확정한 채권 기타 가액의 불확정한 채권에 관하여는 법원이 선임한 감정인의 평가에 의하여 변제하도록 하고 있다.

2. 관할법원

법인의 주된 사무소 소재지의 지방법원이 관할한다(「비송사건절차법」 제33조 제2항).

3. 신청

법원이 직권으로 할 수도 있고 청산 중의 법인의 채무변제는 청산인의 사무이므로 청산인에게도 신청권이 있다.

4. 감정인의 선임비용

감정인을 선임한 경우 그 비용은 법인이 부담한다. 감정인의 소환 및 심문 비용의 경우에도 법인이 부담한다.

5. 심리

이 사건의 심리에는 검사가 관여하지 아니한다(「비송사건절차법」 제58조 준용).

6. 재판

법원의 재판은 결정으로써 한다.

7. 불복신청의 제한

이 사건에 관한 재판에 대하여는 불복의 신청을 할 수 없다(「비송사건절차법」 제59조 준용).

제2절 신탁에 관한 사건

01 개요

1. 신탁의 의의

"신탁"이란 신탁을 설정하는 자(위탁자)와 신탁을 인수하는 자(수탁자) 간의 신임관계에 기하여 위탁자가 수탁자에게 특정의 재산(영업이나 저작재산권의 일부를 포함)을 이전하거나 담보권의 설정 또는 그 밖의 처분을 하고 수탁자로 하여금 일정한 자(수익자)의 이익 또는 특정의 목적을 위하여 그 재산의 관리, 처분, 운용, 개발, 그 밖에 신탁 목적의 달성을 위하여 필요한 행위를 하게 하는 법률관계를 말한다(「신탁법」 제2조).

2. 신탁에서 법원의 감독

신탁법

제105조 【법원의 감독】 ① 신탁사무는 법원이 감독한다. 다만, 신탁의 인수를 업으로 하는 경우는 그러하지 아니하다.

② 법원은 이해관계인의 청구에 의하여 또는 직권으로 신탁사무 처리의 검사, 검사인의 선임, 그 밖에 필요한 처분을 명할 수 있다.

비송사건절차법

제44조의24 【법원의 감독】 ① 법원은 신탁사건의 감독을 위하여 필요하다고 인정할 때에는 이해관계인의 신청에 의하여 또는 직권으로 재산목록, 신탁사무에 관한 장부와 서류의 제출을 명하고, 신탁사무 처리에 관하여 수탁자와 그 밖의 관계인을 심문할 수 있다.

② 제1항에 따른 신청은 서면으로 하여야 한다.

③ 제1항에 따른 재판에 대하여는 불복신청을 할 수 없다.

제44조의19 【검사인의 보고】 ① 「신탁법」 제105조 제2항에 따라 선임된 검사인은 법원에 검사 결과를 서면으로 보고하여야 한다.

② 법원은 검사에 관한 설명이 필요할 때에는 「신탁법」 제105조 제2항에 따라 선임된 검사인을 심문할 수 있다.

③ 법원은 제1항에 따른 검사 결과에 따라 수탁자에게 시정을 명할 수 있다.

④ 수탁자는 제3항에 따른 명령을 받은 즉시 그 사실을 수익자에게 알려야 한다.

⑤ 제3항에 따른 명령에 대하여는 불복신청을 할 수 없다.

(1) 법원의 감독

신탁사무는 법원이 감독한다. 다만, 신탁의 인수를 업으로 하는 경우는 그러하지 아니하다.

(2) 감독권의 발동

법원의 감독권은 이해관계인의 청구에 의할 수도 있고 법원의 직권에 의할 수도 있다.

(3) 감독방법

1) 법원의 감독

신탁사무 처리의 검사, 검사인의 선임, 그 밖에 필요한 처분을 명할 수 있다. 필요한 처분은 재산목록, 신탁사무에 관한 장부와 서류의 제출을 명하고, 신탁사무 처리에 관하여 수탁자와 그 밖의 관계인을 심문할 수 있다.

2) 검사인을 통한 감독

법원은 검사를 위하여 검사인을 선임할 수 있으며 검사인이 선임된 경우 검사인은 법원에 검사결과를 서면으로 보고하여야 하고, 법원은 검사에 관한 설명이 필요한 때에는 검사인을 심문할 수 있다. 검사 결과에 따라 수탁자에게 시정을 명할 수 있고, 수탁자는 시정명령을 받은 즉시 그 사실을 수익자에게 알려야 한다.

(4) 이해관계인의 신청

신청은 서면으로 하여야 한다.

(5) 불복제한

법원의 명령에 대해서는 불복신청이 허용되지 않는다.

(6) 적용범위

신탁에 관하여 법원에 인정되는 각종 권한은 사익신탁에 한정되고 공익신탁은 주무관청의 감독을 받기 때문에 공익신탁에는 적용되지 않는다.

3. 관할법원

비송사건절차법

제39조【관할법원】 ①「신탁법」에 따른 사건(이하 "신탁사건"이라 한다)은 특별한 규정이 있는 경우를 제외하고는 수탁자의 보통재판적이 있는 곳의 지방법원이 관할한다.

② 수탁자의 임무가 종료된 후 신수탁자(新受託者)의 임무가 시작되기 전에는 전수탁자(前受託者)의 보통재판적이 있는 곳의 지방법원이 신탁사건을 관할한다.

③ 수탁자 또는 전수탁자가 여럿인 경우에는 그중 1인의 보통재판적이 있는 곳의 지방법원이 신탁사건을 관할한다.

④「신탁법」 제21조 제3항에 따른 사건은 유언자 사망 시 주소지의 지방법원이 관할한다.

⑤ 제1항부터 제4항까지의 규정에 따른 관할법원이 없는 경우에는 신탁재산이 있는 곳(채권의 경우에는 재판상의 청구를 할 수 있는 곳을 그 재산이 있는 곳으로 본다)의 지방법원이 신탁사건을 관할한다.

⑥ 제1항부터 제3항까지 및 제5항에도 불구하고「신탁법」 제18조 제1항 제1호 및 제2호에 따른 신탁재산관리인의 선임에 관한 사건은 다음 각 호의 구분에 따른 법원이 관할한다.

1. 「신탁법」 제18조 제1항 제1호에 따른 신탁재산관리인의 선임에 관한 사건 : 「가사소송법」 제2조 제1항 제2호 가목37) 및 제44조에 따라 해당 상속재산관리인의 선임사건을 관할하는 법원
2. 「신탁법」 제18조 제1항 제2호에 따른 신탁재산관리인의 선임에 관한 사건 : 「채무자 회생 및 파산에 관한 법률」 제3조에 따라 해당 파산선고를 관할하는 법원

민사소송법

제2조【보통재판적】 소(訴)는 피고의 보통재판적(普通裁判籍)이 있는 곳의 법원이 관할한다.

제3조【사람의 보통재판적】 사람의 보통재판적은 그의 주소에 따라 정한다. 다만, 대한민국에 주소가 없거나 주소를 알 수 없는 경우에는 거소에 따라 정하고, 거소가 일정하지 아니하거나 거소도 알 수 없으면 마지막 주소에 따라 정한다.

제4조【대사 · 공사 등의 보통재판적】 대사(大使) · 공사(公使), 그 밖에 외국의 재판권 행사대상에서 제외되는 대한민국 국민이 제3조의 규정에 따른 보통재판적이 없는 경우에는 이들의 보통재판적은 대법원이 있는 곳으로 한다.

제5조【법인 등의 보통재판적】 ① 법인, 그 밖의 사단 또는 재단의 보통재판적은 이들의 주된 사무소 또는 영업소가 있는 곳에 따라 정하고, 사무소와 영업소가 없는 경우에는 주된 업무담당자의 주소에 따라 정한다.
② 제1항의 규정을 외국법인, 그 밖의 사단 또는 재단에 적용하는 경우 보통재판적은 대한민국에 있는 이들의 사무소 · 영업소 또는 업무담당자의 주소에 따라 정한다.

02 부정한 목적으로 신탁선언에 의하여 설정된 신탁의 종료 재판

신탁법

제3조【신탁의 설정】 ③ 위탁자가 집행의 면탈이나 그 밖의 부정한 목적으로 제1항 제3호에 따라 신탁을 설정한 경우 이해관계인은 법원에 신탁의 종료를 청구할 수 있다.

비송사건절차법

제40조【부정한 목적으로 신탁선언에 의하여 설정된 신탁의 종료 재판】 ① 「신탁법」 제3조 제3항에 따른 청구에 의한 재판을 하는 경우 법원은 수탁자의 의견을 들어야 한다.
② 제1항에 따른 청구에 대한 재판은 이유를 붙인 결정으로써 하여야 한다.
③ 제1항에 따른 청구에 대한 재판은 수탁자와 수익자에게 고지하여야 한다.
④ 제1항에 따른 청구를 인용(認容)하는 재판에 대하여는 수탁자 또는 수익자가 즉시항고를 할 수 있다. 이 경우 즉시항고는 집행정지의 효력이 있다.
⑤ 제1항에 따른 청구를 기각(棄却)하는 재판에 대하여는 그 청구를 한 자가 즉시항고를 할 수 있다.

1. 사건의 의의

위탁자가 집행의 면탈이나 그 밖의 부정한 목적으로 신탁의 목적, 신탁재산, 수익자 등을 특정하고 자신을 수탁자로 정한 위탁자의 선언에 따라 신탁을 설정한 경우 이해관계인은 법원에 신탁의 종료를 청구할 수 있다.

2. 관할법원

① 수탁자의 보통재판적이 있는 곳의 지방법원이 관할한다.

② 관할법원이 없는 경우 신탁재산이 있는 곳(채권의 경우에는 재판상의 청구를 할 수 있는 곳을 그 재산이 있는 곳으로 본다)의 지방법원이 신탁사건을 관할한다.

3. 절차의 개시

이해관계인의 신청에 의하여 절차가 개시된다.

4. 신청방식

「비송사건절차법」의 일반원칙에 의해 서면 또는 말로 할 수 있다.

5. 심리

법원은 수탁자의 의견을 들어야 한다. 이는 필수적이므로 법원이 수탁자의 의견을 듣지 않은 경우 재판에 흠이 있다.

6. 재판

(1) 재판의 형식

재판은 이유를 붙인 결정으로써 하여야 한다.

(2) 재판의 고지

재판은 수탁자와 수익자에게 고지하여야 한다.

7. 불복

(1) 청구를 인용하는 재판

청구를 인용하는 재판에 대하여는 수탁자 또는 수익자가 즉시항고를 할 수 있다. 이 경우 즉시항고는 집행정지의 효력이 있다.

(2) 청구를 기각하는 재판

청구를 기각하는 재판에 대하여는 그 청구를 한 자가 즉시항고를 할 수 있다.

03 수탁자 사임허가의 재판

신탁법

제14조【수탁자의 사임에 의한 임무 종료】 ① 수탁자는 신탁행위로 달리 정한 바가 없으면 수익자와 위탁자의 승낙 없이 사임할 수 없다.

② 제1항에도 불구하고 수탁자는 정당한 이유가 있는 경우 법원의 허가를 받아 사임할 수 있다.

③ 사임한 수탁자는 즉시 수익자에게 그 사실을 통지하여야 한다.

비송사건절차법

제41조【수탁자 사임허가의 재판】 ① 수탁자가 「신탁법」 제14조 제2항에 따른 사임허가의 재판을 신청하는 경우에는 그 사유를 소명하여야 한다.

② 제1항에 따른 신청에 대한 재판에 대하여는 불복신청을 할 수 없다.

1. 사건의 의의

수탁자는 신탁행위로 달리 정한 바가 없으면 수익자와 위탁자의 승낙 없이 사임할 수 없지만, 정당한 이유가 있는 경우 법원의 허가를 받아 사임할 수 있도록 하고 있다.

2. 관할법원

① 수탁자의 보통재판적이 있는 곳의 지방법원이 관할한다.
② 관할법원이 없는 경우 신탁재산이 있는 곳(채권의 경우에는 재판상의 청구를 할 수 있는 곳을 그 재산이 있는 곳으로 본다)의 지방법원이 신탁사건을 관할한다.

3. 절차의 개시

수탁자의 신청에 의하여 절차가 개시된다.

4. 신청방식

① 「비송사건절차법」의 일반원칙에 의해 서면 또는 말로 할 수 있다.
② 수탁자가 사임허가의 재판을 신청하는 경우에는 그 사유를 소명하여야 한다.

5. 재판의 불복

신청에 대한 재판에 대하여는 불복신청을 할 수 없다.

04 수탁자 해임의 재판

신탁법

제16조 【수탁자의 해임에 의한 임무 종료】 ① 위탁자와 수익자는 합의하여 또는 위탁자가 없으면 수익자 단독으로 언제든지 수탁자를 해임할 수 있다. 다만, 신탁행위로 달리 정한 경우에는 그에 따른다.
② 정당한 이유 없이 수탁자에게 불리한 시기에 제1항에 따라 수탁자를 해임한 자는 그 손해를 배상하여야 한다.
③ 수탁자가 그 임무에 위반된 행위를 하거나 그 밖에 중요한 사유가 있는 경우 위탁자나 수익자는 법원에 수탁자의 해임을 청구할 수 있다.

비송사건절차법

제42조 【수탁자 해임의 재판】 ① 「신탁법」 제16조 제3항에 따른 수탁자 해임 청구에 대한 재판을 하는 경우 법원은 수탁자를 심문하여야 한다.
② 제1항에 따른 재판은 이유를 붙인 결정으로써 하여야 한다.
③ 제1항에 따른 재판은 위탁자, 수탁자 및 수익자에게 고지하여야 한다.
④ 제1항에 따른 재판에 대하여는 위탁자, 수탁자 또는 수익자가 즉시항고를 할 수 있다.

1. 사건의 의의

수탁자가 그 임무에 위반된 행위를 하거나 그 밖에 중요한 사유가 있는 경우 위탁자나 수익자는 법원에 수탁자의 해임을 청구할 수 있다.

2. 관할법원

① 수탁자의 보통재판적이 있는 곳의 지방법원이 관할한다.

② 관할법원이 없는 경우 신탁재산이 있는 곳(채권의 경우에는 재판상의 청구를 할 수 있는 곳을 그 재산이 있는 곳으로 본다)의 지방법원이 신탁사건을 관할한다.

3. 절차의 개시

위탁자나 수익자의 해임청구에 의해 개시된다.

4. 신청방식

「비송사건절차법」의 일반원칙에 의해 서면 또는 말로 할 수 있다.

5. 심리

수탁자 해임 청구에 대한 재판을 하는 경우 법원은 수탁자를 심문하여야 한다.

6. 재판

① 재판은 이유를 붙인 결정으로써 하여야 한다.

② 재판은 위탁자, 수탁자 및 수익자에게 고지하여야 한다.

7. 재판의 불복

재판에 대하여는 위탁자, 수탁자 또는 수익자가 즉시항고를 할 수 있다.

05 신탁재산관리인 선임의 재판

신탁법

제17조【신탁재산관리인 선임 등의 처분】 ① 수탁자의 임무가 종료되거나 수탁자와 수익자 간의 이해가 상반되어 수탁자가 신탁사무를 수행하는 것이 적절하지 아니한 경우 법원은 이해관계인의 청구에 의하여 신탁재산관리인의 선임이나 그 밖의 필요한 처분을 명할 수 있다. 다른 수탁자가 있는 경우에도 또한 같다.

제18조【필수적 신탁재산관리인의 선임】 ① 법원은 다음 각 호의 어느 하나에 해당하는 경우로서 신수탁자가 선임되지 아니하거나 다른 수탁자가 존재하지 아니할 때에는 신탁재산을 보관하고 신탁사무 인계에 필요한 행위를 하여야 할 신탁재산관리인을 선임한다.

1. 수탁자가 사망하여 「민법」 제1053조 제1항에 따라 상속재산관리인이 선임되는 경우
2. 수탁자가 파산선고를 받은 경우
3. 수탁자가 법원의 허가를 받아 사임하거나 임무 위반으로 법원에 의하여 해임된 경우

제19조【신탁재산관리인의 임무 종료】 ① 신수탁자가 선임되거나 더 이상 수탁자와 수익자 간의 이해가 상반되지 아니하는 경우 신탁재산관리인의 임무는 종료된다.

② 신탁재산관리인은 법원의 허가를 받아 사임할 수 있다.

③ 법원은 이해관계인의 청구에 의하여 신탁재산관리인을 해임할 수 있다.

④ 법원은 제2항 또는 제3항의 결정을 함과 동시에 새로운 신탁재산관리인을 선임하여야 한다.

비송사건절차법

제43조【신탁재산관리인 선임의 재판】 ① 수탁자와 수익자 간의 이해가 상반되어 수탁자가 신탁사무를 수행하는 것이 적절하지 아니하다는 이유로 「신탁법」 제17조 제1항에 따라 신탁재산관리인을 선임하는 재판을 하는 경우 법원은 수익자와 수탁자의 의견을 들어야 한다.

② 제1항에 따른 재판은 이유를 붙인 결정으로써 하여야 한다.

③ 제1항에 따른 재판은 수익자와 수탁자에게 고지하여야 한다.

④ 제1항에 따른 재판에 대하여는 수익자 또는 수탁자가 즉시항고를 할 수 있다.

제44조【신탁재산관리인 선임의 재판】 ① 다음 각 호의 어느 하나에 해당하는 재판을 하는 경우 법원은 이해관계인의 의견을 들을 수 있다.

1. 「신탁법」 제17조 제1항에 따른 신탁재산관리인 선임의 재판(수탁자의 임무가 종료되었음을 이유로 하는 재판만 해당한다)
2. 「신탁법」 제18조 제1항에 따른 필수적 신탁재산관리인 선임의 재판
3. 「신탁법」 제19조 제4항에 따른 새로운 신탁재산관리인 선임의 재판

② 제1항에 따른 재판에 대하여는 불복신청을 할 수 없다.

1. 사건의 의의

수탁자가 여러 가지 이유로 신탁사무를 수행할 수 없거나 수행하는 것이 적절하지 아니하다고 인정되는 경우 이해관계인의 청구나 법원의 직권에 의하여 신탁재산관리인을 선임할 필요가 있다.

2. 관할법원

① 수탁자의 보통재판적이 있는 곳의 지방법원이 관할한다.

② 관할법원이 없는 경우 신탁재산이 있는 곳(채권의 경우에는 재판상의 청구를 할 수 있는 곳을 그 재산이 있는 곳으로 본다)의 지방법원이 신탁사건을 관할한다.

③ 수탁자의 임무가 종료된 후 신수탁자의 임무가 시작되기 전에는 전수탁자의 보통재판적이 있는 곳의 지방법원이 신탁사건을 관할한다.

④ 수탁자 또는 전수탁자가 여럿인 경우에는 그중 1인의 보통재판적이 있는 곳의 지방법원이 신탁사건을 관할한다.

⑤ 수탁자가 사망하여 상속재산관리인이 선임되는 경우에는 해당 상속재산관리인이 선임사건을 관할하는 법원이 관할한다.

⑥ 수탁자가 파산선고를 받은 경우에는 해당 파산선고를 관할하는 법원이 관할한다.

3. 절차의 개시

(1) 이해관계인의 청구

수탁자의 임무가 종료되거나 수탁자와 수익자 간의 이해가 상반되어 수탁자가 신탁사무를 수행하는 것이 적절하지 아니한 경우의 신탁재산관리인 선임의 재판은 이해관계인의 청구에 의해 개시된다.

(2) 법원의 직권

필수적으로 신탁재산관리인을 선임을 해야 되는 경우에는 법원의 직권에 의해 절차가 개시된다.

4. 신청방식

「비송사건절차법」의 일반원칙에 의해 서면 또는 말로 할 수 있다.

5. 심리

(1) 필수적 의견청취

수탁자와 수익자 간의 이해가 상반되어 수탁자가 신탁사무를 수행하는 것이 적절하지 아니하다는 이유로 신탁재산관리인을 선임하는 재판을 하는 경우 법원은 수익자와 수탁자의 의견을 들어야 한다.

(2) 임의적 의견청취

그 이외의 사유로 신탁재산관리인을 선임하는 재판을 하는 경우에는 법원은 이해관계인의 의견을 들을 수 있다.

6. 재판

(1) 이해가 상반되어 신탁재산관리인을 선임하는 재판

① 재판은 이유를 붙인 결정으로써 하여야 한다.

② 재판은 수익자와 수탁자에게 고지하여야 한다.

(2) 그 외의 사유로 신탁재산관리인을 선임하는 재판

재판은 결정으로 한다.

7. 재판의 불복

(1) 이해가 상반되어 신탁재산관리인을 선임하는 재판

재판에 대하여는 수익자 또는 수탁자가 즉시항고를 할 수 있다.

(2) 그 외의 사유로 신탁재산관리인을 선임하는 재판

재판에 대하여는 불복신청을 할 수 없다.

8. 신탁재산관리인의 보수 결정 재판

비송사건절차법

제44조의2【신탁재산관리인의 보수 결정 재판】 ① 「신탁법」 제17조 제6항 및 제18조 제3항에 따른 신탁재산관리인의 보수를 정하는 재판을 하는 경우 법원은 수익자 또는 수탁자가 여럿인 경우의 다른 수탁자의 의견을 들어야 한다.

② 제1항에 따른 재판은 수익자와 수탁자가 여럿인 경우의 다른 수탁자에게 고지하여야 한다.

③ 제1항에 따른 재판에 대하여는 수익자 또는 수탁자가 여럿인 경우의 다른 수탁자가 즉시항고를 할 수 있다.

(1) 신탁재산관리인의 보수

법원은 선임한 신탁재산관리인에게 필요한 경우 신탁재산에서 적당한 보수를 줄 수 있다.

(2) 의견청취

신탁재산관리인의 보수를 정하는 재판을 하는 경우 법원은 수익자 또는 수탁자가 여럿인 경우의 다른 수탁자의 의견을 들어야 한다.

(3) 재판의 고지

보수를 정하는 재판은 수익자와 수탁자가 여럿인 경우의 다른 수탁자에게 고지하여야 한다.

(4) 즉시항고

보수를 정하는 재판에 대하여는 수익자 또는 수탁자가 여럿인 경우의 다른 수탁자가 즉시항고를 할 수 있다.

9. 신탁재산관리인 사임허가 및 해임의 재판

비송사건절차법

제44조의3【신탁재산관리인 사임허가 및 해임의 재판】 ① 신탁재산관리인이 「신탁법」 제19조 제2항에 따른 사임허가의 재판을 신청하는 경우에는 그 사유를 소명하여야 한다.

② 「신탁법」 제19조 제3항에 따라 신탁재산관리인을 해임하는 재판을 하는 경우 법원은 이해관계인의 의견을 들을 수 있다.

③ 제1항 및 제2항에 따른 재판에 대하여는 불복신청을 할 수 없다.

(1) 신탁재산관리인의 사임 및 해임

① 신탁재산관리인은 법원의 허가를 받아 사임할 수 있다(「신탁법」 제19조 제2항).

② 법원은 이해관계인의 청구에 의하여 신탁재산관리인을 해임할 수 있다(「신탁법」 제19조 제3항).

(2) 사임사유의 소명

사임허가의 재판을 신청하는 경우에는 그 사유를 소명하여야 한다.

(3) 의견청취

신탁재산관리인을 해임하는 재판을 하는 경우 법원은 이해관계인의 의견을 들을 수 있다.

(4) 불복제한

신탁재산관리인에 대한 사임허가와 해임하는 재판에 대하여는 불복신청을 할 수 없다.

06 신수탁자 선임의 재판

신탁법

제21조 【신수탁자의 선임】 ① 수탁자의 임무가 종료된 경우 위탁자와 수익자는 합의하여 또는 위탁자가 없으면 수익자 단독으로 신수탁자를 선임할 수 있다. 다만, 신탁행위로 달리 정한 경우에는 그에 따른다.
② 위탁자와 수익자 간에 신수탁자 선임에 대한 합의가 이루어지지 아니한 경우 이해관계인은 법원에 신수탁자의 선임을 청구할 수 있다.
③ 유언에 의하여 수탁자로 지정된 자가 신탁을 인수하지 아니하거나 인수할 수 없는 경우에는 제1항 및 제2항을 준용한다.
④ 법원은 제2항(제3항에 따라 준용되는 경우를 포함한다)에 따라 선임한 수탁자에게 필요한 경우 신탁재산에서 적당한 보수를 줄 수 있다.

비송사건절차법

제44조의4 【신수탁자 선임의 재판】 ① 「신탁법」 제21조 제2항에 따라 신수탁자의 선임을 청구하는 경우에는 그 사유를 소명하여야 한다.
② 제1항에 따른 청구에 대한 재판을 하는 경우 법원은 이해관계인의 의견을 들을 수 있다.
③ 제1항에 따른 청구에 대한 재판은 위탁자, 수익자 및 수탁자가 여럿인 경우의 다른 수탁자에게 고지하여야 한다.
④ 제1항에 따른 청구에 대한 재판에 대하여는 위탁자, 수익자 또는 수탁자가 여럿인 경우의 다른 수탁자가 즉시항고를 할 수 있다.

제44조의5 【유언신탁의 신수탁자 선임 재판】 ① 「신탁법」 제21조 제3항에 따라 신수탁자를 선임하는 재판을 하는 경우에는 제44조의4 제1항 및 제2항을 준용한다.
② 제1항에 따른 재판에 대하여는 불복신청을 할 수 없다.

제44조의6 【신수탁자의 보수 결정 재판】 「신탁법」 제21조 제4항에 따른 신수탁자의 보수를 정하는 재판을 하는 경우 그 절차에 관하여는 제44조의2를 준용한다.

1. 사건의 의의

(1) 수탁자의 임무가 종료한 경우

수탁자의 임무가 종료된 경우 위탁자와 수익자는 합의하여 또는 위탁자가 없으면 수익자 단독으로 신수탁자를 선임할 수 있다. 위탁자와 수익자 간에 신수탁자 선임에 대한 합의가 이루어지지 아니한 경우 이해관계인은 법원에 신수탁자의 선임을 청구할 수 있다.

(2) 유언을 원인으로 하는 경우

유언에 의하여 수탁자로 지정된 자가 신탁을 인수하지 아니하거나 인수할 수 없는 경우에는 이해관계인은 법원에 신수탁자의 선임을 청구할 수 있다.

2. 관할법원

① 수탁자의 임무가 종료된 경우에는 전수탁자의 보통재판적이 있는 곳의 지방법원이 신탁사건을 관할한다.
② 유언에 의하여 수탁자로 지정된 자가 신탁을 인수하지 아니하거나 인수할 수 없는 경우 유언자 사망시 주소지의 지방법원이 관할한다.

③ 관할법원이 없는 경우에는 신탁재산이 있는 곳(채권의 경우 재판상의 청구를 할 수 있는 곳을 그 재산이 있는 곳으로 본다)의 지방법원이 신탁사건을 관할한다.

3. 절차의 개시

이해관계인의 청구에 의해 절차가 개시된다.

4. 신청방식

① 「비송사건절차법」의 일반원칙에 의해 서면 또는 말로 할 수 있다.
② 신수탁자의 선임을 청구하는 경우 그 사유를 소명하여야 한다.

5. 심리

이해관계인의 청구에 대한 재판을 하는 경우 법원은 이해관계인의 의견을 들을 수 있다.

6. 재판

① 재판은 결정으로 한다.
② 위탁자, 수익자 및 수탁자가 여럿인 경우의 다른 수탁자에게 고지하여야 한다.

7. 재판의 불복

(1) 수탁자의 임무가 종료된 경우

수탁자의 임무가 종료된 경우의 재판에 대해 위탁자, 수익자 또는 수탁자가 여럿인 경우의 다른 수탁자가 즉시항고를 할 수 있다.

(2) 유언신탁의 신수탁자 선임

재판에 대하여는 불복신청을 할 수 없다.

8. 신수탁자의 보수 결정 재판

(1) 신탁재산관리인의 보수

법원은 선임한 신수탁자에게 필요한 경우 신탁재산에서 적당한 보수를 줄 수 있다.

(2) 의견청취

신탁재산관리인의 보수를 정하는 재판을 하는 경우 법원은 수익자 또는 수탁자가 여럿인 경우의 다른 수탁자의 의견을 들어야 한다.

(3) 재판의 고지

보수를 정하는 재판은 수익자와 수탁자가 여럿인 경우의 다른 수탁자에게 고지하여야 한다.

(4) 즉시항고

보수를 정하는 재판에 대하여는 수익자 또는 수탁자가 여럿인 경우의 다른 수탁자가 즉시항고를 할 수 있다.

07 신탁재산의 첨부로 인한 귀속의 결정

신탁법

제28조【신탁재산의 첨부】신탁재산과 고유재산 또는 서로 다른 신탁재산에 속한 물건 간의 부합(附合), 혼화(混和) 또는 가공(加工)에 관하여는 각각 다른 소유자에게 속하는 것으로 보아「민법」제256조부터 제261조까지의 규정을 준용한다. 다만, 가공자가 악의인 경우에는 가공으로 인한 가액의 증가가 원재료의 가액보다 많을 때에도 법원은 가공으로 인하여 생긴 물건을 원재료 소유자에게 귀속시킬 수 있다.

비송사건절차법

제44조의7【신탁재산의 첨부로 인한 귀속의 결정】① 「신탁법」제28조 단서에 따라 가공(加工)으로 인하여 생긴 물건을 원재료 소유자에게 귀속시키는 재판은 위탁자, 수탁자(신탁재산관리인이 선임된 경우에는 신탁재산관리인을 말한다. 이하 이 조에서 같다) 또는 수익자가 신청할 수 있다. 이 경우 수탁자가 여럿일 때에는 수탁자 각자가 신청할 수 있다.

② 제1항에 따른 신청에 대한 재판의 경우 법원은 위탁자, 수탁자 및 수익자의 의견을 들어야 한다.

③ 제1항에 따른 신청에 대한 재판은 이유를 붙인 결정으로써 하여야 한다.

④ 제1항에 따른 신청에 대한 재판은 위탁자, 수익자 및 수탁자에게 고지하여야 한다. 수탁자가 여럿일 때에는 수탁자 각자에게 고지하여야 한다.

⑤ 제1항에 따른 신청에 대한 재판에 대하여는 위탁자, 수익자 또는 수탁자(수탁자가 가공한 경우에는 다른 수탁자에 한한다)가 즉시항고를 할 수 있다. 이 경우 수탁자가 여럿일 때에는 수탁자 각자가 즉시항고를 할 수 있다.

1. 사건의 의의

신탁재산에 가공한 때에는 그 물건의 소유권은 원재료의 소유에 속하지만 가공으로 인한 가액의 증가가 원재료의 가액보다 현저히 다액인 때에는 가공자의 소유로 한다. 다만, 가공자가 악의인 경우에는 법원은 원재료 소유자에게 이를 귀속시킬 수 있다.

2. 관할법원

① 수탁자의 임무가 종료된 경우에는 전수탁자의 보통재판적이 있는 곳의 지방법원이 신탁사건을 관할한다.

② 유언에 의하여 수탁자로 지정된 자가 신탁을 인수하지 아니하거나 인수할 수 없는 경우 유언자 사망시 주소지의 지방법원이 관할한다.

③ 관할법원이 없는 경우에는 신탁재산이 있는 곳(채권의 경우 재판상의 청구를 할 수 있는 곳을 그 재산이 있는 곳으로 본다)의 지방법원이 신탁사건을 관할한다.

3. 절차의 개시

가공으로 인하여 생긴 물건을 원재료 소유자에게 귀속시키는 재판은 위탁자, 수탁자(신탁재산관리인이 선임된 경우에는 신탁재산관리인) 또는 수익자가 신청할 수 있다. 이 경우 수탁자가 여럿일 때에는 수탁자 각자가 신청할 수 있다.

4. 신청방식

「비송사건절차법」의 일반원칙에 의해 서면 또는 말로 할 수 있다.

5. 심리

신청에 대한 재판의 경우 법원은 위탁자, 수탁자 및 수익자의 의견을 들어야 한다.

6. 재판

① 신청에 대한 재판은 이유를 붙인 결정으로써 하여야 한다.

② 신청에 대한 재판은 위탁자, 수익자 및 수탁자에게 고지하여야 한다. 수탁자가 여럿일 때에는 수탁자 각자에게 고지하여야 한다.

7. 재판의 불복

① 신청에 대한 재판에 대하여는 위탁자, 수익자 또는 수탁자가 즉시항고를 할 수 있다. 이 경우 수탁자가 여럿일 때에는 수탁자 각자가 즉시항고를 할 수 있다.

② 수탁자가 가공한 경우에는 다른 수탁자에 한한다.

08 수익자의 이익에 반하는 행위에 대한 법원의 허가

신탁법

제34조【이익에 반하는 행위의 금지】 ① 수탁자는 누구의 명의(名義)로도 다음 각 호의 행위를 하지 못한다.

1. 신탁재산을 고유재산으로 하거나 신탁재산에 관한 권리를 고유재산에 귀속시키는 행위
2. 고유재산을 신탁재산으로 하거나 고유재산에 관한 권리를 신탁재산에 귀속시키는 행위
3. 여러 개의 신탁을 인수한 경우 하나의 신탁재산 또는 그에 관한 권리를 다른 신탁의 신탁재산에 귀속시키는 행위
4. 제3자의 신탁재산에 대한 행위에서 제3자를 대리하는 행위
5. 그 밖에 수익자의 이익에 반하는 행위

② 제1항에도 불구하고 수탁자는 다음 각 호의 어느 하나에 해당하는 경우 제1항 각 호의 행위를 할 수 있다. 다만, 제3호의 경우 수탁자는 법원에 허가를 신청함과 동시에 수익자에게 그 사실을 통지하여야 한다.

1. 신탁행위로 허용한 경우
2. 수익자에게 그 행위에 관련된 사실을 고지하고 수익자의 승인을 받은 경우
3. 법원의 허가를 받은 경우

비송사건절차법

제44조의8【이익에 반하는 행위에 대한 법원의 허가】 ① 수탁자가 「신탁법」 제34조 제2항 제3호에 따른 이익에 반하는 행위의 허가를 신청하는 경우에는 그 사유를 소명하여야 한다.

② 제1항에 따른 신청에 대한 재판을 하는 경우 법원은 다른 수탁자(신탁재산관리인이 선임된 경우에는 신탁재산관리인을 말한다. 이하 이 조에서 같다) 및 수익자의 의견을 들어야 한다.

③ 제1항에 따른 신청에 대한 재판은 이유를 붙인 결정으로써 하여야 한다.

④ 제1항에 따른 신청에 대한 재판은 다른 수탁자와 수익자에게 고지하여야 한다.

⑤ 제1항에 따른 신청에 대한 재판에 대하여는 다른 수탁자 또는 수익자가 즉시항고를 할 수 있다. 이 경우 즉시항고는 집행정지의 효력이 있다.

1. 사건의 의의

수탁자는 수익자의 이익에 반하는 행위를 할 수 없다. 그러나 법원의 허가를 받은 경우는 수익자의 이익에 반하는 행위라도 할 수 있고 이 경우 수탁자는 법원에 허가를 신청하여야 한다.

2. 관할법원

① 수탁자의 보통재판적이 있는 곳의 지방법원이 관할한다.

② 관할법원이 없는 경우에는 신탁재산이 있는 곳(채권의 경우 재판상의 청구를 할 수 있는 곳을 그 재산이 있는 곳으로 본다)의 지방법원이 신탁사건을 관할한다.

3. 절차의 개시

수탁자가 법원에 허가를 신청함으로써 절차가 개시된다.

4. 신청방식

① 「비송사건절차법」의 일반원칙에 의해 서면 또는 말로 할 수 있다.

② 수탁자가 수익자의 이익에 반하는 행위의 허가를 신청하는 경우에는 그 사유를 소명하여야 한다.

5. 심리

신청에 대한 재판을 하는 경우 법원은 다른 수탁자(신탁재산관리인이 선임된 경우에는 신탁재산관리인) 및 수익자의 의견을 들어야 한다.

6. 재판

① 신청에 대한 재판은 이유를 붙인 결정으로써 하여야 한다.

② 신청에 대한 재판은 다른 수탁자와 수익자에게 고지하여야 한다.

7. 재판의 불복

신청에 대한 재판에 대하여는 다른 수탁자 또는 수익자가 즉시항고를 할 수 있다. 이 경우 즉시항고는 집행정지의 효력이 있다.

09 신탁관리인 선임의 재판

신탁법

제67조【신탁관리인의 선임】 ① 수익자가 특정되어 있지 아니하거나 존재하지 아니하는 경우 법원은 위탁자나 그 밖의 이해관계인의 청구에 의하여 또는 직권으로 신탁관리인을 선임할 수 있다. 다만, 신탁행위로 신탁관리인을 지정한 경우에는 그에 따른다.
② 수익자가 미성년자, 한정치산자 또는 금치산자이거나 그 밖의 사유로 수탁자에 대한 감독을 적절히 할 수 없는 경우 법원은 이해관계인의 청구에 의하여 또는 직권으로 신탁관리인을 선임할 수 있다. 다만, 신탁행위로 달리 정한 경우에는 그에 따른다.
④ 법원은 제1항 또는 제2항에 따라 선임한 신탁관리인에게 필요한 경우 신탁재산에서 적당한 보수를 줄 수 있다.

제70조【신탁관리인의 사임 또는 해임에 의한 임무 종료】 ⑥ 법원은 신탁관리인의 사임허가결정이나 임무 위반을 이유로 해임결정을 함과 동시에 새로운 신탁관리인을 선임하여야 한다. 이 경우 새로 선임된 신탁관리인은 즉시 수익자에게 그 사실을 통지하여야 한다.

비송사건절차법

제44조의9【신탁관리인 선임의 재판】 ① 「신탁법」 제67조 제1항·제2항 또는 제70조 제6항에 따른 신탁관리인 선임의 재판을 하는 경우 법원은 이해관계인의 의견을 들을 수 있다.
② 제1항에 따른 재판에 대하여는 불복신청을 할 수 없다.

1. 사건의 의의

수익자가 특정되어 있지 않거나, 수익자가 수탁자에 대한 감독을 적절히 할 수 없는 경우, 신탁관리인의 사임·해임결정이 있는 경우에는 법원은 이해관계인 등의 신청이나 직권으로 신탁관리인을 선임하게 된다.

2. 관할법원

① 수탁자의 보통재판적이 있는 곳의 지방법원이 관할한다.
② 관할법원이 없는 경우에는 신탁재산이 있는 곳(채권의 경우 재판상의 청구를 할 수 있는 곳을 그 재산이 있는 곳으로 본다)의 지방법원이 신탁사건을 관할한다.

3. 절차의 개시

(1) 수익자가 특정되어 있지 않거나 존재하지 않는 경우

위탁자나 그 밖의 이해관계인의 청구에 의하여 또는 직권으로 신탁관리인을 선임할 수 있다.

(2) 수익자가 수탁자에 대한 감독을 적절히 할 수 없는 경우

이해관계인의 청구에 의하여 또는 직권으로 신탁관리인을 선임할 수 있다. 다만, 신탁행위로 달리 정한 경우에는 그에 따른다.

(3) 신탁관리인의 사임·해임결정이 있는 경우

법원의 직권으로 선임한다.

4. 신청방식

「비송사건절차법」의 일반원칙에 의해 서면 또는 말로 할 수 있다.

5. 심리

신탁관리인 선임의 재판을 하는 경우 법원은 이해관계인의 의견을 들을 수 있다.

6. 재판

재판은 결정으로써 하여야 한다.

7. 재판의 불복

재판에 대하여는 불복신청을 할 수 없다.

8. 신탁관리인의 보수 결정 재판

비송사건절차법
제44조의10 【신탁관리인의 보수 결정 재판】 ① 「신탁법」 제67조 제4항에 따른 신탁관리인의 보수를 정하는 재판을 하는 경우 법원은 수탁자(신탁재산관리인이 선임된 경우에는 신탁재산관리인을 말한다. 이하 이 조에서 같다)의 의견을 들어야 한다.
② 제1항에 따른 재판은 수탁자에게 고지하여야 한다.
③ 제1항에 따른 재판에 대하여는 수탁자가 즉시항고를 할 수 있다.

(1) 신탁관리인의 보수

법원은 선임한 신탁관리인에게 필요한 경우 신탁재산에서 적당한 보수를 줄 수 있다(신탁법 제67조 제4항).

(2) 의견청취

신탁관리인의 보수를 정하는 재판을 하는 경우 법원은 수탁자(신탁재산관리인이 선임된 경우에는 신탁재산관리인)의 의견을 들어야 한다.

(3) 재판의 고지

재판은 수탁자에게 고지하여야 한다.

(4) 즉시항고

재판에 대하여는 수탁자가 즉시항고를 할 수 있다.

9. 신탁관리인 사임허가 및 해임의 재판

비송사건절차법
제44조의11【신탁관리인 사임허가 및 해임의 재판】 ① 신탁관리인이 「신탁법」 제70조 제2항에 따른 사임허가의 재판을 신청하는 경우에는 그 사유를 소명하여야 한다.
② 「신탁법」 제70조 제4항에 따라 신탁관리인을 해임하는 재판을 하는 경우 법원은 이해관계인의 의견을 들을 수 있다.
③ 제1항 및 제2항에 따른 재판에 대하여는 불복신청을 할 수 없다.

(1) 사임허가의 재판 신청

신탁관리인이 사임허가의 재판을 신청하는 경우에는 그 사유를 소명하여야 한다.

(2) 의견청취

신탁관리인을 해임하는 재판을 하는 경우 법원은 이해관계인의 의견을 들을 수 있다.

(3) 불복제한

신탁관리인에 대해 사임허가 및 해임하는 재판에 대하여는 불복신청을 할 수 없다.

10 수익자집회 소집허가의 재판

신탁법
제72조【수익자집회의 소집】 ③ 수익자는 수탁자에게 수익자집회의 목적사항과 소집이유를 적은 서면 또는 전자문서로 수익자집회의 소집을 청구할 수 있다.
④ 제3항의 청구를 받은 후 수탁자가 지체 없이 수익자집회의 소집절차를 밟지 아니하는 경우 수익자집회의 소집을 청구한 수익자는 법원의 허가를 받아 수익자집회를 소집할 수 있다.

비송사건절차법
제44조의12【수익자집회 소집허가의 재판】 ① 「신탁법」 제72조 제4항에 따른 수익자집회 소집의 허가를 신청하는 경우에는 수탁자가 수익자집회의 소집을 게을리한 사실을 소명하여야 한다.
② 제1항에 따른 신청은 서면으로 하여야 한다.
③ 「신탁법」 제72조 제4항에 따른 수익자집회 소집의 허가신청과 그 사건의 재판에 관하여는 제81조를 준용한다.

1. 사건의 의의

수익자는 수탁자에게 수익자집회의 목적사항과 소집이유를 적은 서면 또는 전자문서로 수익자집회의 소집을 청구할 수 있고, 청구를 받은 후 수탁자가 지체 없이 수익자집회의 소집절차를 밟지 아니하는 경우 수익자집회의 소집을 청구한 수익자는 법원의 허가를 받아 수익자집회를 소집할 수 있다.

2. 관할법원

① 수탁자의 보통재판적이 있는 곳의 지방법원이 관할한다.

② 관할법원이 없는 경우에는 신탁재산이 있는 곳(채권의 경우 재판상의 청구를 할 수 있는 곳을 그 재산이 있는 곳으로 본다)의 지방법원이 신탁사건을 관할한다.

3. 절차의 개시

수익자집회의 소집을 청구한 수익자의 신청에 의한다.

4. 신청방식

신청은 서면으로 하여야 한다.

5. 심리

신탁관리인 선임의 재판을 하는 경우 법원은 이해관계인의 의견을 들을 수 있다.

6. 재판

신청에 대하여는 법원은 이유를 붙인 결정으로써 재판을 하여야 한다(「비송사건절차법」 제81조 제1항 준용).

7. 재판의 불복

신청을 인용한 재판에 대하여는 불복신청을 할 수 없다(「비송사건절차법」 제81조 제2항 준용).

11 신탁변경의 재판

신탁법

제88조【신탁당사자의 합의 등에 의한 신탁변경】 ③ 신탁행위 당시에 예견하지 못한 특별한 사정이 발생한 경우 위탁자, 수익자 또는 수탁자는 신탁의 변경을 법원에 청구할 수 있다.

비송사건절차법

제44조의14【신탁변경의 재판】 ① 「신탁법」 제88조 제3항에 따른 신탁변경의 재판은 서면으로 신청하여야 한다.
② 제1항에 따른 신청에 대한 재판을 하는 경우 법원은 위탁자, 수탁자 및 수익자의 의견을 들어야 한다.
③ 제1항에 따른 신청에 대한 재판은 이유를 붙인 결정으로써 하여야 한다.
④ 제1항에 따른 신청에 대한 재판은 위탁자, 수탁자 및 수익자에게 고지하여야 한다.
⑤ 제1항에 따른 신청에 대한 재판에 대하여는 위탁자, 수탁자 또는 수익자가 즉시항고를 할 수 있다. 이 경우 즉시항고는 집행정지의 효력이 있다.

1. 사건의 의의

신탁행위 당시에 예견하지 못한 특별한 사정이 발생한 경우 위탁자, 수익자 또는 수탁자는 신탁의 변경을 법원에 청구할 수 있다.

2. 관할법원

① 수탁자의 보통재판적이 있는 곳의 지방법원이 관할한다.
② 관할법원이 없는 경우에는 신탁재산이 있는 곳(채권의 경우 재판상의 청구를 할 수 있는 곳을 그 재산이 있는 곳으로 본다)의 지방법원이 신탁사건을 관할한다.

3. 절차의 개시

위탁자, 수익자 또는 수탁자의 신청에 의한다.

4. 신청방식

신탁변경의 재판은 서면으로 신청하여야 한다.

5. 심리

신청에 대한 재판을 하는 경우 법원은 위탁자, 수탁자 및 수익자의 의견을 들어야 한다.

6. 재판

① 신청에 대한 재판은 이유를 붙인 결정으로써 하여야 한다.
② 신청에 대한 재판은 위탁자, 수탁자 및 수익자에게 고지하여야 한다.

7. 재판의 불복

신청에 대한 재판에 대하여는 위탁자, 수탁자 또는 수익자가 즉시항고를 할 수 있다. 이 경우 즉시항고는 집행정지의 효력이 있다.

12 수익권 매수가액의 결정

비송사건절차법
제44조의15 【수익권 매수가액의 결정】 ①「신탁법」제89조 제4항, 제91조 제3항 또는 제95조 제3항에 따른 매수가액 결정의 청구는 서면으로 하여야 한다.
② 제1항에 따른 청구에 대한 재판을 하는 경우 법원은 수탁자와 매수청구를 한 수익자의 의견을 들어야 한다.
③ 제1항에 따른 청구에 대한 재판은 이유를 붙인 결정으로써 하여야 한다.
④ 제1항에 따른 청구에 대한 재판은 수탁자와 매수청구를 한 수익자에게 고지하여야 한다.
⑤ 제1항에 따른 청구에 대한 재판에 대하여는 수탁자 또는 매수청구를 한 수익자가 즉시항고를 할 수 있다. 이 경우 즉시항고는 집행정지의 효력이 있다.

1. 사건의 의의

신탁의 목적이나 수익채권의 내용 등에 변경을 반대하는 수익자나, 신탁의 합병계획서를 승인하지 아니하는 수익자, 신탁의 분할계획서를 승인하지 아니하는 수익자는 수탁자에게 수익권의 매수를 청구할 수 있다. 수익권의 매수가액의 협의가 이루어지지 아니하는 경우 법원에 매수가액의 결정을 청구할 수 있다.

2. 관할법원

① 수탁자의 보통재판적이 있는 곳의 지방법원이 관할한다.
② 관할법원이 없는 경우에는 신탁재산이 있는 곳(채권의 경우 재판상의 청구를 할 수 있는 곳을 그 재산이 있는 곳으로 본다)의 지방법원이 신탁사건을 관할한다.

3. 절차의 개시

수탁자나 수익권의 매수를 청구한 수익자 신청에 의한다.

4. 신청방식

매수가액 결정의 청구는 서면으로 하여야 한다.

5. 심리

재판을 하는 경우 법원은 수탁자와 매수청구를 한 수익자의 의견을 들어야 한다.

6. 재판

① 재판은 이유를 붙인 결정으로써 하여야 한다.
② 재판은 수탁자와 매수청구를 한 수익자에게 고지하여야 한다.

7. 재판의 불복

재판에 대하여는 수탁자 또는 매수청구를 한 수익자가 즉시항고를 할 수 있다. 이 경우 즉시항고는 집행정지의 효력이 있다.

13 사정변경에 의한 신탁종료의 재판

신탁법

제100조【법원의 명령에 의한 신탁의 종료】 신탁행위 당시에 예측하지 못한 특별한 사정으로 신탁을 종료하는 것이 수익자의 이익에 적합함이 명백한 경우에는 위탁자, 수탁자 또는 수익자는 법원에 신탁의 종료를 청구할 수 있다.

비송사건절차법

제44조의16【사정변경에 의한 신탁종료의 재판】 ①「신탁법」 제100조에 따른 청구에 대한 재판을 하는 경우 법원은 위탁자, 수탁자 및 수익자의 의견을 들어야 한다.
② 제1항에 따른 청구에 대한 재판은 이유를 붙인 결정으로써 하여야 한다.
③ 제1항에 따른 청구에 대한 재판은 위탁자, 수탁자 및 수익자에게 고지하여야 한다.
④ 제1항에 따른 청구에 대한 재판에 대하여는 위탁자, 수탁자 또는 수익자가 즉시항고를 할 수 있다. 이 경우 즉시항고는 집행정지의 효력이 있다.

1. 사건의 의의

신탁행위 당시에 예측하지 못한 특별한 사정으로 신탁을 종료하는 것이 수익자의 이익에 적합함이 명백한 경우에는 위탁자, 수탁자 또는 수익자는 법원에 신탁의 종료를 청구할 수 있다.

2. 관할법원

① 수탁자의 보통재판적이 있는 곳의 지방법원이 관할한다.
② 관할법원이 없는 경우에는 신탁재산이 있는 곳(채권의 경우 재판상의 청구를 할 수 있는 곳을 그 재산이 있는 곳으로 본다)의 지방법원이 신탁사건을 관할한다.

3. 절차의 개시

위탁자, 수탁자 또는 수익자의 신청에 의한다.

4. 신청방식

매수가액 결정의 청구는 서면으로 하여야 한다.

5. 심리

재판을 하는 경우 법원은 위탁자, 수탁자 및 수익자의 의견을 들어야 한다.

6. 재판

① 재판은 이유를 붙인 결정으로써 하여야 한다.
② 재판은 위탁자, 수탁자 및 수익자에게 고지하여야 한다.

7. 재판의 불복

재판에 대하여는 위탁자, 수탁자 또는 수익자가 즉시항고를 할 수 있다. 이 경우 즉시항고는 집행정지의 효력이 있다.

14 검사인 선임의 재판

신탁법

제105조【법원의 감독】 ② 법원은 이해관계인의 청구에 의하여 또는 직권으로 신탁사무 처리의 검사, 검사인의 선임, 그 밖에 필요한 처분을 명할 수 있다.

비송사건절차법

제44조의17【검사인 선임의 재판】 ①「신탁법」제105조 제2항에 따른 검사인(檢査人)의 선임 청구는 서면으로 하여야 한다.
② 제1항에 따른 청구서에는 제9조 제1항 각 호의 기재사항 외에 검사 목적을 적어야 한다.
③ 제1항에 따른 청구에 대한 재판에 대하여는 불복신청을 할 수 없다.

1. 사건의 의의

법원은 이해관계인의 청구에 의하여 또는 직권으로 신탁사무 처리의 검사, 검사인의 선임, 그 밖에 필요한 처분을 명할 수 있다.

2. 관할법원

① 수탁자의 보통재판적이 있는 곳의 지방법원이 관할한다.
② 관할법원이 없는 경우에는 신탁재산이 있는 곳(채권의 경우 재판상의 청구를 할 수 있는 곳을 그 재산이 있는 곳으로 본다)의 지방법원이 신탁사건을 관할한다.

3. 절차의 개시

이해관계인의 청구 또는 법원의 직권에 의한다.

4. 신청방식

① 검사인의 선임 청구는 서면으로 하여야 한다.
② 서면에는 신청인의 성명과 주소, 대리인에 의하여 신청할 때에는 대리인의 성명과 주소, 신청의 취지와 그 원인이 되는 사실, 신청 연월일, 법원의 표시 외에 검사 목적을 적어야 한다.

5. 심리

재판을 하는 경우 법원은 위탁자, 수탁자 및 수익자의 의견을 들어야 한다.

6. 재판

재판은 결정으로써 한다.

7. 재판의 불복

재판에 대하여는 불복신청을 할 수 없다.

8. 검사인의 보수

비송사건절차법
제44조의18【검사인의 보수】 ① 법원은 「신탁법」 제105조 제2항에 따라 검사인을 선임한 경우 신탁재산에서 검사인의 보수를 지급하게 할 수 있다.
② 제1항에 따라 검사인의 보수를 정하는 재판을 하는 경우 법원은 수탁자의 의견을 들어야 한다.
③ 제1항에 따른 재판은 수탁자에게 고지하여야 한다.
④ 제1항에 따른 재판에 대하여는 수탁자가 즉시항고를 할 수 있다.

(1) 신탁관리인의 보수

법원은 검사인을 선임한 경우 신탁재산에서 검사인의 보수를 지급하게 할 수 있다.

(2) 의견청취

검사인의 보수를 정하는 재판을 하는 경우 법원은 수탁자의 의견을 들어야 한다.

(3) 재판의 고지

재판은 수탁자에게 고지하여야 한다.

(4) 즉시항고

재판에 대하여는 수탁자가 즉시항고를 할 수 있다.

제3절 재판상 대위에 관한 사건 2013년 제1회 기출

01 서설

민법

제404조【채권자대위권】 ① 채권자는 자기의 채권을 보전하기 위하여 채무자의 권리를 행사할 수 있다. 그러나 일신에 전속한 권리는 그러하지 아니하다.

② 채권자는 그 채권의 기한이 도래하기 전에는 법원의 허가 없이 전항의 권리를 행사하지 못한다. 그러나 보전행위는 그러하지 아니하다.

비송사건절차법

제45조【재판상 대위의 신청】 채권자는 자기 채권의 기한 전에 채무자의 권리를 행사하지 아니하면 그 채권을 보전할 수 없거나 보전하는 데에 곤란이 생길 우려가 있을 때에는 재판상의 대위(代位)를 신청할 수 있다.

1. 채권자대위권

채권자는 자기의 채권을 보전하기 위하여 채무자의 권리를 행사할 수 있다. 이를 채권자대위권이라 한다.

2. 기한 도래 전 채권자대위권

채권자는 그 채권의 기한이 도래하기 전에는 법원의 허가 없이 전항의 권리를 행사하지 못한다. 그러나 보전행위는 그러하지 아니하다.

3. 재판상 대위

채권의 기한이 도래하기 전에 법원의 허가를 받아 채권자대위권을 행사하는 것으로 재판상 대위는 재판상 대위의 허가를 의미한다.

02 재판상 대위 재판

1. 재판상 대위 신청요건

① 채권이 기한 도래 전일 것, ② 채무자의 권리를 행사하지 아니하면 그 채권을 보전할 수 없거나 보전하는 데에 곤란이 생길 우려가 있을 것을 재판상 대위의 신청요건으로 하고 있다.

2. 관할법원

재판상의 대위는 채무자의 보통재판적이 있는 곳의 지방법원이 관할한다.

3. 절차의 개시

채권자의 신청에 의한다.

4. 신청

(1) 신청방식

「비송사건절차법」의 일반원칙에 따라 서면 또는 말로 할 수 있다.

(2) 신청서 기재사항

비송사건절차법

제9조【신청서의 기재사항, 증거서류의 첨부】 ① 신청서에는 다음 각 호의 사항을 적고 신청인이나 그 대리인이 기명날인하거나 서명하여야 한다.

1. 신청인의 성명과 주소
2. 대리인에 의하여 신청할 때에는 대리인의 성명과 주소
3. 신청의 취지와 그 원인이 되는 사실
4. 신청 연월일
5. 법원의 표시

제47조【대위신청의 기재사항】 대위의 신청에는 제9조 제1항 각 호의 기재사항 외에 다음 각 호의 사항을 적어야 한다.

1. 채무자와 제3채무자의 성명과 주소
2. 신청인이 보전하려는 채권 및 그가 행사하려는 권리의 표시

5. 심리

(1) 공개

재판상 대위에 관한 사건의 심리는 「비송사건절차법」상 비공개, 검사의 참여에 관한 규정이 적용되지 않는다(「비송사건절차법」 제52조).

(2) 심문

심리는 심문의 방법에 의하며, 법원은 재판 전에 채권자와 변제자를 심문하여야 한다.

(3) 직권탐지와 직권증거조사

법원은 직권으로 사실의 탐지와 증거의 조사를 하여야 한다.

6. 재판

(1) 형식

재판은 결정으로써 한다.

(2) 대위신청의 허가

> 비송사건절차법
> **제48조【대위신청의 허가】** 법원은 대위의 신청이 이유 있다고 인정한 경우에는 담보를 제공하게 하거나 제공하게 하지 아니하고 허가할 수 있다.

(3) 고지

> 비송사건절차법
> **제49조【재판의 고지】** ① 대위의 신청을 허가한 재판은 직권으로 채무자에게 고지하여야 한다.
> ② 제1항에 따른 고지를 받은 채무자는 그 권리를 처분할 수 없다.

신청을 허가한 재판은 신청인에게 고지하여야 하고(「비송사건절차법」 제18조 제1항), 대위의 신청을 허가한 재판은 직권으로 채무자에게 고지하여야 한다.

7. 불복방법

> 비송사건절차법
> **제50조【즉시항고】** ① 대위의 신청을 각하한 재판에 대하여는 즉시항고를 할 수 있다.
> ② 대위의 신청을 허가한 재판에 대하여는 채무자가 즉시항고를 할 수 있다.
> ③ 제1항 및 제2항에 따른 항고의 기간은 채무자가 재판의 고지를 받은 날부터 기산(起算)한다.

(1) 각하한 재판

대위의 신청을 각하한 재판에 대하여는 즉시항고를 할 수 있다.

(2) 허가한 재판

대위의 신청을 허가한 재판에 대하여는 채무자가 즉시항고를 할 수 있다.

(3) 항고기간의 기산

항고의 기간은 채무자가 재판의 고지를 받은 날부터 기산한다.

(4) 즉시항고의 효력

① 즉시항고에는 집행정지의 효력이 없으므로(「비송사건절차법」 제21조), 대위신청을 허가한 재판에 대하여 즉시항고가 있는 경우라도 채권자는 즉시항고에 상관 없이 대위권을 행사할 수 있다.

② 법원은 항고심의 재판이 있을 때까지 원재판의 집행정지 기타 필요한 처분을 명할 수 있다(「비송사건절차법」 제23조, 「민사소송법」 제448조 준용).

8. 항고비용의 부담

비송사건절차법
제51조【항고 비용의 부담】 항고절차의 비용과 항고인이 부담하게 된 전심(前審)의 비용에 대하여는 신청인과 항고인을 당사자로 보고 「민사소송법」 제98조에 따라 부담할 자를 정한다.

민사소송법
제98조【소송비용부담의 원칙】 소송비용은 패소한 당사자가 부담한다.

① 「비송사건절차법」의 원칙(신청인 부담)에 대한 특칙으로, 「민사소송법」 제98조에 따라 소송비용은 패소한 당사자가 부담하도록 하고 있다.
② 이에 따라 채무자의 항고가 이유 있으면 그 비용은 신청인의 부담이 되고, 항고가 이유 없으면 채무자의 부담이 된다.

2013년 제1회 기출문제 » 모범답안 교재 298p 참조

재판상 대위에 관한 사건을 설명하시오. (20점)

제4절 보존 · 공탁 · 보관과 감정에 관한 사건

01 공탁소의 지정 및 공탁물보관인의 선임사건

민법
제488조【공탁의 방법】 ① 공탁은 채무이행지의 공탁소에 하여야 한다.
② 공탁소에 관하여 법률에 특별한 규정이 없으면 법원은 변제자의 청구에 의하여 공탁소를 지정하고 공탁물보관자를 선임하여야 한다.

비송사건절차법
제53조【공탁소의 지정 및 공탁물보관인의 선임】 ① 「민법」 제488조 제2항에 따른 공탁소의 지정 및 공탁물보관인의 선임은 채무이행지의 지방법원이 관할한다.
② 법원은 제1항에 따른 지정 및 선임에 관한 재판을 하기 전에 채권자와 변제자를 심문하여야 한다.
③ 법원이 제1항에 따른 지정 및 선임을 한 경우에 그 절차의 비용은 채권자가 부담한다.

1. 사건의 의의

채권자가 변제를 받지 아니하거나 받을 수 없는 때에는 변제자는 채권자를 위하여 변제의 목적물을 공탁하여 그 채무를 면할 수 있다. 공탁은 채무이행지의 공탁소에 하여야 한다. 공탁소에 관하여 법률에 특별한 규정이 없으면 법원은 변제자의 청구에 의하여 공탁소를 지정하고 공탁물보관자를 선임하여야 한다.

2. 관할법원

채무이행지의 지방법원이 관할한다.

3. 절차의 개시

변제자의 청구에 의한다.

4. 신청방식

신청은 「비송사건절차법」의 일반원칙에 따라 서면 또는 말로 할 수 있다.

5. 심리

① 법원은 재판을 하기 전에 채권자와 변제자를 심문하여야 한다.
② 검사는 사건에 관하여 심문에 참여할 수 없다.

6. 재판 및 비용부담

① 재판은 결정으로써 한다.
② 절차의 비용은 채권자가 부담한다.

7. 재판의 불복

재판에 대하여는 불복을 신청할 수 없다(「비송사건절차법」 제59조).

8. 공탁물보관인의 사임허가와 해임

① 법원은 공탁물보관인의 사임을 허가하거나 공탁물보관인을 해임할 수 있다. 공탁물보관인의 사임을 허가하는 경우 법원은 다시 공탁물보관인을 선임하여야 한다.
② 공탁물보관인 사임허가의 재판을 신청하는 경우에는 그 사유를 소명하여야 한다.

02 공탁물의 경매허가사건

민법
제490조 【자조매각금의 공탁】 변제의 목적물이 공탁에 적당하지 아니하거나 멸실 또는 훼손될 염려가 있거나 공탁에 과다한 비용을 요하는 경우에는 변제자는 법원의 허가를 얻어 그 물건을 경매하거나 시가로 방매하여 대금을 공탁할 수 있다.

비송사건절차법
제55조 【경매 대가의 공탁】 「민법」 제490조에 따른 법원의 허가에 관하여는 제53조를 준용한다.

1. 사건의 의의

변제의 목적물이 공탁에 적당하지 아니하거나 멸실 또는 훼손될 염려가 있거나 공탁에 과다한 비용을 요하는 경우에는 변제자는 법원의 허가를 얻어 그 물건을 경매하거나 시가로 방매하여 대금을 공탁할 수 있다.

2. 관할법원

채무이행지의 지방법원이 관할한다.

3. 절차의 개시

변제자의 청구에 의한다.

4. 신청방식

신청은 「비송사건절차법」의 일반원칙에 따라 서면 또는 말로 할 수 있다.

5. 심리

① 법원은 재판을 하기 전에 채권자와 변제자를 심문하여야 한다.
② 검사는 사건에 관하여 심문에 참여할 수 없다.

6. 재판 및 비용부담

① 재판은 결정으로써 한다.
② 절차의 비용은 채권자가 부담한다.

7. 재판의 불복

재판에 대하여는 불복을 신청할 수 없다(「비송사건절차법」 제59조).

03 질물에 의한 변제충당의 허가사건

민법

제338조【경매, 간이변제충당】② 정당한 이유 있는 때에는 질권자는 감정자의 평가에 의하여 질물로 직접 변제에 충당할 것을 법원에 청구할 수 있다. 이 경우에는 질권자는 미리 채무자 및 질권설정자에게 통지하여야 한다.

비송사건절차법

제56조【질물에 의한 변제충당의 허가】① 「민법」 제338조 제2항에 따라 질물(質物)로 직접 변제에 충당할 것을 청구하는 경우에는 제53조 제1항 및 제2항을 준용한다.
② 법원이 제1항에 따른 청구를 허가한 경우에는 그 절차의 비용은 질권설정자가 부담한다.

1. 사건의 의의

질권자가 채권의 변제를 받기 위해서는 질물을 경매하는 것이 원칙이다. 예외적으로 정당한 이유 있는 때에는 질권자는 감정자의 평가에 의하여 질물로 직접 변제에 충당할 것을 법원에 청구할 수 있다.

2. 관할법원

채무이행지의 지방법원이 관할한다.

3. 절차의 개시

① 질권자의 청구에 의한다.
② 질권자는 미리 채무자 및 질권설정자에게 통지하여야 한다.

4. 신청방식

신청은 「비송사건절차법」의 일반원칙에 따라 서면 또는 말로 할 수 있다.

5. 심리

① 법원은 재판을 하기 전에 질권자와 질권설정자를 심문하여야 한다.
② 검사는 사건에 관하여 심문에 참여할 수 없다.

6. 재판 및 비용부담

① 재판은 결정으로써 한다.
② 절차의 비용은 질권설정자가 부담한다.

7. 재판의 불복

재판에 대하여는 불복을 신청할 수 없다(「비송사건절차법」 제59조).

04 환매권 대위 행사 시의 감정인 선임사건

민법

제593조【환매권의 대위행사와 매수인의 권리】 매도인의 채권자가 매도인을 대위하여 환매하고자 하는 때에는 매수인은 법원이 선정한 감정인의 평가액에서 매도인이 반환할 금액을 공제한 잔액으로 매도인의 채무를 변제하고 잉여액이 있으면 이를 매도인에게 지급하여 환매권을 소멸시킬 수 있다.

비송사건절차법

제57조【환매권 대위 행사 시의 감정인 선임】 ① 「민법」 제593조에 따른 감정인의 선임·소환 및 심문은 물건 소재지의 지방법원이 관할한다.
② 법원이 제1항에 따른 선임을 한 경우에는 그 절차의 비용은 매수인이 부담한다.

1. 사건의 의의

매도인의 채권자가 매도인을 대위하여 환매하고자 하는 때에는 매수인은 법원이 선정한 감정인의 평가액에서 매도인이 반환할 금액을 공제한 잔액으로 매도인의 채무를 변제하고 잉여액이 있으면 이를 매도인에게 지급하여 환매권을 소멸시킬 수 있다.

2. 관할법원

물건 소재지의 지방법원이 관할한다.

3. 절차의 개시

매수인이 신청한다.

4. 신청방식

신청은 「비송사건절차법」의 일반원칙에 따라 서면 또는 말로 할 수 있다.

5. 심리

검사는 사건에 관하여 심문에 참여할 수 없다.

6. 재판 및 비용부담

① 재판은 결정으로써 한다.
② 절차의 비용은 매수인이 부담한다.

7. 재판의 불복

재판에 대하여는 불복을 신청할 수 없다(「비송사건절차법」 제59조).

제5절 법인의 등기

01 서설

1. 법인성립의 준칙

> 민법
> **제33조 【법인설립의 등기】** 법인은 그 주된 사무소의 소재지에서 설립등기를 함으로써 성립한다.

법인과 거래하는 제3자를 보호하기 위하여 법인의 조직 등을 공적장부에 기재하고 공시하도록 하는 것이 법인의 등기제도이다. 법인은 그 주된 사무소의 소재지에서 설립등기를 함으로써 성립한다. 이에 따라 「비송사건절차법」에서 법인의 등기에 관하여 규정을 하고 있다.

2. 관할등기소

> 비송사건절차법
> **제60조 【관할등기소】** ① 법인등기에 관하여는 법인의 사무소 소재지를 관할하는 지방법원, 그 지원 또는 등기소를 관할등기소로 한다.
> ② 대한민국에 사무소를 둔 외국법인의 등기에 관하여는 제1항을 준용한다.

(1) 관할등기소

법인등기에 관하여는 법인의 사무소 소재지를 관할하는 지방법원, 그 지원 또는 등기소를 관할등기소로 한다. 대한민국에 사무소를 둔 외국법인도 마찬가지이다.

(2) 주된 사무소의 소재지

설립등기로서 효력이 있기 위해서는 법인의 주된 사무소의 소재지에서 하여야 하고, 법인의 종된 사무소의 소재지에서 한 설립등기는 그 효력이 없다.

3. 「상업등기법」의 준용

> **비송사건절차법**
> **제66조【「상업등기법」의 준용】** ① 법인과 대한민국에 사무소를 둔 외국법인의 등기에 관하여는 「상업등기법」 제3조, 제5조부터 제10조까지, 제11조 제2항 · 제3항, 제12조부터 제22조까지, 제24조, 제25조, 제26조 제1호부터 제12호까지 및 제14호 · 제17호, 제28조, 제75조부터 제80조까지, 제82조부터 제86조까지, 제87조 제1항, 제88조, 제89조 및 제91조를 준용한다. 다만, 임시이사의 등기신청에 관하여는 「상업등기법」 제25조 제1항 및 제2항을 준용하지 아니한다.
> ② 법인의 등기에 관하여는 「상업등기법」 제54조부터 제60조까지 및 제81조를 준용한다.
> ③ 대한민국에 사무소를 둔 외국법인의 등기에 관하여는 「상업등기법」 제23조 제3항을 준용한다.

상업등기는 영리목적의 상사회사에 관한 등기이고 민법상 법인은 비영리법인에 관한 것으로 양자는 별개이지만 구체적인 등기절차에 대한 부분은 「상업등기법」을 준용하도록 하고 있다.

4. 특수법인등기에 적용 등

> **비송사건절차법**
> **제67조【법인등기 규정의 특수법인등기에의 적용 등】** ① 이 법 중 법인의 등기에 관한 규정은 「민법」 및 「상법」 외의 법령에 따라 설립된 법인의 등기에 대하여도 적용한다. 다만, 그 법령에 특별한 규정이 있거나 성질상 허용되지 아니하는 경우에는 그러하지 아니하다.
> ② 제1항에 규정된 법인의 업무에 관하여 재판상 또는 재판 외의 모든 행위를 할 수 있는 대리인에 관하여는 「상업등기법」 제16조 및 제17조 중 지배인에 관한 규정과 같은 법의 회사의 지배인등기에 관한 규정을 준용한다.

02 「비송사건절차법」상 법인의 등기

> **비송사건절차법**
> **제62조【이사 · 청산인의 등기】** 법인의 이사 또는 청산인의 등기를 할 때에는 그 주민등록번호도 등기하여야 한다.

1. 설립의 등기

비송사건절차법
제63조【설립등기의 신청】 ① 법인설립의 등기는 법인을 대표할 사람이 신청한다.
② 제1항에 따른 등기의 신청서에는 다음 각 호의 서류를 첨부하여야 한다.
1. 법인의 정관
2. 이사의 자격을 증명하는 서면
3. 주무관청의 허가서 또는 그 인증이 있는 등본
4. 재산목록

(1) 신청인

법인설립 등기의 신청인은 법인을 대표할 사람이다. 외국법인의 등기는 대한민국에서의 대표자가 외국회사를 대표하여 신청한다.

(2) 이사가 다수인 경우

이사는 각자 법인을 대표하므로 이사가 여러 명 있는 경우 그 법인을 대표할 사람 1인의 신청으로 할 수 있다.

2. 변경의 등기

비송사건절차법
제64조【변경의 등기】 ① 법인 사무소의 신설·이전, 그 밖의 등기사항의 변경등기 신청서에는 사무소의 신설·이전 또는 등기사항의 변경을 증명하는 서면을 첨부하되, 주무관청의 허가가 필요한 사항은 그 허가서 또는 그 인증이 있는 등본을 첨부하여야 한다.
② 임시이사가 제1항에 따른 등기를 신청하는 경우에는 신청서에 그 자격을 증명하는 서면을 첨부하여야 한다.

3. 해산의 등기

비송사건절차법
제65조【해산의 등기】 법인의 해산등기 신청서에는 해산의 사유를 증명하는 서면을 첨부하고, 이사가 청산인으로 된 경우를 제외하고는 청산인의 자격을 증명하는 서면을 첨부하여야 한다.

4. 등기사항의 공고

비송사건절차법
제65조의2【등기사항의 공고】 등기한 사항의 공고는 신문에 한 차례 이상 하여야 한다.

제65조의3【등기사항을 공고할 신문의 선정】 ① 지방법원장은 매년 12월에 다음 해에 등기사항의 공고를 게재할 신문을 관할구역의 신문 중에서 선정하고, 일간신문에 이를 공고하여야 한다.
② 공고를 게재할 신문이 휴간되거나 폐간되었을 때에는 다시 다른 신문을 선정하여 제1항과 같은 방법으로 공고하여야 한다.

제65조의4【신문 공고를 갈음하는 게시】 지방법원장은 그 관할구역에 공고를 게재할 적당한 신문이 없다고 인정할 때에는 신문에 게재하는 공고를 갈음하여 등기소와 그 관할구역의 시·군·구의 게시판에 공고할 수 있다.

제6절 부부재산 약정의 등기

01 서설

1. 「민법」 규정

민법

제829조【부부재산의 약정과 그 변경】 ① 부부가 혼인성립 전에 그 재산에 관하여 따로 약정을 하지 아니한 때에는 그 재산관계는 본관 중 다음 각 조에 정하는 바에 의한다.

④ 부부가 그 재산에 관하여 따로 약정을 한 때에는 혼인성립까지에 그 등기를 하지 아니하면 이로써 부부의 승계인 또는 제삼자에게 대항하지 못한다.

⑤ 제2항, 제3항의 규정이나 약정에 의하여 관리자를 변경하거나 공유재산을 분할하였을 때에는 그 등기를 하지 아니하면 이로써 부부의 승계인 또는 제삼자에게 대항하지 못한다.

2. 의의

부부가 혼인성립 전에 그 재산에 관하여 따로 약정을 할 수 있다. 당사자인 부부는 계약의 내용에 구속되고, 승계인이나 제3자에게 대항하기 위해서는 등기를 하여야 한다. 법원의 허가로 부부재산계약을 변경하거나 공유재산을 분할한 경우에도 마찬가지이다. 이러한 경우의 등기에 대해 「비송사건절차법」에 규정을 두고 있다.

02 「비송사건절차법」상 부부재산 약정의 등기

1. 관할등기소

비송사건절차법

제68조【관할등기소】 부부재산 약정(約定)의 등기에 관하여는 남편이 될 사람의 주소지를 관할하는 지방법원, 그 지원 또는 등기소를 관할등기소로 한다.

2. 등기신청인

비송사건절차법
제70조 【부부재산 약정에 관한 등기신청인】 부부재산 약정에 관한 등기는 약정자 양쪽이 신청한다. 다만, 부부 어느 한쪽의 사망으로 인한 부부재산 약정 소멸의 등기는 다른 한쪽이 신청한다.

3. 「부동산등기법」의 준용

비송사건절차법
제71조 【「부동산등기법」의 준용】 부부재산 약정의 등기에는 「부동산등기법」 제2조 제1호부터 제3호까지, 제6조, 제8조부터 제13조까지, 제14조 제2항부터 제4항까지, 제16조부터 제20조까지, 제22조, 제24조 제1항 제1호 및 같은 조 제2항, 제29조 제1호부터 제5호까지 및 제8호부터 제10호까지, 제31조부터 제33조까지, 제58조, 제100조부터 제109조까지, 제109조의2 제1항·제3항(제1항에 관련된 부분만 해당한다) 및 제113조를 준용한다.

Chapter

04 상사비송사건

제1절 회사와 경매에 관한 사건

01 서설

1. 「비송사건절차법」의 총칙 적용

> 비송사건절차법
> **제1조 【적용 범위】** 이 편(編)의 규정은 법원의 관할에 속하는 비송사건(非訟事件, 이하 "사건"이라 한다) 중 이 법 또는 그 밖의 다른 법령에 특별한 규정이 있는 경우를 제외한 모든 사건에 적용한다.

상사비송사건도 총칙편의 적용을 받는다. 다만, 특별한 규정이 있다면 이를 적용한다.

2. 관할법원

상사비송사건에 관한 토지관할에 대해 규정하고 있다.

> 비송사건절차법
> **제72조 【관할】** ① 「상법」 제176조, 제306조, 제335조의5, 제366조 제2항, 제374조의2 제4항, 제386조 제2항, 제432조 제2항, 제443조 제1항 단서와 그 준용규정에 따른 사건 및 같은 법 제277조 제2항, 제298조, 제299조, 제299조의2, 제300조, 제310조 제1항, 제391조의3 제4항, 제417조, 제422조, 제467조, 제582조, 제607조 제3항에 따른 사건은 본점 소재지의 지방법원 합의부가 관할한다.
> ② 「상법」 제239조 제3항과 그 준용규정에 따른 사건은 합병무효의 소(訴)에 관한 제1심 수소법원(受訴法院)이 관할한다.
> ③ 「상법」 제619조에 따른 사건은 폐쇄를 명하게 될 외국회사 영업소 소재지의 지방법원이 관할한다.
> ④ 「상법」 제600조 제1항에 따른 사건은 합병 후 존속하는 회사 또는 합병으로 인하여 설립되는 회사 본점 소재지의 지방법원이 관할한다.
> ⑤ 「상법」 제70조 제1항 및 제808조 제1항에 관한 사건은 경매할 물건 소재지의 지방법원이 관할한다.
> ⑥ 「상법」 제394조 제2항에 관한 사건은 같은 법 제403조에 따른 사건의 관할법원이 관할한다.

02 검사인 선임사건

상법

제298조 【이사 · 감사의 조사 · 보고와 검사인의 선임청구】 ④ 정관으로 제290조 각 호의 사항을 정한 때에는 이사는 이에 관한 조사를 하게 하기 위하여 검사인의 선임을 법원에 청구하여야 한다. 다만, 제299조의2의 경우에는 그러하지 아니하다.

제310조 【변태설립의 경우의 조사】 ① 정관으로 제290조에 게기한 사항을 정한 때에는 발기인은 이에 관한 조사를 하게 하기 위하여 검사인의 선임을 법원에 청구하여야 한다.

② 전항의 검사인의 보고서는 이를 창립총회에 제출하여야 한다.

비송사건절차법

제73조 【검사인 선임신청의 방식】 ① 검사인의 선임신청은 서면으로 하여야 한다.

② 제1항에 따른 신청서에는 다음 각 호의 사항을 적고 신청인이 기명날인하여야 한다.

1. 신청의 사유
2. 검사의 목적
3. 신청 연월일
4. 법원의 표시

1. 사건의 의의

주식회사의 설립방법은 발기설립과 모집설립의 두가지 형태가 있다. 양자 모두 정관에서 변태설립사항에(「상법」 제310조) 대하여 정한 때에는 이사(발기설립시)나 발기인(모집설립시)은 이에 관한 사실을 조사하게 하기 위하여 검사인의 선임을 청구하여야 한다.

2. 관할법원

회사의 본점 소재지의 지방법원 합의부가 관할한다(「비송사건절차법」 제72조 제1항).

3. 절차개시

(1) 신청인

발기설립의 경우는 이사가, 모집설립의 경우에는 발기인이 신청인이 된다.

(2) 신청의 방식

검사인의 선임신청은 서면으로 하여야 한다.

4. 심리 및 재판

① 재판은 결정으로 한다(「비송사건절차법」 제17조 제1항).

② 선임결정은 신청인 및 검사인에 대한 고지에 의하여 효력이 발생한다(「비송사건절차법」 제18조 제1항).

5. 불복방법

즉시항고에 대한 별도의 규정이 없으므로 통상항고에 의한다.

6. 검사인의 보고

> **비송사건절차법**
> **제74조【검사인의 보고】** ① 검사인의 보고는 서면으로 하여야 한다.
> ② 법원은 검사에 관한 설명이 필요할 때에는 검사인을 심문할 수 있다.

검사인은 조사결과를 서면으로 법원에 보고하여야 하며, 법원은 검사에 관한 설명이 필요할 때에는 검사인을 심문할 수 있다.

7. 검사인의 보수

법원은 검사인을 선임한 경우 회사로 하여금 검사인에게 보수를 지급하게 할 수 있다. 이 경우 그 보수액은 이사와 감사의 의견을 들어 법원이 정한다(「비송사건절차법」 제77조).

8. 변태설립사항의 변경에 관한 재판

> **비송사건절차법**
> **제75조【변태설립사항의 변경에 관한 재판】** ① 「상법」 제300조에 따른 변태설립사항의 변경에 관한 재판은 이유를 붙인 결정으로써 하여야 한다.
> ② 법원은 재판을 하기 전에 발기인과 이사의 진술을 들어야 한다.
> ③ 발기인과 이사는 제1항에 따른 재판에 대하여 즉시항고를 할 수 있다.
>
> **상법**
> **제300조【법원의 변경처분】** ① 법원은 검사인 또는 공증인의 조사보고서 또는 감정인의 감정결과와 발기인의 설명서를 심사하여 제290조의 규정에 의한 사항을 부당하다고 인정한 때에는 이를 변경하여 각 발기인에게 통고할 수 있다.
> ② 제1항의 변경에 불복하는 발기인은 그 주식의 인수를 취소할 수 있다. 이 경우에는 정관을 변경하여 설립에 관한 절차를 속행할 수 있다.
> ③ 법원의 통고가 있은 후 2주 내에 주식의 인수를 취소한 발기인이 없는 때에는 정관은 통고에 따라서 변경된 것으로 본다.

(1) 의의

법원은 검사인 또는 공증인의 조사보고서 또는 감정인의 감정결과와 발기인의 설명서를 심사하여 변태설립사항을 부당하다고 인정한 때에는 이를 변경하여 각 발기인에게 통고할 수 있다.

(2) 절차의 개시

법원이 필요에 따라 직권으로 개시한다.

(3) 심리

법원은 재판을 하기 전에 발기인과 이사의 진술을 들어야 한다.

(4) 재판

재판은 이유를 붙인 결정으로써 하여야 한다.

(5) 불복

발기인과 이사는 재판에 대하여 즉시항고를 할 수 있다.

03 신주발행시 현물출자가 있는 경우 검사인의 선임사건

상법

제422조【현물출자의 검사】 ① 현물출자를 하는 자가 있는 경우에는 이사는 제416조 제4호의 사항을 조사하게 하기 위하여 검사인의 선임을 법원에 청구하여야 한다. 이 경우 공인된 감정인의 감정으로 검사인의 조사에 갈음할 수 있다.

비송사건절차법

제73조【검사인 선임신청의 방식】 ① 검사인의 선임신청은 서면으로 하여야 한다.

② 제1항에 따른 신청서에는 다음 각 호의 사항을 적고 신청인이 기명날인하여야 한다.

1. 신청의 사유
2. 검사의 목적
3. 신청 연월일
4. 법원의 표시

1. 사건의 의의

금전 이외의 재산(현물)을 출자하는 경우 현물이 과대하게 평가되면 다른 주주의 손실에서 현물출자자를 부당하게 이득시키고, 자본의 충실을 해쳐 회사 채권자의 입장을 위태롭게 하기 때문에 검사인을 두어 조사하게 하는 것이다.

2. 관할법원

회사의 본점 소재지의 지방법원 합의부가 관할한다(「비송사건절차법」 제72조 제1항).

3. 절차개시

(1) 신청인

이사가 검사인의 선임을 법원에 청구하여야 한다.

(2) 신청의 방식

검사인의 선임신청은 서면으로 하여야 한다.

4. 재판

① 재판은 결정으로 한다(「비송사건절차법」 제17조 제1항).

② 신청인 및 검사인에 대한 고지에 의하여 효력이 발생한다(「비송사건절차법」 제18조 제1항).

5. 불복방법

즉시항고에 대한 별도의 규정이 없으므로 통상항고에 의한다.

6. 검사인의 보고

검사인은 조사결과를 서면으로 법원에 보고하여야 하며, 법원은 검사에 관한 설명이 필요할 때에는 검사인을 심문할 수 있다.

7. 검사인의 보수

법원은 검사인을 선임한 경우 회사로 하여금 검사인에게 보수를 지급하게 할 수 있다. 이 경우 그 보수액은 이사와 감사의 의견을 들어 법원이 정한다(「비송사건절차법」 제77조).

04 회사의 업무, 재산상태의 검사를 위한 검사인의 선임

상법

제467조 【회사의 업무, 재산상태의 검사】 ① 회사의 업무집행에 관하여 부정행위 또는 법령이나 정관에 위반한 중대한 사실이 있음을 의심할 사유가 있는 때에는 발행주식의 총수의 100분의 3 이상에 해당하는 주식을 가진 주주는 회사의 업무와 재산상태를 조사하게 하기 위하여 법원에 검사인의 선임을 청구할 수 있다.

② 검사인은 그 조사의 결과를 법원에 보고하여야 한다.

③ 법원은 제2항의 보고에 의하여 필요하다고 인정한 때에는 대표이사에게 주주총회의 소집을 명할 수 있다. 제310조 제2항의 규정은 이 경우에 준용한다.

④ 이사와 감사는 지체 없이 제3항의 규정에 의한 검사인의 보고서의 정확여부를 조사하여 이를 주주총회에 보고하여야 한다.

비송사건절차법

제73조 【검사인 선임신청의 방식】 ① 검사인의 선임신청은 서면으로 하여야 한다.

② 제1항에 따른 신청서에는 다음 각 호의 사항을 적고 신청인이 기명날인하여야 한다.

1. 신청의 사유
2. 검사의 목적
3. 신청 연월일
4. 법원의 표시

제76조 【검사인 선임의 재판】 「상법」 제467조 제1항에 따른 검사인의 선임에 관한 재판을 하는 경우 법원은 이사와 감사의 진술을 들어야 한다.

제78조 【즉시항고】 제76조 및 제77조에 따른 재판에 대하여는 즉시항고를 할 수 있다.

1. 사건의 의의

회사의 업무집행에 관하여 부정행위 또는 법령이나 정관에 위반한 중대한 사실이 있음을 의심할 사유가 있는 때에는 발행주식의 총수의 100분의 3 이상에 해당하는 주식을 가진 주주는 회사의 업무와 재산상태를 조사하게 하기 위하여 법원에 검사인의 선임을 청구할 수 있다.

2. 관할법원

회사의 본점 소재지의 지방법원 합의부가 관할한다(「비송사건절차법」 제72조 제1항).

3. 절차개시

(1) 신청인

① 주식회사의 경우 발행주식의 총수의 100분의 3 이상에 해당하는 주식을 가진 주주가 법원에 청구할 수 있다.

② 유한회사의 경우 자본금 총액의 100분의 3 이상에 해당하는 출자좌수를 가진 사원이 법원에 청구할 수 있다(「상법」 제582조 제1항).

(2) 신청의 방식

검사인의 선임신청은 서면으로 하여야 한다.

4. 심리 및 재판

① 법원은 이사와 감사의 진술을 들어야 한다.

② 재판은 결정으로 한다(「비송사건절차법」 제17조 제1항).

③ 회사가 상대방의 지위를 가지므로 신청인 및 검사인뿐만 아니라 회사에 대하여도 고지하여야 한다(「비송사건절차법」 제18조 제1항).

5. 불복방법

이사건에 대해서는 즉시항고할 수 있다.

6. 검사인의 보고

검사인은 조사결과를 서면으로 법원에 보고하여야 하며, 법원은 검사에 관한 설명이 필요할 때에는 검사인을 심문할 수 있다.

7. 검사인의 보수

법원은 검사인을 선임한 경우 회사로 하여금 검사인에게 보수를 지급하게 할 수 있다. 이 경우 그 보수액은 이사와 감사의 의견을 들어 법원이 정한다(「비송사건절차법」 제77조). 검사인에 대한 보수의 지급결정은 즉시항고할 수 있다(「비송사건절차법」 제78조).

8. 법원에 의한 주주총회 등 소집명령

(1) 주식회사의 경우

법원은 검사인의 보고에 의하여 필요하다고 인정한 때에는 대표이사에게 주주총회의 소집을 명할 수 있다(「상법」 제467조 제3항).

(2) 유한회사의 경우

법원은 검사인의 보고서에 의하여 필요하다고 인정한 경우에는 감사가 있는 때에는 감사에게, 감사가 없는 때에는 이사에게 사원총회의 소집을 명할 수 있다(「상법」 제582조 제3항).

05 소수주주에 의한 총회소집허가사건

상법

제366조 【소수주주에 의한 소집청구】 ① 발행주식총수의 100분의 3 이상에 해당하는 주식을 가진 주주는 회의의 목적사항과 소집의 이유를 적은 서면 또는 전자문서를 이사회에 제출하여 임시총회의 소집을 청구할 수 있다.
② 제1항의 청구가 있은 후 지체 없이 총회소집의 절차를 밟지 아니한 때에는 청구한 주주는 법원의 허가를 받아 총회를 소집할 수 있다. 이 경우 주주총회의 의장은 법원이 이해관계인의 청구나 직권으로 선임할 수 있다.
③ 제1항 및 제2항의 규정에 의한 총회는 회사의 업무와 재산상태를 조사하게 하기 위하여 검사인을 선임할 수 있다.

비송사건절차법

제80조 【업무·재산상태의 검사 및 총회소집 허가의 신청】 ① 「상법」 제277조 제2항에 따른 검사의 허가를 신청하는 경우에는 검사를 필요로 하는 사유를 소명하고, 같은 법 제366조 제2항에 따른 총회 소집의 허가를 신청하는 경우에는 이사가 그 소집을 게을리한 사실을 소명하여야 한다.
② 제1항에 따른 신청은 서면으로 하여야 한다.

제81조 【업무·재산상태의 검사 등의 신청에 대한 재판】 ① 제80조에 따른 신청에 대하여는 법원은 이유를 붙인 결정으로써 재판을 하여야 한다.
② 신청을 인용한 재판에 대하여는 불복신청을 할 수 없다.

1. 사건의 의의

원칙적 주주총회는 이사회의 결의로 소집하지만 예외적으로 소수주주가 법원의 허가를 얻어 총회를 소집할 수 있다. 소수주주의 이익을 보호하고 특히 지배주주의 지지를 받는 이사가 주주총회의 소집을 미루는 경우 이를 견제하기 위한 것이다.

2. 관할법원

회사의 본점 소재지의 지방법원 합의부가 관할한다(「비송사건절차법」 제72조 제1항).

3. 절차개시

(1) 신청인

발행주식총수의 100분의 3 이상에 해당하는 주식을 가진 주주로서 임시총회의 소집을 청구한 주주가 법원에 총회소집 허가를 청구할 수 있다.

(2) 신청의 방식

① 신청은 서면으로 하여야 한다.
② 신청하는 경우 '이사가 그 소집을 게을리한 사실'을 소명하여야 한다.

4. 심리 및 재판

① 심문에 관한 명문의 규정은 없지만 실무상 심문기일을 열어 신청인과 회사의 대표이사 등의 의견을 청취하고 있다.

② 신청에 대하여는 법원은 이유를 붙인 결정으로써 재판을 하여야 한다.

5. 불복방법

신청을 기각한 재판에 대하여는 통상항고로 불복할 수 있으나, 신청을 인용한 재판에 대하여는 불복신청을 할 수 없다.

06 유한회사 소수사원에 의한 총회소집허가사건

상법

제572조【소수사원에 의한 총회소집청구】 ① 자본금 총액의 100분의 3 이상에 해당하는 출자좌수를 가진 사원은 회의의 목적사항과 소집의 이유를 기재한 서면을 이사에게 제출하여 총회의 소집을 청구할 수 있다.

② 전항의 규정은 정관으로 다른 정함을 할 수 있다.

③ 제366조 제2항과 제3항의 규정은 제1항의 경우에 준용한다.

1. 사건의 의의

원칙적 주주총회는 이사회의 결의로 소집하지만 예외적으로 소액출좌자수를 가진 사원은 법원의 허가를 얻어 총회를 소집할 수 있다. 소수출좌자수를 가진 사원의 이익을 보호하고 특히 지배주주의 지지를 받는 이사가 주주총회의 소집을 미루는 경우 이를 견제하기 위한 것이다.

2. 관할법원

회사의 본점 소재지의 지방법원 합의부가 관할한다(「비송사건절차법」 제72조 제1항).

3. 절차개시

(1) 신청인

자본금 총액의 100분의 3 이상에 해당하는 출자좌수를 가진 사원으로서 총회의 소집을 청구한 사원이 법원에 총회소집 허가를 청구할 수 있다.

(2) 신청의 방식

① 신청은 서면으로 하여야 한다.

② 신청하는 경우 '이사가 그 소집을 게을리한 사실'을 소명하여야 한다.

4. 심리 및 재판

신청에 대하여는 법원은 이유를 붙인 결정으로써 재판을 하여야 한다.

5. 불복방법

신청을 기각한 재판에 대하여는 통상항고로 불복할 수 있으나, 신청을 인용한 재판에 대하여는 불복신청을 할 수 없다.

07 납입금보관자 등의 변경허가사건

상법

제443조【단주의 처리】 ① 병합에 적당하지 아니한 수의 주식이 있는 때에는 그 병합에 적당하지 아니한 부분에 대하여 발행한 신주를 경매하여 각 주수에 따라 그 대금을 종전의 주주에게 지급하여야 한다. 그러나 거래소의 시세 있는 주식은 거래소를 통하여 매각하고, 거래소의 시세 없는 주식은 법원의 허가를 받아 경매 외의 방법으로 매각할 수 있다.

비송사건절차법

제83조【단주 매각의 허가신청】 「상법」 제443조 제1항 단서(「상법」 제461조 제2항 및 제530조 제3항에서 준용하는 경우를 포함한다)에 따른 허가의 신청에 관하여는 제82조를 준용한다.

1. 사건의 의의

단주[2]가 생긴 때에는 그 단주분에 대하여 발행한 신주를 경매하여 매각대금을 각 주수에 따라 종전의 주주에게 지급하는 것이 원칙이다. 그러나 거래소의 시세 있는 주식은 거래소를 통하여 매각하고, 거래소의 시세 없는 주식은 법원의 허가를 받아 경매 외의 방법으로 매각할 수 있다.

2. 관할법원

회사의 본점 소재지의 지방법원 합의부가 관할한다(「비송사건절차법」 제72조 제1항).

3. 절차개시

(1) 신청인

신청은 모든 이사가 공동으로 하여야 한다(「비송사건절차법」 제82조 준용). 이 사건은 상대방이 존재하지 않는다.

(2) 신청의 방식

신청에 대한 특별한 규정이 없으므로 「비송사건절차법」의 일반원칙에 따라 신청은 서면 또는 말로 할 수 있다.

4. 심리 및 재판

① 신청시 경매 이외의 매각 방법을 취할 필요성에 대하여 소명하여야 한다(「비송사건절차법」 제82조 준용).

② 재판은 결정으로써 한다.

---

2 1주에 미달하는 주식

5. 불복방법

신청을 허가하는 재판에 의하여 주주 등이 직접적 권리를 침해당한 것은 아니므로 그 재판에 대해서는 불복할 수 없지만, 신청을 허가하지 않은 재판에 대해서는 신청인은 통상항고를 할 수 있다.

08 직무대행자(일시 이사) 선임의 재판

상법

제386조 【결원의 경우】 ① 법률 또는 정관에 정한 이사의 원수를 결한 경우에는 임기의 만료 또는 사임으로 인하여 퇴임한 이사는 새로 선임된 이사가 취임할 때까지 이사의 권리의무가 있다.
② 제1항의 경우에 필요하다고 인정할 때에는 법원은 이사, 감사 기타의 이해관계인의 청구에 의하여 일시 이사의 직무를 행할 자를 선임할 수 있다. 이 경우에는 본점의 소재지에서 그 등기를 하여야 한다.

비송사건절차법

제84조 【직무대행자 선임의 재판】 ① 「상법」 제386조 제2항(「상법」 제415조에서 준용하는 경우를 포함한다)에 따른 직무대행자 선임에 관한 재판을 하는 경우 법원은 이사와 감사의 진술을 들어야 한다.
② 제1항의 경우에는 제77조, 제78조 및 제81조를 준용한다.

1. 사건의 의의

법률 또는 정관에 정한 이사의 인원이 부족할 때 필요하다고 인정하면 법원은 일시 이사의 직무를 행할 자를 선임할 수 있다.

2. 관할법원

회사의 본점 소재지의 지방법원 합의부가 관할한다(「비송사건절차법」 제72조 제1항).

3. 절차개시

(1) 신청인

이사, 감사 기타의 이해관계인이 신청한다.

(2) 신청의 방식

신청에 대한 특별한 규정이 없으므로 「비송사건절차법」의 일반원칙에 따라 신청은 서면 또는 말로 할 수 있다.

4. 심리 및 재판

① 법원은 직무대행자 선임에 관한 재판에 앞서 이사와 감사의 진술을 들어야 한다.
② 재판은 이유를 붙인 결정으로써 한다(「비송사건절차법」 제81조 준용).

5. 불복방법

신청을 기각한 재판은 항고할 수 있지만, 신청을 인용한 재판에 대하여는 불복신청을 할 수 없다(「비송사건절차법」 제81조 준용).

6. 직무대행자의 보수

① 법원은 직무대행자를 선임한 경우 회사로 하여금 직무대행자에게 보수를 지급하게 할 수 있다. 이 경우 그 보수액은 이사와 감사의 의견을 들어 법원이 정한다(「비송사건절차법」 제77조 준용).

② 보수에 관한 재판에 대하여는 즉시항고를 할 수 있다(「비송사건절차법」 제78조 준용).

7. 등기

직무대행자를 선임하는 결정을 한 때에는 회사의 본점 소재지의 등기소에서 등기를 하여야 한다. 그 등기는 제1심 수소법원의 촉탁에 의한다(「상법」 제386조 제2항).

09 소송상 대표자 선임의 재판

상법

제394조【이사와 회사간의 소에 관한 대표】 ① 회사가 이사에 대하여 또는 이사가 회사에 대하여 소를 제기하는 경우에 감사는 그 소에 관하여 회사를 대표한다. 회사가 제403조 제1항 또는 제406조의2 제1항의 청구를 받은 경우에도 또한 같다.

② 제415조의2의 규정에 의한 감사위원회의 위원이 소의 당사자인 경우에는 감사위원회 또는 이사는 법원에 회사를 대표할 자를 선임하여 줄 것을 신청하여야 한다.

비송사건절차법

제84조의2【소송상 대표자 선임의 재판】 ① 「상법」 제394조 제2항에 따른 소송상 대표자 선임에 관한 재판을 하는 경우 법원은 이사 또는 감사위원회의 진술을 들어야 한다.

② 제1항의 경우에는 제81조를 준용한다.

1. 사건의 의의

회사가 이사에 대하여 또는 이사가 회사에 대하여 소를 제기하는 경우에 감사는 그 소에 관하여 회사를 대표한다. 감사위원회의 위원이 소의 당사자인 경우에는 감사위원회 또는 이사는 법원에 회사를 대표할 자를 선임하여 줄 것을 신청하여야 한다. 감사와 회사 사이의 이해충돌을 방지하기 위한 것이다.

2. 관할법원

주주의 대표소송을 관할하는 법원인 회사의 본점 소재지의 지방법원의 관할에 전속한다(「상법」 제403조, 제186조).

3. 절차개시

(1) 신청인

감사위원회 또는 이사가 신청한다.

(2) 신청의 방식

「비송사건절차법」의 일반원칙에 따라 신청은 서면 또는 말로 할 수 있다.

4. 심리 및 재판

① 법원은 직무대행자 선임에 관한 재판에 앞서 이사 또는 감사위원회의 진술을 들어야 한다.
② 재판은 이유를 붙인 결정으로써 한다(「비송사건절차법」 제81조 준용).

5. 불복방법

신청을 인용한 재판에 대하여는 불복신청을 할 수 없다(「비송사건절차법」 제81조 준용).

10 직무대행자의 상무 외 행위의 허가신청사건

상법

제407조【직무집행정지, 직무대행자선임】 ① 이사선임결의의 무효나 취소 또는 이사해임의 소가 제기된 경우에는 법원은 당사자의 신청에 의하여 가처분으로써 이사의 직무집행을 정지할 수 있고 또는 직무대행자를 선임할 수 있다. 급박한 사정이 있는 때에는 본안소송의 제기 전에도 그 처분을 할 수 있다.

제408조【직무대행자의 권한】 ① 전조의 직무대행자는 가처분명령에 다른 정함이 있는 경우 외에는 회사의 상무에 속하지 아니한 행위를 하지 못한다. 그러나 법원의 허가를 얻은 경우에는 그러하지 아니하다.

비송사건절차법

제85조【직무대행자의 상무 외 행위의 허가신청】 ① 「상법」 제408조 제1항 단서에 따른 상무(常務) 외 행위의 허가신청은 직무대행자가 하여야 한다.
② 신청을 인용한 재판에 대하여는 즉시항고를 할 수 있다. 이 경우 항고기간은 직무대행자가 재판의 고지를 받은 날부터 기산한다.
③ 제2항에 따른 항고는 집행정지의 효력이 있다.

1. 사건의 의의

이사선임결의의 무효나 취소 또는 이사해임의 소가 제기된 경우에는 법원은 직무대행자를 선임할 수 있고, 직무대행자는 가처분명령에 다른 정함이 있는 경우 외에는 회사의 상무에 속하지 아니한 행위를 하지 못한다. 그러나 법원의 허가를 얻은 경우에는 그러하지 아니하다. 이 경우 법원의 허가에 관한 절차이다.

2. 관할법원

관할법원에 대한 특별한 규정이 없다. 판례는 가처분법원 합의부가 상무 외의 행위허가사건도 관할한다는 입장이다.

3. 절차개시

(1) 신청인

직무대행자가 신청한다.

(2) 신청의 방식

「비송사건절차법」의 일반원칙에 따라 신청은 서면 또는 말로 할 수 있다.

4. 심리 및 재판

재판은 결정으로써 한다.

5. 불복방법

① 신청을 인용한 재판에 대하여는 즉시항고를 할 수 있다. 이 경우 항고기간은 직무대행자가 재판의 고지를 받은 날부터 기산한다.

② 즉시항고는 집행정지의 효력이 있다.

11 주식의 액면 미달 발행의 인가신청 등

상법

제417조【액면미달의 발행】 ① 회사가 성립한 날로부터 2년을 경과한 후에 주식을 발행하는 경우에는 회사는 제434조의 규정에 의한 주주총회의 결의와 법원의 인가를 얻어서 주식을 액면미달의 가액으로 발행할 수 있다.

비송사건절차법

제86조【주식의 액면 미달 발행의 인가신청 등】 ①「상법」제417조에 따른 주식의 액면 미달 발행의 인가신청은 서면으로 하여야 한다.

② 제1항에 따른 신청에 대한 재판은 이유를 붙인 결정으로써 하여야 한다.

③ 법원은 재판을 하기 전에 이사의 진술을 들어야 한다.

④ 제2항에 따른 재판에 대하여는 즉시항고를 할 수 있다.

⑤ 제4항에 따른 항고는 집행정지의 효력이 있다.

1. 사건의 의의

회사가 성립한 날로부터 2년을 경과한 후에 주식을 발행하는 경우에는 회사는 주주총회의 결의와 법원의 인가를 얻어서 주식을 액면미달의 가액으로 발행할 수 있다.

2. 관할법원

회사의 본점 소재지의 지방법원 합의부가 관할한다(「비송사건절차법」 제72조 제1항).

3. 절차개시

(1) 신청인

회사가 신청한다.

(2) 신청의 방식

① 주식의 액면 미달 발행의 인가신청은 서면으로 하여야 한다.

② 신청을 할 때에는 법인등기사항 증명서와 주주총회 의사록을 제출하여야 한다.

4. 심리 및 재판

① 법원은 재판을 하기 전에 이사의 진술을 들어야 한다.

② 신청에 대한 재판은 이유를 붙인 결정으로써 하여야 한다.

5. 불복방법

① 재판에 대하여는 즉시항고를 할 수 있다.
② 즉시항고는 집행정지의 효력이 있다.

12 주식매도가액 및 주식매수가액 결정의 재판

상법

제335조의5【매도가액의 결정】 ① 제335조의4의 경우에 그 주식의 매도가액은 주주와 매도청구인 간의 협의로 이를 결정한다.
② 제374조의2 제4항 및 제5항의 규정은 제335조의4 제1항의 규정에 의한 청구를 받은 날부터 30일 이내에 제1항의 규정에 의한 협의가 이루어지지 아니하는 경우에 이를 준용한다.

제374조의2【반대주주의 주식매수청구권】 ④ 매수청구기간이 종료하는 날부터 30일 이내에 제3항의 규정에 의한 협의가 이루어지지 아니한 경우에는 회사 또는 주식의 매수를 청구한 주주는 법원에 대하여 매수가액의 결정을 청구할 수 있다.

비송사건절차법

제86조의2【주식매도가액 및 주식매수가액 결정의 재판】 ① 법원은 「상법」 제335조의5 및 그 준용규정에 따른 주식매도가액의 결정 또는 같은 법 제374조의2 제4항 및 그 준용규정에 따른 주식매수가액의 결정에 관한 재판을 하기 전에 주주와 매도청구인 또는 주주와 이사의 진술을 들어야 한다.
② 여러 건의 신청사건이 동시에 계속(係屬) 중일 때에는 심문과 재판을 병합하여야 한다.
③ 제1항에 따른 재판에 관하여는 제86조 제1항 · 제2항 · 제4항 및 제5항을 준용한다.

1. 사건의 의의

주식매도가액과 주식매수가액을 법원이 결정하는 것은 ① 주식이 양도되는 경우 그 주식의 매도가액에 대해 주주와 매도청구인 간의 협의가 이루어지지 아니하는 경우, ② 회사가 주주로부터 매수청구를 받고 매수가액의 협의가 이루어지지 않은 경우, ③ 상법상 주주총회의 결의에 반대하는 주주에게 주식매수청구권이 인정되는데(영업양도나 합병 등을 반대) 이 경우 회사와 주주 간에 매수가액이 협의되지 않는 경우이다.

2. 관할법원

회사의 본점 소재지의 지방법원 합의부가 관할한다(「비송사건절차법」 제72조 제1항).

3. 절차개시

(1) 신청인

① 주식양도의 경우 주주 또는 매도청구인이나 매수청구인의 신청에 의한다.
② 영업양도 등의 결의에 반대하는 경우의 주식매수청구에 대해서는 주주 또는 회사의 신청에 의한다.

(2) 신청의 방식

신청은 서면으로 하여야 한다(「비송사건절차법」 제86조 제1항 준용).

4. 심리 및 재판

① 재판을 하기 전에 주주와 매도청구인 또는 주주와 이사의 진술을 들어야 한다.
② 여러 건의 신청사건이 동시에 계속 중일 때에는 심문과 재판을 병합하여야 한다.
③ 재판은 이유를 붙인 결정으로써 하여야 한다(「비송사건절차법」 제86조 제2항 준용).

5. 불복방법

① 재판에 대하여는 즉시항고를 할 수 있다(「비송사건절차법」 제86조 제4항 준용).
② 즉시항고는 집행정지의 효력이 있다(「비송사건절차법」 제86조 제5항 준용).

13 신주발행무효에 의한 환급금증감 청구사건

상법

제432조【무효판결과 주주에의 환급】 ① 신주발행무효의 판결이 확정된 때에는 회사는 신주의 주주에 대하여 그 납입한 금액을 반환하여야 한다.
② 전항의 금액이 전조 제1항의 판결확정시의 회사의 재산상태에 비추어 현저하게 부당한 때에는 법원은 회사 또는 전항의 주주의 청구에 의하여 그 금액의 증감을 명할 수 있다.

비송사건절차법

제88조【신주의 발행 무효로 인하여 신주의 주주가 받을 금액의 증감 신청】 ① 「상법」 제432조 제2항에 따른 신청은 신주발행 무효 판결이 확정된 날부터 6개월 내에 하여야 한다.
② 심문은 제1항에 따른 기간이 경과한 후에만 할 수 있다.
③ 여러 건의 신청사건이 동시에 계속 중일 때에는 심문과 재판을 병합하여야 한다.
④ 법원은 제1항에 따른 신청을 받으면 지체 없이 그 사실을 관보에 공고하여야 한다.

제89조【제88조의 신청에 대한 재판의 효력】 ① 제88조 제1항에 따른 신청에 대한 재판은 총주주(總株主)에 대하여 효력이 있다.
② 제1항에 따른 재판에 관하여는 제75조 제1항, 제76조, 제78조 및 제85조 제3항을 준용한다.

1. 사건의 의의

신주발행무효의 판결이 확정된 때에는 회사는 신주의 주주에 대하여 그 납입한 금액을 반환하여야 하는데 그 금액이 판결확정시의 회사의 재산상태에 비추어 현저하게 부당한 때에는 법원은 회사 또는 전항의 주주의 청구에 의하여 그 금액의 증감을 명할 수 있다.

2. 관할법원

회사의 본점 소재지의 지방법원 합의부가 관할한다(「비송사건절차법」 제72조 제1항).

3. 절차개시

(1) 신청인

회사 또는 주주의 신청에 의한다.

(2) 신청의 방식

① 신청은 「비송사건절차법」상 일반원칙에 따라 서면 또는 말로 할 수 있다.
② 신청은 신주발행 무효 판결이 확정된 날부터 6개월 내에 하여야 한다.

4. 심리 및 재판

① 심문은 신주발행 무효 판결이 확정된 날부터 6개월이 경과한 후에만 할 수 있다.
② 여러 건의 신청사건이 동시에 계속 중일 때에는 심문과 재판을 병합하여야 한다.
③ 법원은 신청을 받으면 지체 없이 그 사실을 관보에 공고하여야 한다.
④ 재판을 하는 경우 법원은 이사와 감사의 진술을 들어야 한다.
⑤ 재판은 이유를 붙인 결정으로써 하여야 한다(「비송사건절차법」 제75조 제1항 준용).
⑥ 재판은 총주주(總株主)에 대하여 효력이 있다.

5. 불복방법

① 재판에 대하여는 즉시항고를 할 수 있다(「비송사건절차법」 제85조 제3항 준용).
② 즉시항고는 집행정지의 효력이 있다(「비송사건절차법」 제86조 제3항 준용).

14 회사의 해산명령사건

상법

제176조 【회사의 해산명령】 ① 법원은 다음의 사유가 있는 경우에는 이해관계인이나 검사의 청구에 의하여 또는 직권으로 회사의 해산을 명할 수 있다.

비송사건절차법

제90조 【해산을 명하는 재판】 ① 「상법」 제176조 제1항에 따른 재판에 관하여는 제75조 제1항을 준용한다.
② 법원은 재판을 하기 전에 이해관계인의 진술과 검사의 의견을 들어야 한다.

제91조 【즉시항고】 회사, 이해관계인 및 검사는 제90조에 따른 재판에 대하여 즉시항고를 할 수 있다. 이 경우 항고는 집행정지의 효력이 있다.

제92조 【해산명령신청의 공고와 그 방법】 「상법」 제176조 제1항에 따른 해산명령의 신청이 있는 경우에는 제88조 제4항을 준용한다.

제93조 【해산재판의 확정과 등기촉탁】 회사의 해산을 명한 재판이 확정되면 법원은 회사의 본점과 지점 소재지의 등기소에 그 등기를 촉탁하여야 한다.

1. 사건의 의의

법원은 「상법」 제176조에 의해 이해관계인이나 검사의 청구에 의하여 또는 직권으로 회사의 해산을 명할 수 있다.

2. 관할법원

회사의 본점 소재지의 지방법원 합의부가 관할한다(「비송사건절차법」 제72조 제1항).

3. 절차개시

(1) 신청인

이해관계인이나 검사의 청구에 의하여 또는 법원이 직권으로 회사의 해산을 명할 수 있다.

(2) 신청의 방식

① 신청은 「비송사건절차법」상 일반원칙에 따라 서면 또는 말로 할 수 있다.

② 신청은 신주발행 무효 판결이 확정된 날부터 6개월 내에 하여야 한다.

4. 심리 및 재판

① 법원은 신청을 받으면 지체 없이 그 사실을 관보에 공고하여야 한다.

② 법원은 재판을 하기 전에 이해관계인의 진술과 검사의 의견을 들어야 한다.

③ 재판은 이유를 붙인 결정으로써 하여야 한다(「비송사건절차법」 제75조 제1항 준용).

④ 이해관계인이 회사해산명령 청구를 한 때에는 법원은 회사의 청구에 의하여 상당한 담보를 제공할 것을 명할 수 있다(「비송사건절차법」 제97조).

5. 불복방법

① 재판에 대하여는 즉시항고를 할 수 있다.

② 즉시항고는 집행정지의 효력이 있다.

6. 등기

회사의 해산을 명한 재판이 확정되면 법원은 회사의 본점과 지점 소재지의 등기소에 그 등기를 촉탁하여야 한다.

7. 해산명령 전의 회사재산 보전에 필요한 처분

상법

제176조【회사의 해산명령】 ① 법원은 다음의 사유가 있는 경우에는 이해관계인이나 검사의 청구에 의하여 또는 직권으로 회사의 해산을 명할 수 있다.

② 전항의 청구가 있는 때에는 법원은 해산을 명하기 전일지라도 이해관계인이나 검사의 청구에 의하여 또는 직권으로 관리인의 선임 기타 회사재산의 보전에 필요한 처분을 할 수 있다.

③ 이해관계인이 제1항의 청구를 한 때에는 법원은 회사의 청구에 의하여 상당한 담보를 제공할 것을 명할 수 있다.

④ 회사가 전항의 청구를 함에는 이해관계인의 청구가 악의임을 소명하여야 한다.

비송사건절차법

제94조【해산명령 전의 회사재산 보전에 필요한 처분】 ① 「상법」 제176조 제2항에 따라 관리인의 선임, 그 밖에 회사재산의 보전에 필요한 처분을 하는 경우에는 제44조의9, 제77조 및 제78조를 준용한다.

② 제1항에 따른 관리인에 관하여는 「민법」 제681조, 제684조, 제685조 및 제688조를 준용한다.

제96조【비용의 부담】① 법원이 「상법」 제176조 제2항에 따라 직권으로 재판을 하였거나 신청에 상응한 재판을 한 경우에는 재판 전의 절차와 재판의 고지 비용은 회사가 부담한다. 법원이 명한 처분에 필요한 비용도 또한 같다.
② 법원이 항고인의 신청에 상응한 재판을 한 경우에는 항고절차의 비용과 항고인이 부담하게 된 전심의 비용은 회사가 부담한다.

(1) 의의

법원의 해산명령 전에 회사재산을 은닉하는 등의 부정행위가 행하여질 위험이 있으므로 법원은 해산을 명하기 전이라도 이해관계인이나 검사의 청구 또는 직권으로 회사재판의 보전에 필요한 처분을 할 수 있도록 하고 있고 이에 관한 절차를 「비송사건절차법」 제94조에서 규정하고 있다.

02

(2) 신청권자

신청인은 이해관계인이나 검사이고, 법원이 직권으로도 할 수 있다.

(3) 신청시기

해산명령의 청구가 있는 때부터 해산명령을 하기 전까지 신청할 수 있다.

(4) 보전처분의 내용

① 법원은 관리인 선임의 재판을 할 수 있고 이 경우 이해관계인의 의견을 들을 수 있다(「비송사건절차법」 제44조의9 제1항 준용).

② 관리인 선임의 재판에 대해서는 불복신청을 할 수 없다(「비송사건절차법」 제44조의9 제2항 준용).

③ 관리인을 선임한 경우에 법원은 회사로 하여금 보수를 지급하게 할 수 있고, 그 금액은 이사와 감사의 진술을 들어 법원이 정하며, 보수결정의 재판에 대해서는 회사 또는 관리인이 즉시항고를 할 수 있다(「비송사건절차법」 제77조, 제78조 준용).

(5) 재판비용의 부담

① 법원이 직권으로 재판을 하였거나 신청에 상응한 재판을 한 경우에는 재판 전의 절차와 재판의 고지 비용은 회사가 부담한다. 법원이 명한 처분에 필요한 비용도 또한 같다.

② 법원이 항고인의 신청에 상응한 재판을 한 경우에는 항고절차의 비용과 항고인이 부담하게 된 전심의 비용은 회사가 부담한다.

8. 관리인의 사임허가 등

비송사건절차법
제94조의2【관리인의 사임허가 등】① 법원은 제94조에 따른 관리인의 사임을 허가하거나 관리인을 해임할 수 있다. 관리인의 사임을 허가하는 경우 법원은 다시 관리인을 선임하여야 한다.
② 관리인의 사임허가 또는 해임 절차에 관하여는 제44조의11을 준용한다.

(1) 의의

법원은 관리인의 사임을 허가하거나 관리인을 해임할 수 있다. 관리인의 사임을 허가하는 경우 법원은 다시 관리인을 선임하여야 한다.

(2) 절차

① 관리인이 사임허가의 재판을 신청하는 경우 그 사유를 소명하여야 한다(「비송사건절차법」 제44조의11 제1항).

② 관리인을 해임하는 재판을 하는 경우 법원은 이해관계인의 의견을 들을 수 있다(「비송사건절차법」 제44조의11 제2항).

③ 사임허가 및 해임에 관한 재판에 대하여는 불복신청을 할 수 없다(「비송사건절차법」 제44조의11 제3항).

9. 관리인의 지위

> **비송사건절차법**
> **제94조【해산명령 전의 회사재산 보전에 필요한 처분】** ② 제1항에 따른 관리인에 관하여는 「민법」 제681조, 제684조, 제685조 및 제688조를 준용한다.

(1) 의의

관리인의 지위는 「민법」 제681조, 제684조, 제685조 및 제688조를 준용한다(「비송사건절차법」 제94조 제2항).

(2) 관리인의 권리 · 의무

① 관리인은 선관주의의무를 진다.

② 관리인은 취득물 등을 회사에 인도하여야 하고, 이를 소비한 경우 손해배상책임을 진다.

③ 관리를 위하여 지출한 비용의 상환을 청구할 수 있다.

10. 관리인의 회사 재산상태 보고 등

> **비송사건절차법**
> **제95조【회사관리인의 회사 재산상태 보고 등】** ① 법원은 그 선임한 관리인에게 재산상태를 보고하고 관리계산(管理計算)을 할 것을 명할 수 있다. 이 재판에 대하여는 불복신청을 할 수 없다.
> ② 이해관계인은 제1항에 따른 보고와 계산에 관한 서류의 열람을 신청하거나 수수료를 내고 그 등본의 발급을 신청할 수 있다.
> ③ 검사는 제2항에 따른 서류를 열람할 수 있다.

(1) 관리인의 권한

관리인의 권한에 대한 특별한 규정은 없지만 회사재산의 보존행위, 재산보전의 목적에 반하지 않는 한도에서 회사재산의 이용 · 개량행위를 할 수 있다.

(2) 법원의 보고명령

법원은 그 선임한 관리인에게 재산상태를 보고하고 관리계산(管理計算)을 할 것을 명할 수 있다. 이 재판에 대하여는 불복신청을 할 수 없다.

(3) 이해관계인의 신청과 검사의 열람

이해관계인은 법원의 명령에 따른 보고와 계산에 관한 서류의 열람을 신청하거나 수수료를 내고 그 등본의 발급을 신청할 수 있다. 검사는 이러한 서류를 열람할 수 있다.

15 외국회사의 영업소 폐쇄명령

상법

제619조【영업소폐쇄명령】 ① 외국회사가 대한민국에 영업소를 설치한 경우에 다음의 사유가 있는 때에는 법원은 이해관계인 또는 검사의 청구에 의하여 그 영업소의 폐쇄를 명할 수 있다.

비송사건절차법

제101조【유한회사와 외국회사 영업소 폐쇄에의 준용】 ② 외국회사 영업소의 폐쇄를 명하는 경우에는 제90조부터 제94조까지, 제94조의2 및 제95조부터 제97조까지의 규정을 준용한다.

1. 사건의 의의

외국회사가 대한민국에 영업소를 설치한 경우 상법 제619조의 사유에 해당하면 법원은 이해관계인 또는 검사의 청구에 의하여 그 영업소의 폐쇄를 명할 수 있다.

2. 관할법원

관할법원은 외국회사 영업소 소재지의 지방법원이다(「비송사건절차법」 제72조 제3항).

3. 절차개시

(1) 신청인

이해관계인이나 검사의 청구에 의한다.

(2) 신청의 방식

신청은 「비송사건절차법」상 일반원칙에 따라 서면 또는 말로 할 수 있다.

4. 심리 및 재판

① 법원은 신청을 받으면 지체 없이 그 사실을 관보에 공고하여야 한다.
② 법원은 재판을 하기 전에 이해관계인의 진술과 검사의 의견을 들어야 한다.
③ 재판은 이유를 붙인 결정으로써 하여야 한다.

5. 불복방법

회사, 이해관계인 및 검사는 재판에 대하여 즉시항고를 할 수 있다. 즉시항고는 집행정지의 효력이 있다.

6. 등기

외국회사의 영업소폐쇄를 명하는 재판이 확정되면 법원은 영업소 소재지의 등기소에 그 등기를 촉탁하여야 한다.

7. 기타

회사재산 보전에 필요한 처분, 회사관리인의 보고, 관리인의 사임허가, 비용부담, 담보제공 등은 회사해산명령에 관한 「비송사건절차법」이 준용된다.

16 합병회사의 채무부담부분 결정의 재판

상법

제239조【무효판결확정과 회사의 권리의무의 귀속】 ① 합병을 무효로 한 판결이 확정된 때에는 합병을 한 회사는 합병 후 존속한 회사 또는 합병으로 인하여 설립된 회사의 합병 후 부담한 채무에 대하여 연대하여 변제할 책임이 있다.

② 합병 후 존속한 회사 또는 합병으로 인하여 설립한 회사의 합병 후 취득한 재산은 합병을 한 회사의 공유로 한다.

③ 전2항의 경우에 각 회사의 협의로 그 부담부분 또는 지분을 정하지 못한 때에는 법원은 그 청구에 의하여 합병 당시의 각 회사의 재산상태 기타의 사정을 참작하여 이를 정한다.

비송사건절차법

제100조【합병회사의 채무부담부분 결정의 재판】「상법」 제239조 제3항(「상법」 제269조 및 제530조 제2항에서 준용하는 경우를 포함한다)에 따른 재판에 관하여는 제75조 제1항, 제78조 및 제85조 제3항을 준용한다.

1. 사건의 의의

합병을 무효로 한 판결이 확정된 때에는 합병을 한 회사는 합병 후 존속한 회사 또는 합병으로 인하여 설립된 회사의 합병 후 부담한 채무에 대하여 연대하여 변제할 책임이 있고, 합병 후 취득한 재산은 합병을 한 회사의 공유로 한다. 그런데 각 회사의 부담부분과 지분에 대하여 협의가 이루어지지 않은 경우 법원이 정하는 절차를 규정한 것이다.

2. 관할법원

관할법원은 합병무효의 소에 관한 제1심 수소법원이다(「비송사건절차법」 제72조 제2항).

3. 절차개시

(1) 신청인

① 합병을 한 각 회사가 신청인이 된다.

② 상대방은 다른 합병 당사자 회사이다.

(2) 신청의 방식

신청은 「비송사건절차법」상 일반원칙에 따라 서면 또는 말로 할 수 있다.

4. 심리 및 재판

재판은 이유를 붙인 결정으로써 하여야 한다(「비송사건절차법」 제75조 제1항 준용).

5. 불복방법

① 재판에 대하여 즉시항고를 할 수 있다(「비송사건절차법」 제78조 준용).
② 즉시항고는 집행정지의 효력이 있다(「비송사건절차법」 제85조 제3항 준용).

17 유한회사와 주식회사의 합병 인가신청 및 유한회사의 조직변경 인가

상법

제600조 【유한회사와 주식회사의 합병】 ① 유한회사가 주식회사와 합병하는 경우에 합병 후 존속하는 회사 또는 합병으로 인하여 설립되는 회사가 주식회사인 때에는 법원의 인가를 얻지 아니하면 합병의 효력이 없다.

제607조 【유한회사의 주식회사로의 조직변경】 ① 유한회사는 총사원의 일치에 의한 총회의 결의로 주식회사로 조직을 변경할 수 있다. 다만, 회사는 그 결의를 정관으로 정하는 바에 따라 제585조의 사원총회의 결의로 할 수 있다.
③ 제1항의 조직변경은 법원의 인가를 받지 아니하면 효력이 없다.

비송사건절차법

제104조 【유한회사와 주식회사의 합병 인가신청】 「상법」 제600조 제1항에 따른 합병의 인가신청은 합병을 할 회사의 이사와 감사가 공동으로 신청하여야 한다.

제105조 【유한회사의 조직 변경 인가신청】 「상법」 제607조 제3항에 따른 인가신청을 하는 경우에는 제104조를 준용한다.

1. 사건의 의의

(1) 유한회사와 주식회사의 합병

유한회사가 주식회사와 합병하는 경우에 합병 후 존속하는 회사 또는 합병으로 인하여 설립되는 회사가 주식회사인 때에는 법원의 인가를 얻지 아니하면 합병의 효력이 없다.

(2) 유한회사의 조직변경

유한회사는 총사원의 일치에 의한 총회의 결의로 주식회사로 조직을 변경할 수 있고 이 경우 법원의 인가를 받지 아니하면 효력이 없다.

2. 관할법원

(1) 유한회사와 주식회사의 합병

합병 후 존속하는 회사 또는 합병으로 인하여 설립되는 회사 본점 소재지의 지방법원이 관할법원이다(「비송사건절차법」 제72조 제4항).

(2) 유한회사의 조직변경

회사의 본점 소재지의 지방법원 합의부가 관할법원이다(「비송사건절차법」 제72조 제1항).

3. 절차개시

(1) 신청인

신청은 합병을 할 회사의 이사와 감사가 공동으로 신청하여야 한다.

(2) 신청의 방식

신청은 「비송사건절차법」상 일반원칙에 따라 서면 또는 말로 할 수 있다.

4. 심리 및 재판

재판은 이유를 붙인 결정으로써 하여야 한다(「비송사건절차법」 제81조 제1항 준용).

5. 불복방법

① 합병인가신청 및 조직 변경 인가신청을 인용한 재판에 대해서는 불복할 수 없다(「비송사건절차법」 제81조 제2항 준용).

② 위 신청을 각하하는 재판에 대하여는 신청인만이 항고를 할 수 있다(「비송사건절차법」 제20조 제2항).

18 각종 경매허가사건

상법

제70조 【매수인의 목적물보관, 공탁의무】 ① 제69조의 경우에 매수인이 계약을 해제한 때에도 매도인의 비용으로 매매의 목적물을 보관 또는 공탁하여야 한다. 그러나 그 목적물이 멸실 또는 훼손될 염려가 있는 때에는 법원의 허가를 얻어 경매하여 그 대가를 보관 또는 공탁하여야 한다.

제808조 【운송인의 운송물경매권】 ① 운송인은 제807조 제1항에 따른 금액의 지급을 받기 위하여 법원의 허가를 받아 운송물을 경매하여 우선변제를 받을 권리가 있다.

비송사건절차법

제72조 【관할】 ⑤ 「상법」 제70조 제1항 및 제808조 제1항에 관한 사건은 경매할 물건 소재지의 지방법원이 관할한다.

1. 사건의 의의

「상법」상 법원의 허가를 받아 경매하는 경우의 관할법원은 경매할 물건 소재지의 지방법원이 관할한다.

2. 「상법」상 법원의 허가에 의한 경매

「상법」상 법원의 허가를 받아 경매하는 경우는 두 가지가 있다.

① 상인 간의 매매계약을 해제한 후 그 목적물이 멸실 또는 훼손될 염려가 있는 때에는 법원의 허가를 얻어 경매하여 그 대가를 보관 또는 공탁하여야 한다(「상법」 제70조 제1항).

② 수하인이 운송물을 수령하는 때에 운송인에게 운임을 지급하여야 하지만 운송인이 운임 등의 지급을 받지 못한 때 법원의 허가를 받아 운송물을 경매하여 우선변제를 받을 권리가 있다(「상법」 제70조 제1항).

3. 관할법원

경매할 물건 소재지의 지방법원이 관할한다.

4. 절차개시

① 매매계약의 해제에 의한 경매는 매수인의 신청에 의한다.

② 운송물의 경매는 운송인의 신청에 의한다.

5. 신청방식, 심리 및 재판, 불복방법

「비송사건절차법」 총칙의 일반원칙에 의한다.

제2절 사채에 관한 사건

01 일반규정

비송사건절차법

제109조 【관할법원】「상법」 제439조 제3항(그 준용규정을 포함한다), 제481조, 제482조, 제483조 제2항, 제491조 제3항, 제496조 및 제507조 제1항에 따른 사건은 사채를 발행한 회사의 본점 소재지의 지방법원 합의부가 관할한다.

제116조 【검사의 불참여】 이 장의 절차에 관하여는 제15조를 적용하지 아니한다.

1. 관할법원

사채[3]에 관한 사건은 모두 사채를 발행한 회사의 본점 소재지의 지방법원 합의부가 관할한다.

2. 검사의 불참여

사채에 관한 사건은 직접 공익에 관계되는 것이 아니므로 검사의 참여를 규정한 「비송사건절차법」 제15조를 적용하지 아니한다.

3 사채는 주식회사가 널리 일반 공중으로부터 자금을 집단적 · 대량적으로 발행하는 채권이다. 주식회사를 채무자로 하는 금전채권으로 이해할 수 있다.

02 사채관리회사의 사임허가 · 해임 · 사무승계자 선임사건

상법

제481조【사채관리회사의 사임】 사채관리회사는 사채를 발행한 회사와 사채권자집회의 동의를 받아 사임할 수 있다. 부득이한 사유가 있어 법원의 허가를 받은 경우에도 같다.

제482조【사채관리회사의 해임】 사채관리회사가 그 사무를 처리하기에 적임이 아니거나 그 밖에 정당한 사유가 있을 때에는 법원은 사채를 발행하는 회사 또는 사채권자집회의 청구에 의하여 사채관리회사를 해임할 수 있다.

제483조【사채관리회사의 사무승계자】 ① 사채관리회사의 사임 또는 해임으로 인하여 사채관리회사가 없게 된 경우에는 사채를 발행한 회사는 그 사무를 승계할 사채관리회사를 정하여 사채권자를 위하여 사채 관리를 위탁하여야 한다. 이 경우 회사는 지체 없이 사채권자집회를 소집하여 동의를 받아야 한다.
② 부득이한 사유가 있는 때에는 이해관계인은 사무승계자의 선임을 법원에 청구할 수 있다.

비송사건절차법

제110조【사채모집의 수탁회사[4]에 관한 재판】 ① 「상법」 제481조에 따른 허가신청, 같은 법 제482조에 따른 해임청구 또는 같은 법 제483조 제2항에 따른 선임청구에 대한 재판은 이해관계인의 의견을 들은 후 이유를 붙인 결정으로써 하여야 한다.
② 신청 및 청구를 인용한 재판에 대하여는 불복신청을 할 수 없다.
③ 신청 및 청구를 인용하지 아니한 재판에 대하여는 즉시항고를 할 수 있다.

1. 사건의 의의

사채관리회사는 부득이한 사유가 있는 경우 법원의 허가를 받아 사임할 수 있고, 법원은 사채관리회사가 그 사무를 처리하기에 적임하지 않는 등의 정당한 사유가 있으면 해임할 수 있으며, 사채관리회사의 사임이나 해임이 있는 경우 사무승계자를 선임할 수 있다. 이에 대한 법원의 재판에 대한 규정이다.

2. 관할법원

사채를 발행한 회사의 본점 소재지의 지방법원 합의부가 관할한다.

3. 절차개시

(1) 신청인

① 사채관리회사의 사임허가사건은 사채관리회사의 신청에 의한다.
② 사채관리회사의 해임사건은 사채를 발행하는 회사 또는 사채권자집회의 청구에 의한다.
③ 사채관리회사의 사무승계자 선임사건은 이해관계인의 청구에 의한다.

(2) 신청의 방식

신청은 「비송사건절차법」상 일반원칙에 따라 서면 또는 말로 할 수 있다.

4 수탁회사가 「상법」 개정으로 사채관리회사로 바뀌었는데 조문의 표제는 변경이 되지 않았다. 사채관리회사를 뜻한다.

4. 심리 및 재판

① 검사는 이 사건에 관하여 의견을 진술하거나 심문에 참여할 수 없다.

② 재판은 이해관계인의 의견을 들은 후 이유를 붙인 결정으로써 하여야 한다.

5. 불복방법

① 신청 및 청구를 인용한 재판에 대하여는 불복신청을 할 수 없다.

② 신청 및 청구를 인용하지 아니한 재판에 대하여는 즉시항고를 할 수 있다.

03 사채권자집회의 소집허가신청사건

상법

제491조【소집권자】① 사채권자집회는 사채를 발행한 회사 또는 사채관리회사가 소집한다.

② 사채의 종류별로 해당 종류의 사채 총액(상환받은 액은 제외한다)의 10분의 1 이상에 해당하는 사채를 가진 사채권자는 회의 목적인 사항과 소집 이유를 적은 서면 또는 전자문서를 사채를 발행한 회사 또는 사채관리회사에 제출하여 사채권자집회의 소집을 청구할 수 있다.

③ 제366조 제2항의 규정은 전항의 경우에 준용한다.

④ 무기명식의 채권을 가진 자는 그 채권을 공탁하지 아니하면 전2항의 권리를 행사하지 못한다.

비송사건절차법

제112조【사채권자집회의 소집 허가신청】「상법」 제491조 제3항에 따른 허가신청에 관하여는 제80조 및 제81조를 준용한다.

1. 사건의 의의

사채권자집회는 사채를 발행한 회사 또는 사채관리회사가 소집하지만 사채 총액(상환받은 액은 제외한다)의 10분의 1 이상에 해당하는 사채를 가진 사채권자도 사채를 발행한 회사 또는 사채관리회사에 사채권자집회의 소집을 청구할 수 있다. 이러한 소집청구에 대해 지체 없이 총회소집의 절차를 밟지 아니한 때에는 청구한 주주는 법원의 허가를 받아 총회를 소집할 수 있다(「상법」 제366조 제2항 준용). 이에 대한 절차를 규정한 것이다.

2. 관할법원

사채를 발행한 회사의 본점 소재지의 지방법원 합의부가 관할한다.

3. 절차개시

(1) 신청인

사채 총액의 10분의 1 이상에 해당하는 사채를 가진 사채권자의 신청에 의한다.

(2) 신청의 방식

신청은 서면으로 하여야 한다(「비송사건절차법」 제80조 제2항 준용).

4. 심리 및 재판

① 검사는 이 사건에 관하여 의견을 진술하거나 심문에 참여할 수 없다.

② 재판은 이유를 붙인 결정으로써 하여야 한다(「비송사건절차법」 제81조 제1항 준용).

5. 불복방법

신청을 인용한 재판에 대하여는 불복신청을 할 수 없다(「비송사건절차법」 제81조 제2항 준용).

04 사채권자집회의 결의 인가청구사건

상법

제496조【결의의 인가의 청구】 사채권자집회의 소집자는 결의한 날로부터 1주간 내에 결의의 인가를 법원에 청구하여야 한다.

제498조【결의의 효력】 ① 사채권자집회의 결의는 법원의 인가를 받음으로써 그 효력이 생긴다. 다만, 그 종류의 사채권자 전원이 동의한 결의는 법원의 인가가 필요하지 아니하다.

비송사건절차법

113조【사채권자집회의 결의 인가청구】 ① 「상법」 제496조에 따른 결의의 인가를 청구하는 경우에는 의사록(議事錄)을 제출하여야 한다.

② 제1항에 따른 청구가 있는 경우에는 제78조, 제85조 제3항 및 제110조 제1항을 준용한다.

1. 사건의 의의

사채권자집회의 결의는 법원의 인가를 받음으로써 그 효력이 생긴다. 따라서 사채권자집회의 소집자는 결의한 날로부터 1주간 내에 결의의 인가를 법원에 청구하여야 한다. 이에 대한 절차를 규정한 것이다.

2. 관할법원

사채를 발행한 회사의 본점 소재지의 지방법원 합의부가 관할한다.

3. 절차개시

(1) 신청인

사채권자집회의 소집자가 신청한다.

(2) 신청의 방식

① 신청은 「비송사건절차법」 총칙편의 일반원칙에 따라 서면 또는 말로 할 수 있다.

② 결의의 인가를 청구하는 경우에는 의사록(議事錄)을 제출하여야 한다.

③ 신청기간은 결의한 날로부터 1주간 내에 하여야 한다.

4. 심리 및 재판

① 검사는 이 사건에 관하여 의견을 진술하거나 심문에 참여할 수 없다.

② 재판은 이해관계인의 의견을 들은 후 이유를 붙인 결정으로써 하여야 한다(「비송사건절차법」 제110조 제1항 준용).

5. 불복방법

① 재판에 대하여는 즉시항고할 수 있다(「비송사건절차법」 제78조 준용).
② 즉시항고는 집행정지의 효력이 있다(「비송사건절차법」 제85조 제3항 준용).

05 사채모집 위탁의 보수 등 부담 허가신청사건

상법
제507조 【사채관리회사 등의 보수, 비용】 ① 사채관리회사, 대표자 또는 집행자에게 줄 보수와 그 사무 처리에 필요한 비용은 사채를 발행한 회사와의 계약에 약정된 경우 외에는 법원의 허가를 받아 사채를 발행한 회사로 하여금 부담하게 할 수 있다.

비송사건절차법
제114조 【사채모집 위탁의 보수 등 부담 허가신청】 ① 「상법」 제507조 제1항에 따른 허가신청은 사채모집을 위탁받은 회사, 대표자 또는 집행자가 하여야 한다.
② 제1항에 따른 신청이 있는 경우에는 제113조 제2항을 준용한다.

1. 사건의 의의

사채관리회사, 대표자 또는 집행자에게 줄 보수와 그 사무 처리에 필요한 비용은 사채를 발행한 회사와의 계약에 약정된 경우 외에는 법원의 허가를 받아 사채를 발행한 회사로 하여금 부담하게 할 수 있다. 이에 대한 절차를 규정한 것이다.

2. 관할법원

사채를 발행한 회사의 본점 소재지의 지방법원 합의부가 관할한다.

3. 절차개시

(1) 신청인

사채관리회사, 대표자 또는 집행자가 신청한다.

(2) 신청의 방식

신청은 「비송사건절차법」 총칙편의 일반원칙에 따라 서면 또는 말로 할 수 있다.

4. 심리 및 재판

① 검사는 이 사건에 관하여 의견을 진술하거나 심문에 참여할 수 없다.
② 재판은 이해관계인의 의견을 들은 후 이유를 붙인 결정으로써 하여야 한다(「비송사건절차법」 제110조 제1항 준용).

5. 불복방법

① 재판에 대하여는 즉시항고할 수 있다(「비송사건절차법」 제78조 준용).
② 즉시항고는 집행정지의 효력이 있다(「비송사건절차법」 제85조 제3항 준용).

06 사채권자 이의기간 연장의 신청사건

상법
제439조【자본금 감소의 방법, 절차】 ① 자본금 감소의 결의에서는 그 감소의 방법을 정하여야 한다.
② 자본금 감소의 경우에는 제232조를 준용한다. 다만, 결손의 보전을 위하여 자본금을 감소하는 경우에는 그러하지 아니하다.
③ 사채권자가 이의를 제기하려면 사채권자집회의 결의가 있어야 한다. 이 경우에는 법원은 이해관계인의 청구에 의하여 사채권자를 위하여 이의 제기 기간을 연장할 수 있다.

비송사건절차법
제115조【사채권자 이의기간 연장의 신청】 「상법」 제439조 제3항(「상법」 제530조 제2항에서 준용하는 경우를 포함한다)에 따른 기간의 연장 허가신청이 있는 경우에는 제110조를 준용한다.

1. 사건의 의의

주식회사가 자본감소 또는 합병을 하는 경우에는 회사는 그 결의가 있은 날로부터 2주 내에 회사채권자에 대하여 이의가 있으면 이를 제출할 것을 공고하고 이를 알고 있는 채권자에 대하여는 따로 이를 최고하여야 한다. 위 공고나 최고에 따라 이의를 제기할 때 사채권자는 개별적 이의를 제기할 수 없고 사채권자집회의 결의가 있어야 한다. 이 때문에 상법은 사채권자를 위하여 법원이 이의 제기 기간을 연장할 수 있도록 규정하고 있다. 이에 대한 절차를 규정한 것이다.

2. 관할법원

사채를 발행한 회사의 본점 소재지의 지방법원 합의부가 관할한다.

3. 절차개시

(1) 신청인

신청인은 발행회사, 사채권자 등 이해관계인이다.

(2) 신청의 방식

신청은 「비송사건절차법」 총칙편의 일반원칙에 따라 서면 또는 말로 할 수 있다.

4. 심리 및 재판

① 검사는 이 사건에 관하여 의견을 진술하거나 심문에 참여할 수 없다.
② 재판은 이해관계인의 의견을 들은 후 이유를 붙인 결정으로써 하여야 한다(「비송사건절차법」 제110조 제1항 준용).

5. 불복방법

① 신청 및 청구를 인용한 재판에 대하여는 불복신청을 할 수 없다(「비송사건절차법」 제110조 제1항 준용).

② 신청 및 청구를 인용하지 아니한 재판에 대하여는 즉시항고를 할 수 있다(「비송사건절차법」 제110조 제3항 준용).

제3절 회사의 청산에 관한 사건

01 일반규정

비송사건절차법

제117조【관할법원】① 합명회사와 합자회사의 청산에 관한 사건은 회사의 본점 소재지의 지방법원이 관할한다.

② 주식회사와 유한회사의 청산에 관한 사건은 회사의 본점 소재지의 지방법원 합의부가 관할한다.

제118조【법원의 감독】① 회사의 청산은 법원의 감독을 받는다.

② 법원은 회사의 업무를 감독하는 관청에 의견의 진술을 요청하거나 조사를 촉탁할 수 있다.

③ 회사의 업무를 감독하는 관청은 법원에 그 회사의 청산에 관한 의견을 진술할 수 있다.

제125조【감정인 선임의 절차 및 재판】제124조에 따른 감정인의 선임 절차와 재판에 관하여는 제58조 및 제59조를 준용한다.

1. 관할법원

(1) 합명회사와 합자회사

합명회사와 합자회사의 청산에 관한 사건은 회사의 본점 소재지의 지방법원이 관할한다.

(2) 주식회사와 유한회사

주식회사와 유한회사의 청산에 관한 사건은 회사의 본점 소재지의 지방법원 합의부가 관할한다.

2. 법원의 감독

(1) 취지

청산절에서 회사채권자의 보호 등이 문제되므로 청산에 있어서 법원의 감독을 받도록 하고 있다.

(2) 감독의 내용

① 법원은 회사의 업무를 감독하는 관청에 의견의 진술을 요청하거나 조사를 촉탁할 수 있다.

② 회사의 업무를 감독하는 관청은 법원에 그 회사의 청산에 관한 의견을 진술할 수 있다.

3. 검사의 불참여

회사청산에 관한 사건은 직접 공익에 관계되는 것이 아니므로 검사의 참여를 규정한 「비송사건절차법」 제15조를 적용하지 아니한다(「비송사건절차법」 제58조 준용).

02 청산인의 선임 · 해임 등의 재판

비송사건절차법
제119조 【청산인의 선임 · 해임 등의 재판】 청산인의 선임 또는 해임의 재판에 대하여는 불복신청을 할 수 없다.

1. 사건의 의의

청산인의 선임이나 해임에 대해 법원의 재판에 의하는 경우가 있다. 이에 대한 절차에 관한 규정이다.

2. 관할법원

(1) 합명회사와 합자회사

합명회사와 합자회사의 청산에 관한 사건은 회사의 본점 소재지의 지방법원이 관할한다.

(2) 주식회사와 유한회사

주식회사와 유한회사의 청산에 관한 사건은 회사의 본점 소재지의 지방법원 합의부가 관할한다.

3. 절차개시

(1) 신청인

1) 청산인의 선임

① 회사가 해산하였으나, 청산인이 없는 때에는 이해관계인의 청구에 의한다(「상법」 제531조, 제613조 제1항).

② 회사의 해산명령에 의하여 해산된 때는 사원 기타 이해관계인이나 검사의 청구 또는 직권으로 청산인을 선임한다(「상법」 제542조 제1항, 제613조 제1항에 의한 제252조 준용).

③ 회사설립무효의 판결 또는 설립취소의 판결이 확정되어 청산하는 때에는 이해관계인의 청구에 의한다(「상법」 제382조 제2항, 제552조 제2항에 의한 제193조 제2항 준용).

2) 청산인의 해임

① 합명회사 · 합자회사 · 유한책임회사의 경우에는 사원 기타 이해관계인이 신청한다(「상법」 제262조, 제269조, 제287조의2).

② 주식회사와 유한회사의 경우에는 발행주식의 총수의 100분의 3 이상에 해당하는 주식을 가진 주주 또는 사원이 신청한다(「상법」 제539조 제2항, 제613조 제2항).

(2) 신청의 방식

신청은 「비송사건절차법」 총칙편의 일반원칙에 따라 서면 또는 말로 할 수 있다.

4. 심리 및 재판

① 검사는 이 사건에 관하여 의견을 진술하거나 심문에 참여할 수 없다.
② 재판은 결정으로써 한다.

5. 불복방법

① 청산인의 선임 또는 해임의 재판에 대하여는 불복신청을 할 수 없다.
② 판례는 청산인 선임결정은 불복신청을 할 수 없지만 청산인 선임신청 기각결정에 대해서는 항고할 수 있다고 본다(대판 2022.6.9. 자 2022그538).

6. 청산인의 보수

① 법원은 청산인을 선임한 경우 회사로 하여금 청산인에게 보수를 지급하게 할 수 있다. 이 경우 그 보수액은 이사와 감사의 의견을 들어 법원이 정한다(「비송사건절차법」 제77조 준용).
② 보수의 결정에 대해서는 불복신청을 할 수 없다(「비송사건절차법」 제78조 준용).

7. 등기

(1) 청산인 선임사건

청산인의 선임결정이 있으면 「상법」 해당 규정에 따라 그 선임된 날부터 본점 소재지에서는 2주간 내, 지점 소재지에서는 3주간 내에 청산인 선임등기를 신청하여야 한다.

(2) 청산인의 해임사건

회사 청산인의 해임 재판이 있는 경우에는 제1심 수소법원은 회사의 본점과 지점 소재지의 등기소에 그 등기를 촉탁하여야 한다(「비송사건절차법」 제107조 제1호).

8. 외국회사 청산절차개시 및 청산인 선임

외국회사 영업소의 폐쇄를 명한 경우 법원은 청산의 개시를 명할 수 있고 법원은 청산인을 선임한다. 이 경우에도 본 절의 청산절차가 준용된다.

03 감정인의 선임사건

상법

제259조【채무의 변제】 ① 청산인은 변제기에 이르지 아니한 회사채무에 대하여도 이를 변제할 수 있다.
④ 제1항의 경우에는 조건부채권, 존속기간이 불확정한 채권 기타 가액이 불확정한 채권에 대하여는 법원이 선임한 감정인의 평가에 의하여 변제하여야 한다.

비송사건절차법

제124조【감정인의 선임 비용】 법원이 「상법」 제259조 제4항 또는 그 준용규정에 따른 감정인을 선임한 경우 그 비용은 회사가 부담한다. 감정인의 소환 및 심문 비용의 경우에도 또한 같다.

제125조【감정인 선임의 절차 및 재판】 제124조에 따른 감정인의 선임 절차와 재판에 관하여는 제58조 및 제59조를 준용한다.

1. 사건의 의의

청산인은 변제기에 이르지 아니한 회사채무에 대하여도 이를 변제할 수 있다. 그런데 조건부채권, 존속기간이 불확정한 채권 기타 가액이 불확정한 채권에 대하여는 법원이 선임한 감정인의 평가에 의하여 변제하여야 한다.

2. 관할법원

(1) 합명회사와 합자회사

합명회사와 합자회사의 청산에 관한 사건은 회사의 본점 소재지의 지방법원이 관할한다.

(2) 주식회사와 유한회사

주식회사와 유한회사의 청산에 관한 사건은 회사의 본점 소재지의 지방법원 합의부가 관할한다.

3. 절차개시

(1) 신청인

신청인에 대한 명문의 규정이 없지만 청산인이 변제인이므로 청산인이 신청권자이다.

(2) 신청의 방식

신청은 「비송사건절차법」 총칙편의 일반원칙에 따라 서면 또는 말로 할 수 있다.

4. 심리 및 재판

① 검사는 이 사건에 관하여 의견을 진술하거나 심문에 참여할 수 없다.
② 재판은 결정으로써 한다.

5. 불복방법

① 감정인을 선임하는 재판에 대하여는 불복신청을 할 수 없다.
② 감정인 선임을 신청하는 것을 각하하는 재판은 청산인이 통상항고를 할 수 있다.

6. 비용부담

법원이 감정인을 선임한 경우 그 비용은 회사가 부담한다. 감정인의 소환 및 심문 비용의 경우에도 또한 같다.

04 청산인의 변제허가사건

상법

제536조【채권신고기간 내의 변제】 ① 청산인은 전조 제1항의 신고기간 내에는 채권자에 대하여 변제를 하지 못한다. 그러나 회사는 그 변제의 지연으로 인한 손해배상의 책임을 면하지 못한다.
② 청산인은 전항의 규정에 불구하고 소액의 채권, 담보 있는 채권 기타 변제로 인하여 다른 채권자를 해할 염려가 없는 채권에 대하여는 법원의 허가를 얻어 이를 변제할 수 있다.

비송사건절차법

제126조【청산인의 변제 허가신청】「상법」 제536조 제2항 또는 그 준용규정에 따른 허가의 신청에 관하여는 제81조 제1항 및 제82조를 준용한다.

1. 사건의 의의

주식회사와 유한회사의 청산인은 원칙적 채권의 신고기간 내에는 채권자에 대하여 변제를 하지 못하지만, 소액의 채권, 담보 있는 채권 기타 변제로 인하여 다른 채권자를 해할 염려가 없는 채권에 대하여는 법원의 허가를 얻어 이를 변제할 수 있다.

2. 관할법원

(1) 합명회사와 합자회사

합명회사와 합자회사의 청산에 관한 사건은 회사의 본점 소재지의 지방법원이 관할한다.

(2) 주식회사와 유한회사

주식회사와 유한회사의 청산에 관한 사건은 회사의 본점 소재지의 지방법원 합의부가 관할한다.

3. 절차개시

(1) 신청인

청산인 전원이 공동으로 신청하여야 한다(「비송사건절차법」 제82조 준용).

(2) 신청의 방식

① 신청은 「비송사건절차법」 총칙편의 일반원칙에 따라 서면 또는 말로 할 수 있다.
② 허가의 신청은 그 사유를 소명하여야 한다(「비송사건절차법」 제82조 준용).

4. 심리 및 재판

① 검사는 이 사건에 관하여 의견을 진술하거나 심문에 참여할 수 없다.
② 신청에 대하여는 법원은 이유를 붙인 결정으로써 재판을 하여야 한다(「비송사건절차법」 제81조 제1항 준용).

5. 불복방법

「비송사건절차법」상 일반원칙에 의하여 통상항고를 할 수 있다.

05 서류보존인의 선임사건

상법

제541조【서류의 보존】 ① 회사의 장부 기타 영업과 청산에 관한 중요한 서류는 본점소재지에서 청산종결의 등기를 한 후 10년간 이를 보존하여야 한다. 다만, 전표 또는 이와 유사한 서류는 5년간 이를 보존하여야 한다.
② 전항의 보존에 관하여는 청산인 기타의 이해관계인의 청구에 의하여 법원이 보존인과 보존방법을 정한다.

비송사건절차법

제127조【서류 보존인 선임의 재판】「상법」 제541조 제2항 또는 그 준용규정에 따른 서류 보존인 선임의 재판에 대하여는 불복신청을 할 수 없다.

1. 사건의 의의

회사의 장부 기타 영업과 청산에 관한 중요한 서류는 본점소재지에서 청산종결의 등기를 한 후 10년간 이를 보존하여야 한다. 다만, 전표 또는 이와 유사한 서류는 5년간 이를 보존하여야 한다. 보존에 관하여는 청산인 기타의 이해관계인의 청구에 의하여 법원이 보존인과 보존방법을 정한다.

2. 관할법원

(1) 합명회사와 합자회사

합명회사와 합자회사의 청산에 관한 사건은 회사의 본점 소재지의 지방법원이 관할한다.

(2) 주식회사와 유한회사

주식회사와 유한회사의 청산에 관한 사건은 회사의 본점 소재지의 지방법원 합의부가 관할한다.

3. 절차개시

(1) 신청인

청산인 기타의 이해관계인의 신청에 의한다.

(2) 신청의 방식

신청은 「비송사건절차법」 총칙편의 일반원칙에 따라 서면 또는 말로 할 수 있다.

4. 심리 및 재판

① 검사는 이 사건에 관하여 의견을 진술하거나 심문에 참여할 수 없다.
② 신청에 대하여는 법원은 결정으로써 재판을 한다.

5. 불복방법

서류 보존인 선임의 재판에 대하여는 불복신청을 할 수 없다.

Chapter

05 과태료사건

제1절 서론

01 과태료의 의의

1. 과태료의 개념

통상 과태료란 법령상 의무 위반자에 대하여 부과하는 금전벌로서 형벌이 아닌 것을 말한다.

2. 부과하는 목적에 따른 구별

과태료는 그 부과 목적에 따라 ① 행정법상 의무 위반자에게 부과하는 과태료, ② 사법(私法)상 의무 위반자에게 부과하는 과태료, ③ 소송법상 의무 위반자에게 부과하는 과태료로 구별할 수 있다.

02 사건별 적용 법령

1. 행정법상 의무 위반

행정법상 의무 위반자에 대한 과태료는 일반법으로 「질서위반행위규제법」에 따라 과태료를 부과한다. 「질서위반행위규제법」에 저촉되지 않는 범위 내에서 「비송사건절차법」이 적용된다.

2. 사법(私法)상 · 소송법상 의무 위반

사법(私法)상 · 소송법상 의무 위반에 대한 과태료는 「비송사건절차법」이 일반법으로 적용된다.

제2절 「비송사건절차법」상 과태료사건

01 과태료사건 절차의 개시와 관할

비송사건절차법

제247조【과태료사건의 관할】 과태료사건은 다른 법령에 특별한 규정이 있는 경우를 제외하고는 과태료를 부과받을 자의 주소지의 지방법원이 관할한다.

제2조【관할법원】 ① 법원의 토지 관할이 주소에 의하여 정하여질 경우 대한민국에 주소가 없을 때 또는 대한민국 내의 주소를 알지 못할 때에는 거소지(居所地)의 지방법원이 사건을 관할한다.
② 거소가 없을 때 또는 거소를 알지 못할 때에는 마지막 주소지의 지방법원이 사건을 관할한다.
③ 마지막 주소가 없을 때 또는 그 주소를 알지 못할 때에는 재산이 있는 곳 또는 대법원이 있는 곳을 관할하는 지방법원이 사건을 관할한다.

1. 절차의 개시

(1) 법원의 직권 개시

과태료사건은 법원의 직권에 의하여 개시된다. 절차개시의 방식에 관하여는 별도의 규정이 없고 법원이 과태료에 처할 사실이 있다고 안 때에 개시된다.

(2) 실무상 행정기관의 통지

실무상 법원이 스스로 위반사실을 알기는 어려우므로 등기관, 감독관청 등의 통지 등에 의하여 개시되고 있다.

2. 관할 법원

(1) 주소지의 지방법원

과태료사건은 다른 법령에 특별한 규정이 있는 경우를 제외하고는 과태료를 부과받을 자의 주소지의 지방법원이 관할한다.

(2) 주소가 없거나 주소를 알지 못할 때

① 법원의 토지 관할이 주소에 의하여 정하여질 경우 대한민국에 주소가 없을 때 또는 대한민국 내의 주소를 알지 못할 때에는 거소지(居所地)의 지방법원이 사건을 관할한다.
② 거소가 없을 때 또는 거소를 알지 못할 때에는 마지막 주소지의 지방법원이 사건을 관할한다.
③ 마지막 주소가 없을 때 또는 그 주소를 알지 못할 때에는 재산이 있는 곳 또는 대법원이 있는 곳을 관할하는 지방법원이 사건을 관할한다.

02 과태료재판의 절차 2017년 제5회 기출

비송사건절차법

제248조【과태료재판의 절차】 ① 과태료재판은 이유를 붙인 결정으로써 하여야 한다.
② 법원은 재판을 하기 전에 당사자의 진술을 듣고 검사의 의견을 구하여야 한다.
③ 당사자와 검사는 과태료재판에 대하여 즉시항고를 할 수 있다. 이 경우 항고는 집행정지의 효력이 있다.
④ 과태료재판 절차의 비용은 과태료를 부과하는 선고가 있는 경우에는 그 선고를 받은 자가 부담하고, 그 밖의 경우에는 국고에서 부담한다.
⑤ 항고법원이 당사자의 신청을 인정하는 재판을 한 경우에는 항고절차의 비용 및 전심에서 당사자가 부담하게 된 비용은 국고에서 부담한다.

제250조【약식재판】 ① 법원은 타당하다고 인정할 때에는 당사자의 진술을 듣지 아니하고 과태료재판을 할 수 있다.
② 당사자와 검사는 제1항에 따른 재판의 고지를 받은 날부터 1주일 내에 이의신청을 할 수 있다.
③ 제1항에 따른 재판은 이의신청에 의하여 그 효력을 잃는다.
④ 이의신청이 있는 경우 법원은 당사자의 진술을 듣고 다시 재판하여야 한다.

1. 정식절차

(1) 심리

① 절차는 비공개이다.
② 법원은 재판을 하기 전에 당사자의 진술을 듣고 검사의 의견을 구하여야 한다.

(2) 재판

① 과태료재판은 이유를 붙인 결정으로써 하여야 한다.
② 과태료재판은 이를 받은 자에게 고지함으로써 효력이 발생한다(「비송사건절차법」 제18조 제1항).

(3) 불복방법 2014년 제2회 기출

① 당사자와 검사는 과태료재판에 대하여 즉시항고를 할 수 있다.
② 즉시항고는 집행정지의 효력이 있다.
③ 즉시항고는 재판이 고지된 날부터 1주 이내에 하여야 한다(「비송사건절차법」 제23조에 의한 「민사소송법」 제444조 제1항 준용).

(4) 비용의 부담

① 과태료재판 절차의 비용은 과태료를 부과하는 선고가 있는 경우에는 그 선고를 받은 자가 부담하고, 그 밖의 경우에는 국고에서 부담한다.
② 항고법원이 당사자의 신청을 인정하는 재판을 한 경우에는 항고절차의 비용 및 전심에서 당사자가 부담하게 된 비용은 국고에서 부담한다.

2. 약식절차

(1) 심리

법원은 타당하다고 인정할 때에는 당사자의 진술을 듣지 아니하고 과태료재판을 할 수 있다.

(2) 재판

과태료재판은 이유를 붙인 결정으로써 하여야 한다.

(3) 불복방법 2014년 제2회 기출

① 당사자와 검사는 약식절차에 따른 재판의 고지를 받은 날부터 1주일 내에 이의신청을 할 수 있다.

② 약식절차에 따른 재판은 이의신청에 의하여 그 효력을 잃는다.

③ 이의신청이 있는 경우 법원은 당사자의 진술을 듣고 다시 재판하여야 한다.

2014년 제2회 기출문제 » 모범답안 교재 302p 참조

「비송사건절차법」상 과태료 재판에 대한 불복방법을 설명하시오. (20점)

03 과태료재판의 집행

비송사건절차법

제249조【과태료재판의 집행】 ① 과태료재판은 검사의 명령으로써 집행한다. 이 경우 그 명령은 집행력 있는 집행권원과 같은 효력이 있다.

② 과태료재판의 집행절차는 「민사집행법」의 규정에 따른다. 다만, 집행을 하기 전에 재판의 송달은 하지 아니한다.

1. 과태료재판의 집행력

과태료재판 자체는 집행력을 가지지 않는다.

2. 검사의 집행명령

과태료재판은 검사의 명령으로써 집행한다. 이 경우 검사의 명령은 집행력 있는 집행권원과 같은 효력이 있다.

3. 집행절차와 송달

과태료재판의 집행절차는 「민사집행법」의 규정에 따른다. 다만, 집행을 하기 전에 재판의 송달은 하지 아니한다.

ME
MO

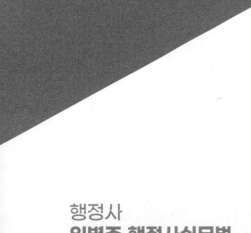

행정사
임병주 행정사실무법

PART

03

행정사법

Chapter 01 총칙
Chapter 02 업무신고, 폐업·휴업신고
Chapter 03 행정사의 권리·의무
Chapter 04 행정사법인

Chapter

01 총칙

제1절 서설

01 행정사법의 목적

행정사법
제1조【목적】이 법은 행정사(行政士) 제도를 확립하여 행정과 관련한 국민의 편익을 도모(圖謀)하고 행정제도의 건전한 발전에 이바지함을 목적으로 한다.

02 행정사의 종류와 행정사의 업무

1. 행정사의 종류

행정사법
제4조【행정사의 종류】행정사는 소관 업무에 따라 일반행정사, 해사행정사 및 외국어번역행정사로 구분하고, 종류별 업무의 범위와 내용은 대통령령으로 정한다.

2. 행정사의 업무 2024년 제12회 기출

행정사법
제2조【업무】① 행정사는 다른 사람의 위임을 받아 다음 각 호의 업무를 수행한다. 다만, 다른 법률에 따라 제한된 업무는 할 수 없다.
1. 행정기관에 제출하는 서류의 작성
2. 권리·의무나 사실증명에 관한 서류의 작성
3. 행정기관의 업무에 관련된 서류의 번역
4. 제1호부터 제3호까지의 규정에 따라 작성된 서류의 제출 대행(代行)
5. 인가·허가 및 면허 등을 받기 위하여 행정기관에 하는 신청·청구 및 신고 등의 대리(代理)
6. 행정 관계 법령 및 행정에 대한 상담 또는 자문에 대한 응답
7. 법령에 따라 위탁받은 사무의 사실 조사 및 확인

② 제1항에 따른 업무의 내용과 범위는 대통령령으로 정한다.

행정사는 다른 사람의 위임을 받아 다음 각 호의 업무를 수행한다. 다만, 다른 법률에 따라 제한된 업무는 할 수 없다.

(1) 행정기관에 제출하는 서류의 작성

① 진정 · 건의 · 질의 · 청원 및 이의신청에 관한 서류, ② 출생 · 혼인 · 사망 등 가족관계의 발생 및 변동 사항에 관한 신고 등의 각종 서류를 작성하는 일

(2) 권리 · 의무나 사실증명에 관한 서류의 작성

개인(법인을 포함) 간 또는 국가나 지방자치단체와 개인 간의 ① 각종 계약 · 협약 · 확약 및 청구 등 거래에 관한 서류, ② 그 밖에 권리관계에 관한 각종 서류 또는 일정한 사실관계가 존재함을 증명하는 각종 서류를 작성하는 일

(3) 행정기관의 업무에 관련된 서류의 번역

행정기관에 제출하는 각종 서류를 번역하는 일

(4) 작성된 서류의 제출 대행(代行)

다른 사람의 위임에 따라 행정사가 (1)부터 (3)까지 규정에 따라 작성하거나 번역한 서류를 행정기관 등에 제출하는 일

(5) 인가 · 허가 및 면허 등을 받기 위하여 행정기관에 하는 신청 · 청구 및 신고 등의 대리

다른 사람의 위임을 받아 인가 · 허가 · 면허 및 승인의 신청 · 청구 등 행정기관에 일정한 행위를 요구하거나 신고하는 일을 대리하는 일

(6) 행정 관계 법령 및 행정에 대한 상담 또는 자문에 대한 응답

행정 관계 법령 및 제도 · 절차 등 행정업무에 대하여 설명하거나 자료를 제공하는 일

(7) 법령에 따라 위탁받은 사무의 사실 조사 및 확인

법령에 따라 위탁받은 사무의 사실을 조사하거나 확인하고 그 결과를 서면으로 작성하여 위탁한 사람에게 제출하는 일

3. 행정사의 종류별 업무의 범위와 내용(「행정사법 시행령」 제3조)

(1) 일반행정사

행정사의 업무 중 행정기관의 업무에 관련된 서류의 번역과 해운 또는 해양안전심판에 관한 업무를 제외한 업무를 수행한다.

(2) 해사행정사

해운 또는 해양안전심판에 관한 행정사의 업무 중 행정기관의 업무에 관련된 서류의 번역에 관한 업무를 제외한 업무를 수행한다.

(3) 외국어번역행정사

행정기관에 제출하는 각종 서류를 번역하는 일과 작성된 서류의 제출 대행업무를 수행한다.

2024년 제12회 기출문제

» 모범답안 교재 360p 참조

행정사법령상 일반행정사가 다른 사람의 위임을 받아 수행하는 업무에 관하여 설명하시오. (20점)

03

4. 행정사가 아닌 사람에 대한 금지사항

> **행정사법**
> **제3조 【행정사가 아닌 사람에 대한 금지 사항】** ① 행정사가 아닌 사람은 다른 법률에 따라 허용되는 경우를 제외하고는 제2조에 따른 업무를 업(業)으로 하지 못한다.
> ② 행정사가 아닌 사람은 행정사 또는 이와 비슷한 명칭을 사용하지 못한다.

(1) 행정사가 아닌 자의 직업선택 제한

행정사가 아닌 사람은 다른 법률에 따라 허용되는 경우를 제외하고는 제2조에 따른 업무를 업(業)으로 하지 못한다.

(2) 유사명칭 사용금지

행정사가 아닌 사람은 행정사 또는 이와 비슷한 명칭을 사용하지 못한다.

(3) 벌칙

① 행정사가 아닌 자가 행정사의 업무를 업으로 한 경우에는 3년 이하의 징역 또는 3천만 원 이하의 벌금에 처한다(「행정사법」 제36조 제1항 제1호).

② 행정사가 아닌 사람이 행정사 또는 이와 비슷한 명칭을 사용하면 500만 원 이하의 과태료를 부과한다(「행정사법」 제38조 제1항 제1호).

제2절 행정사의 자격과 시험

01 행정사의 자격

1. 자격시험 합격자

> **행정사법**
> **제5조 【행정사의 자격】** 행정사 자격시험에 합격한 사람은 행정사 자격이 있다.
>
> **행정사법 시행령**
> **제18조 【자격증의 발급】** ① 행정안전부장관은 법 제5조에 따른 행정사의 자격이 있는 사람에게 행정안전부령으로 정하는 바에 따라 행정사 자격증을 발급하여야 한다.
> ② 제1항에 따라 행정사 자격증을 발급받은 사람은 행정사 자격증을 잃어버리거나 못쓰게 된 경우에는 행정안전부령으로 정하는 바에 따라 행정안전부장관에게 재발급을 신청할 수 있다.

2. 결격사유

행정사법

제6조【결격사유】 다음 각 호의 어느 하나에 해당하는 사람은 행정사가 될 수 없다.

1. 피성년후견인 또는 피한정후견인
2. 파산선고를 받고 복권(復權)되지 아니한 사람
3. 금고 이상의 실형을 선고받고 그 집행이 끝나거나(집행이 끝난 것으로 보는 경우를 포함한다) 집행이 면제된 날부터 3년이 지나지 아니한 사람
4. 금고 이상의 형의 집행유예를 선고받고 그 유예기간이 끝난 날부터 2년이 지나지 아니한 사람
5. 금고 이상의 형의 선고유예를 받고 그 유예기간에 있는 사람
6. 공무원으로서 징계처분에 따라 파면되거나 해임된 후 3년이 지나지 아니한 사람
7. 제30조에 따라 행정사 자격이 취소된 후 3년이 지나지 아니한 사람

02 행정사 자격시험

1. 행정사 자격시험 실시

행정사법

제8조【행정사 자격시험】 ① 행정사 자격시험은 행정안전부장관이 실시한다.

② 행정사 자격시험은 제1차시험과 제2차시험으로 구분하여 실시한다.

③ 행정안전부장관은 행정사 자격시험의 관리에 관한 업무를 「한국산업인력공단법」에 따른 한국산업인력공단에 위탁할 수 있다.

④ 행정사 자격시험의 시험과목, 시험방법, 그 밖에 시험에 관하여 필요한 사항은 대통령령으로 정한다.

2. 시험부정행위자에 대한 조치

행정사법

제9조의2【시험부정행위자에 대한 조치】 ① 행정안전부장관은 제8조에 따른 행정사 자격시험에서 부정행위를 한 사람에 대하여는 그 시험을 정지시키거나 무효로 처리한다.

② 제1항에 따라 시험이 정지되거나 무효로 처리된 사람은 그 처분이 있은 날부터 5년간 행정사 자격시험에 응시하지 못한다.

Chapter

02 업무신고, 폐업 · 휴업신고

제1절 행정사의 업무신고 2017년 제5회 기출

01 행정사업무신고

행정사법

제10조 【행정사의 업무신고】 ① 행정사 자격이 있는 사람이 행정사로서 업무를 하려면 대통령령으로 정하는 바에 따라 주된 사무소의 소재지를 관할하는 특별자치시장 · 특별자치도지사 · 시장 · 군수 또는 자치구의 구청장(이하 "시장등"이라 한다)에게 대통령령으로 정하는 행정사 업무신고 기준을 갖추어 신고(이하 "행정사업무신고"라 한다)하여야 한다. 신고한 사항을 변경할 때도 또한 같다.

② 행정사업무신고의 기준 및 절차 등에 관하여 필요한 사항은 대통령령으로 정한다.

1. 신고권자

행정사 자격이 있는 사람이 행정사로서 업무를 하려는 자가 신고권자이다.

2. 신고서 제출기관

주된 사무소의 소재지를 관할하는 특별자치시장 · 특별자치도지사 · 시장 · 군수 또는 자치구의 구청장에게 행정사업무를 신고하여야 한다.

3. 신고기준(「행정사법 시행령」 제20조 제1항) 2020년 제8회 기출

① 「행정사법」상 결격사유에 해당하지 않을 것

② 「행정사법」 제25조 제1항에 따른 실무교육을 이수했을 것

③ 「행정사법 시행령」 제18조에 따른 행정사 자격증이 있을 것

④ 행정사회에 가입했을 것

4. 첨부서류(「행정사법 시행령」 제20조 제2항)

업무신고서에는 아래의 서류를 첨부하여 제출하여야 한다.

① 행정사 자격증 사본 1부

② 실무교육 수료증 사본 1부

③ 행정사회 회원증 1부

02 업무신고의 수리 거부

행정사법

제11조【업무신고의 수리 거부】 ① 시장등은 행정사업무신고를 하려는 사람이 행정사업무신고 기준을 갖추지 아니한 경우에는 그 행정사업무신고의 수리를 거부할 수 있다. 이 경우 지체 없이 행정사업무신고의 수리 거부 사실 및 그 사유를 당사자에게 알려야 한다.

② 시장등이 업무신고를 받은 날부터 3개월이 지날 때까지 제12조에 따른 행정사업무신고확인증(이하 "신고확인증"이라 한다)을 발급하지 아니하거나 행정사업무신고의 수리 거부 통지를 하지 아니하면 3개월이 되는 날의 다음 날에 행정사업무신고가 수리된 것으로 본다.

③ 제1항에 따라 행정사업무신고의 수리가 거부된 사람은 그 통지를 받은 날부터 3개월 이내에 행정사업무신고의 수리 거부에 대한 불복(不服)의 이유를 밝혀 시장등에게 이의신청을 할 수 있다.

④ 시장등은 제3항에 따른 이의신청이 이유 있다고 인정하면 신고확인증을 발급하여야 한다.

⑤ 제3항에 따른 이의신청에 필요한 사항은 행정안전부령으로 정한다.

1. 수리 거부 사유와 통지

① 시장등은 행정사업무신고를 하려는 사람이 행정사업무신고 기준을 갖추지 아니한 경우에는 그 행정사업무신고의 수리를 거부할 수 있다.

② 이 경우 지체 없이 행정사업무신고의 수리 거부 사실 및 그 사유를 당사자에게 알려야 한다.

2. 신고수리 간주

시장등이 업무신고를 받은 날부터 3개월이 지날 때까지 제12조에 따른 행정사업무신고확인증을 발급하지 아니하거나 행정사업무신고의 수리 거부 통지를 하지 아니하면 3개월이 되는 날의 다음 날에 행정사업무신고가 수리된 것으로 본다.

3. 이의신청

① 행정사업무신고의 수리가 거부된 사람은 그 통지를 받은 날부터 3개월 이내에 행정사업무신고의 수리 거부에 대한 불복(不服)의 이유를 밝혀 시장등에게 이의신청을 할 수 있다.

② 시장등은 제3항에 따른 이의신청이 이유 있다고 인정하면 신고확인증을 발급하여야 한다.

4. 벌칙

① 행정사업무신고를 하지 아니하고 행정사 업무를 한 자는 1년 이하의 징역 또는 1천만 원 이하의 벌금에 처한다(「행정사법」 제36조 제2항 제1호).

② 행정사의 사무직원이 이를 위반하면 그 행위자를 벌하는 외에 그 행정사에도 해당 조문의 벌금형을 과(科)한다. 다만, 행정사가 그 위반행위를 방지하기 위하여 해당 업무에 관하여 상당한 주의와 감독을 게을리하지 아니한 경우에는 그러하지 아니하다(「행정사법」 제37조).

2017년 제5회 기출문제 » 모범답안 교재 316p 참조

「행정사법」상 업무신고와 그 수리 거부에 관하여 설명하시오. (20점)

2020년 제8회 기출문제

» 모범답안 교재 333p 참조

「행정사법」상 업무신고의 기준과 행정사업무신고확인증에 관하여 설명하시오. (20점)

03 폐업신고

행정사법

제16조【폐업신고】 ① 행정사가 폐업한 경우에는 본인이, 사망한 경우에는 가족이나 동거인 또는 그 사무직원이 지체 없이 그 사실을 시장등에게 신고하여야 한다. 폐업한 행정사가 업무를 다시 시작할 때에도 또한 같다.
② 제1항에 따른 신고에 필요한 사항은 행정안전부령으로 정한다.

제33조【행정제재처분효과의 승계 등】 ① 제16조(제25조의13 제1항에서 준용하는 경우를 포함한다)에 따라 폐업신고를 한 후 업무를 다시 시작하는 신고를 한 행정사(행정사법인을 포함한다. 이하 이 조에서 같다)는 폐업신고 전 행정사의 지위를 승계한다.
② 제1항의 경우 폐업신고 전의 행정사에 대하여 제32조 제1항 각 호의 위반행위를 사유로 한 행정처분의 효과는 그 처분일부터 1년간 업무를 다시 시작하는 신고를 한 행정사에게 승계된다.
③ 제1항의 경우 업무를 다시 시작하는 신고를 한 행정사에 대하여 폐업신고 전 행정사의 제32조 제1항 각 호의 위반행위를 사유로 행정처분을 할 수 있다. 다만, 폐업신고를 한 날부터 업무를 다시 시작하는 신고를 한 날까지의 기간이 1년을 넘은 경우는 그러하지 아니하다.
④ 제3항에 따라 행정처분을 하는 경우에는 폐업한 기간과 폐업의 사유 등을 고려하여 업무정지의 기간을 정하여야 한다.

1. 폐업신고

행정사가 폐업한 경우에는 본인이, 사망한 경우에는 가족이나 동거인 또는 그 사무직원이 지체 없이 그 사실을 시장등에게 신고하여야 한다. 폐업한 행정사가 업무를 다시 시작할 때에도 또한 같다.

2. 폐업 전 행정제재처분효과의 승계 등

(1) 행정사의 지위승계

폐업신고를 한 후 업무를 다시 시작하는 신고를 한 행정사는 폐업신고 전 행정사의 지위를 승계한다.

(2) 제재처분의 승계

폐업신고 전의 행정사에 대하여 업무정지처분의 효과는 그 처분일부터 1년간 업무를 다시 시작하는 신고를 한 행정사에게 승계된다.

(3) 제재처분사유의 승계

① 업무를 다시 시작하는 신고를 한 행정사에 대하여 폐업신고 전 행정사의 위반행위를 사유로 업무정지처분을 할 수 있다. 다만, 폐업신고를 한 날부터 업무를 다시 시작하는 신고를 한 날까지의 기간이 1년을 넘은 경우는 그러하지 아니하다.
② 이 경우 폐업한 기간과 폐업의 사유 등을 고려하여 업무정지의 기간을 정하여야 한다.

04 휴업신고

행정사법

제17조 【휴업신고】 ① 행정사가 3개월이 넘도록 휴업(업무신고를 하고 업무를 시작하지 아니하는 경우를 포함한다. 이하 같다)하거나 휴업한 행정사가 업무를 다시 시작하려면 시장등에게 신고하여야 한다.

② 시장등은 제1항에 따른 업무재개신고를 받은 날부터 15일 이내에 신고수리 여부를 신고인에게 통지하여야 한다.

③ 시장등은 제2항에서 정한 기간 내에 신고수리 여부 또는 민원 처리 관련 법령에 따른 처리기간의 연장을 신고인에게 통지하지 아니하면 그 기간(민원 처리 관련 법령에 따라 처리기간이 연장 또는 재연장된 경우에는 해당 처리기간을 말한다)이 끝난 날의 다음 날에 신고를 수리한 것으로 본다.

④ 제1항에 따라 휴업한 행정사가 2년이 지나도 업무를 다시 시작하지 아니하는 경우에는 폐업한 것으로 본다.

⑤ 제1항에 따른 휴업신고 및 업무재개신고에 필요한 사항은 행정안전부령으로 정한다.

1. 휴업신고

행정사가 3개월이 넘도록 휴업(업무신고를 하고 업무를 시작하지 아니하는 경우를 포함한다. 이하 같다)하거나 휴업한 행정사가 업무를 다시 시작하려면 시장등에게 신고하여야 한다.

2. 신고수리의 통지

시장등은 휴업 후 업무재개신고를 받은 날부터 15일 이내에 신고수리 여부를 신고인에게 통지하여야 한다.

3. 신고수리의 간주

시장등은 업무재개신고를 받은 날부터 15일 이내에 신고수리 여부 또는 민원 처리 관련 법령에 따른 처리기간의 연장을 신고인에게 통지하지 아니하면 그 기간이 끝난 날의 다음 날에 신고를 수리한 것으로 본다.

4. 폐업 간주

휴업한 행정사가 2년이 지나도 업무를 다시 시작하지 아니하는 경우에는 폐업한 것으로 본다.

5. 업무정지

① 행정사가 휴업신고를 하지 아니한 경우 행정사 사무소(행정사합동사무소의 경우 주사무소)의 소재지를 관할하는 시장 등은 6개월의 범위에서 기간을 정하여 업무의 정지를 명할 수 있다(「행정사법」 제32조 제1항 제3호).

② 업무정지처분은 그 사유가 발생한 날부터 3년이 지나면 할 수 없다(「행정사법」 제32조 제3항).

③ 업무정지처분을 받고 그 업무정지 기간에 행정사 업무를 한 자는 1년 이하의 징역 또는 1천만 원 이하의 벌금에 처한다(「행정사법」 제36조 제2항 제6호).

제2절 신고확인증 2020년 제8회 기출

01 신고확인증의 발급

행정사법
제12조【신고확인증의 발급】 ① 시장등은 행정사업무신고를 받은 때에는 그 내용을 확인한 후 행정안전부령으로 정하는 바에 따라 신고확인증을 행정사에게 발급하여야 한다.
② 제1항에 따라 신고확인증을 발급받은 사람은 신고확인증을 잃어버리거나 못쓰게 된 경우에는 행정안전부령으로 정하는 바에 따라 시장등에게 재발급을 신청할 수 있다.

1. 발급시기

시장등은 행정사업무신고를 받은 때에는 그 내용을 확인한 후 행정안전부령으로 정하는 바에 따라 신고확인증을 행정사에게 발급하여야 한다.

2. 재발급 신청

신고확인증을 발급받은 사람은 신고확인증을 잃어버리거나 못쓰게 된 경우에는 행정안전부령으로 정하는 바에 따라 시장등에게 재발급을 신청할 수 있다.

2020년 제8회 기출문제 » 모범답안 교재 333p 참조

「행정사법」상 업무신고의 기준과 행정사업무신고확인증에 관하여 설명하시오. (20점)

02 신고확인증의 대여 등의 금지

행정사법
제13조【신고확인증의 대여 등의 금지】 ① 행정사는 다른 사람에게 신고확인증을 대여하여서는 아니 된다.
② 누구든지 다른 사람의 신고확인증을 대여받아 사용하여서는 아니 된다.
③ 누구든지 제1항 및 제2항에 따른 신고확인증의 대여를 알선하여서는 아니 된다.

1. 대여금지

행정사는 다른 사람에게 신고확인증을 대여하여서는 아니 된다.

2. 대여사용금지

누구든지 다른 사람의 신고확인증을 대여받아 사용하여서는 아니 된다.

3. 대여알선금지

누구든지 다른 사람에게 신고확인증을 대여하거나 다른 사람의 신고확인증을 대여받아 사용하는 것을 알선하여서는 아니 된다.

4. 벌칙

① 신고확인증을 다른 자에게 대여한 행정사, 행정사법인과 이를 대여받은 자 또는 대여를 알선한 자는 3년 이하의 징역 또는 3천만 원 이하의 벌금에 처한다(「행정사법」 제36조 제1항 제2호).

② 행정사의 사무직원이 이를 위반하면 그 행위자를 벌하는 외에 그 행정사에도 해당 조문의 벌금형을 과(科)한다. 다만, 행정사가 그 위반행위를 방지하기 위하여 해당 업무에 관하여 상당한 주의와 감독을 게을리하지 아니한 경우에는 그러하지 아니하다(「행정사법」 제37조).

제3절 사무소

01 사무소의 설치 등

행정사법

제14조【사무소의 설치 등】 ① 행정사는 제2조에 따른 업무를 하기 위한 사무소를 하나만 설치할 수 있다.

② 행정사는 그 업무를 효율적으로 수행하고 공신력(公信力)을 높이기 위하여 2명 이상의 행정사로 구성된 합동사무소를 설치할 수 있으며, 행정사합동사무소를 구성하는 행정사의 수를 넘지 아니하는 범위에서 주사무소와 분사무소(分事務所)를 설치할 수 있다. 이 경우 주사무소와 분사무소에는 행정사합동사무소를 구성하는 행정사가 각각 1명 이상 상근하여야 한다.

③ 행정사가 사무소를 이전한 때에는 10일 이내에 이전 후의 사무소 소재지를 관할하는 시장등에게 신고하여야 한다.

④ 제3항에 따라 이전신고를 받은 시장등은 이전신고한 행정사에게 신고확인증을 발급하여야 하며, 종전의 사무소 소재지를 관할하는 시장등에게 사무소의 이전 사실을 통지하여야 한다.

⑤ 제3항에 따른 신고 전에 발생한 사유로 인한 행정사에 대한 행정처분은 제3항에 따라 신고를 받은 시장등이 행한다.

⑥ 사무소의 설치·운영 및 신고와 그 밖에 필요한 사항은 행정안전부령으로 정한다.

1. 단수주의

행정사는 행정사 업무를 하기 위한 사무소를 하나만 설치할 수 있다.

2. 합동사무소

행정사는 그 업무를 효율적으로 수행하고 공신력을 높이기 위하여 2명 이상의 행정사로 구성된 합동사무소를 설치할 수 있다.

3. 주사무소와 분사무소

행정사합동사무소를 구성하는 행정사의 수를 넘지 아니하는 범위에서 주사무소와 분사무소를 설치할 수 있다.

4. 상근 행정사

주사무소와 분사무소에는 행정사합동사무소를 구성하는 행정사가 각각 1명 이상 상근하여야 한다.

5. 사무소 이전 신고

행정사가 사무소를 이전한 때에는 10일 이내에 이전 후의 사무소 소재지를 관할하는 시장등에게 신고하여야 한다.

6. 신고확인증발급 및 통지

이전신고를 받은 시장등은 이전신고한 행정사에게 신고확인증을 발급하여야 하며, 종전의 사무소 소재지를 관할하는 시장등에게 사무소의 이전 사실을 통지하여야 한다.

7. 신고 전 발생한 사유에 의한 행정처분

신고 전에 발생한 사유로 인한 행정사에 대한 행정처분은 신고를 받은 시장등이 행한다.

8. 업무정지

① 행정사가 두 개 이상의 사무실을 설치하여 업무를 수행한 경우 행정사사무소(행정사합동사무소의 경우 주사무소)의 소재지를 관할하는 시장 등은 6개월의 범위에서 기간을 정하여 업무의 정지를 명할 수 있다(「행정사법」 제32조 제1항 제1호).

② 행정사합동사무소를 구성하는 행정사가 상근하지 아니한 경우 행정사합동사무소의 주사무소의 소재지를 관할하는 시장 등은 6개월의 범위에서 기간을 정하여 업무의 정지를 명할 수 있다(「행정사법」 제32조 제1항 제2호).

③ 업무정지처분은 그 사유가 발생한 날부터 3년이 지나면 할 수 없다(「행정사법」 제32조 제3항).

④ 업무정지처분을 받고 그 업무정지 기간에 행정사 업무를 한 자는 1년 이하의 징역 또는 1천만 원 이하의 벌금에 처한다(「행정사법」 제36조 제2항 제6호).

9. 과태료 부과

사무소 이전신고를 하지 아니한 자는 100만 원 이하의 과태료를 부과한다(「행정사법」 제38조 제2항 제1호).

02 사무소의 명칭 등

행정사법

제15조 【사무소의 명칭 등】 ① 행정사는 그 사무소의 종류별로 사무소의 명칭 중에 행정사사무소 또는 행정사합동사무소라는 글자를 사용하고, 행정사합동사무소의 분사무소에는 그 분사무소임을 표시하여야 한다.

② 행정사가 아닌 사람은 행정사사무소 또는 이와 비슷한 명칭을 사용하지 못하며, 행정사합동사무소나 그 분사무소가 아니면 행정사합동사무소나 그 분사무소 또는 이와 비슷한 명칭을 사용하지 못한다.

1. 사무소의 종류별 사무소의 명칭

행정사는 그 사무소의 종류별로 사무소의 명칭 중에 행정사사무소 또는 행정사합동사무소라는 글자를 사용하고, 행정사합동사무소의 분사무소에는 그 분사무소임을 표시하여야 한다.

2. 유사명칭 사용금지

행정사가 아닌 사람은 행정사사무소 또는 이와 비슷한 명칭을 사용하지 못하며, 행정사합동사무소나 그 분사무소가 아니면 행정사합동사무소나 그 분사무소 또는 이와 비슷한 명칭을 사용하지 못한다.

3. 과태료 부과

① 행정사가 아닌 사람이 행정사사무소, 행정사합동사무소 또는 그 분사무소와 비슷한 명칭을 사용한 경우 500만 원 이하의 과태료를 부과한다(「행정사법」 제38조 제1항 제2호).

② 행정사사무소, 행정사합동사무소 또는 행정사법인이라는 글자를 사용하지 아니하거나 그 분사무소임을 표시하지 아니한 자는 100만 원 이하의 과태료를 부과한다(「행정사법」 제38조 제2항 제2호).

Chapter

03 행정사의 권리 · 의무

제1절 행정사의 업무관련 사항

01 사무직원

행정사법
제18조【사무직원】 ① 행정사는 사무직원을 둘 수 있으며, 소속 사무직원을 지도 · 감독할 책임이 있다.
② 사무직원의 직무상 행위는 그를 고용한 행정사의 행위로 본다.

1. 사무직원

행정사는 사무직원을 둘 수 있다.

2. 지도 · 감독책임

행정사는 소속 사무직원을 지도 · 감독할 책임이 있다.

3. 행정사의 행위간주

사무직원의 직무상 행위는 그를 고용한 행정사의 행위로 본다.

02 보수

행정사법
제19조【보수】 ① 행정사는 업무를 위임한 자로부터 보수를 받는다.
② 행정사와 그 사무직원은 업무에 관하여 제1항에 따른 보수 외에 어떠한 명목으로도 위임인으로부터 금전 또는 재산상의 이익이나 그 밖의 반대급부(反對給付)를 받지 못한다.

1. 보수를 받을 권리

행정사는 업무를 위임한 자로부터 보수를 받는다.

2. 보수 외 반대급부금지

행정사와 그 사무직원은 업무에 관하여 보수 외에 어떠한 명목으로도 위임인으로부터 금전 또는 재산상의 이익이나 그 밖의 반대급부를 받지 못한다.

3. 업무정지

① 위임인으로부터 보수 외에 금전 또는 재산상 이익이나 그 밖의 반대급부를 받은 경우에는 행정사 사무소(행정사합동사무소의 경우 주사무소)의 소재지를 관할하는 시장등은 6개월의 범위에서 기간을 정하여 업무의 정지를 명할 수 있다(「행정사법」 제32조 제1항 제4호).

② 업무정지처분은 그 사유가 발생한 날부터 3년이 지나면 할 수 없다(「행정사법」 제32조 제3항).

③ 업무정지처분을 받고 그 업무정지 기간에 행정사 업무를 한 자는 1년 이하의 징역 또는 1천만 원 이하의 벌금에 처한다(「행정사법」 제36조 제2항 제6호).

4. 벌칙

① 위임인으로부터 보수 외에 금전 또는 재산상 이익이나 그 밖의 반대급부를 받은 자는 100만 원 이하의 벌금에 처한다(「행정사법」 제36조 제3항 제1호).

② 행정사의 사무직원이 행정사의 업무와 관련하여 이를 위반하면 그 행위자를 벌하는 외에 그 행정사에도 해당 조문의 벌금형을 과(科)한다. 다만, 행정사가 그 위반행위를 방지하기 위하여 해당 업무에 관하여 상당한 주의와 감독을 게을리하지 아니한 경우에는 그러하지 아니하다(「행정사법」 제37조).

03

03 증명서의 발급

행정사법
제20조【증명서의 발급】 ① 행정사는 업무에 관련된 사실의 확인증명서를 발급할 수 있다.
② 외국어번역행정사는 그가 번역한 번역문에 대하여 번역확인증명서를 발급할 수 있다.
③ 제1항과 제2항에 따른 증명서 발급의 범위는 대통령령으로 정한다.

1. 확인증명서 발급

행정사는 업무에 관련된 사실의 확인증명서를 발급할 수 있다.

2. 번역확인증명서 발급

외국어번역행정사는 그가 번역한 번역문에 대하여 번역확인증명서를 발급할 수 있다.

3. 증명서 발급의 범위

행정사가 발급할 수 있는 증명서의 범위는 자신이 행한 업무에 관련된 사실과 자신이 번역한 번역문으로 한정한다(「행정사법 시행령」 제21조).

제2절 행정사의 업무상 의무

01 행정사의 의무와 책임 2019년 제7회 기출

1. 직무수행상의 의무와 손해배상책임

행정사법
제21조【행정사의 의무와 책임】① 행정사는 품위를 유지하고 신의와 성실로써 공정하게 직무를 수행하여야 한다.
② 행정사가 위임받은 업무를 수행하면서 고의 또는 과실로 위임인에게 재산상의 손해를 입힌 경우에는 그 손해를 배상할 책임이 있다.

2. 수임제한

행정사법
제21조의2【수임제한】① 공무원직에 있다가 퇴직한 행정사는 퇴직 전 1년부터 퇴직할 때까지 근무한 행정기관에 대한 제2조 제1항 제5호에 따른 업무를 퇴직한 날부터 1년 동안 수임할 수 없다.
② 제1항의 수임제한은 제25조의7에 따른 법인구성원 또는 소속행정사로 지정되는 경우를 포함한다.
③ 제1항에 따른 행정기관의 범위는 대통령령으로 정한다.

제2조【업무】① 행정사는 다른 사람의 위임을 받아 다음 각 호의 업무를 수행한다. 다만, 다른 법률에 따라 제한된 업무는 할 수 없다.
5. 인가·허가 및 면허 등을 받기 위하여 행정기관에 하는 신청·청구 및 신고 등의 대리(代理)

(1) 수임제한 요건

① 공무원직에 있다가 퇴직한 행정사일 것, ② 퇴직 전 1년부터 퇴직할 때까지 근무한 행정기관에 대한 수임일 것을 요건으로 한다.

(2) 수임제한 사무

인가·허가 및 면허 등을 받기 위하여 행정기관에 하는 신청·청구 및 신고 등의 대리업무를 수임할 수 없다.

(3) 법인구성원 또는 소속행정사

수임제한은 법인구성원 또는 소속행정사로 지정되는 경우를 포함한다.

(4) 벌칙

① 수임제한 규정을 위반한 사람은 1년 이하의 징역 또는 1천만 원 이하의 벌금에 처한다(「행정사법」 제36조 제2항 제2호).

② 행정사의 사무직원이 행정사의 업무와 관련하여 이를 위반하면 그 행위자를 벌하는 외에 그 행정사에도 해당 조문의 벌금형을 과(科)한다. 다만, 행정사가 그 위반행위를 방지하기 위하여 해당 업무에 관하여 상당한 주의와 감독을 게을리하지 아니한 경우에는 그러하지 아니하다(「행정사법」 제37조).

3. 비밀엄수의무

행정사법
제23조【비밀엄수】 행정사 또는 행정사이었던 사람(행정사의 사무직원 또는 사무직원이었던 사람을 포함한다)은 정당한 사유 없이 직무상 알게 된 사실을 다른 사람에게 누설하여서는 아니 된다.

(1) 벌칙

업무상 알게 된 사실을 다른 사람에게 누설한 자는 1년 이하의 징역 또는 1천만 원 이하의 벌금에 처한다(「행정사법」 제36조 제2항 제5호).

(2) 양벌규정

행정사의 사무직원이 업무와 관련하여 이를 위반하면 그 행위자를 벌하는 외에 그 행정사에도 해당 조문의 벌금형을 과(科)한다. 다만, 행정사가 그 위반행위를 방지하기 위하여 해당 업무에 관하여 상당한 주의와 감독을 게을리하지 아니한 경우에는 그러하지 아니하다(「행정사법」 제37조).

03

4. 업무처리부 작성 · 보관의무

행정사법
제24조【업무처리부 작성】 ① 행정사는 업무를 위임받으면 대통령령으로 정하는 바에 따라 업무처리부(業務處理簿)를 작성하여 보관하여야 한다.
② 제1항에 따른 업무처리부에는 다음 각 호의 사항을 적어야 한다.
1. 일련번호
2. 위임받은 연월일
3. 위임받은 업무의 개요
4. 보수액
5. 위임인의 주소와 성명
6. 그 밖에 위임받은 업무의 처리에 필요한 사항

행정사법 시행령
제22조【업무처리부의 보관 등】 ① 법 제24조 제1항에 따른 업무처리부는 「전자문서 및 전자거래 기본법」 제2조 제1호에 따른 전자문서로 작성할 수 있다.
② 행정사는 법 제24조 제1항에 따라 작성한 업무처리부를 1년간 보관하여야 한다.

(1) 업무처리부 작성 및 보관

행정사는 업무를 위임받으면 업무처리부(業務處理簿)를 작성하여 보관하여야 한다. 업무처리부는 전자문서로 작성할 수 있다.

(2) 보관기간

행정사는 작성한 업무처리부를 1년간 보관하여야 한다.

(3) 과태료 부과

업무처리부를 작성하지 아니하거나 거짓으로 작성한 자는 100만 원 이하의 과태료를 부과한다(「행정사법」 제38조 제2항 3호).

5. 행정사의 교육

행정사법
제25조【행정사의 교육】 ① 행정사 자격이 있는 사람이 행정사 업무를 시작하려면 대통령령으로 정하는 바에 따라 행정안전부장관이 시행하는 실무교육을 받아야 한다.
② 행정사의 사무소(행정사합동사무소 또는 행정사법인의 경우에는 주사무소를 말한다)의 소재지를 관할하는 특별시장 · 광역시장 · 특별자치시장 · 도지사 · 특별자치도지사(이하 "시 · 도지사"라 한다)는 행정사의 자질과 업무수행능력 향상을 위하여 직접 또는 대통령령으로 정하는 기관 · 단체 등에 위탁하여 행정사에 대한 연수교육을 실시하여야 한다.
③ 행정사는 제2항에 따른 연수교육을 받아야 한다.
④ 제1항에 따른 실무교육 및 제2항에 따른 연수교육의 과목 · 시기 · 기간 및 이수방법 등에 관하여 필요한 사항은 대통령령으로 정한다.

(1) 실무교육

행정사 자격이 있는 사람이 행정사 업무를 시작하려면 행정안전부장관이 시행하는 실무교육을 받아야 한다.

(2) 연수교육

행정사는 시 · 도지사가 직접 또는 위탁기관에게 위탁한 기관이나 단체에서 실시하는 연수교육을 받아야 한다.

(3) 과태료 부과

연수교육을 받지 아니하고 행정사 업무를 수행한 사람은 100만 원 이하의 과태료를 부과한다(「행정사법」 제38조 제2항 4호).

2019년 제7회 기출문제 » 모범답안 교재 327p 참조

「행정사법」 제4장에서는 행정사의 권리와 의무 및 책임에 관하여 각각 규정하고 아울러 금지행위를 열거하고 있다. 이 가운데 위 금지행위를 제외하고, 제21조의 행정사의 의무와 책임을 포함하여 「행정사법」 제4장에서 규정하는 행정사의 업무와 관련된 의무와 책임을 기술하시오. (20점)

02 행정사의 금지행위 2018년 제6회 기출

1. 의의

행정사법은 일반적 업무상의 의무 이외에 구체적인 금지행위를 별도로 규정하고 있다. 행정사뿐만 아니라 그 사무직원도 금지행위를 하여서는 아니 된다.

2. 금지행위

행정사법
제22조【금지행위】 행정사와 그 사무직원은 다음 각 호의 행위를 하여서는 아니 된다.
1. 정당한 사유 없이 업무에 관한 위임을 거부하는 행위
2. 당사자 중 어느 한 쪽의 위임을 받아 취급하는 업무에 관하여 이해관계를 달리하는 상대방으로부터 같은 업무를 위임받는 행위. 다만, 당사자 양쪽이 동의한 경우는 제외한다.
3. 행정사의 업무 범위를 벗어나서 타인의 소송이나 그 밖의 권리관계분쟁 또는 민원사무처리과정에 개입하는 행위
4. 업무수임 또는 수행 과정에서 관련 공무원과의 연고(緣故) 등 사적인 관계를 드러내며 영향력을 미칠 수 있는 것으로 선전하는 행위
5. 행정사의 업무에 관하여 거짓된 내용을 표시하거나 객관적 사실을 과장 또는 누락하여 소비자를 오도(誤導)하거나 오해를 불러일으킬 우려가 있는 내용의 광고행위
6. 행정사 업무의 알선을 업으로 하는 자를 이용하거나 그 밖의 부당한 방법으로 행정사 업무의 위임을 유치(誘致)하는 행위

03

(1) 벌칙

1) 1년 이하의 징역 또는 1천만 원 이하의 벌금

① 업무수임 또는 수행 과정에서 관련 공무원과의 연고(緣故) 등 사적인 관계를 드러내며 영향력을 미칠 수 있는 것으로 선전하는 행위를 한 경우(「행정사법」 제36조 제2항 제3호)

② 행정사의 업무에 관하여 거짓된 내용을 표시하거나 객관적 사실을 과장 또는 누락하여 소비자를 오도(誤導)하거나 오해를 불러일으킬 우려가 있는 내용의 광고행위를 한 경우(「행정사법」 제36조 제2항 제4호)

2) 100만 원 이하의 벌금

① 정당한 사유 없이 업무에 관한 위임을 거부한 자(「행정사법」 제36조 제3항 제2호)

② 당사자 양쪽으로부터 같은 업무에 관한 위임을 받은 자(「행정사법」 제36조 제3항 제3호)

③ 타인의 소송이나 그 밖의 권리관계분쟁 또는 민원사무처리과정에 개입한 자(「행정사법」 제36조 제3항 제4호)

④ 알선을 업으로 하는 자를 이용하거나 그 밖의 부당한 방법으로 행정사 업무의 위임을 유치한 자(행정사법 제36조 제3항 제5호)

(2) 양벌규정

행정사의 사무직원이 행정사의 업무와 관련하여 이를 위반하면 그 행위자를 벌하는 외에 그 행정사에도 해당 조문의 벌금형을 과(科)한다. 다만, 행정사가 그 위반행위를 방지하기 위하여 해당 업무에 관하여 상당한 주의와 감독을 게을리하지 아니한 경우에는 그러하지 아니하다(「행정사법」 제37조).

2018년 제6회 기출문제 » 모범답안 교재 322p 참조

「행정사법」상 행정사와 그 사무직원의 금지행위와 이를 위반한 경우의 벌칙에 관하여 설명하시오. (20점)

Chapter

04 행정사법인

제1절 행정사법인의 설립과 업무 등

01 행정사법인의 설립과 설립절차 2021년 제9회 기출

행정사법

제25조의2【행정사법인의 설립】 행정사는 제2조에 따른 업무를 조직적이고 전문적으로 수행하기 위하여 3명 이상의 행정사를 구성원으로 하는 행정사법인을 설립할 수 있다.

제25조의3【설립 절차】 ① 행정사법인을 설립하려면 행정사법인의 구성원이 될 행정사가 정관(定款)을 작성하여 대통령령으로 정하는 바에 따라 행정안전부장관의 인가(이하 "설립인가"라 한다)를 받아야 한다. 정관을 변경할 때에도 또한 같다.

② 행정사법인의 정관에는 다음 각 호의 사항을 적어야 한다.

1. 목적, 명칭, 주사무소 및 분사무소의 소재지
2. 행정사법인을 구성하는 행정사(이하 "법인구성원"이라 한다)의 성명과 주소
3. 법인구성원의 출자에 관한 사항
4. 법인구성원 회의에 관한 사항
5. 자산 및 회계에 관한 사항
6. 행정사법인의 대표에 관한 사항
7. 존립시기, 해산사유를 정한 경우에는 그 시기 또는 사유
8. 그 밖에 대통령령으로 정하는 사항

③ 행정사법인은 대통령령으로 정하는 바에 따라 등기하여야 한다.

④ 행정사법인은 그 주사무소의 소재지에서 설립등기를 함으로써 성립한다.

1. 법인설립

행정사는 행정사의 업무를 조직적이고 전문적으로 수행하기 위하여 3명 이상의 행정사를 구성원으로 하는 행정사법인을 설립할 수 있다.

2. 설립절차

(1) 인가

행정사법인을 설립하려면 행정사법인의 구성원이 될 행정사가 정관을 작성하여 행정안전부장관의 설립인가를 받아야 한다. 정관을 변경할 때에도 또한 같다.

(2) 정관의 기재사항

① 목적, 명칭, 주사무소 및 분사무소의 소재지
② 행정사법인을 구성하는 행정사의 성명과 주소
③ 법인구성원의 출자에 관한 사항

④ 법인구성원 회의에 관한 사항
⑤ 자산 및 회계에 관한 사항
⑥ 행정사법인의 대표에 관한 사항
⑦ 존립시기, 해산사유를 정한 경우에는 그 시기 또는 사유
⑧ 그 밖에 대통령령으로 정하는 사항(행정사법인의 업무를 수행하는 행정사의 권리 · 의무제한에 관한 사항과 법인구성원의 가입 · 탈퇴에 관한 사항)

3. 등기

① 행정사법인은 그 주사무소의 소재지에서 설립등기를 함으로써 성립한다.
② 행정사법인의 설립등기는 설립인가증을 받은 날부터 14일 이내에 주사무소 소재지의 관할 등기소에서 해야 한다(「행정사법 시행령」 제23조의4 제1항).
③ 행정사법인의 설립등기는 행정사법인의 구성원이 될 행정사 전원이 공동으로 신청해야 한다(「행정사법 시행령」 제23조의4 제3항).
④ 행정안전부장관은 법인이 설립등기한 내용을 확인해야 한다. 이 경우 행정안전부장관은 「전자정부법」 제36조 제1항에 따른 행정정보의 공동이용을 통하여 법인 등기사항증명서를 확인할 수 있다(「행정사법 시행령」 제23조의4 제4항).

2021년 제9회 기출문제 » 모범답안 교재 339p 참조

행정사법령상 행정사법인의 설립과 설립인가의 취소에 관하여 설명하시오. (20점)

02 행정사법인의 업무신고

행정사법

제25조의4【행정사법인의 업무신고 등】 ① 행정사법인이 제2조에 따른 업무를 하려면 대통령령으로 정하는 바에 따라 주사무소의 소재지를 관할하는 시장등에게 대통령령으로 정하는 행정사법인 업무신고 기준을 갖추어 신고(이하 "법인업무신고"라 한다)하여야 한다. 신고한 사항을 변경할 때에도 또한 같다.
② 시장등은 법인업무신고를 하려는 자가 법인업무신고 기준을 갖추지 아니한 경우에는 그 법인업무신고의 수리를 거부할 수 있다. 이 경우 지체 없이 법인업무신고의 수리 거부 사실 및 그 사유를 당사자에게 알려야 한다.
③ 시장등은 법인업무신고를 받은 때에는 그 내용을 확인한 후 행정안전부령으로 정하는 바에 따라 법인업무신고확인증을 행정사법인에 발급하여야 한다.
④ 법인업무신고의 기준 및 절차 등에 관하여 필요한 사항은 대통령령으로 정한다.

1. 업무신고 2022년 제10회 기출

① 행정사법인이 행정사의 업무를 하려면 주사무소의 소재지를 관할하는 시장등에게 행정사법인 업무신고 기준을 갖추어 신고하여야 한다. 신고한 사항을 변경할 때에도 또한 같다.
② 신고는 신고서를 제출함으로써 한다(「행정사법 시행령」 제23조의5 제2항).

2. 신고기준(「행정사법 시행령」 제23조의5 제1항)

① 법인구성원 및 소속행정사가 결격사유에 해당하지 않을 것
② 법인구성원 및 소속행정사가 실무교육을 이수했을 것
③ 법인구성원 및 소속행정사가 행정사 자격증을 보유하고 있을 것
④ 법인구성원 및 소속행정사가 대한행정사회에 가입했을 것
⑤ 행정안전부장관의 인가를 받고 설립등기를 했을 것

3. 수리 거부 2022년 제10회 기출

① 시장등은 법인업무신고를 하려는 자가 법인업무신고 기준을 갖추지 아니한 경우에는 그 법인업무신고의 수리를 거부할 수 있다.
② 이 경우 지체 없이 법인업무신고의 수리 거부 사실 및 그 사유를 당사자에게 알려야 한다.

4. 벌칙

(1) 업무신고를 하지 아니하고 행정사 업무를 한 경우

행정사법인이 업무신고를 하지 아니하고 행정사 업무를 한 경우 1년 이하의 징역 또는 1천만 원 이하의 벌금에 처한다(「행정사법」 제36조 제2항 1호).

(2) 양벌규정

행정사법인의 사무직원이나 소속행정사가 행정사법인의 업무와 관련하여 이를 위반하면 그 행위자를 벌하는 외에 행정사법인에도 해당 조문의 벌금형을 과(科)한다. 다만, 행정사법인이 그 위반행위를 방지하기 위하여 해당 업무에 관하여 상당한 주의와 감독을 게을리하지 아니한 경우에는 그러하지 아니하다(「행정사법」 제37조).

5. 법인업무신고확인증 발급

(1) 발급

시장등은 법인업무신고를 받은 때에는 그 내용을 확인한 후 행정안전부령으로 정하는 바에 따라 법인업무신고확인증을 행정사법인에 발급하여야 한다.

(2) 재발급

신고확인증을 발급받은 사람은 신고확인증을 잃어버리거나 못쓰게 된 경우에는 시장등에게 재발급을 신청할 수 있다(「행정사법」 제25조의13, 제12조 제2항 준용).

6. 신고수리 간주(「행정사법」 제25조의13, 제11조 제2항부터 제5항까지 준용)

시장등이 업무신고를 받은 날부터 3개월이 지날 때까지 법인업무신고확인증을 발급하지 아니하거나 법인업무신고의 수리 거부 통지를 하지 아니하면 3개월이 되는 날의 다음 날에 법인업무신고가 수리된 것으로 본다.

7. 이의신청(「행정사법」 제25조의13, 제11조 제2항부터 제5항까지 준용)

① 법인업무신고의 수리가 거부된 사람은 그 통지를 받은 날부터 3개월 이내에 법인업무신고의 수리 거부에 대한 불복의 이유를 밝혀 시장등에게 이의신청을 할 수 있다.

② 시장등은 이의신청이 이유 있다고 인정하면 법인업무신고확인증을 발급하여야 한다.

8. 신고확인증의 대여 등 금지(「행정사법」 제25조의13, 제13조 준용)

(1) 신고확인증의 대여, 대여 알선금지

① 행정사법인은 다른 사람에게 신고확인증을 대여하여서는 아니 된다.

② 누구든지 다른 사람의 신고확인증을 대여받아 사용하여서는 아니 된다.

③ 누구든지 ① 및 ②에 따른 신고확인증의 대여를 알선하여서는 아니 된다.

(2) 벌칙

신고확인증을 다른 자에게 대여한 행정사, 행정사법인과 이를 대여받은 자 또는 대여를 알선한 자는 3년 이하의 징역 또는 3천만 원 이하의 벌금에 처한다(「행정사법」 제36조 제1항 제2호).

(3) 양벌규정

행정사법인의 사무직원이 신고확인증대여금지의무를 위반하면 그 행위자를 벌하는 외에 그 행정사법인에도 해당 조문의 벌금형을 과(科)한다. 다만, 행정사법인 그 위반행위를 방지하기 위하여 해당 업무에 관하여 상당한 주의와 감독을 게을리하지 아니한 경우에는 그러하지 아니하다(「행정사법」 제37조).

2022년 제10회 기출문제 » 모범답안 교재 346p 참조

「행정사법」상 행정사법인의 업무신고 및 수리의 거부와 행정사법인의 업무수행방법에 관하여 기술하시오. (단, 행정사법인의 업무신고기준 및 절차에 관한 것은 제외함) (20점)

03 폐업신고(「행정사법」 제25조의13, 제16조 준용)

행정사법

제16조【폐업신고】 ① 행정사가 폐업한 경우에는 본인이, 사망한 경우에는 가족이나 동거인 또는 그 사무직원이 지체 없이 그 사실을 시장등에게 신고하여야 한다. 폐업한 행정사가 업무를 다시 시작할 때에도 또한 같다.

② 제1항에 따른 신고에 필요한 사항은 행정안전부령으로 정한다.

제33조【행정제재처분효과의 승계 등】 ① 제16조(제25조의13 제1항에서 준용하는 경우를 포함한다)에 따라 폐업신고를 한 후 업무를 다시 시작하는 신고를 한 행정사(행정사법인을 포함한다. 이하 이 조에서 같다)는 폐업신고 전 행정사의 지위를 승계한다.

② 제1항의 경우 폐업신고 전의 행정사에 대하여 제32조 제1항 각 호의 위반행위를 사유로 한 행정처분의 효과는 그 처분일부터 1년간 업무를 다시 시작하는 신고를 한 행정사에게 승계된다.

③ 제1항의 경우 업무를 다시 시작하는 신고를 한 행정사에 대하여 폐업신고 전 행정사의 제32조 제1항 각 호의 위반행위를 사유로 행정처분을 할 수 있다. 다만, 폐업신고를 한 날부터 업무를 다시 시작하는 신고를 한 날까지의 기간이 1년을 넘은 경우는 그러하지 아니하다.
④ 제3항에 따라 행정처분을 하는 경우에는 폐업한 기간과 폐업의 사유 등을 고려하여 업무정지의 기간을 정하여야 한다.

1. 폐업신고

행정사가 폐업한 경우에는 본인이, 사망한 경우에는 가족이나 동거인 또는 그 사무직원이 지체 없이 그 사실을 시장등에게 신고하여야 한다. 폐업한 행정사가 업무를 다시 시작할 때에도 또한 같다.

2. 폐업 전 행정제재처분효과의 승계 등

(1) 행정사의 지위승계

폐업신고를 한 후 업무를 다시 시작하는 신고를 한 행정사는 폐업신고 전 행정사의 지위를 승계한다.

(2) 제재처분의 승계

폐업신고 전의 행정사에 대하여 업무정지처분의 효과는 그 처분일부터 1년간 업무를 다시 시작하는 신고를 한 행정사에게 승계된다.

(3) 제재처분사유의 승계

① 업무를 다시 시작하는 신고를 한 행정사에 대하여 폐업신고 전 행정사의 위반행위를 사유로 업무정지처분을 할 수 있다. 다만, 폐업신고를 한 날부터 업무를 다시 시작하는 신고를 한 날까지의 기간이 1년을 넘은 경우는 그러하지 아니하다.
② 이 경우 폐업한 기간과 폐업의 사유 등을 고려하여 업무정지의 기간을 정하여야 한다.

04 휴업신고(「행정사법」 제25조의13, 제17조 준용)

행정사법

제17조 【휴업신고】 ① 행정사가 3개월이 넘도록 휴업(업무신고를 하고 업무를 시작하지 아니하는 경우를 포함한다. 이하 같다)하거나 휴업한 행정사가 업무를 다시 시작하려면 시장등에게 신고하여야 한다.
② 시장등은 제1항에 따른 업무재개신고를 받은 날부터 15일 이내에 신고수리 여부를 신고인에게 통지하여야 한다.
③ 시장등은 제2항에서 정한 기간 내에 신고수리 여부 또는 민원 처리 관련 법령에 따른 처리기간의 연장을 신고인에게 통지하지 아니하면 그 기간(민원 처리 관련 법령에 따라 처리기간이 연장 또는 재연장된 경우에는 해당 처리기간을 말한다)이 끝난 날의 다음 날에 신고를 수리한 것으로 본다.
④ 제1항에 따라 휴업한 행정사가 2년이 지나도 업무를 다시 시작하지 아니하는 경우에는 폐업한 것으로 본다.
⑤ 제1항에 따른 휴업신고 및 업무재개신고에 필요한 사항은 행정안전부령으로 정한다.

1. 휴업신고

행정사법인이 3개월이 넘도록 휴업(업무신고를 하고 업무를 시작하지 아니하는 경우를 포함한다. 이하 같다)하거나 휴업한 행정사법인이 업무를 다시 시작하려면 시장등에게 신고하여야 한다.

2. 신고수리의 통지

시장등은 휴업 후 업무재개신고를 받은 날부터 15일 이내에 신고수리 여부를 신고인에게 통지하여야 한다.

3. 신고수리의 간주

시장등은 업무재개신고를 받은 날부터 15일 이내에 신고수리 여부 또는 민원 처리 관련 법령에 따른 처리기간의 연장을 신고인에게 통지하지 아니하면 그 기간이 끝난 날의 다음 날에 신고를 수리한 것으로 본다.

4. 폐업 간주

휴업한 행정사가 2년이 지나도 업무를 다시 시작하지 아니하는 경우에는 폐업한 것으로 본다.

5. 업무정지

① 행정사법인이 휴업신고를 하지 아니한 경우 행정사법인의 주사무소 소재지를 관할하는 시장등은 6개월의 범위에서 기간을 정하여 업무의 정지를 명할 수 있다(「행정사법」 제32조 제1항 제3호).

② 업무정지처분은 그 사유가 발생한 날부터 3년이 지나면 할 수 없다(「행정사법」 제32조 제3항).

③ 업무정지처분을 받고 그 업무정지 기간에 행정사 업무를 한 자는 1년 이하의 징역 또는 1천만원 이하의 벌금에 처한다(「행정사법」 제36조 제2항 제6호).

05 행정사법인의 사무소 등

> 행정사법
>
> 제25조의5【행정사법인의 사무소 등】① 행정사법인은 법인구성원의 수를 넘지 아니하는 범위에서 주사무소와 분사무소를 설치할 수 있다. 이 경우 주사무소와 분사무소에는 각각 1명 이상의 법인구성원이 상근하여야 한다.
>
> ② 행정사법인은 사무소의 명칭 중에 행정사법인이라는 글자를 사용하여야 하고, 행정사법인의 분사무소에는 그 분사무소임을 표시하여야 한다.
>
> ③ 행정사법인이 아닌 자는 행정사법인 또는 이와 비슷한 명칭을 사용하지 못하며, 행정사법인의 사무소나 그 분사무소가 아니면 행정사법인이나 그 분사무소 또는 이와 비슷한 명칭을 사용하지 못한다.

1. 주사무소와 분사무소

행정사법인은 법인구성원의 수를 넘지 아니하는 범위에서 주사무소와 분사무소를 설치할 수 있다. 주사무소와 분사무소에는 각각 1명 이상의 법인구성원이 상근하여야 한다.

2. 법인구성원의 상근

주사무소와 분사무소에는 각각 1명 이상의 법인구성원이 상근하여야 한다.

3. 사무소의 명칭

행정사법인은 사무소의 명칭 중에 행정사법인이라는 글자를 사용하여야 하고, 행정사법인의 분사무소에는 그 분사무소임을 표시하여야 한다.

4. 유사명칭 사용금지

행정사법인이 아닌 자는 행정사법인 또는 이와 비슷한 명칭을 사용하지 못하며, 행정사법인의 사무소나 그 분사무소가 아니면 행정사법인이나 그 분사무소 또는 이와 비슷한 명칭을 사용하지 못한다.

5. 사무소 이전신고(「행정사법」 제25조의13, 제14조 제3항부터 제6항 준용)

① 행정사법인이 사무소를 이전한 때에는 10일 이내에 이전 후의 사무소 소재지를 관할하는 시장등에게 신고하여야 한다.

② 이전신고를 받은 시장등은 이전신고한 행정사에게 신고확인증을 발급하여야 하며, 종전의 사무소 소재지를 관할하는 시장등에게 사무소의 이전 사실을 통지하여야 한다.

③ 신고 전에 발생한 사유로 인한 행정사에 대한 행정처분은 신고를 받은 시장등이 행한다.

④ 사무소의 설치·운영 및 신고와 그 밖에 필요한 사항은 행정안전부령으로 정한다.

6. 업무정지

① 행정사법인이 법인구성원의 수를 넘어 주사무소와 분사무소를 설치하여 업무를 수행한 경우 행정사법인의 주사무소의 소재지를 관할하는 시장 등은 6개월의 범위에서 기간을 정하여 업무의 정지를 명할 수 있다(「행정사법」 제32조 제1항 제1호).

② 주사무소와 분사무소에 법인구성원이 상근하지 아니한 경우 행정사법인의 주사무소의 소재지를 관할하는 시장 등은 6개월의 범위에서 기간을 정하여 업무의 정지를 명할 수 있다(「행정사법」 제32조 제1항 제2호).

③ 업무정지처분은 그 사유가 발생한 날부터 3년이 지나면 할 수 없다(「행정사법」 제32조 제3항).

④ 업무정지처분을 받고 그 업무정지 기간에 행정사 업무를 한 자는 1년 이하의 징역 또는 1천만 원 이하의 벌금에 처한다(「행정사법」 제36조 제2항 제6호).

7. 과태료 부과

① 행정사법인이 아니면서 행정사법인 또는 그 분사무소와 비슷한 명칭을 사용한 자는 500만 원 이하의 과태료를 부과한다(「행정사법」 제38조 제1항 제2호).

② 사무소 이전신고를 하지 아니한 자는 100만 원 이하의 과태료를 부과한다(「행정사법」 제38조 제2항 제1호).

③ 행정사사무소, 행정사합동사무소 또는 행정사법인이라는 글자를 사용하지 아니하거나 그 분사무소임을 표시하지 아니한 자는 100만 원 이하의 과태료를 부과한다(「행정사법」 제38조 제2항 제2호).

06 행정사법인의 소속행정사 등

행정사법

제25조의6【행정사법인의 소속행정사 등】 ① 행정사법인은 행정사를 고용할 수 있다.

② 행정사법인은 제1항에 따라 행정사를 고용한 경우에는 주사무소 소재지의 시장등에게 행정안전부령으로 정하는 바에 따라 신고하여야 하며, 그 변경이 있는 경우에도 또한 같다.

③ 제1항에 따라 고용된 행정사(이하 "소속행정사"라 한다) 및 법인구성원은 업무정지 중이거나 휴업 중인 사람이 아니어야 한다.

④ 소속행정사 및 법인구성원은 그 행정사법인의 사무소 외에 따로 사무소를 둘 수 없다.

⑤ 법인업무신고를 한 행정사법인은 제25조 제1항에 따른 실무교육을 받지 아니한 사람을 소속행정사로 고용하거나 법인구성원으로 할 수 없다.

⑥ 행정사법인이 제25조의2 또는 그 밖의 이 법에 따른 법인구성원에 관한 요건을 갖추지 못하게 된 경우에는 6개월 이내에 이를 보충하여야 한다.

1. 행정사 고용

행정사법인은 행정사를 고용할 수 있다.

2. 고용신고

행정사법인은 행정사를 고용한 경우에는 주사무소 소재지의 시장등에게 신고하여야 하며, 그 변경이 있는 경우에도 또한 같다.

3. 소속행정사와 법인구성원의 별도 사무소 설치 금지

소속행정사 및 법인구성원은 그 행정사법인의 사무소 외에 따로 사무소를 둘 수 없다.

4. 실무교육을 받은 소속행정사나 법인구성원

법인업무신고를 한 행정사법인은 실무교육을 받지 아니한 사람을 소속행정사로 고용하거나 법인구성원으로 할 수 없다.

5. 소속행정사나 법인구성원의 보충

행정사법인이 3명 이상의 행정사 또는 그 밖의 이 법에 따른 법인구성원에 관한 요건을 갖추지 못하게 된 경우에는 6개월 이내에 이를 보충하여야 한다.

6. 업무정지

① 소속행정사 및 법인구성원이 그 행정사법인의 사무소 외에 따로 사무소를 둔 경우 행정사법인의 주사무소 소재지를 관할하는 시장등은 6개월의 범위에서 기간을 정하여 업무의 정지를 명할 수 있다(「행정사법」 제32조 제1항 제5호).

② 업무정지처분은 그 사유가 발생한 날부터 3년이 지나면 할 수 없다(「행정사법」 제32조 제3항).

③ 업무정지처분을 받고 그 업무정지 기간에 행정사 업무를 한 자는 1년 이하의 징역 또는 1천만원 이하의 벌금에 처한다(「행정사법」 제36조 제2항 제6호).

07 사무직원(「행정사법」 제25조의13, 제18조 준용)

행정사법
제18조 【사무직원】 ① 행정사는 사무직원을 둘 수 있으며, 소속 사무직원을 지도·감독할 책임이 있다.
② 사무직원의 직무상 행위는 그를 고용한 행정사의 행위로 본다.

1. 사무직원

행정사법인은 사무직원을 둘 수 있다.

2. 지도·감독책임

행정사법인은 소속 사무직원을 지도·감독할 책임이 있다.

3. 행정사의 행위간주

사무직원의 직무상 행위는 그를 고용한 행정사법인의 행위로 본다.

08 보수(「행정사법」 제25조의13, 제19조 준용)

행정사법
제19조 【보수】 ① 행정사는 업무를 위임한 자로부터 보수를 받는다.
② 행정사와 그 사무직원은 업무에 관하여 제1항에 따른 보수 외에 어떠한 명목으로도 위임인으로부터 금전 또는 재산상의 이익이나 그 밖의 반대급부(反對給付)를 받지 못한다.

1. 보수를 받을 권리

행정사법인은 업무를 위임한 자로부터 보수를 받는다.

2. 보수 외 반대급부금지

행정사법인과 그 사무직원은 업무에 관하여 보수 외에 어떠한 명목으로도 위임인으로부터 금전 또는 재산상의 이익이나 그 밖의 반대급부를 받지 못한다.

3. 업무정지

① 위임인으로부터 보수 외에 금전 또는 재산상 이익이나 그 밖의 반대급부를 받은 경우 행정사법인의 주사무소 소재지를 관할하는 시장 등은 6개월의 범위에서 기간을 정하여 업무의 정지를 명할 수 있다(「행정사법」 제32조 제1항 제3호).
② 업무정지처분은 그 사유가 발생한 날부터 3년이 지나면 할 수 없다(「행정사법」 제32조 제3항).
③ 업무정지처분을 받고 그 업무정지 기간에 행정사 업무를 한 자는 1년 이하의 징역 또는 1천만원 이하의 벌금에 처한다(「행정사법」 제36조 제2항 제6호).

④ 행정사법인의 사무직원이나 소속행정사가 행정사법인의 업무와 관련하여 이를 위반하면 그 행위자를 벌하는 외에 그 행정사법인에도 해당 조문의 벌금형을 과(科)한다. 다만, 행정사법인이 그 위반행위를 방지하기 위하여 해당 업무에 관하여 상당한 주의와 감독을 게을리하지 아니한 경우에는 그러하지 아니하다(「행정사법」 제37조 제2항 제6호).

4. 벌칙

위임인으로부터 보수 외에 금전 또는 재산상 이익이나 그 밖의 반대급부를 받은 자는 100만 원 이하의 벌금에 처한다(「행정사법」 제36조 제3항 제1호).

09 행정사법인의 업무수행 방법 2022년 제10회 기출

행정사법
제25조의7【업무수행 방법】 ① 행정사법인은 법인의 명의로 업무를 수행하여야 하며, 수임한 업무마다 그 업무를 담당할 법인구성원 또는 소속행정사(이하 "담당행정사"라 한다)를 지정하여야 한다. 다만, 소속행정사를 담당행정사로 지정할 경우에는 법인구성원과 공동으로 지정하여야 한다.
② 행정사법인이 수임한 업무에 대하여 담당행정사를 지정하지 아니한 경우에는 법인구성원 모두를 담당행정사로 지정한 것으로 본다.
③ 담당행정사는 지정된 업무에 관하여 그 법인을 대표한다.
④ 행정사법인이 그 업무에 관하여 작성하는 서면(書面)에는 행정사법인의 명의를 표시하고 담당행정사가 기명날인하여야 한다.

1. 법인명의 업무수행

행정사법인은 법인의 명의로 업무를 수행하여야 한다.

2. 업무담당자 지정

① 수임한 업무마다 그 업무를 담당할 법인구성원 또는 소속행정사(이하 "담당행정사"라 한다)를 지정하여야 한다. 다만, 소속행정사를 담당행정사로 지정할 경우에는 법인구성원과 공동으로 지정하여야 한다.

② 행정사법인이 수임한 업무에 대하여 담당행정사를 지정하지 아니한 경우에는 법인구성원 모두를 담당행정사로 지정한 것으로 본다.

3. 담당행정사의 지위

담당행정사는 지정된 업무에 관하여 그 법인을 대표한다.

4. 업무관련 서면

행정사법인이 그 업무에 관하여 작성하는 서면(書面)에는 행정사법인의 명의를 표시하고 담당행정사가 기명날인하여야 한다.

2022년 제10회 기출문제

» 모범답안 교재 346p 참조

「행정사법」상 행정사법인의 업무신고 및 수리의 거부와 행정사법인의 업무수행방법에 관하여 기술하시오. (단, 행정사법인의 업무신고기준 및 절차에 관한 것은 제외함) (20점)

10 증명서의 발급(「행정사법」 제25조의13, 제20조 준용)

행정사법
제20조 【증명서의 발급】 ① 행정사는 업무에 관련된 사실의 확인증명서를 발급할 수 있다.
② 외국어번역행정사는 그가 번역한 번역문에 대하여 번역확인증명서를 발급할 수 있다.
③ 제1항과 제2항에 따른 증명서 발급의 범위는 대통령령으로 정한다.

1. 확인증명서 발급

행정사법인은 업무에 관련된 사실의 확인증명서를 발급할 수 있다.

2. 번역확인증명서 발급

행정사법인은 외국어번역행정사가 번역한 번역문에 대하여 번역확인증명서를 발급할 수 있다.

3. 증명서 발급의 범위

행정사법인이 발급할 수 있는 증명서의 범위는 자신이 행한 업무에 관련된 사실과 자신이 번역한 번역문으로 한정한다(「행정사법 시행령」 제21조).

제2절 행정사법인의 해산 등

01 해산

행정사법
제25조의8 【해산】 ① 행정사법인은 다음 각 호의 사유로 해산한다.
1. 정관에서 정하는 해산 사유의 발생
2. 법인구성원 전원의 동의
3. 합병 또는 파산
4. 설립인가의 취소

② 행정사법인이 해산하면 청산인은 지체 없이 그 사유를 대통령령으로 정하는 바에 따라 행정안전부장관에게 신고하여야 한다.

1. 해산사유

① 정관에서 정하는 해산 사유의 발생, ② 법인구성원 전원의 동의, ③ 합병 또는 파산, ④ 설립인가의 취소로 해산한다.

2. 신고

행정사법인이 해산하면 청산인은 지체 없이 그 사유를 행정안전부장관에게 신고하여야 한다.

3. 첨부서류(「행정사법 시행령」 제23조의6)

신고서에는 ① 해산 이유서, ② 해산에 관한 총회 회의록을 첨부하여 제출하여야 한다.

02 합병

> 행정사법
> 제25조의9 【합병】 ① 행정사법인은 법인구성원 전원의 동의가 있으면 다른 행정사법인과 합병할 수 있다.
> ② 제1항의 경우에는 제25조의3을 준용한다.

03

1. 행정사법인의 합병

행정사법인은 법인구성원 전원의 동의가 있으면 다른 행정사법인과 합병할 수 있다.

2. 합병인가(「행정사법」 제25조의3 준용)

행정사법인을 합병하려면 행정사법인의 구성원이 될 행정사가 정관을 작성하여 행정안전부장관의 인가를 받아야 한다. 정관을 변경할 때에도 또한 같다.

3. 등기(「행정사법」 제25조의3 준용)

① 행정사법인은 그 주사무소의 소재지에서 합병등기를 함으로써 성립한다.

② 행정사법인의 합병등기는 합병인가증을 받은 날부터 14일 이내에 주사무소 소재지의 관할 등기소에서 해야 한다(「행정사법 시행령」 제23조의4 제1항 준용).

③ 행정사법인의 합병등기는 행정사법인의 구성원이 될 행정사 전원이 공동으로 신청해야 한다(「행정사법 시행령」 제23조의4 제3항 준용).

④ 행정안전부장관은 법인이 합병등기 한 내용을 확인해야 한다. 이 경우 행정안전부장관은 「전자정부법」 제36조 제1항에 따른 행정정보의 공동이용을 통하여 법인 등기사항증명서를 확인할 수 있다(「행정사법 시행령」 제23조의4 제4항 준용).

03 설립인가의 취소 2021년 제9회 기출

행정사법

제25조의10 【설립인가의 취소】 행정안전부장관은 행정사법인이 다음 각 호의 어느 하나에 해당하는 경우에는 대통령령으로 정하는 바에 따라 설립인가를 취소할 수 있다. 다만, 제1호의 경우에는 설립인가를 취소하여야 한다.

1. 거짓이나 그 밖의 부정한 방법으로 설립인가를 받은 경우
2. 제25조의6 제6항을 위반하여 법인구성원에 관한 요건을 6개월 이내에 보충하지 아니한 경우
3. 제32조에 따른 업무정지처분을 받고 그 업무정지 기간 중에 업무를 수행한 경우
4. 법령을 위반하여 업무를 수행한 경우

1. 의의

행정사법인의 설립인가가 있은 후 법령상의 사유가 있는 경우 설립인가의 효력을 소멸시키는 행정처분을 말한다.

2. 취소권자

행정안전부장관이 취소권자이다.

3. 임의적 설립인가 취소

① 법인구성원에 관한 요건을 6개월 이내에 보충하지 아니한 경우, ② 업무정지처분을 받고 그 업무정지 기간 중에 업무를 수행한 경우, ③ 법령을 위반하여 업무를 수행한 경우는 행정안전부장관은 설립인가를 취소할 수 있다.

4. 필수적 설립인가 취소

거짓이나 그 밖의 부정한 방법으로 설립인가를 받은 경우에는 행정안전부장관은 설립인가를 취소하여야 한다.

5. 청문

행정안전부장관은 행정사법인의 설립인가를 취소하려는 경우에는 청문을 해야 한다(「행정사법 시행령」 제23조의7).

2021년 제9회 기출문제 » 모범답안 교재 339p 참조

행정사법령상 행정사법인의 설립과 설립인가의 취소에 관하여 설명하시오. (20점)

제3절 행정사법인의 경업금지 등

01 경업의 금지

행정사법
제25조의11【경업의 금지】① 법인구성원 또는 소속행정사는 자기 또는 제3자를 위하여 그 행정사법인의 업무범위에 속하는 업무를 수행하거나 다른 행정사법인의 법인구성원 또는 소속행정사가 되어서는 아니 된다.
② 행정사법인의 법인구성원 또는 소속행정사이었던 사람은 그 행정사법인에 소속한 기간 중에 그 행정사법인의 담당행정사로서 수행하고 있었거나 수행을 승낙한 업무에 관하여는 퇴직 후 행정사의 업무를 수행할 수 없다. 다만, 그 행정사법인의 동의가 있는 경우에는 그러하지 아니하다.

1. 자기 또는 제3자를 위한 업무금지

법인구성원 또는 소속행정사는 자기 또는 제3자를 위하여 그 행정사법인의 업무범위에 속하는 업무를 수행하여서는 아니 된다.

2. 다른 행정사법인의 소속금지

법인구성원 또는 소속행정사는 다른 행정사법인의 법인구성원 또는 소속행정사가 되어서는 아니 된다.

3. 퇴직 후 업무수행제한

(1) 원칙 금지

행정사법인의 법인구성원 또는 소속행정사이었던 사람은 그 행정사법인에 소속한 기간 중에 그 행정사법인의 담당행정사로서 수행하고 있었거나 수행을 승낙한 업무에 관하여는 퇴직 후 행정사의 업무를 수행할 수 없다.

(2) 예외적 허용

그 행정사법인의 동의가 있는 경우에는 그러하지 아니하다.

4. 벌칙

① 경업의 금지를 위반하여 경업을 한 자는 100만 원 이하의 벌금에 처한다(「행정사법」 제36조 제3항 제6호).

② 행정사법인의 사무직원이나 소속행정사가 행정사법인의 업무와 관련하여 이를 위반하면 그 행위자를 벌하는 외에 그 행정사법인에도 해당 조문의 벌금형을 과(科)한다. 다만, 행정사법인이 그 위반행위를 방지하기 위하여 해당 업무에 관하여 상당한 주의와 감독을 게을리하지 아니한 경우에는 그러하지 아니하다(「행정사법」 제37조).

02 손해배상책임의 보장

행정사법

제25조의12【손해배상책임의 보장】 행정사법인은 그 직무를 수행하면서 고의나 과실로 의뢰인에게 손해를 입힌 경우 그 손해에 대한 배상책임을 보장하기 위하여 대통령령으로 정하는 바에 따라 손해배상준비금 적립이나 보험가입 등 필요한 조치를 하여야 한다.

1. 의의

행정사법인은 그 직무를 수행하면서 고의나 과실로 의뢰인에게 손해를 입힌 경우 그 손해에 대한 배상책임을 보장하기 위하여 손해배상준비금 적립이나 보험가입 등 필요한 조치를 하여야 한다.

2. 필요한 조치(「행정사법 시행령」 제23조의8)

(1) 보장조치 기간

행정사법인은 법인업무신고 후 15일 이내에 손해배상책임 보장조치를 해야 한다.

(2) 보장조치의 내용

보험 가입이나 주사무소 소재지를 관할하는 공탁기관에 현금 또는 국공채의 공탁 중에 하나에 해당하는 손해배상책임 보장조치를 해야 한다.

(3) 보장조치의 금액

행정사법인이 손해배상책임 보장조치를 하는 경우 그 금액은 행정사법인의 법인구성원과 소속행정사의 수에 1천만 원을 곱하여 산출한 금액 이상 또는 행정사법인당 1억 원 이상으로 한다.

3. 벌칙

손해배상준비금 적립이나 보험가입 등 필요한 조치를 취하지 않은 경우 500만 원 이하의 과태료를 부과한다(「행정사법」 제38조 제1항 제2의2호).

03 비밀엄수의무(「행정사법」 제25조의13, 제23조 준용)

행정사법

제23조【비밀엄수】 행정사 또는 행정사이었던 사람(행정사의 사무직원 또는 사무직원이었던 사람을 포함한다)은 정당한 사유 없이 직무상 알게 된 사실을 다른 사람에게 누설하여서는 아니 된다.

1. 벌칙

업무상 알게 된 사실을 다른 사람에게 누설한 자는 1년 이하의 징역 또는 1천만 원 이하의 벌금에 처한다(「행정사법」 제36조 제2항 제5호).

2. 양벌규정

행정사법인의 사무직원이나 소속행정사가 행정사법인의 업무와 관련하여 이를 위반하면 그 행위자를 벌하는 외에 그 행정사법인에도 해당 조문의 벌금형을 과(科)한다. 다만, 행정사법인이 그 위반행위를 방지하기 위하여 해당 업무에 관하여 상당한 주의와 감독을 게을리하지 아니한 경우에는 그러하지 아니하다(「행정사법」 제37조).

04 업무처리부 작성 · 보관의무(「행정사법」 제25조의13, 제24조 준용)

행정사법

제24조【업무처리부 작성】 ① 행정사는 업무를 위임받으면 대통령령으로 정하는 바에 따라 업무처리부(業務處理簿)를 작성하여 보관하여야 한다.

② 제1항에 따른 업무처리부에는 다음 각 호의 사항을 적어야 한다.

1. 일련번호
2. 위임받은 연월일
3. 위임받은 업무의 개요
4. 보수액
5. 위임인의 주소와 성명
6. 그 밖에 위임받은 업무의 처리에 필요한 사항

행정사법 시행령

제22조【업무처리부의 보관 등】 ① 법 제24조 제1항에 따른 업무처리부는 「전자문서 및 전자거래 기본법」 제2조 제1호에 따른 전자문서로 작성할 수 있다.

② 행정사는 법 제24조 제1항에 따라 작성한 업무처리부를 1년간 보관하여야 한다.

1. 업무처리부 작성 및 보관

행정사법인은 업무를 위임받으면 업무처리부(業務處理簿)를 작성하여 보관하여야 한다. 업무처리부는 전자문서로 작성할 수 있다.

2. 보관기간

행정사법인은 작성한 업무처리부를 1년간 보관하여야 한다.

3. 업무처리부를 작성하지 아니하거나 거짓으로 작성한 자는 100만 원 이하의 과태료를 부과한다(「행정사법」 제38조 제2항 제3호).

05 행정사법인의 금지행위(「행정사법」 제25조의13, 제22조 준용)

1. 의의

행정사법은 일반적 업무상의 의무 이외에 구체적인 금지행위를 별도로 규정하고 있다. 행정사법인의 구성원과 그 사무직원도 금지행위를 하여서는 아니 된다.

2. 금지행위

행정사법
제22조【금지행위】 행정사와 그 사무직원은 다음 각 호의 행위를 하여서는 아니 된다.
1. 정당한 사유 없이 업무에 관한 위임을 거부하는 행위
2. 당사자 중 어느 한 쪽의 위임을 받아 취급하는 업무에 관하여 이해관계를 달리하는 상대방으로부터 같은 업무를 위임받는 행위. 다만, 당사자 양쪽이 동의한 경우는 제외한다.
3. 행정사의 업무 범위를 벗어나서 타인의 소송이나 그 밖의 권리관계분쟁 또는 민원사무처리과정에 개입하는 행위
4. 업무수임 또는 수행 과정에서 관련 공무원과의 연고(緣故) 등 사적인 관계를 드러내며 영향력을 미칠 수 있는 것으로 선전하는 행위
5. 행정사의 업무에 관하여 거짓된 내용을 표시하거나 객관적 사실을 과장 또는 누락하여 소비자를 오도(誤導)하거나 오해를 불러일으킬 우려가 있는 내용의 광고행위
6. 행정사 업무의 알선을 업으로 하는 자를 이용하거나 그 밖의 부당한 방법으로 행정사 업무의 위임을 유치(誘致)하는 행위

(1) 벌칙

1) 1년 이하의 징역 또는 1천만 원 이하의 벌금

① 업무수임 또는 수행 과정에서 관련 공무원과의 연고(緣故) 등 사적인 관계를 드러내며 영향력을 미칠 수 있는 것으로 선전하는 행위를 한 경우(「행정사법」 제36조 제2항 제3호)

② 행정사의 업무에 관하여 거짓된 내용을 표시하거나 객관적 사실을 과장 또는 누락하여 소비자를 오도(誤導)하거나 오해를 불러일으킬 우려가 있는 내용의 광고행위를 한 경우(「행정사법」 제36조 제2항 제4호)

2) 100만 원 이하의 벌금

① 정당한 사유 없이 업무에 관한 위임을 거부한 자(「행정사법」 제36조 제3항 제2호)

② 당사자 양쪽으로부터 같은 업무에 관한 위임을 받은 자(「행정사법」 제36조 제3항 제3호)

③ 타인의 소송이나 그 밖의 권리관계분쟁 또는 민원사무처리과정에 개입한 자(「행정사법」 제36조 제3항 제4호)

④ 알선을 업으로 하는 자를 이용하거나 그 밖의 부당한 방법으로 행정사 업무의 위임을 유치한 자(「행정사법」 제36조 제3항 제5호)

(2) 양벌규정

행정사법인의 사무직원이 행정사법인의 업무와 관련하여 이를 위반하면 그 행위자를 벌하는 외에 그 행정사법인도 해당 조문의 벌금형을 과(科)한다. 다만, 행정사법인이 그 위반행위를 방지하기 위하여 해당 업무에 관하여 상당한 주의와 감독을 게을리하지 아니한 경우에는 그러하지 아니하다(「행정사법」 제37조).

제4절 지도 · 감독

01 자격의 취소 2015년 제3회 기출

행정사법
제30조【자격의 취소】① 행정안전부장관은 행정사가 다음 각 호의 어느 하나에 해당하는 경우에는 그 자격을 취소하여야 한다.
1. 거짓이나 그 밖의 부정한 방법으로 행정사 자격을 취득한 경우
2. 제13조 제1항을 위반하여 신고확인증을 양도하거나 대여한 경우
3. 제32조에 따른 업무정지처분을 받고 그 업무정지 기간에 행정사 업무를 한 경우
4. 이 법을 위반하여 징역형이 확정된 경우

② 행정안전부장관은 제1항에 따라 행정사 자격을 취소하려는 경우에는 청문을 하여야 한다.

1. 필요적 취소

행정안전부장관은 행정사가 「행정사법」에 규정된 사항에 해당하는 경우에는 그 자격을 취소하여야 한다.

2. 자격취소의 사유

① 거짓이나 그 밖의 부정한 방법으로 행정사 자격을 취득한 경우
② 신고확인증을 양도하거나 대여한 경우
③ 업무정지처분을 받고 그 업무정지 기간에 행정사 업무를 한 경우
④ 「행정사법」을 위반하여 징역형이 확정된 경우

3. 청문

행정안전부장관은 행정사 자격을 취소하려는 경우에는 청문을 하여야 한다.

02 감독상의 명령 등 2015년 제3회 기출

행정사법
제31조【감독상 명령 등】① 행정안전부장관 또는 행정사의 사무소(행정사합동사무소 또는 행정사법인의 경우에는 주사무소를 말한다)의 소재지를 관할하는 시장등은 행정사 또는 행정사법인에 대한 감독을 위하여 필요하다고 인정하면 해당 행정사 또는 행정사법인에 대하여 업무에 관한 사항을 보고하게 하거나 업무처리부 등 자료의 제출 또는 그 밖에 필요한 명령을 할 수 있으며, 소속 공무원으로 하여금 그 사무소에 출입하여 장부·서류 등을 검사하거나 질문하게 할 수 있다.
② 제1항에 따라 출입·검사 등을 하는 공무원은 행정안전부령으로 정하는 증표를 지니고 상대방에게 이를 보여주어야 한다.

제32조【업무의 정지】 ① 행정사 사무소(행정사합동사무소 또는 행정사법인의 경우에는 주사무소를 말한다)의 소재지를 관할하는 시장등은 행정사 또는 행정사법인이 다음 각 호의 어느 하나에 해당하는 경우에는 6개월의 범위에서 기간을 정하여 업무의 정지를 명할 수 있다.

6. 제31조 제1항에 따른 보고 또는 업무처리부 자료 제출 등의 명령에 따르지 아니하거나 검사 또는 질문을 거부·방해 또는 기피한 경우

③ 제1항에 따른 업무정지처분은 그 사유가 발생한 날부터 3년이 지나면 할 수 없다.

제38조【과태료】 ① 다음 각 호의 어느 하나에 해당하는 자에게는 500만 원 이하의 과태료를 부과한다.

3. 정당한 사유 없이 제29조 제2항 및 제31조 제1항에 따른 보고 또는 자료제출을 하지 아니하거나, 거짓으로 보고·자료제출을 하거나, 출입·검사를 방해·거부 또는 기피한 자

1. 감독명령의 의의

행정안전부장관이나 행정사의 사무소 또는 법인의 주사무소를 관할하는 시장 등이 감독을 위하여 필요하다고 인정하는 경우 명령하는 것을 말한다.

2. 감독명령의 내용

① 업무에 관한 사항을 보고하게 하거나 업무처리부 등 자료의 제출 또는 그 밖에 필요한 명령을 할 수 있다.

② 소속 공무원으로 하여금 그 사무소에 출입하여 장부·서류 등을 검사하거나 질문하게 할 수 있다.

2015년 제3회 기출문제

» 모범답안 교재 307p 참조

「행정사법」 제31조(감독상 명령 등)에 따른 '장부 검사'와 제30조(자격의 취소)에 따른 '자격취소'에 관하여 설명하시오. (20점)

03 업무의 정지 2014년 제2회 기출

행정사법

제32조【업무의 정지】 ① 행정사 사무소(행정사합동사무소 또는 행정사법인의 경우에는 주사무소를 말한다)의 소재지를 관할하는 시장등은 행정사 또는 행정사법인이 다음 각 호의 어느 하나에 해당하는 경우에는 6개월의 범위에서 기간을 정하여 업무의 정지를 명할 수 있다.

1. 제14조 제1항을 위반하여 두 개 이상의 사무실을 설치한 경우
2. 제14조 제2항 후단 또는 제25조의5 제1항 후단을 위반하여 행정사합동사무소를 구성하는 행정사 또는 법인구성원이 상근하지 아니한 경우
3. 제17조 제1항(제25조의13 제1항에서 준용하는 경우를 포함한다)에 따른 휴업신고를 하지 아니한 경우
4. 제19조 제2항(제25조의13 제1항에서 준용하는 경우를 포함한다)을 위반하여 위임인으로부터 보수 외에 금전 또는 재산상 이익이나 그 밖의 반대급부를 받은 경우
5. 제25조의6 제4항을 위반하여 따로 사무소를 둔 경우

6. 제31조 제1항에 따른 보고 또는 업무처리부 자료 제출 등의 명령에 따르지 아니하거나 검사 또는 질문을 거부·방해 또는 기피한 경우
② 제1항에 따른 업무정지에 관한 기준은 행정안전부령으로 정한다.
③ 제1항에 따른 업무정지처분은 그 사유가 발생한 날부터 3년이 지나면 할 수 없다.

1. 의의

「행정사법」에 규정된 사유에 해당하는 경우 행정사사무소의 소재지를 관할하는 시장등이 6개월의 범위에 업무의 정지를 명하는 것을 말한다.

2. 업무정지 사유

① 행정사가 두 개 이상의 사무실을 설치한 경우
② 행정사합동사무소를 구성하는 행정사 또는 법인구성원이 상근하지 아니한 경우
③ 행정사 또는 행정사법인이 3개월이 넘도록 휴업할 때 휴업신고를 하지 아니한 경우
④ 행정사 또는 행정사법인이 위임인으로부터 보수 외에 금전 또는 재산상 이익이나 그 밖의 반대급부를 받은 경우
⑤ 법인소속의 행정사 또는 법인구성원이 따로 사무소를 둔 경우
⑥ 행정사 또는 행정사법인이 보고 또는 업무처리부 자료 제출 등의 명령에 따르지 아니하거나 검사 또는 질문을 거부·방해 또는 기피한 경우

3. 재량행위

업무정지는 시장등이 6개월의 범위에서 선택재량권을 갖는다.

4. 제척기간

업무정지처분은 그 사유가 발생한 날부터 3년이 지나면 할 수 없다.

04 행정제재처분효과의 승계 등 2014년 제2회 기출

행정사법

제33조【행정제재처분효과의 승계 등】 ① 제16조(제25조의13 제1항에서 준용하는 경우를 포함한다)에 따라 폐업신고를 한 후 업무를 다시 시작하는 신고를 한 행정사(행정사법인을 포함한다. 이하 이 조에서 같다)는 폐업신고 전 행정사의 지위를 승계한다.
② 제1항의 경우 폐업신고 전의 행정사에 대하여 제32조 제1항 각 호의 위반행위를 사유로 한 행정처분의 효과는 그 처분일부터 1년간 업무를 다시 시작하는 신고를 한 행정사에게 승계된다.
③ 제1항의 경우 업무를 다시 시작하는 신고를 한 행정사에 대하여 폐업신고 전 행정사의 제32조 제1항 각 호의 위반행위를 사유로 행정처분을 할 수 있다. 다만, 폐업신고를 한 날부터 업무를 다시 시작하는 신고를 한 날까지의 기간이 1년을 넘은 경우는 그러하지 아니하다.
④ 제3항에 따라 행정처분을 하는 경우에는 폐업한 기간과 폐업의 사유 등을 고려하여 업무정지의 기간을 정하여야 한다.

1. 행정사의 지위승계

폐업신고를 한 후 업무를 다시 시작하는 신고를 한 행정사는 폐업신고 전 행정사의 지위를 승계한다.

2. 제재처분의 승계

폐업신고 전의 행정사에 대하여 업무정지처분의 효과는 그 처분일부터 1년간 업무를 다시 시작하는 신고를 한 행정사에게 승계된다.

3. 제재처분사유의 승계

① 업무를 다시 시작하는 신고를 한 행정사에 대하여 폐업신고 전 행정사의 위반행위를 사유로 업무정지처분을 할 수 있다. 다만, 폐업신고를 한 날부터 업무를 다시 시작하는 신고를 한 날까지의 기간이 1년을 넘은 경우는 그러하지 아니하다.

② 이 경우 폐업한 기간과 폐업의 사유 등을 고려하여 업무정지의 기간을 정하여야 한다.

2023년 제11회 기출문제 » 모범답안 교재 352p 참조

「행정사법」상 행정사의 자격취소와 업무정지에 관하여 설명하시오. (20점)

제5절 벌칙

01 형벌

행정사법

제36조【벌칙】 ① 다음 각 호의 어느 하나에 해당하는 자는 3년 이하의 징역 또는 3천만 원 이하의 벌금에 처한다.

1. 제3조 제1항을 위반하여 제2조 제1항 각 호의 업무를 업으로 한 자
2. 제13조(제25조의13 제1항에서 준용하는 경우를 포함한다)를 위반하여 신고확인증을 다른 자에게 대여한 행정사, 행정사법인과 이를 대여받은 자 또는 대여를 알선한 자

② 다음 각 호의 어느 하나에 해당하는 자는 1년 이하의 징역 또는 1천만 원 이하의 벌금에 처한다.

1. 행정사업무신고 또는 법인업무신고를 하지 아니하고 행정사 업무를 한 자
2. 제21조의2에 따른 수임제한 규정을 위반한 사람
3. 제22조 제4호(제25조의13 제1항에서 준용하는 경우를 포함한다)를 위반하여 사적인 관계를 드러내며 영향력을 미칠 수 있는 것으로 선전한 자
4. 제22조 제5호(제25조의13 제1항에서 준용하는 경우를 포함한다)를 위반하여 소비자를 오도하거나 오해를 불러일으킬 우려가 있는 내용의 광고행위를 한 자
5. 제23조(제25조의13 제1항에서 준용하는 경우를 포함한다)를 위반하여 업무상 알게 된 사실을 다른 사람에게 누설한 자
6. 제32조에 따른 업무정지처분을 받고 그 업무정지 기간에 행정사 업무를 한 자

③ 다음 각 호의 어느 하나에 해당하는 자는 100만 원 이하의 벌금에 처한다.

1. 제19조 제2항(제25조의13 제1항에서 준용하는 경우를 포함한다)을 위반하여 위임인으로부터 보수 외에 금전 또는 재산상 이익이나 그 밖의 반대급부를 받은 자
2. 제22조 제1호(제25조의13 제1항에서 준용하는 경우를 포함한다)를 위반하여 정당한 사유 없이 업무에 관한 위임을 거부한 자
3. 제22조 제2호(제25조의13 제1항에서 준용하는 경우를 포함한다)를 위반하여 당사자 양쪽으로부터 같은 업무에 관한 위임을 받은 자
4. 제22조 제3호(제25조의13 제1항에서 준용하는 경우를 포함한다)를 위반하여 타인의 소송이나 그 밖의 권리관계분쟁 또는 민원사무처리과정에 개입한 자
5. 제22조 제6호(제25조의13 제1항에서 준용하는 경우를 포함한다)를 위반하여 알선을 업으로 하는 자를 이용하거나 그 밖의 부당한 방법으로 행정사 업무의 위임을 유치한 자
6. 제25조의11을 위반하여 경업(競業)을 한 자

제37조 【양벌규정】 행정사 또는 행정사법인의 사무직원이나 소속행정사가 행정사 또는 행정사법인의 업무와 관련하여 제36조를 위반하면 그 행위자를 벌하는 외에 그 행정사 또는 행정사법인에도 해당 조문의 벌금형을 과(科)한다. 다만, 행정사 또는 행정사법인이 그 위반행위를 방지하기 위하여 해당 업무에 관하여 상당한 주의와 감독을 게을리하지 아니한 경우에는 그러하지 아니하다.

03

02 과태료 2016년 제4회 기출

행정사법

제38조 【과태료】 ① 다음 각 호의 어느 하나에 해당하는 자에게는 500만 원 이하의 과태료를 부과한다.

1. 제3조 제2항을 위반하여 행정사 또는 이와 비슷한 명칭을 사용한 자
2. 제15조 제2항 또는 제25조의5 제3항을 위반하여 행정사사무소, 행정사합동사무소 또는 그 분사무소나 행정사법인 또는 그 분사무소와 비슷한 명칭을 사용한 자

2의2. 제25조의12에 따른 조치를 취하지 아니한 행정사법인

3. 정당한 사유 없이 제29조 제2항 및 제31조 제1항에 따른 보고 또는 자료제출을 하지 아니하거나, 거짓으로 보고·자료제출을 하거나, 출입·검사를 방해·거부 또는 기피한 자

② 다음 각 호의 어느 하나에 해당하는 자에게는 100만 원 이하의 과태료를 부과한다.

1. 제14조 3항(제25조의13 제1항에서 준용하는 경우를 포함한다)에 따른 사무소 이전신고를 하지 아니한 자
2. 제15조 1항 또는 제25조의5 제2항을 위반하여 행정사사무소, 행정사합동사무소 또는 행정사법인이라는 글자를 사용하지 아니하거나 그 분사무소임을 표시하지 아니한 자
3. 제24조(제25조의13 제1항에서 준용하는 경우를 포함한다)를 위반하여 업무처리부를 작성하지 아니하거나 거짓으로 작성한 자
4. 제25조 3항을 위반하여 연수교육을 받지 아니하고 행정사 업무를 수행한 사람

③ 제1항 및 제2항에 따른 과태료는 대통령령으로 정하는 바에 따라 행정안전부장관, 시·도지사 또는 시장등이 부과·징수한다.

1. 과태료부과권자

「행정사법」상 과태료는 행정안전부장관, 시·도지사 또는 시장등이 부과·징수한다.

2. 과태료부과대상자의 유형과 내용

(1) 500만 원 이하의 과태료

① 행정사가 아니면서 행정사 또는 이와 비슷한 명칭을 사용한 자

② 행정사사무소, 행정사합동사무소 또는 그 분사무소나 행정사법인 또는 그 분사무소와 비슷한 명칭을 사용한 자

③ 손해배상책임 보장 조치를 취하지 아니한 행정사법인

④ 정당한 사유 없이 보고 또는 자료제출을 하지 아니하거나, 거짓으로 보고·자료제출을 하거나, 출입·검사를 방해·거부 또는 기피한 자

(2) 100만 원 이하의 과태료

① 사무소 이전신고를 하지 아니한 자

② 행정사사무소, 행정사합동사무소 또는 행정사법인이라는 글자를 사용하지 아니하거나 그 분사무소임을 표시하지 아니한 자

③ 업무처리부를 작성하지 아니하거나 거짓으로 작성한 자

④ 연수교육을 받지 아니하고 행정사 업무를 수행한 사람

2016년 제4회 기출문제 » 모범답안 교재 312p 참조

「행정사법」상 과태료 부과대상자의 유형 및 내용에 대하여 설명하시오. (20점)

제6절 대한행정사회

행정사법

제26조【대한행정사회의 설립 등】 ① 행정사의 품위 향상과 직무의 개선·발전을 도모하기 위하여 대한행정사회(이하 "행정사회"라 한다)를 둔다.

② 행정사회는 법인으로 한다.

③ 행정사회는 정관을 정하여 행정안전부장관의 인가를 받아 설립등기를 함으로써 성립한다.

④ 행정사회의 설립·운영 및 설립인가 신청 등에 필요한 사항은 대통령령으로 정한다.

제26조의2【행정사회의 가입 의무】 행정사(법인구성원 및 소속행정사를 포함한다)로서 개업하려면 행정사회에 가입하여야 한다.

제26조의3【행정사회의 공익활동 의무】 행정사회는 취약계층의 지원 등 공익활동에 적극 참여하여야 한다.

제27조【행정사회의 정관】 ① 행정사회의 정관에는 다음 각 호의 사항이 포함되어야 한다.
1. 목적·명칭과 사무소의 소재지
2. 대표자와 그 밖의 임원에 관한 사항
3. 회의에 관한 사항
4. 행정사의 품위유지와 업무 및 교육에 관한 사항
5. 회원의 가입·탈퇴 및 지도·감독에 관한 사항
6. 회계 및 회비부담에 관한 사항
7. 자산에 관한 사항
8. 그 밖에 행정사회의 목적을 달성하기 위하여 필요한 사항

② 정관을 변경하려면 행정안전부장관의 인가를 받아야 한다.

제28조【「민법」의 준용】 행정사회에 관하여 이 법에서 규정하지 아니한 사항에 대하여는 「민법」 중 사단법인에 관한 규정을 준용한다.

제29조【행정사회에 대한 감독 등】 ① 행정사회는 행정안전부장관의 감독을 받는다.

② 행정안전부장관은 감독을 위하여 필요하다고 인정하면 행정사회에 대하여 그 업무에 관한 사항을 보고하게 하거나 자료의 제출 또는 그 밖에 필요한 명령을 할 수 있으며, 소속 공무원으로 하여금 행정사회의 사무소에 출입하여 업무상황과 그 밖의 서류 등을 검사하게 할 수 있다.

③ 제2항에 따라 출입·검사 등을 하는 공무원은 행정안전부령으로 정하는 증표를 지니고 상대방에게 이를 보여주어야 한다.

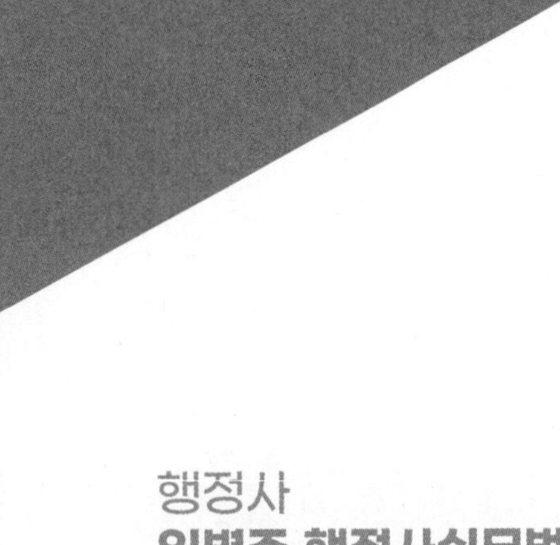

행정사
임병주 행정사실무법

부록

관련 판례
기출문제 모범답안

대상적격처분 관련 판례
(사례문제 대비 참조)

1. 법규명령이나 조례

(1) 원칙

법령이나 조례의 제정 · 개정 · 폐지는 법령등의 목적을 실현하기 위한 행정청의 구제적 조치를 필요로 하기 때문에 그 자체로는 처분성이 인정되지 않는다.

법령 자체는 원칙적 항고소송의 대상되는 처분이 아니다.

의료기관의 명칭표시판에 진료과목을 함께 표시하는 경우 글자 크기를 제한하고 있는 구 의료법 시행규칙 제31조가 그 자체로서 국민의 구체적인 권리의무나 법률관계에 직접적인 변동을 초래하지 아니하므로 항고소송의 대상이 되는 행정처분이라고 할 수 없다(대판 2007.4.12. 2005두15168).

(2) 처분법규

법령이 행정청의 집행행위를 매개로 하지 않고 법령등 그 자체에 의해 특정인의 권리 · 의무에 직접적인 영향을 미치는 경우에는 취소소송의 대상이 된다. 이를 처분법규라 한다.

조례가 집행행위의 개입 없이도 그 자체로서 직접 국민의 구체적인 권리 · 의무나 법적 이익에 영향을 미치는 경우 항고소송의 대상되는 처분에 해당한다.

조례가 집행행위의 개입 없이도 그 자체로서 직접 국민의 구체적인 권리 · 의무나 법적 이익에 영향을 미치는 등의 법률상 효과를 발생하는 경우, 그 조례는 항고소송의 대상이 되는 행정처분에 해당한다(대판 1996.9.20. 95누8003)(일명 두밀분교폐교조례).

고시의 법적 성격

어떠한 고시가 일반적 · 추상적 성격을 가질 때에는 법규명령 또는 행정규칙에 해당할 것이지만, 다른 집행행위의 매개 없이 그 자체로서 직접 국민의 구체적인 권리의무나 법률관계를 규율하는 성격을 가질 때에는 처분에 해당한다고 할 것이다(대법원 2003.10.9.자 2003무23).

청소년유해매체물 결정 및 고시는 항고소송의 대상이 되는 처분이다.

구 청소년보호법(2001. 5. 24. 법률 제6479호로 개정되기 전의 것)에 따른 청소년유해매체물 결정 및 고시처분은 당해 유해매체물의 소유자 등 특정인만을 대상으로 한 행정처분이 아니라 일반 불특정 다수인을 상대방으로 하여 일률적으로 표시의무, 포장의무, 청소년에 대한 판매 · 대여 등의 금지의무 등 각종 의무를 발생시키는 행정처분이다(대판 2007.6.14. 2004두619).

항정신병 치료제의 요양급여에 관한 보건복지부 고시는 항고소송의 대상되는 행정처분에 해당한다.

이 사건 고시가 불특정의 항정신병 치료제 일반을 대상으로 한 것이 아니라 특정 제약회사의 특정 의약품을 규율 대상으로 하는 점 및 의사에 대하여 특정 의약품을 처방함에 있어서 지켜야 할 기준을 제시하면서 만일 그와 같은 처방기준에 따르지 않은 경우에는 국민건강보험공단에 대하여 그 약제비용을 보험급여로 청구할 수 없고 환자 본인에 대하여만 청구할 수 있게 한 점 등에 비추어 볼 때, 이 사건 고시는 다른 집행행위의 매개 없이 그 자체로서 제약회사, 요양기관, 환자 및 국민건강보험공단 사이의 법률관계를 직접 규율하는 성격을 가진다고 할 것이므로, 이는 항고소송의 대상이 되는 행정처분으로서의 성격을 갖는다(대판 2003.10.9. 2003무 결정).

보건복지부 고시인 구 약제급여 · 비급여목록 및 급여상한금액표는 항고소송의 대상되는 처분에 해당한다.

① 약제급여 · 비급여목록 및 급여상한금액표(보건복지부 고시 제2002-46호로 개정된 것, 이하 '이 사건 고시'라 한다)는 특정 제약회사의 특정 약제에 대하여 국민건강보험가입자 또는 국민건강보험공단이 지급하여야 하거나 요양기관이 상환받을 수 있는 약제비용의 구체적 한도액을 특정하여 설정하고 있는 점, ② 약제의 지급과 비용의 청구행위가 있기만 하면 달리 행정청의 특별한 집행행위의 개입 없이 이 사건 고시가 적용되는 점, ③ 특정 약제의 상한금액의 변동은 곧바로 국민건강보험가입자 또는 국민건강보험공단이 지급하여야 하거나 요양기관이 상환받을 수 있는 약제비용을 변동시킬 수 있다는 점 등에 비추어 보면, 이 사건 고시는 다른 집행행위의 매개 없이 그 자체로서 국민건강보험가입자, 국민건강보험공단, 요양기관 등의 법률관계를 직접 규율하는 성격을 가진다고 할 것이므로, 항고소송의 대상이 되는 행정처분에 해당한다(대판 2006.9.22. 2005두2506).

2. 행정규칙

행정규칙은 행정내부에만 효력이 미치는 내부규범으로 그 자체로서 국민의 법적 지위에 직접적인 영향을 미치지 않으므로 원칙적 취소소송의 대상되는 처분으로 볼 수 없다.

교육부장관이 내신성적 산정기준은 행정조직 내부의 사무처리준칙에 불과하다.

교육부장관이 내신성적 산정기준의 통일을 기하기 위해 대학입시기본계획의 내용에서 내신성적 산정기준에 관한 시행지침을 마련하여 시 · 도 교육감에서 통보한 것은 행정조직 내부에서 내신성적 평가에 관한 내부적 심사기준을 시달한 것에 불과하며, 그것만으로는 현실적으로 특정인의 구체적인 권리의무에 직접적으로 변동을 초래케 하는 것은 아니라 할 것이어서 내신성적 산정지침을 항고소송의 대상이 되는 행정처분으로 볼 수 없다(대판 1994.9.10. 94두33).

3. 일반처분

일반처분은 구체적인 사실에 관하여 불특정 다수인을 대상으로 하는 구체적 명령을 내용으로 하는 것이다. 처분의 상대방이 특정되어 있지 않고 불특정 다수인을 상대로 하더라도 처분이라는 점에서 행정행위로서 처분성이 인정된다.

지방경찰청장이 횡단보도를 설치하는 것은 행정처분이다.

지방경찰청장이 횡단보도를 설치하여 보행자의 통행방법 등을 규제하는 것은 행정청이 특정사항에 대하여 의무의 부담을 명하는 행위이고 이는 국민의 권리의무에 직접 관계가 있는 행위로서 행정처분이라고 보아야 한다(대판 2000.10.27. 98두8964).

4. 사실행위

행정청의 사실행위란 행정행위, 그 밖에 법률적 행위와는 달리 일정한 법률효과의 발생을 목적으로 하는 것이 아니라, 직접적으로 사실상의 결과만을 가져오는 행위를 말한다. 사실행위는 권력적 사실행위와 비권력적 사실행위로 구별된다.

(1) **권력적 사실행위**

단수처분은 항고소송의 대상이 된다.

단수처분은 항고소송의 대상이 되는 행정처분에 해당한다(대판 1979.12.28. 79누218).

미결수용 중인 자에 대한 이송은 취소소송의 대상이 되고 집행정지신청이 가능하다.

미결수용 중 다른 교도소로 이송된 피고인이 그 이송처분의 취소를 구하는 행정소송을 제기하고 아울러 그 효력정지를 구하는 신청을 제기한 데 대하여 법원에서 위 이송처분의 효력정지신청을 인용하는 결정을 하였고 이에 따라 신청인이 다시 이송되어 현재 위 이송처분이 있기 전과 같은 교도소에 수용중이라 하여도 이는 법원의 효력정지 결정에 의한 것이어서 그로 인하여 효력정지신청이 그 신청의 이익이 없는 부적법한 것으로 되는 것은 아니다(대판 1992.8.7. 92두30).

교도소장이 수형자 접견시 교도관 참여대상자를 지정한 행위는 항고소송의 대상되는 처분에 해당한다.

교도소장이 수형자 갑을 '접견내용 녹음 · 녹화 및 접견 시 교도관 참여대상자'로 지정한 사안에서, 위 지정행위는 수형자의 구체적 권리의무에 직접적 변동을 가져오는 행정청의 공법상 행위로서 항고소송의 대상이 되는 '처분'에 해당한다(대판 1994.8.26. 94누3223).

병역의무 기피자에 대한 병무청장의 공개결정은 항고소송의 대상되는 처분이다.

병무청장이 병역법에 따라 병역의무 기피자의 인적사항 등을 인터넷 홈페이지에 게시하는 등의 방법으로 공개하는 경우 병무청장의 공개결정은 항고소송의 대상이 되는 처분으로 보아야 한다(대법원 2019. 6. 27. 2018두49130).

도지사의 지방의료원 폐업결정은 항고소송의 대상에 해당한다.

갑 도지사가 도에서 설치 · 운영하는 을 지방의료원을 폐업하겠다는 결정을 발표하고 그에 따라 폐업을 위한 일련의 조치가 이루어진 후 을 지방의료원을 해산한다는 내용의 조례를 공포하고 을 지방의료원의 청산절차가 마쳐진 사안에서, 갑 도지사의 폐업결정은 항고소송의 대상에 해당하지만 취소를 구할 소의 이익을 인정하기 어렵다(대판 2016.8.30. 2015두60617).

(2) **비권력적 사실행위**

건설부장관이 행한 국립공원지정처분에 따라 공원관리청이 행한 경계측량 및 표지의 설치 등은 행정처분에 해당하지 않는다.

건설부장관이 행한 국립공원지정처분은 그 결정 및 첨부된 도면의 공고로써 그 경계가 확정되는 것이고, 시장이 행한 경계측량 및 표지의 설치 등은 공원관리청이 공원구역의 효율적인 보호, 관리를 위하여 이미 확정된 경계를 인식, 파악하는 사실상의 행위로 봄이 상당하며, 위와 같은 사실상의 행위를 가리켜 공권력 행사로서의 행정처분의 일부라고 볼 수 없다(대판 1992.10.13. 92누2325).

납세의무자가 세금을 자진신고납세방식에 의하여 납부면서 과세관청이 이를 수령한 행위는 단순한 사실행위에 불과하고 과세처분으로 볼 수 없다.

납세의무자가 특별소비세 및 방위세를 자진신고납세방식에 의하여 납부하였다면 과세관청이 이를 수령한 행위는 단순한 사실행위에 불과하고 확인적 과세처분으로 볼 수 없다(대판 1993.10.26. 93누6331).

5. 의사결정단계별 행정행위

(1) 부분허가

전체허가에 앞선 일부분에 대한 허가를 부분허가라 한다. 부분허가는 부분적이기는 하나 그 자체가 일정한 법적효과가 발생하는 것이므로 항고소송의 대상이 되는 처분에 해당한다. 다만 전체허가가 나온 뒤에는 전체허가의 내용에 흡수되어 부분허가만을 다툴 소의 이익이 없다. 판례도 원자력발전소건설허가에 앞선 부지사전승인처분과 관련하여 동일한 입장으로 판시하였다.

원자력발전소부지사전승인은 처분성이 인정되나 원자력발전소건설허가가 있는 경우 이에 흡수된다.

원자력법 제11조 제3항 소정의 부지사전승인제도는 원자로 및 관계 시설을 건설하고자 하는 자가 … 건설허가 전에 미리 승인을 받는 제도로서, 원자로 및 관계 시설의 부지사전승인처분은 그 자체로서 건설부지를 확정하고 사전공사를 허용하는 법률효과를 지닌 독립한 행정처분이기는 하지만, 건설허가 전에 신청자의 편의를 위하여 미리 그 건설허가의 일부 요건을 심사하여 행하는 사전적 부분 건설허가처분의 성격을 갖고 있는 것이어서 나중에 건설허가처분이 있게 되면 그 건설허가처분에 흡수되어 독립된 존재가치를 상실함으로써 그 건설허가처분만이 쟁송의 대상이 되는 것이므로, 부지사전승인처분의 취소를 구하는 소는 소의 이익을 잃게 되고, 따라서 부지사전승인처분의 위법성은 나중에 내려진 건설허가처분의 취소를 구하는 소송에서 이를 다투면 된다(대판 1998.9.4. 97누19588).

(2) 예비결정 또는 사전결정

장기간 · 대규모 공사에 있어서 다수의 요건이 충족되어야 하는 경우에 그 개개인의 요건에 대한 행정청의 종국적 · 완결적 구속력이 있는 행정행위를 예비결정이라 한다. 예비결정에 대해 법률상 이익을 침해받은 자는 소송을 제기할 수 있다.

폐기물처리업사업계획에 대한 부적정통보는 처분성이 인정된다.

폐기물관리법 관계 법령의 규정에 의하면 폐기물처리업의 허가를 받기 위하여는 먼저 사업계획서를 제출하여 허가권자로부터 사업계획에 대한 적정통보를 받아야 하고, 그 적정통보를 받은 자만이 일정기간 내에 시설, 장비, 기술능력, 자본금을 갖추어 허가신청을 할 수 있으므로, 결국 부적정통보는 허가신청 자체를 제한하는 등 개인의 권리 내지 법률상의 이익을 개별적이고 구체적으로 규제하고 있어 행정처분에 해당한다(대판 1998.4.28. 97누21086).

항공노선에 대한 운수권배분은 항고소송의 대상이 되는 처분에 해당한다.

이 사건 각 노선에 대한 운수권배분처분은 이 사건 잠정협정 등과 행정규칙인 이 사건 지침에 근거하는 것으로서 상대방에게 권리의 설정 또는 의무의 부담을 명하거나 기타 법적 효과를 발생하게 하는 등으로 원고의 권리의무에 직접 영향을 미치는 행위로서 항고소송의 대상이 되는 행정처분에 해당한다고 할 것이다(대판 2004.11.26. 2003두10251).

(3) 가행정행위

확정적 · 종국적 결정 이전에 잠정적으로 행해지는 특수한 행정행위의 일종을 가행정행위라 한다. 가행정행위도 행정행위의 일종으로 보이므로 이에 대해서는 항고소송의 대상이 되는 처분성이 인정된다.

[과징금부과와 감면신청에 대한 감면처분]

과징금 부과처분을 한 뒤 자진신고 등을 이유로 한 과징금 감면처분을 하였다면 과징금 부과처분은 과징금 감면처분에 흡수된다.

부록

공정거래위원회가 부당한 공동행위를 행한 사업자로서 구 독점규제 및 공정거래에 관한 법률 제22조의2에서 정한 자진신고자나 조사협조자에 대하여 과징금 부과처분(이하 '선행처분'이라 한다)을 한 뒤, 독점규제 및 공정거래에 관한 법률 시행령 제35조 제3항에 따라 다시 자진신고자 등에 대한 사건을 분리하여 자진신고 등을 이유로 한 과징금 감면처분(이하 '후행처분'이라 한다)을 하였다면, 후행처분은 자진신고 감면까지 포함하여 처분 상대방이 실제로 납부하여야 할 최종적인 과징금액을 결정하는 종국적 처분이고, 선행처분은 이러한 종국적 처분을 예정하고 있는 일종의 잠정적 처분으로서 후행처분이 있을 경우 선행처분은 후행처분에 흡수되어 소멸한다. 따라서 위와 같은 경우에 선행처분의 취소를 구하는 소는 이미 효력을 잃은 처분의 취소를 구하는 것으로 부적법하다(대판 2015.2.12. 2013두987).

과징금 등 처분과 감면기각처분은 독립적인 별개의 처분으로서 사업자로서는 두 처분의 취소를 모두 구할 실익이 인정된다.

과징금 등 처분과 감면기각처분은 근거 규정, 요건과 절차가 구별되는 독립적인 별개의 처분으로서 두 처분에 고유한 위법사유가 구별되고 법적 성격도 다르므로, 사업자로서는 두 처분의 취소를 모두 구할 실익이 인정된다. 따라서 공정거래위원회가 시정명령 및 과징금 부과와 감면 여부를 분리 심리하여 별개로 의결한 다음 과징금 등 처분과 별도의 처분서로 감면기각처분을 하였다면, 원칙적으로 2개의 처분, 즉 과징금 등 처분과 감면기각처분이 각각 성립한 것이고, 처분의 상대방으로서는 각각의 처분에 대하여 함께 또는 별도로 불복할 수 있다. 그러므로 사업자인 원고가 과징금 등 처분과 감면기각처분의 취소를 구하는 소를 함께 제기한 경우에도, 특별한 사정이 없는 한 감면기각처분의 취소를 구할 소의 이익이 인정된다(대판 2017.1.12. 2016두35199).

(4) **공지지가결정**

판례는 개별공지시가결정과 표준지공시지가결정은 항고소송의 대상되는 처분으로 보고 있다.

시장, 군수, 구청장이 한 개별토지가액의 결정은 행정소송의 대상이 되는 행정처분에 해당한다.

시장, 군수, 구청장이 산정하여 한 개별토지가액의 결정은 토지초과이득세, 택지초과소유부담금 또는 개발부담금 산정 등의 기준이 되어 국민의 권리, 의무 내지 법률상 이익에 직접적으로 관계된다고 할 것이고, 따라서 이는 행정소송법 제2조 제1항 제1호 소정의 행정청이 행하는 구체적 사실에 관한 법집행으로서의 공권력행사이어서 행정소송의 대상이 되는 행정처분으로 보아야 할 것이다(대판 1993. 1. 15. 92누12407).

표준지공시지가결정은 취소소송의 대상되는 처분이다.

지가공시및토지등의평가에관한법률 제4조 제1항에 의하여 표준지로 선정되어 공시지가가 공시된 토지의 공시지가에 대하여 불복을 하기 위하여는 같은 법 제8조 제1항 소정의 이의절차를 거쳐 처분청인 건설부장관을 피고로 하여 위 공시지가 결정의 취소를 구하는 행정소송을 제기하여야 한다(대판 1994.3.8. 93누10828).

(5) **확약**

본처분을 하기 전에 행정청의 자기구속력 있는 약속을 확약이라 한다. 확약은 아직 본처분의 효력이 발생하지 않는다는 점에서 그 처분성의 인정여부에 대해 견해대립이 있다. 판례는 확약의 처분성을 부정한다.

어업권면허에 선행하는 우선순위 결정은 강학상 확약으로 행정처분이 아니다.

어업권면허에 선행하는 우선순위결정은 행정청이 우선권자로 결정된 자의 신청이 있으면 어업권면허처분을 하겠다는 것을 약속하는 행위로서 강학상 확약에 불과하고 행정처분은 아니므로, 우선순위결정에 공정력이나 불가쟁력과 같은 효력은 인정되지 아니하며, 따라서 우선순위결정이 잘못되었다는 이유로 종전의 어업권면허처분이 취소되면 행정청은 종전의 우선순위결정을 무시하고 다시 우선순위를 결정한 다음 새로운 우선순위결정에 기하여 새로운 어업권면허를 할 수 있다(대판 1995.1.20. 94누6529).

내인가를 한 후 그 본인가신청에 대해 내인가를 취소하는 경우 본인가신청을 거부하는 처분으로 봐야 한다.

내인가를 한 후 그 본인가신청이 있음에도 내인가를 취소함으로써 다시 본인가에 대하여 따로이 인가여부의 처분을 한다는 사정이 보이지 않는 경우 내인가취소를 인가신청거부처분으로 볼 수 있다(대판 1991.6.28. 90누4402).

6. 준법률행위적 행정행위

(1) 확인의 처분성 여부

① 특정한 법률사실 또는 법률관계에 관하여 의문이나 다툼이 있는 경우 행정청이 이를 공적으로 판단 및 확정하는 행정행위를 확인이라 한다[예 당선인 결정 · 행정심판 재결 · 발명권 특허 · 교과서 검인정(판례는 특허) · 소득금액결정].

② 확인은 실정법상으로 재결 · 결정 · 사정 · 검정 등의 용어가 혼용되고 있다.

친일반민족행위자재산조사위원회의 재산조사개시결정은 항고소송의 대상이 되는 처분에 해당한다.

친일반민족행위자재산조사위원회의 재산조사개시결정은 조사대상자의 권리 · 의무에 직접 영향을 미치는 독립한 행정처분으로서 항고소송의 대상이 된다고 봄이 상당하다(대판 2009.10.15. 2009두6513).

세무조사결정은 납세의무자에게 일정한 권리의무에 직접 영향을 미치는 것으로 처분성이 긍정된다.

세무조사결정은 납세의무자의 권리 · 의무에 직접 영향을 미치는 공권력의 행사에 따른 행정작용으로서 항고소송의 대상이 된다(대판 2011.3.10. 2009두23617,23624).

진실 · 화해를 위한 과거사정리위원회의 진실규명결정은 항고소송의 대상되는 처분에 해당한다.

진실규명결정이 이루어지면 그 결정에서 규명된 진실에 따라 국가가 피해자 등에 대하여 피해 및 명예회복 조치를 취할 법률상 의무를 부담하게 되는 점, … 여러 사정을 종합하여 보면, 법이 규정하는 진실규명결정은 국민의 권리의무에 직접적으로 영향을 미치는 행위로서 항고소송의 대상이 되는 행정처분이라고 보는 것이 타당하다(대판 2013.1.16. 2010두22856).

근로복지공단이 사업주에 대하여 하는 '개별 사업장의 사업종류 변경결정'은 항고소송의 대상되는 처분에 해당한다.

근로복지공단이 사업주에 대하여 하는 '개별 사업장의 사업종류 변경결정'은 행정청이 행하는 구체적 사실에 관한 법집행으로서의 공권력의 행사인 '처분'에 해당한다(대법원 2020.4.9. 선고 2019두61137 판결).

장해급여 지급을 위한 장해등급 결정은 항고소송의 대상되는 처분이다.

산업재해보상보험법상 장해급여는 근로자가 업무상의 사유로 부상을 당하거나 질병에 걸려 치료를 종결한 후 신체 등에 장해가 있는 경우 그 지급 사유가 발생하고, 그때 근로자는 장해급여 지급청구권을 취득하므로, 장해급여 지급을 위한 장해등급 결정 역시 장해급여 지급청구권을 취득할 당시, 즉 그 지급 사유 발생 당시의 법령에 따르는 것이 원칙이다(대판 2007.2.22. 2004두12957).

부록

⑵ **공증의 처분성 여부**

특정한 사실 또는 법률관계의 존재를 공적으로 증명하는 행정행위이다(예 각종 등기·등록·증명서의 발급 등). 각종 공적 장부의 기재가 행정사무집행의 편의와 사실증명의 자료일 뿐인 경우에는 처분성이 부정되나, 국민의 실체적 권리관계의 변동을 가져오는 경우에는 처분성이 인정된다고 본다.

[처분성을 부정한 판례]

운전면허대장상의 등재행위는 당해 운전면허 취득자에게 새로이 어떤 권리가 부여되거나 변동 또는 상실되는 효력이 발생하는 것이 아니다.

자동차운전면허대장상 일정한 사항의 등재행위는 운전면허행정사무집행의 편의와 사실증명의 자료로 삼기 위한 것일 뿐 그 등재행위로 인하여 당해 운전면허 취득자에게 새로이 어떠한 권리가 부여되거나 변동 또는 상실되는 효력이 발생하는 것은 아니므로 이는 행정소송의 대상이 되는 독립한 행정처분으로 볼 수 없고, 운전경력증명서상의 기재행위 역시 당해 운전면허 취득자에 대한 자동차운전면허대장상의 기재사항을 옮겨 적는 것에 불과할 뿐이므로 운전경력증명서에 한 등재의 말소를 구하는 소는 부적법하다 할 것이다(대판 1991.9.24. 91누1400).

무허가건물을 무허가건물관리대장에서 삭제하는 행위는 항고소송의 대상이 되는 행정처분이 아니다.

무허가건물관리대장은, 행정관청이 지방자치단체의 조례 등에 근거하여 무허가건물 정비에 관한 행정상 사무처리의 편의와 사실증명의 자료로 삼기 위하여 작성, 비치하는 대장으로서 무허가건물을 무허가건물관리대장에 등재하거나 등재된 내용을 변경 또는 삭제하는 행위로 인하여 당해 무허가 건물에 대한 실체상의 권리관계에 변동을 가져오는 것이 아니고, 무허가건물의 건축시기, 용도, 면적 등이 무허가건물관리대장의 기재에 의해서만 증명되는 것도 아니므로, 관할관청이 무허가건물의 무허가건물관리대장 등재 요건에 관한 오류를 바로잡으면서 당해 무허가건물을 무허가건물관리대장에서 삭제하는 행위는 다른 특별한 사정이 없는 한 항고소송의 대상이 되는 행정처분이 아니다(대판 2009.3.12. 2008두11525).

지적공부의 복구신청을 거부하거나 그 등재사항에 대한 변경신청을 거부한 것이 항고소송의 대상이 되는 행정처분에 해당하지 않는다.

멸실된 지적공부를 복구하거나 지적공부에 기재된 일정한 사항을 변경하는 행위는 행정사무집행의 편의와 사실증명의 자료로 삼기 위한 것으로 이로 인하여 당해 토지에 대한 실체상의 권리관계에 어떤 변동을 가져오는 것이 아니므로 소관청이 지적공부의 복구신청을 거부하거나 그 등재사항에 대한 변경신청을 거부한 것을 가리켜 항고소송의 대상이 되는 행정처분이라고 할 수 없다(대판 1991.12.24. 91누8357).

과세관청이 사업자등록을 관리하는 과정에서 위장사업자의 사업자명의를 직권으로 실사업자의 명의로 정정하는 행위는 항고소송의 대상이 되는 행정처분에 해당하지 않는다.

과세관청이 사업자등록을 관리하는 과정에서 위장사업자의 사업자명의를 직권으로 실사업자의 명의로 정정하는 행위 또한 당해 사업사실 중 주체에 관한 정정기재일 뿐 그에 의하여 사업자로서의 지위에 변동을 가져오는 것이 아니므로 항고소송의 대상이 되는 행정처분으로 볼 수 없다(대판 2011.1.27. 2008두2200).

토지대장상의 소유자명의변경신청을 거부하는 것은 항고소송의 대상이 되는 행정처분이 아니다.

토지대장에 기재된 일정한 사항을 변경하는 행위는, 그것이 지목의 변경이나 정정 등과 같이 토지소유권 행사의 전제요건으로서 토지소유자의 실체적 권리관계에 영향을 미치는 사항에 관한 것이 아닌 한 행정사무집행의 편의와 사실증명의 자료로 삼기 위한 것일 뿐이어서, 소관청이 토지대장상의 소유자명의변경신청을 거부한 행위는 이를 항고소송의 대상이 되는 행정처분이라고 할 수 없다(대판 2012.1.12. 선고2010두12354).

상표권자인 법인에 대한 청산종결등기가 되었음을 이유로 한 상표권의 말소등록행위는 항고소송의 대상되는 처분이라 할 수 없다.

상표원부에 상표권자인 법인에 대한 청산종결등기가 되었음을 이유로 상표권의 말소등록이 이루어졌다고 해도 이는 상표권이 소멸하였음을 확인하는 사실적·확인적 행위에 지나지 않고, 말소등록으로 비로소 상표권 소멸의 효력이 발생하는 것이 아니어서, 상표권의 말소등록은 국민의 권리의무에 직접적으로 영향을 미치는 행위라고 할 수 없다(대판 2015.10.29. 2014두2362).

법무법인의 공정증서 작성행위는 항고소송의 대상이 되는 행정처분이 아니다.

행정소송 제도의 목적 및 기능 등에 비추어 볼 때, 행정청이 한 행위가 단지 사인 간의 법률관계의 존부를 공적으로 증명하는 공증행위에 불과하여 그 효력을 둘러싼 분쟁의 해결이 사법원리에 맡겨져 있거나 그 행위의 근거 법률에서 행정소송 이외의 다른 절차에 의하여 불복할 것을 예정하고 있는 경우에는 항고소송의 대상이 될 수 없다고 봄이 타당하다(대법원 1991.8.13. 선고 90누9414 판결, 대법원 2000.3.28. 선고 99두11264 판결 등 참조). 같은 취지에서 원심이, 이 사건 공정증서의 작성행위를 항고소송의 대상이 되는 행정처분이라고 볼 수 없다고 판단한 것은 정당하다(대판 2012.6.14. 2010두19720).

인감증명행위는 구체적인 사실을 증명하는 것에 불과하다.

인감증명행위는 인감증명청이 적법한 신청이 있는 경우에 인감대장에 이미 신고된 인감을 기준으로 출원자의 현재 사용하는 인감을 증명하는 것으로서 구체적인 사실을 증명하는 것일 뿐, 나아가 출원자에게 어떠한 권리가 부여되거나 변동 또는 상실되는 효력을 발생하는 것이 아니다(대판 2001.7.10. 2000두2136).

외국인에게는 사증발급 거부처분의 취소를 구할 법률상 이익이 인정되지 않는다.

사증발급 거부처분을 다투는 외국인은, 아직 대한민국에 입국하지 않은 상태에서 대한민국에 입국하게 해달라고 주장하는 것으로, 대한민국과의 실질적 관련성 내지 대한민국에서 법적으로 보호가치 있는 이해관계를 형성한 경우는 아니어서, 해당 처분의 취소를 구할 법률상 이익을 인정하여야 할 법정책적 필요성도 크지 않다(대판 2018.5.15. 2014두42506).

[처분성을 긍정한 판례]

지목변경신청 반려행위는 항고소송의 대상이 되는 행정처분에 해당한다.

구 지적법(2001.1.26. 법률 제6389호로 전문 개정되기 전의 것) 제20조, 제38조 제2항의 규정은 토지소유자에게 지목변경신청권과 지목정정신청권을 부여한 것이고, 한편 지목은 토지에 대한 공법상의 규제, 개발부담금의 부과대상, 지방세의 과세대상, 공시지가의 산정, 손실보상가액의 산정 등 토지행정의 기초로서 공법상의 법률관계에 영향을 미치고, 토지소유자는 지목을 토대로 토지의 사용·수익·처분에 일정한 제한을 받게 되는 점 등을 고려하면, 지목은 토지소유권을 제대로 행사하기 위한 전제요건으로서 토지소유자의 실체적 권리관계에 밀접하게 관련되어 있으므로 지적공부 소관청의 지목변경신청 반려행위는 국민의 권리관계에 영향을 미치는 것으로서 항고소송의 대상이 되는 행정처분에 해당한다(대판(전합) 2004.4.22. 2003두9015).

토지분할신청에 대한 거부행위는 항고소송의 대상이 되는 행정처분에 해당한다.

토지소유자가 지적법 제17조 제1항, 같은법 시행규칙 제20조 제1항 제1호의 규정에 의하여 1필지의 일부가 소유자가 다르게 되었음을 이유로 토지분할을 신청하는 경우, 1필지의 토지를 수필로 분할하여 등기하려면 반드시 같은 법이 정하는 바에 따라 분할절차를 밟아 지적공부에 각 필지마다 등록되어야 하고 이러한 절차를 거치지 아니하는 한 1개의 토지로서 등기의 목적이 될 수 없기 때문에 만약 이러한 토지분할신청을 거부한다면 토지소유자는 자기소유 부분을 등기부에 표창할 수 없고 처분도 할 수 없게 된다는 점을 고려할 때, 지적 소관청의 위와 같은 토지분할신청에 대한 거부행위는 국민의 권리관계에 영향을 미친다고 할 것이므로 항고소송의 대상이 되는 처분으로 보아야 한다(대판 1993.3.23. 선고91누8968).

사업시행자인 한국도로공사가 구 「지적법」에 따라 고속도로 건설공사에 편입되는 토지소유자들을 대위하여 토지면적등록정정신청을 하였으나 관할 행정청이 이를 반려한 행위는 항고소송 대상이 되는 행정처분에 해당한다.

한국도로공사가 토지소유자의 같은 법 제24조 제1항에 규정된 지적공부 등록사항 정정신청권을 대위하여 피고에게 한 이 사건 토지면적등록 정정신청을 피고가 반려한 것은 공공사업의 원활한 수행을 위하여 부여된 원고의 위 관계 법령상의 권리 또는 이익에 영향을 미치는 공권력의 행사 또는 그 거부에 해당하는 것으로서 항고소송의 대상이 되는 행정처분이라고 봐야 한다(대판 2011.8.25. 2011두3371).

건축물대장상의 용도변경신청거부는 항고소송의 대상이 되는 행정처분에 해당한다.

구 건축법 제14조 제4항의 규정은 건축물의 소유자에게 건축물대장의 용도변경신청권을 부여한 것이고, 한편 건축물의 용도는 토지의 지목에 대응하는 것으로서 건물의 이용에 대한 공법상의 규제, 건축법상의 시정명령, 지방세 등의 과세대상 등 공법상 법률관계에 영향을 미치고, 건물소유자는 용도를 토대로 건물의 사용·수익·처분에 일정한 영향을 받게 된다. 이러한 점 등을 고려해 보면, 건축물대장의 용도는 건축물의 소유권을 제대로 행사하기 위한 전제요건으로서 건축물 소유자의 실체적 권리관계에 밀접하게 관련되어 있으므로, 건축물대장 소관청의 용도변경신청 거부행위는 국민의 권리관계에 영향을 미치는 것으로서 항고소송의 대상이 되는 행정처분에 해당한다(대판 2009.1.30. 2007두7277).

건축물대장 소관청의 작성신청반려행위는 항고소송의 대상이 되는 행정처분에 해당한다.

건축물대장은 건축물에 대한 공법상의 규제, 지방세의 과세대상, 손실보상가액의 산정 등 건축행정의 기초자료로서 공법상의 법률관계에 영향을 미칠 뿐만 아니라, 건축물에 관한 소유권보존등기 또는 소유권이전등기를 신청하려면 이를 등기소에 제출하여야 하는 점 등을 종합해 보면, 건축물대장의 작성은 건축물의 소유권을 제대로 행사하기 위한 전제요건으로서 건축물 소유자의 실체적 권리관계에 밀접하게 관련되어 있으므로 건축물대장 소관청의 작성신청 반려행위는 국민의 권리관계에 영향을 미치는 것으로서 항고소송의 대상이 되는 행정처분에 해당한다(대판 2009.2.12. 2007두17359).

행정청이 건축물에 관한 건축물대장을 직권말소한 행위는 항고소송의 대상이 되는 행정처분에 해당한다.

건축물대장은 건축물의 소유권을 제대로 행사하기 위한 전제요건으로서 건축물 소유자의 실체적 권리관계에 밀접하게 관련되어 있으므로, 이러한 건축물대장을 직권말소한 행위는 국민의 권리관계에 영향을 미치는 것으로서 항고소송의 대상이 되는 행정처분에 해당한다(대판 2010.5.27. 2008두22655).

지적공부 소관청이 토지대장을 직권말소한 행위는 항고소송의 대상이 되는 행정처분에 해당한다.

토지대장은 토지의 소유권을 제대로 행사하기 위한 전제요건으로서 토지 소유자의 실체적 권리관계에 밀접하게 관련되어 있으므로, 이러한 토지대장을 직권으로 말소한 행위는 국민의 권리관계에 영향을 미치는 것으로서 항고소송의 대상이 되는 행정처분에 해당한다(대판 2013.10.24. 2011두13286).

주민등록번호가 불법 유출되었음을 이유로 주민등록번호 변경신청을 하였으나 관할 구청장이 이를 거부한 것은 항고소송의 대상이 되는 처분에 해당한다.

주민등록번호를 관리하는 국가로서는 주민등록번호가 유출된 경우 그로 인한 피해가 최소화되도록 제도를 정비하고 보완해야 할 의무가 있으며, 일률적으로 주민등록번호를 변경할 수 없도록 할 것이 아니라 만약 주민등록번호 변경이 필요한 경우가 있다면 그 변경에 관한 규정을 두어서 이를 허용해야 하는 점 등을 종합하면, 피해자의 의사와 무관하게 주민등록번호가 유출된 경우에는 조리상 주민등록번호의 변경을 요구할 신청권을 인정함이 타당하고, 구청장의 주민등록번호 변경신청 거부행위는 항고소송의 대상이 되는 행정처분에 해당한다(대판 2017.6.15. 2013두2945).

대한민국에 적법하게 입국하여 상당한 기간을 체류한 외국인에게는 사증발급 거부처분의 취소를 구할 법률상 이익이 인정된다.

국적법상 귀화불허가처분이나 출입국관리법상 체류자격변경 불허가처분, 강제퇴거명령 등을 다투는 외국인은 대한민국에 적법하게 입국하여 상당한 기간을 체류한 사람이므로, 이미 대한민국과의 실질적 관련성 내지 대한민국에서 법적으로 보호가치 있는 이해관계를 형성한 경우이어서, 해당 처분의 취소를 구할 법률상 이익이 인정된다고 보아야 한다(대판 2018.5.15. 2014두42506).

(3) **통지의 처분성 인정여부**

통지로 인해 아무런 법적효과를 발생하지 않은 경우에는 처분성을 인정하지 않으나 일정한 법률관계와 밀접한 관련을 가져오는 경우에는 처분성이 인정된다.

대집행계고는 처분성이 긍정된다.

대집행의 계고는 … 계고가 있음으로 인하여 대집행이 실행되어 상대방의 권리 · 의무에 변동을 가져오는 것이라 할 것이므로, 상대방은 계고절차의 단계에서 이의 취소를 소구할 법률상 이익이 있다 할 것이고 계고는 행정소송법 소정처분에 포함된다(대판 1966.10.31. 66누25).

구 「농지법」상 농지처분의무통지는 항고소송의 대상이 되는 처분성이 인정된다.

시장 등 행정청은 위 제7호에 정한 사유의 유무, 즉 농지의 소유자가 위 농업경영계획서의 내용을 이행하였는지 여부 및 그 불이행에 정당한 사유가 있는지 여부를 판단하여 그 사유를 인정한 때에는 반드시 농지처분의무통지를 하여야 하는 점, 위 통지를 전제로 농지처분명령, 같은 법 제65조에 의한 이행강제금부과 등의 일련의 절차가 진행되는 점 등을 종합하여 보면, 농지처분의무통지는 단순한 관념의 통지에 불과하다고 볼 수는 없고, 상대방인 농지소유자의 의무에 직접 관계되는 독립한 행정처분으로서 항고소송의 대상이 된다(대판 2003.11.14. 2001두8742).

임용기간이 만료된 조교수에 대한 임용기간만료의 통지는 처분성이 인정된다.

기간제로 임용되어 임용기간이 만료된 국 · 공립대학의 조교수는 교원으로서의 능력과 자질에 관하여 합리적인 기준에 의한 공정한 심사를 받아 위 기준에 부합되면 특별한 사정이 없는 한 재임용되리라는 기대를 가지고 재임용 여부에 관하여 합리적인 기준에 의한 공정한 심사를 요구할 법규상 또는 조리상 신청권을 가진다고 할 것이니, 임용권자가 임용기간이 만료된 조교수에 대하여 재임용을 거부하는 취지로 한 임용기간만료의 통지는 위와 같은 대학교원의 법률관계에 영향을 주는 것으로서 행정소송의 대상이 되는 처분에 해당한다(대판 2004.4.22. 2000두7735).

원천징수의무자인 법인에 대한 소득금액변동통지는 항고소송의 대상되는 처분이다.

과세관청의 소득처분과 그에 따른 소득금액변동통지가 있는 경우 원천징수의무자인 법인은 소득금액변동통지서를 받은 날에 그 통지서에 기재된 소득의 귀속자에게 당해 소득금액을 지급한 것으로 의제되어 그 때 원천징수하는 소득세의 납세의무가 성립함과 동시에 확정되고, 원천징수의무자인 법인으로서는 소득금액변동통지서에 기재된 소득처분의 내용에 따라 원천징수세액을 그 다음달 10일까지 관할 세무서장 등에게 납부하여야 할 의무를 부담하며, 만일 이를 이행하지 아니하는 경우에는 가산세의 제재를 받게 됨은 물론이고 형사처벌까지 받도록 규정되어 있는 점에 비추어 보면, 소득금액변동통지는 원천징수의무자인 법인의 납세의무에 직접 영향을 미치는 과세관청의 행위로서, 항고소송의 대상이 되는 조세행정처분이라고 봄이 상당하다(대판 2006.4.20. 2002두1878).

소득의 귀속자에 대한 소득금액변동통지는 항고소송의 대상되는 처분이 아니다.

소득의 귀속자가 소득세 부과처분에 대한 취소소송 등을 통하여 소득처분에 따른 원천납세의무의 존부나 범위를 충분히 다툴 수 있는 점 등에 비추어 보면, 구 소득세법 시행령 제192조 제1항 단서에 따른 소득의 귀속자에 대한 소득금액변동통지는 원천납세의무자인 소득의 귀속자에 대한 법률상 지위에 직접적인 변동을 가져오는 것이 아니므로 항고소송의 대상이 되는 행정처분에 해당하지 않는다(대판 2015.1.29. 2013두4118).

당연퇴직의 인사발령은 법률상 당연히 발생하는 퇴직사유를 공적으로 확인하여 알려주는 이른바 관념의 통지에 불과하고 처분성이 부정된다.

국가공무원법 제69조에 의하면 공무원이 제33조 각 호의 1에 해당할 때에는 당연히 퇴직한다고 규정하고 있으므로, 국가공무원법상 당연퇴직은 결격사유가 있을 때 법률상 당연히 퇴직하는 것이지 공무원관계를 소멸시키기 위한 별도의 행정처분을 요하는 것이 아니며, 당연퇴직의 인사발령은 법률상 당연히 발생하는 퇴직사유를 공적으로 확인하여 알려주는 이른바 관념의 통지에 불과하고 공무원의 신분을 상실시키는 새로운 형성적 행위가 아니므로 행정소송의 대상이 되는 독립한 행정처분이라고 할 수 없다(대판 1995.11.14. 95누2036).

공무원연금관리공단이 공무원연금법령의 개정사실과 퇴직연금 수급자가 퇴직연금 중 일부 금액의 지급정지대상자가 되었다는 사실의 통보는 항고소송의 대상되는 처분으로 볼 수 없다.

공무원연금관리공단의 인정에 의하여 퇴직연금을 지급받아 오던 중 구 공무원연금법령의 개정 등으로 퇴직연금 중 일부 금액의 지급이 정지된 경우에는 당연히 개정된 법령에 따라 퇴직연금이 확정되는 것이지 같은 법 제26조 제1항에 정해진 공무원연금관리공단의 퇴직연금 결정과 통지에 의하여 비로소 그 금액이 확정되는 것이 아니므로, 공무원연금관리공단이 퇴직연금 중 일부 금액에 대하여 지급거부의 의사표시를 하였다고 하더라도 그 의사표시는 퇴직연금 청구권을 형성·확정하는 행정처분이 아니라 공법상의 법률관계의 한쪽 당사자로서 그 지급의무의 존부 및 범위에 관하여 나름대로의 사실상·법률상 의견을 밝힌 것일 뿐이어서, 이를 행정처분이라고 볼 수는 없고, 이 경우 미지급퇴직연금에 대한 지급청구권은 공법상 권리로서 그의 지급을 구하는 소송은 공법상의 법률관계에 관한 소송인 공법상 당사자소송에 해당한다(대판 2004.7.8. 선고 2004두244).

「공무원연금법」상 과다지급된 급여의 환수통지는 항고소송의 대상되는 처분에 해당한다.

공무원연금법 제47조 각 호 소정의 급여제한사유가 있음에도 불구하고 수급자에게 퇴직연금이 잘못 지급되었으면 이는 공무원연금법 제31조 제1항 제3호의 '기타 급여가 과오급된 경우'에 해당하고, 이때 과다하게 지급된 급여의 환수를 위한 행정청의 환수통지는 당사자에게 새로운 의무를 과하거나 권익을 제한하는 것으로서 행정처분에 해당한다(대판 2009.5.14. 2007두16202).

(4) **수리**

판례는 일반적인 영업신고와 같은 수리를 요하지 않는 신고의 경우 그 수리거부에 대해서는 항고소송의 대상을 인정하지 않지만, 영업자지위승계신고의 수리와 같은 수리로 인해 법적효과가 발생하는 수리의 거부에 대해서는 항고소송의 처분성을 인정하고 있다. 최근에는 건축법상 건축신고는 수리를 요하지 않지만 수리거부에 대해서는 항고소송을 인정할 수 있다고 하여 수리거부의 처분성 인정범위를 넓히고 있다.

「부가가치세법」상의 사업자등록은 단순한 사업사실의 신고로서 사업자가 사업자등록신청서를 제출함으로써 성립되는 것이다.

부가가치세법상의 사업자등록은 과세관청으로 하여금 부가가치세의 납세의무자를 파악하고 그 과세자료를 확보케 하려는 데 입법취지가 있는 것으로서, 이는 단순한 사업사실의 신고로서 사업자가 소관 세무서장에서 소정의 사업자등록신청서를 제출함으로써 성립되는 것이고, 사업자등록증의 교부는 이와 같은 등록사실을 증명하는 증서의 교부행위에 불과한 것이며, 부가가치세법 제5조 제5항에 의하면 사업자가 폐업하거나 또는 신규로 사업을 개시하고자 하여 사업개시일 전에 등록한 후 사실상 사업을 개시하지 아니하게 되는 때에는 과세관청이 직권으로 이를 말소하도록 하고 있는데, 사업자등록의 말소 또한 폐업사실의 기재일 뿐 그에 의하여 사업자로서의 지위에 변동을 가져오는 것이 아니라는 점에서 과세관청의 사업자등록 직권말소행위는 불복의 대상이 되는 행정처분으로 볼 수가 없다(대판 2000.12.22. 99두6903).

「건축법」상 건축신고 반려는 항고소송의 대상되는 처분에 해당한다.

건축주 등으로서는 신고제하에서도 건축신고가 반려될 경우 당해 건축물의 건축을 개시하면 시정명령, 이행강제금, 벌금의 대상이 되거나 당해 건축물을 사용하여 행할 행위의 허가가 거부될 우려가 있어 불안정한 지위에 놓이게 된다. 그러므로 이 사건 건축신고 반려행위는 항고소송의 대상이 된다고 보는 것이 옳다(대판 2010. 11. 18. 2008두167).

건축주명의변경신고는 수리를 요하는 신고이다.

건축주명의변경신고 수리거부행위는 행정청이 허가대상건축물 양수인의 건축주명의변경신고라는 구체적인 사실에 관한 법집행으로서 그 신고를 수리하여야 할 법령상의 의무를 지고 있음에도 불구하고 그 신고의 수리를 거부함으로써, 양수인이 건축공사를 계속하기 위하여 또는 건축공사를 완료한 후 자신의 명의로 소유권보존등기를 하기 위하여 가지는 구체적인 법적 이익을 침해하는 결과가 되었다고 할 것이므로, 비록 건축허가가 대물적 허가로서 그 허가의 효과가 허가대상건축물에 대한 권리변동에 수반하여 이전된다고 하더라도, 양수인의 권리의무에 직접 영향을 미치는 것으로서 취소소송의 대상이 되는 처분이라고 하지 않을 수 없다(대판 1992.3.31. 91누4911).

사업양수에 의한 지위승계신고는 수리를 요하는 신고이다.

액화석유가스의안전및사업관리법 제7조 제2항에 의한 사업양수에 의한 지위승계신고를 수리하는 허가관청의 행위는 단순히 양도, 양수자 사이에 발생한 사법상의 사업양도의 법률효과에 의하여 양수자가 사업을 승계하였다는 사실의 신고를 접수하는 행위에 그치는 것이 아니라 실질에 있어서 양도자의 사업허가를 취소함과 아울러 양수자에게 적법히 사업을 할 수 있는 법규상 권리를 설정하여 주는 행위로서 사업허가자의 변경이라는 법률효과를 발생시키는 행위이므로 허가관청이 법 제7조 제2항에 의한 사업양수에 의한 지위승계신고를 수리하는 행위는 행정처분에 해당한다(대판 1993.6.8. 91누11544).

7. 변경처분

(1) 감액처분

행정청이 금전부과처분을 한 후 감액처분을 한 경우에는 감액처분에 의하여 취소되지 않고 남은 부분이 항고소송의 대상이 된다. 제소기간의 산정도 당초 처분을 기준으로 산정한다.

감액처분의 소송대상은 감액처분에 의하여 취소되지 않고 남은 부분이고 감액처분이 항고소송의 대상이 되는 것은 아니다.

과징금 부과처분에서 행정청이 납부의무자에 대하여 부과처분을 한 후 그 부과처분의 하자를 이유로 과징금의 액수를 감액하는 경우에 그 감액처분은 감액된 과징금 부분에 관하여만 법적 효과가 미치는 것으로서 처음의 부과처분과 별개 독립의 과징금 부과처분이 아니라 그 실질은 당초 부과처분의 변경이고, 그에 의하여 과징금의 일부취소라는 납부의무자에게 유리한 결과를 가져오는 처분이므로 처음의 부과처분이 전부 실효되는 것은 아니며, 그 감액처분으로도 아직 취소되지 않고 남아 있는 부분이 위법하다고 하여 다투는 경우 항고소송의 대상은 처음의 부과처분 중 감액처분에 의하여 취소되지 않고 남은 부분이고 감액처분이 항고소송의 대상이 되는 것은 아니다(대판 2008.2.15. 2006두3957).

(2) 증액처분

원처분은 증액처분에 흡수되므로 증액처분만이 소송대상이 된다.

과세처분 후 증액경정처분이 있는 경우 증액경정처분만이 항고소송의 대상이 된다는 판례

국세기본법 제22조의2의 시행 이후에도 증액경정처분이 있는 경우, 당초 신고나 결정은 증액경정처분에 흡수됨으로써 독립한 존재가치를 잃게 된다고 보아야 하므로, 원칙적으로는 당초 신고나 결정에 대한 불복기간의 경과 여부 등에 관계없이 증액경정처분만이 항고소송의 심판대상이 되고, 납세의무자는 그 항고소송에서 당초 신고나 결정에 대한 위법사유도 함께 주장할 수 있다고 해석함이 타당하다(대판 2009.5.14. 2006두17390).

증액경정처분이 있는 경우 당초처분의 절차적 하자는 증액경정처분에 승계되지 않는다.

증액경정처분이 있는 경우 당초처분은 증액경정처분에 흡수되어 소멸하고, 소멸한 당초처분의 절차적 하자는 존속하는 증액경정처분에 승계되지 아니한다(대판 2010.6.24. 2007두16493).

8. 금전급부 등에 관한 소송

(1) 행정청의 결정에 의해 지급청구권이 구체적으로 확정되는 경우

판례는 행정청의 지급결정 거부에 대해 항고소송을 제기하여 다투어야 한다는 입장이다. 이 경우 당사자소송을 인정하지 않는다.

급부를 받을 권리가 신청에 따라 관할 행정청이 지급결정을 함으로써 구체적인 권리가 발생하는 경우 곧바로 당사자소송으로 급부의 지급을 소구하는 것은 허용되지 않는다.

급부를 받을 권리가 법령의 규정에 의하여 직접 발생하는 것이 아니라 급부를 받으려고 하는 자의 신청에 따라 관할 행정청이 지급결정을 함으로써 구체적인 권리가 발생하는 경우, 구체적인 권리가 발생하지 않은 상태에서 곧바로 행정청이 속한 국가나 지방자치단체 등을 상대로 한 당사자소송이나 민사소송으로 급부의 지급을 소구하는 것은 허용되지 않는다(대판 2020.10.15. 2020다222382).

'민주화운동관련자 명예회복 및 보상 심의위원회'의 보상금 등의 지급 대상자에 관한 결정은 행정처분에 해당한다.

[가] '민주화운동관련자 명예회복 및 보상 등에 관한 법률' 규정들만으로는 바로 법상의 보상금 등의 지급 대상자가 확정된다고 볼 수 없고, '민주화운동관련자 명예회복 및 보상 심의위원회'에서 심의ㆍ결정을 받아야만 비로소 보상금 등의 지급 대상자로 확정될 수 있다. 따라서 그와 같은 심의위원회의 결정은 국민의 권리의무에 직접 영향을 미치는 행정처분에 해당하므로, 관련자 등으로서 보상금 등을 지급받고자 하는 신청에 대하여 심의위원회가 관련자 해당 요건의 전부 또는 일부를 인정하지 아니하여 보상금 등의 지급을 기각하는 결정을 한 경우에는 신청인은 심의위원회를 상대로 그 결정의 취소를 구하는 소송을 제기하여 보상금 등의 지급대상자가 될 수 있다.

[나] '민주화운동관련자 명예회복 및 보상 등에 관한 법률' 제17조는 보상금 등의 지급에 관한 소송의 형태를 규정하고 있지 않지만, 위 규정 전단에서 말하는 보상금 등의 지급에 관한 소송은 '민주화운동관련자 명예회복 및 보상 심의위원회'의 보상금 등의 지급신청에 관하여 전부 또는 일부를 기각하는 결정에 대한 불복을 구하는 소송이므로 취소소송을 의미한다고 보아야 한다(대판 2008. 4.17. 2005두16185).

공무원연금법령상 급여를 받으려고 하는 자가 구체적 권리가 발생하지 않은 상태에서 곧바로 공무원연금공단을 상대로 한 당사자소송으로 권리의 확인이나 급여의 지급을 소구할 수 없다.

공무원연금법령상 급여를 받으려고 하는 자는 우선 관계 법령에 따라 공무원연금공단에 급여지급을 신청하여 공무원연금공단이 이를 거부하거나 일부 금액만 인정하는 급여지급결정을 하는 경우 그 결정을 대상으로 항고소송을 제기하는 등으로 구체적 권리를 인정받아야 하고, 구체적인 권리가 발생하지 않은 상태에서 곧바로 공무원연금공단을 상대로 한 당사자소송으로 권리의 확인이나 급여의 지급을 소구하는 것은 허용되지 아니한다. 이러한 법리는 구체적인 급여를 받을 권리의 확인을 구하기 위하여 소를 제기하는 경우뿐만 아니라, 구체적인 급여수급권의 전제가 되는 지위의 확인을 구하는 경우에도 마찬가지로 적용된다(대판 2017.2.9. 2014두43264).

구 군인연금법령상 퇴역연금 등의 급여청구권을 인정받기 위한 항고소송 등의 절차를 거치지 아니하고 곧바로 국가를 상대로 한 당사자소송으로 급여의 지급을 소구하는 것이 허용되지 아니한다.

구 군인연금법과 같은법시행령의 관계 규정을 종합하면, 같은 법에 의한 퇴역연금 등의 급여를 받을 권리는 법령의 규정에 의하여 직접 발생하는 것이 아니라 각 군 참모총장의 확인을 거쳐 국방부장관이 인정함으로써 비로소 구체적인 권리가 발생하고, 위와 같은 급여를 받으려고 하는 자는 우선 관계 법령에 따라 국방부장관에게 그 권리의 인정을 청구하여 국방부장관이 그 인정 청구를 거부하거나 청구 중의 일부만을 인정하는 처분을 하는 경우 그 처분을 대상으로 항고소송을 제기하는 등으로 구체적 권리를 인정받은 다음 비로소 당사자소송으로 그 급여의 지급을 구하여야 할 것이고, 구체적인 권리가 발생하지 않은 상태에서 곧바로 국가를 상대로 한 당사자소송으로 그 권리의 확인이나 급여의 지급을 소구하는 것은 허용되지 아니한다(대판 2003.9.5. 2002두3522).

부록

(2) **법령에 의해서 지급청구권이나 지위가 직접 발생하는 경우(당사자소송편 참조)**

판례는 금전급부청구권이 공권이면 당사자소송, 사권이면 민사소송을 제기하여야 한다는 입장이다.

법령의 개정에 따른 국방부장관의 퇴역연금액 감액조치에 대하여 이의가 있는 퇴역연금수급권자는 직접 국가를 상대로 공법상 당사자소송을 제기할 수 있다.

국방부장관의 인정에 의하여 퇴역연금을 지급받아 오던 중 군인보수법 및 공무원보수규정에 의한 호봉이나 봉급액의 개정 등으로 퇴역연금액이 변경된 경우에는 법령의 개정에 따라 당연히 개정규정에 따른 퇴역연금액이 확정되는 것이지 구 군인연금법(2000. 12. 30. 법률 제6327호로 개정되기 전의 것) 제18조 제1항 및 제2항에 정해진 국방부장관의 퇴역연금액 결정과 통지에 의하여 비로소 그 금액이 확정되는 것이 아니므로, 법령의 개정에 따른 국방부장관의 퇴역연금액 감액조치에 대하여 이의가 있는 퇴역연금수급권자는 항고소송을 제기하는 방법으로 감액조치의 효력을 다툴 것이 아니라 직접 국가를 상대로 정당한 퇴역연금액과 결정, 통지된 퇴역연금액과의 차액의 지급을 구하는 공법상 당사자소송을 제기하는 방법으로 다툴 수 있다 할 것이고, 같은 법 제5조 제1항에 그 법에 의한 급여에 관하여 이의가 있는 자는 군인연금급여재심위원회에 그 심사를 청구할 수 있다는 규정이 있다 하여 달리 볼 것은 아니다(대판 2003.9.5. 2002두3522).

「광주민주화운동관련자보상등에관한법률」 규정상 보상심의위원회의 결정은 취소소송의 대상이 되는 행정처분이라고 볼 수 없고, 같은 법에 의해서 관련자 및 유족들이 갖게 되는 보상 등에 관한 권리는 공법상 권리로서 당사자소송에 의한다.

광주보상법에 의거하여 관련자 및 그 유족들이 갖게 되는 보상 등에 관한 권리는 헌법 제23조 제3항에 따른 재산권침해에 대한 손실보상청구나 국가배상법에 따른 손해배상청구와는 그 성질을 달리하는 것으로서 동법이 특별히 인정하고 있는 공법상의 권리라고 하여야 할 것이므로 그에 관한 소송은 행정소송법 제3조 제2호 소정의 당사자소송에 의하여야 할 것이다(대판 1992.12.24. 92누3335).

9. 행정행위의 부관

(1) **의의**

행정행위의 부관은 부관이 부가된 본 행정행위와 밀접·불가분적 관련이 있는 행위라는 점에서 부관만 독립하여 항고소송의 대상으로 삼을 수 있을 것인가가 문제된다.

(2) **판례**

부관 중에서 부담만은 독립하여 항고소송의 대상이 되지만 나머지 부관은 부관부행정행위 전체가 쟁송대상이 되고 부관만의 독립쟁송은 허용되지 않는다는 입장이다.

행정행위 부관은 그 자체만을 독립된 쟁송의 대상으로 할 수 없는 것이 원칙이나 부관 중 부담은 그 자체로 항고소송의 대상이 된다.

행정행위의 부관은 행정행위의 일반적인 효력이나 효과를 제한하기 위하여 의사표시의 주된 내용에 부가되는 종된 의사표시이지 그 자체로서 직접 법적 효과를 발생하는 독립된 처분이 아니므로 현행 행정쟁송제도 아래서는 부관 그 자체만을 독립된 쟁송의 대상으로 할 수 없는 것이 원칙이나 행정행위의 부관 중에서도 행정행위에 부수하여 그 행정행위의 상대방에게 일정한 의무를 부과하는 행정청의 의사표시인 부담의 경우에는 다른 부관과는 달리 행정행위의 불가분적인 요소가 아니고 그 존속인 본체인 행정행위의 존재를 전제로 하는 것일 뿐이므로 부담 그 자체로서 행정쟁송의 대상이 될 수 있다(대판 1992.1.21. 91누1264).

기부채납 받은 행정재산의 사용 · 수익허가의 기간은 독립하여 행정소송을 제기할 수 없다.

행정행위의 부관은 부담인 경우를 제외하고는 독립하여 행정소송의 대상이 될 수 없는 바, 기부채납 받은 행정재산에 대한 사용 · 수익허가에서 공유재산의 관리청이 정한 사용 · 수익허가의 기간은 그 허가의 효력을 제한하기 위한 행정행위의 부관으로서 이러한 사용 · 수익허가의 기간에 대해서는 독립하여 행정소송을 제기할 수 없다(대판 2001.6.15. 99두509).

개발제한구역 내 허가기간 연장신청 거부는 독립쟁송의 대상이 된다.

원고의 위 허가기간 연장신청을 허가함으로 인하여 예상되는 공익의 침해보다도 위 신청을 불허함으로 인하여 초래되는 원고의 불이익이 매우 중대하여, 피고가 위 허가기간 연장신청을 반려하는 것이 원고가 입게 되는 불이익을 희생시키더라도 부득이하다고 할 정도의 공익상의 필요가 있다고 할 수 없으므로, 이 사건 처분은 재량권을 남용하였거나 재량권의 범위를 일탈한 위법한 처분이라고 판단하였다(대판 1991.8.27. 90누7920).

공유수면매립지준공인가를 하면서 일부 매립지에 대한 국가귀속결정은 독립하여 행정소송의 대상이 될 수 없다.

지방국토관리청장이 일부 공유수면매립지에 대하여 한 국가 또는 직할시 귀속처분은 매립준공인가를 함에 있어서 매립의 면허를 받은 자의 매립지에 대한 소유권취득을 규정한 공유수면매립법의 효과 일부를 배제하는 부관을 붙인 것이고, 이러한 행정행위의 부관은 독립하여 행정소송 대상이 될 수 없다(대판 1993.10.8. 93누2032).

10. 공법상 계약

부록

공법상 계약은 공법적 효과를 발생시키는 계약을 말한다. 공법상 계약은 의사의 대등성을 전제로 한쪽 당사자를 행정주체로 하여 양 당사자 사이의 의사표시의 합치에 따라 법률효과를 발생시 키는 것으로 비권력적 작용이므로 처분에 해당하지 않는다. 공법상 계약에 관한 소송은 당사자소송에 의한다. 판례는 법률행위의 형식만으로 공법상 계약으로 보지는 않는다.

(1) 사법상 계약으로 판례(민사소송)

공익사업을 위한 토지협의취득은 사법상 매매계약의 성격

도시계획사업의 시행자가 그 사업에 필요한 토지를 협의취득하는 행위는 사경제주체로서 행하는 사법상의 법률행위에 지나지 않는다(대판 1992.10.27. 91누3871).

「국가를 당사자로 하는 계약에 관한 법률」이나 「공공기관의 운영에 관한 법률」에 따른 국가나 공기업이 일방당사자가 되는 계약은 사법상 계약과 다를 바가 없다.

국가를 당사자로 하는 계약이나 공공기관의 운영에 관한 법률의 적용 대상인 공기업이 일방 당사자가 되는 계약은 국가 또는 공기업이 사경제의 주체로서 상대방과 대등한 지위에서 체결하는 사법상의 계약으로서 본질적인 내용은 사인 간의 계약과 다를 바가 없으므로, 법령에 특별한 정함이 있는 경우를 제외하고는 서로 대등한 입장에서 당사자의 합의에 따라 계약을 체결하여야 하고 당사자는 계약의 내용을 신의성실의 원칙에 따라 이행하여야 하는 등 사적 자치와 계약자유의 원칙을 비롯한 사법의 원리가 원칙적으로 적용된다(대판 2017.12.21. 2012다74076).

지방자치단체가 자원회수시설에 관한 위·수탁 운영 협약을 체결하는 것은 사법상 계약에 해당한다.

갑 지방자치단체가 을 주식회사 등 4개 회사로 구성된 공동수급체를 자원회수시설과 부대시설의 운영·유지관리 등을 위탁할 민간사업자로 선정하고 을 회사 등의 공동수급체와 위 시설에 관한 위·수탁 운영 협약을 체결하는 것은 사법상 계약에 해당한다(대판 2019.10.17. 2018두60588).

지방자치단체가 폐기물등 수집·운반, 가로청소 업무의 대행을 위탁하고 대행료를 지급하는 것을 내용으로 하는 용역계약은 사법상 계약이다.

지방자치단체가 음식물류 폐기물의 수집·운반, 가로 청소, 재활용품의 수집·운반 업무의 대행을 위탁하고 그에 대한 대행료를 지급하는 것을 내용으로 하는 용역계약은 사법상 계약에 해당한다(대판 2018.2.13. 2014두11328).

(2) **공법상 계약으로 판례(당사자소송)**

중소기업 정보화지원사업에 따른 지원금 출연을 위하여 중소기업청장이 체결하는 협약은 공법상 계약이고 협약의 해지 및 그에 따른 환수통보는 공권력 행사로서 처분에 해당한다고 볼 수 없다.

중소기업 정보화지원사업에 따른 지원금 출연을 위하여 중소기업청장이 체결하는 협약은 공법상 대등한 당사자 사이의 의사표시의 합치로 성립하는 공법상 계약에 해당하는 점, 달리 지원금 환수에 관한 구체적인 법령상 근거가 없는 점 등을 종합하면, 협약의 해지 및 그에 따른 환수통보는 공법상 계약에 따라 행정청이 대등한 당사자의 지위에서 하는 의사표시로 보아야 하고, 이를 행정청이 우월한 지위에서 행하는 공권력의 행사로서 행정처분에 해당한다고 볼 수는 없다(대판 1992.1.21. 91누1264).

서울특별시립무용단 단원의 위촉은 공법상의 계약이라고 할 것이고, 따라서 그 단원의 해촉에 대하여는 공법상의 당사자소송으로 그 무효확인을 청구할 수 있다.

서울특별시립무용단원의 공연 등 활동은 지방문화 및 예술을 진흥시키고자 하는 서울특별시의 공공적 업무수행의 일환으로 이루어진다고 해석될 뿐 아니라, 단원으로 위촉되기 위하여는 일정한 능력요건과 자격요건을 요하고, 계속적인 재위촉이 사실상 보장되며, 공무원연금법에 따른 연금을 지급받고, 단원의 복무규율이 정해져 있으며, 정년제가 인정되고, 일정한 해촉사유가 있는 경우에만 해촉되는 등 서울특별시립무용단원이 가지는 지위가 공무원과 유사한 것이라면, 서울특별시립무용단 단원의 위촉은 공법상의 계약이라고 할 것이고, 따라서 그 단원의 해촉에 대하여는 공법상의 당사자소송으로 그 무효확인을 청구할 수 있다(대판 1995.12.22. 95누4636).

광주광역시문화예술회관장의 단원 위촉은 공법상 근로계약에 해당한다고 보아야 할 것이다.

광주광역시문화예술회관장의 단원 위촉은 광주광역시문화예술회관장이 행정청으로서 공권력을 행사하여 행하는 행정처분이 아니라 공법상의 근무관계의 설정을 목적으로 하여 광주광역시와 단원이 되고자 하는 자 사이에 대등한 지위에서 의사가 합치되어 성립하는 공법상 근로계약에 해당한다고 보아야 할 것이므로, 광주광역시립합창단원으로서 위촉기간이 만료되는 자들의 재위촉 신청에 대하여 광주광역시문화예술회관장이 실기와 근무성적에 대한 평정을 실시하여 재위촉을 하지 아니한 것을 항고소송의 대상이 되는 불합격처분이라고 할 수는 없다(대판 2001.12.11. 2001두7794).

공중보건의사채용계약 해지의 의사표시에 대하여는 대등한 당사자간의 소송형식인 공법상의 당사자소송으로 그 의사표시의 무효확인을 청구할 수 있다.

현행 실정법이 전문직공무원인 공중보건의사의 채용계약 해지의 의사표시는 일반공무원에 대한 징계처분과는 달라서 항고소송의 대상이 되는 처분 등의 성격을 가진 것으로 인정되지 아니하고, 일정한 사유가 있을 때에 관할 도지사가 채용계약 관계의 한쪽 당사자로서 대등한 지위에서 행하는 의사표시로 취급하고 있는 것으로 이해되므로, 공중보건의사 채용계약 해지의 의사표시에 대하여는 대등한 당사자간의 소송형식인 공법상의 당사자소송으로 그 의사표시의 무효확인을 청구할 수 있는 것이지, 이를 항고소송의 대상이 되는 행정처분이라는 전제하에서 그 취소를 구하는 항고소송을 제기할 수는 없다(대판 1996.5.31. 95누10617).

지방전문직공무원 채용계약 해지의 의사표시에 대하여는 대등한 당사자간의 소송형식인 공법상 당사자소송으로 그 의사표시의 무효확인을 청구할 수 있다.

현행 실정법이 지방전문직공무원 채용계약 해지의 의사표시를 일반공무원에 대한 징계처분과는 달리 항고소송의 대상이 되는 처분 등의 성격을 가진 것으로 인정하지 아니하고, 지방전문직공무원규정 제7조 각호의 1에 해당하는 사유가 있을 때 지방자치단체가 채용계약관계의 한쪽 당사자로서 대등한 지위에서 행하는 의사표시로 취급하고 있는 것으로 이해되므로, 지방전문직공무원 채용계약 해지의 의사표시에 대하여는 대등한 당사자간의 소송형식인 공법상 당사자소송으로 그 의사표시의 무효확인을 청구할 수 있다(대판 1993.9.14. 92누4611).

(3) 행정처분에 해당한다는 판례(항고소송)

재단법인 한국연구재단이 갑 대학교 총장에게 연구개발비의 부당집행을 이유로 2단계 두뇌한국(BK)21 사업' 협약을 해지하는 것은 항고소송의 대상되는 행정처분에 해당한다.

학술진흥법 등과 과학기술기본법령의 입법 취지 및 규정 내용 등과 아울러 ① 학술진흥법 등과 과학기술기본법령의 해석상 국가가 두뇌한국(BK)21 사업의 주관연구기관인 대학에 연구개발비를 출연하는 것은, … 나아가 과학기술기본법령상 사업 협약의 해지 통보는 단순히 대등 당사자의 지위에서 형성된 공법상 계약을 계약당사자의 지위에서 종료시키는 의사표시에 불과한 것이 아니라 행정청이 우월적 지위에서 연구개발비의 회수 및 관련자에 대한 국가연구개발사업 참여제한 등의 법률상 효과를 발생시키는 행정처분에 해당한다(대판 2014.12.11. 2012두28704).

국립의료원 부설 주차장에 관한 위탁관리용역운영계약의 실질은 행정재산의 사용수익허가로서 강학상 특허(처분)이다.

운영계약의 실질은 행정재산인 위 부설주차장에 대한 국유재산법 제24조 제1항에 의한 사용·수익 허가로서 이루어진 것임을 알 수 있으므로, 이는 위 국립의료원이 원고의 신청에 의하여 공권력을 가진 우월적 지위에서 행한 행정처분으로서 특정인에게 행정재산을 사용할 수 있는 권리를 설정하여 주는 강학상 특허에 해당한다 할 것이고 순전히 사경제주체로서 원고와 대등한 위치에서 행한 사법상의 계약으로 보기 어렵다고 할 것이다(대판 2006.3.9. 2004다31074).

「사회기반시설에 대한 민간투자법」상 민간투자사업의 사업시행자 지정은 행정처분으로 항고소송의 대상이 된다.

사회기반시설에 대한 민간투자법상 민간투자사업의 사업시행자 지정은 행정처분으로 항고소송의 대상이 되며 선행처분인 서울-춘천 간 고속도로 민간투자시설사업의 사업시행자 지정처분의 무효를 이유로 그 후행처분인 도로구역결정처분의 취소를 구하는 소송에서, 선행처분인 사업시행자 지정처분을 무효로 할 만큼 중대하고 명백한 하자가 없다(대판 2009.4.23. 2007두13159).

11. 공공기관의 입찰참가자격 제한조치

(1) 판례의 판단기준

판례는 공공기관이 행한 입찰참가자격 제한조치의 처분성에 대해서 입찰참가자격 제한조치를 한 기관이 행정청에 해당하는지를 먼저 판단한 후 ① 행정청에 해당하지 않는다고 판단되면 그기관이 행한 입찰참가자격 제한조치는 사법상의 효력만 가진다고 하고, ② 행정청에 해당되면 법령 또는 계약에 근거하여 선택적으로 입찰참가자격 제한조치를 할 수 있는 경우에는 계약상대방에게 통지한 문서의 내용과 해당 조치에 이르기까지의 과정을 객관적 · 종합적으로 고찰하여 판단하여야 한다고 판시하고 있다.[5]

「공공기관운영법」 제39조 제2항과 그 하위법령에 따른 입찰참가자격제한 조치는 '구체적 사실에 관한 법집행으로서의 공권력의 행사'로서 행정처분에 해당한다.

공공기관의 운영에 관한 법률 제39조는 공기업 · 준정부기관은 공정한 경쟁이나 계약의 적정한 이행을 해칠 것이 명백하다고 판단되는 사람 · 법인 또는 단체 등에 대하여 2년의 범위 내에서 일정 기간 입찰참가자격을 제한할 수 있고(제2항), 그에 따른 입찰참가자격의 제한기준 등에 관하여 필요한 사항은 기획재정부령으로 정하도록 규정하고 있다(제3항). 그 위임에 따른 공기업 · 준정부기관 계약사무규칙 제15조는 기관장은 공정한 경쟁이나 계약의 적정한 이행을 해칠 것이 명백하다고 판단되는 자에 대해서는 국가를 당사자로 하는 계약에 관한 법률 제27조에 따라 입찰참가자격을 제한할 수 있다고 규정하고 있다. 이와 같이 공공기관운영법 제39조 제2항과 그 하위법령에 따른 입찰참가자격제한 조치는 '구체적 사실에 관한 법집행으로서의 공권력의 행사'로서 행정처분에 해당한다(대판 2020.5.28. 2017두66541).

(2) 처분성을 인정한 판례

한국수력원자력 주식회사가 「공공기관운영에관한법률」에 근거해서 행한 부정당업자 입찰참가자격제한 조치는 항고소송의 대상되는 처분이다.

한국수력원자력주식회사는 한국전력공사법에 의하여 설립된 공법인인 한국전력공사가 종래 수행하던 발전사업 중 수력 · 원자력 발전사업 부문을 전문적 · 독점적으로 수행하기 위하여 2000. 12. 23. 법률 제6282호로 제정된 전력산업 구조개편 촉진에 관한 법률에 의하여 한국전력공사에서 분할되어 설립된 회사로서, 한국전력공사가 그 주식 100%를 보유하고 있으며, 공공기관운영법 제5조 제3항 제1호에 따라 '시장형 공기업'으로 지정 · 고시된 '공공기관'이다. 피고는 공공기관운영법에 따른 '공기업'으로 지정됨으로써 공공기관운영업 제39조 제2항에 따라 입찰참가자격제한처분을 할 수 있는 권한을 부여받았으므로 '법령에 따라 행정처분권한을 위임받은 공공기관'으로서 행정청에 해당한다(대판 2020.5.28. 2017두66541).

조달청장이 「국가를 당사자로 하는 계약에 관한 법률」에 근거해서 한 부정당업자 입찰참가자격제한은 항고소송의 대상되는 처분성 인정

이러한 법리와 관련 규정의 내용 및 취지에 비추어 보면, 중앙관서의 장인 국토교통부장관으로부터 국가계약법 제6조 제3항에 따라 요청조달계약의 형식으로 계약에 관한 사무를 위탁받은 조달청장은 국가계약법 제27조 제1항에 따라 입찰참가자격제한 처분을 할 수 있는 권한이 있다고 봄이 타당하다(대판 2019.12.27. 2017두48307).

구 하도급거래 공정화에 관한 법률 제26조 제2항에 따른 공정거래위원회의 입찰참가자격제한 등 요청 결정은 항고소송의 대상되는 처분에 해당한다.

---

5 행정심판의 이론과 실무(중앙행정심판위원회 발간)

구 하도급거래 공정화에 관한 법률(2022. 1. 11. 법률 제18757호로 개정되기 전의 것, 이하 '구 하도급법'이라 한다) 제26조 제2항은 입찰참가자격제한 등 요청의 요건을 시행령으로 정한 기준에 따라 부과한 벌점의 누산점수가 일정 기준을 초과하는 경우로 구체화하고, 위 요건을 충족하는 경우 공정거래위원회는 구 하도급법 제26조 제2항 후단에 따라 관계 행정기관의 장에게 해당 사업자에 대한 입찰참가자격제한 등 요청 결정을 하게 되며, 이를 요청받은 관계 행정기관의 장은 특별한 사정이 없는 한 그 사업자에 대하여 입찰참가자격제한 등의 처분을 해야 하므로, 사업자로서는 입찰참가자격제한 등 요청 결정이 있으면 장차 후속 처분으로 입찰참가자격이 제한되고 영업이 정지될 수 있는 등의 법률상 불이익이 존재한다. 이때 입찰참가자격제한 등 요청 결정이 있음을 알고 있는 사업자로 하여금 입찰참가자격제한처분 등에 대하여만 다툴 수 있도록 하는 것보다는 그에 앞서 직접 입찰참가자격제한 등 요청 결정의 적법성을 다툴 수 있도록 함으로써 분쟁을 조기에 근본적으로 해결하도록 하는 것이 법치행정의 원리에도 부합하므로, 공정거래위원회의 입찰참가자격제한 등 요청 결정은 항고소송의 대상이 되는 처분에 해당한다(대판 2023.4.27. 2020두47892).

(3) 처분성을 부정한 판례

수도권매립지관리공사가 한 입찰참가자격을 제한하는 내용의 부정당업자제재처분은 사법상의 효력을 가지는 통지에 불과하다.

수도권매립지관리공사가 갑에게 입찰참가자격을 제한하는 내용의 부정당업자제재처분을 하자, 갑이 제재처분의 무효확인 또는 취소를 구하는 행정소송을 제기하면서 제재처분의 효력정지신청을 한 사안에서, 수도권매립지관리공사는 행정소송법에서 정한 행정청 또는 그 소속기관이거나 그로부터 제재처분의 권한을 위임받은 공공기관에 해당하지 않으므로, 수도권매립지관리공사가 한 위 제재처분은 행정소송의 대상이 되는 행정처분이 아니라 단지 갑을 자신이 시행하는 입찰에 참가시키지 않겠다는 뜻의 사법상의 효력을 가지는 통지에 불과하다(대판 2010.11.26.자 2010무137).

구 「예산회계법」(현 국가를 당사자로 하는 계약에 관한 법률)상 입찰보증금의 국고귀속조치는 민사소송의 대상이다

예산회계법에 따라 체결되는 계약은 사법상의 계약이라고 할 것이고 동법 제70조의5의 입찰보증금은 낙찰자의 계약체결의무이행의 확보를 목적으로 하여 그 불이행시에 이를 국고에 귀속시켜 국가의 손해를 전보하는 사법상의 손해배상 예정으로서의 성질을 갖는 것이라고 할 것이므로 입찰보증금의 국고귀속조치는 국가가 사법상의 재산권의 주체로서 행위하는 것이지 공권력을 행사하는 것이거나 공권력작용과 일체성을 가진 것이 아니라 할 것이므로 이에 관한 분쟁은 행정소송이 아닌 민사소송의 대상이 될 수밖에 없다고 할 것이다(대판 1983.12.27. 81누366).

12. 행정계획

(1) 의의

행정계획이라 함은 행정에 관한 전문적·기술적 판단을 기초로 하여 도시의 건설·정비·개량 등과 같은 특정한 행정 목표를 달성하기 위하여 서로 관련되는 행정수단을 종합·조정함으로써 장래의 일정한 시점에 있어서 일정한 질서를 실현하기 위한 활동기준으로 설정된 것이다(대판 2007.1.25. 2004두12063 판결).

(2) 판례

판례는 행정계획이 그 자체로 국민의 권리·의무에 구체적이고 개별적인 영향을 미치게 되는 경우 그 처분성을 인정하고 있다. 반대로 행정계획이 그에 후속되는 일정한 처분이나 다른 계획의 근거만 되는 경우 처분성을 부정한다.

1) 행정계획의 처분성을 긍정한 판례

도시계획결정은 항고소송의 대상되는 처분이다.

도시계획법 제12조 소정의 도시계획결정이 고시되면 도시계획구역 안의 토지나 건물 소유자의 토지형질변경, 건축물의 신축, 개축 또는 증축 등 권리행사가 일정한 제한을 받게 되는 바 이런 점에서 볼 때 고시된 도시계획결정은 특정 개인의 권리 내지 법률상의 이익을 개별적이고 구체적으로 규제하는 효과를 가져오게 하는 행정청의 처분이라 할 것이고, 이는 행정소송의 대상이 되는 것이라 할 것이다(대판 1982.3.9. 80누105).

재건축조합이 행정주체의 지위에서 수립하는 관리처분계획은 행정처분에 해당한다.

재건축조합이 행정주체의 지위에서 도시정비법 제74조에 따라 수립하는 관리처분계획은 정비사업의 시행 결과 조성되는 대지 또는 건축물의 권리귀속에 관한 사항과 조합원의 비용 분담에 관한 사항 등을 정함으로써 조합원의 재산상 권리・의무 등에 구체적이고 직접적인 영향을 미치게 되므로, 이는 구속적 행정계획으로서 재건축조합이 행하는 독립된 행정처분에 해당한다(대판 2022.7.14. 2022다206391).

지방문화재에 대한 보호구역 지정처분은 행정처분에 해당한다.

지방문화재에 대한 보호구역 지정처분도 보호구역 내에 있는 토지소유자에 대하여 권리행사의 제한 또는 의무부담을 주는 행정처분에 해당한다(대판 1993.6.29. 91누6986 판).

[처분성 긍정]
① 도시・관리계획(도시계획결정)(용도지역지정)
② 도시정비법상 관리처분계획
③ 택지개발예정지구 지정
④ 지방문화재에 대한 보호구역 지정처분
⑤ 개발제한구역지정처분
⑥ 환지예정지지정
⑦ 환지처분

2) 행정계획의 처분성을 부정한 판례

도시기본계획은 행정처분에 해당하지 않는다.

도시기본계획은 도시의 기본적인 공간구조와 장기발전방향을 제시하는 종합계획으로서 그 계획에는 토지이용계획, 환경계획, 공원녹지계획 등 장래의 도시개발의 일반적인 방향이 제시되지만, 그 계획은 도시계획입안의 지침이 되는 것에 불과하여 일반 국민에 대한 직접적인 구속력은 없는 것이므로 행정소송의 대상되는 처분에 해당하지 않는다(대판 2002.10.11. 2000두8226).

하수도정비기본계획은 항고소송의 대상되는 행정처분에 해당하지 아니한다.

구 하수도법 제5조의2의 규정에 따라 기존의 하수도정비기본계획을 변경하여, 제주 남제주군(주소 생략) 일대에 광역하수종말처리시설을 설치하는 등의 내용으로 새로이 하수도정비기본계획을 수립하였으나, 위 하수도정비기본계획은 항고소송의 대상이 되는 행정처분에 해당하지 아니한다(대판 2002.5.17. 2001두10578).

'4대강 살리기 마스터플랜' 등은 행정처분에 해당하지 않는다.

국토해양부, 환경부, 문화체육관광부, 농림수산부, 식품부가 합동으로 2009. 6. 8. 발표한 '4대강 살리기 마스터플랜' 등은 4대강 정비사업과 주변 지역의 관련 사업을 체계적으로 추진하기 위하여 수립한 종합계획이자 '4대강 살리기 사업'의 기본방향을 제시하는 계획으로서, 행정기관 내부에서 사업의 기본방향을 제시하는 것일 뿐, 국민의 권리·의무에 직접 영향을 미치는 것이 아니어서 행정처분에 해당하지 않는다(대판 2011.4.21.자 2010무111).

농어촌도로기본계획은 항고소송의 대상되는 행정처분에 해당한다고 할 수 없다.

구 농어촌도로정비법 제6조에 의한 농어촌도로기본계획은 군수가 시도·군도 이상의 도로를 기간으로 관할구역 안의 도로에 대한 장기개발방향의 지침을 정하기 위하여 내무부장관의 승인을 받아 고시하는 계획으로서 그에 후속되는 농어촌도로정비계획의 근거가 되는 것일 뿐 그 자체로 국민의 권리의무를 개별적 구체적으로 규제하는 효과를 가지는 것은 아니므로 이는 항고소송의 대상이 되는 행정처분에 해당한다고 할 수 없다(대판 2000.9.5. 99두974).

환지예정지 지정이나 환지처분은 항고소송의 대상되는 처분이나, 환지계획은 항고소송의 대상되는 처분으로 볼 수 없다.

토지구획정리사업법 제57조, 제62조 등의 규정상 환지예정지 지정이나 환지처분은 그에 의하여 직접 토지소유자 등의 권리의무가 변동되므로 이를 항고소송의 대상이 되는 처분이라고 볼 수 있으나, 환지계획은 위와 같은 환지예정지 지정이나 환지처분의 근거가 될 뿐 그 자체가 직접 토지소유자 등의 법률상의 지위를 변동시키거나 또는 환지예정지 지정이나 환지처분과는 다른 고유한 법률효과를 수반하는 것이 아니어서 이를 항고소송의 대상이 되는 처분에 해당한다고 할 수가 없다(대판 1999.8.20. 97누6889).

부록

13. 행정지도

(1) 의의

일정한 행정목적을 실현하기 위하여 특정인에게 일정한 행위를 하거나 아니하도록 지도·권고·조언 등을 하는 비권력적 사실행위를 행정지도라 한다. 행정지도의 상대방은 이를 이행할 것인가 여부가 임의적이다.

(2) 원칙

행정지도는 비권력적 사실행위라는 점에서 공권력의 행사로 볼 수 없으므로 원칙적으로 항고소송의 대상이 되는 처분으로 볼 수 없다.

세무당국이 소외 회사에 대해 원고와의 주류거래를 일정기간 중지해 줄 것을 요청한 행위는 항고소송의 대상이 될 수 없다.

세무당국이 소외 회사에 대하여 원고와의 주류거래를 일정기간 중지하여 줄 것을 요청한 행위는 권고 내지 협조를 요청하는 권고적 성격의 행위로서 소외 회사나 원고의 법률상의 지위에 직접적인 법률상의 변동을 가져오는 행정처분이라고 볼 수 없는 것이므로 항고소송의 대상이 될 수 없다(대판 1980.10.27. 80누395).

재단법인 한국연구재단이 갑 대학교 총장에게 을에 대한 대학 자체징계를 요구한 것은 법률상 구속력이 없는 권유 또는 사실상의 통지로서 항고소송의 대상인 처분에 해당하지 않는다.

재단법인 한국연구재단이 갑 대학교 총장에게 연구개발비의 부당집행을 이유로 '해양생물유래 고부가식품·향장·한약 기초소재 개발 인력양성사업에 대한 2단계 두뇌한국(BK)21 사업' 협약을 해지하고 연구팀장 을에 대한 대학자체 징계 요구 등을 통보한 사안에서, 재단법인 한국연구재단이 갑 대학교 총장에게 을에 대한 대학 자체징계를 요구한 것은 법률상 구속력이 없는 권유 또는 사실상의 통지로서 을의 권리, 의무 등 법률상 지위에 직접적인 법률적 변동을 일으키지 않는 행위에 해당하므로, 항고소송의 대상인 행정처분에 해당하지 않는다(대판 2014.12.11. 2012두28704)

소속장관의 서면경고는 항고소송의 대상이 될 수 없다.

공무원이 소속 장관으로부터 받은 "직상급자와 다투고 폭언하는 행위 등에 대하여 엄중 경고하니 차후 이러한 사례가 없도록 각별히 유념하기 바람"이라는 내용의 서면에 의한 경고가 공무원의 신분에 영향을 미치는 국가공무원법상의 징계의 종류에 해당하지 아니하고, 근무충실에 관한 권고행위 내지 지도행위로서 그 때문에 공무원으로서의 신분에 불이익을 초래하는 법률상의 효과가 발생하는 것도 아니므로, 경고가 국가공무원법상의 징계처분이나 행정소송의 대상이 되는 행정처분이라고 할 수 없어 그 취소를 구할 법률상의 이익이 없다(대판 1991.11.12. 91누2700).

재개발조합이 조합원들에게 정해진 기한까지 분양계약에 응해 줄 것을 안내하는 '조합원 분양계약에 대한 안내서'를 보낸 행위는 안내에 불과하여 항고소송의 대상이 되는 행정처분에 해당하지 않는다

이 사건 통보는 원고 등 조합원들에 대하여 위 기한까지 분양계약에 응해 줄 것을 안내하는 것일 뿐이어서, 조합원들에게 분양계약의 체결 또는 분양금의 납부를 명하거나 기타 법률상 효과를 발생하게 하는 등 조합원들의 구체적인 권리의무에 직접적 변동을 초래하는 행정처분에 해당한다고 할 수 없고, 또한 이 사건 통보로 인하여 원고들의 권리 또는 법률상 지위에 현존하는 불안·위험이 있다고 할 수 없으므로 그 부존재확인을 구할 법률상 이익도 없다(대판 2002.12.27. 2001두2799).

(3) **예외**

행정지도가 한계를 넘어 규제적·구속적 성격을 상당히 강하게 갖는 경우 항고소송의 대상되는 처분 또는 헌법소원의 대상되는 공권력행사에 해당한다.

불문경고조치 항고소송의 대상이 되는 처분에 해당한다.

행정규칙에 의한 '불문경고조치'가 비록 법률상의 징계처분은 아니지만 위 처분을 받지 아니하였다면 차후 다른 징계처분이나 경고를 받게 될 경우 징계감경사유로 사용될 수 있었던 표창공적의 사용가능성을 소멸시키는 효과와 1년 동안 인사기록카드에 등재됨으로써 그 동안은 장관표창이나 도지사표창 대상자에서 제외시키는 효과 등이 있다는 이유로 항고소송의 대상이 되는 행정처분에 해당한다(대판 2002.7.26. 2001두3532).

문책경고장(상당)을 보낸 행위는 항고소송의 대상이 되는 처분에 해당하지 않는다.

금융감독원장이 종합금융주식회사의 전 대표이사에게 재직 중 위법·부당행위 사례를 첨부하여 금융관련법규를 위반하고 신용질서를 심히 문란하게 한 사실이 있다는 내용으로 '문책경고장(상당)을 보낸 행위는 문책경고의 제재처분자체와는 다르므로 이사건 서면통보행위는 항고소송의 대상이 되는 행정처분에 해당하지 않는다(대판 2005.2.17. 2003두10312).

금융기관의 임원에 대한 금융감독원장의 문책경고는 항고소송의 대상이 된다.

금융기관의 임원에 대한 금융감독원장의 문책경고는 그 상대방에 대한 직업선택의 자유를 직접 제한하는 효과를 발생하게 하는 등 상대방의 권리의무에 직접 영향을 미치는 행위로서 항고소송의 대상이 되는 행정처분에 해당한다(대판 2005.2.17. 2003두14765).

검사에 대한 경고조치는 항고소송의 대상이 된다.

검사에 대한 경고조치 관련 규정을 위 법리에 비추어 살펴보면, 검찰총장이 사무검사 및 사건평정을 기초로 대검찰청 자체감사규정 제23조 제3항, 검찰공무원의 범죄 및 비위 처리지침 제4조 제2항 제2호 등에 근거하여 검사에 대하여 하는 '경고조치'는 일정한 서식에 따라 검사에게 개별 통지를 하고 이의신청을 할 수 있으며, 검사가 검찰총장의 경고를 받으면 1년 이상 감찰관리 대상자로 선정되어 특별관리를 받을 수 있고, 경고를 받은 사실이 인사자료로 활용되어 복무평정, 직무성과금 지급, 승진 · 전보인사에서도 불이익을 받게 될 가능성이 높아지며, 향후 다른 징계사유로 징계처분을 받게 될 경우에 징계양정에서 불이익을 받게 될 가능성이 높아지므로, 검사의 권리 의무에 영향을 미치는 행위로서 항고소송의 대상이 되는 처분이라고 보아야 한다(대판 2021.2.10. 2020두47564).

시정조치에 대한 결과를 문서로 보고하도록 하는 것은 항고소송의 대상되는 처분에 해당한다.

교육감이 학교법인에 대한 감사 실시 후 처리지시를 하고 그와 함께 그 시정조치에 대한 결과를 증빙서를 첨부한 문서로 보고하도록 한 것은, 의무의 부담을 명하거나 기타 법률상 효과를 발생하게 하는 것으로서 항고소송의 대상이 되는 행정처분에 해당한다(대판 2008.9.11. 2006두18362).

국가인권위원회의 성희롱 결정과 이에 따른 시정조치의 권고는 항고소송의 대상이 되는 처분에 해당한다.

구 남녀차별금지및구제에관한법률 제28조에 의하면, 국가인권위원회의 성희롱 결정과 이에 따른 시정조치의 권고는 불가분의 일체로 행하여지는 것인데 국가인권위원회의 이러한 결정과 시정조치의 권고는 성희롱 행위자로 결정된 자의 인격권에 영향을 미침과 동시에 공공기관의 장 또는 사용자에게 일정한 법률상의 의무를 부담시키는 것이므로 국가인권위원회의 성희롱 결정 및 시정조치권고는 행정소송의 대상이 되는 행정처분에 해당한다고 보지 않을 수 없다(대판 2005.7.8. 2005두487).

공정거래위원회의 '표준약관 사용권장행위'는 항고소송의 대상이 되는 처분에 해당한다.

공정거래위원회의 '표준약관 사용권장행위'는 그 통지를 받은 해당 사업자 등에게 표준약관과 다른 약관을 사용할 경우 표준약관과 다르게 정한 주요내용을 고객이 알기 쉽게 표시하여야 할 의무를 부과하고, 그 불이행에 대해서는 과태료에 처하도록 되어 있으므로, 이는 사업자 등의 권리 · 의무에 직접 영향을 미치는 행정처분으로서 항고소송의 대상이 된다(대판 2010.10.14. 선고 2008두23184).

교육인적자원부장관의 대학총장들에 대한 이 사건 학칙시정요구는 헌법소원의 대상이 되는 공권력의 행사라 볼 수 있다.

교육인적자원부장관의 대학총장들에 대한 이 사건 학칙시정요구는 고등교육법 제6조 제2항, 동법시행령 제4조 제3항에 따른 것으로서 그 법적 성격은 대학총장의 임의적인 협력을 통하여 사실상의 효과를 발생시키는 행정지도의 일종이지만, 그에 따르지 않을 경우 일정한 불이익조치를 예정하고 있어 사실상 상대방에게 그에 따를 의무를 부과하는 것과 다를 바 없으므로 단순한 행정지도로서의 한계를 넘어 규제적 · 구속적 성격을 상당히 강하게 갖는 것으로서 헌법소원의 대상이 되는 공권력의 행사라고 볼 수 있다(헌재결 2003.6.26. 2002헌마337).

방송통신심의위원회의 시정요구는 단순한 행정지도로서의 한계를 넘어 규제적 · 구속적 성격을 갖는 것으로서 헌법소원 또는 항고소송의 대상이 되는 공권력의 행사라고 봄이 상당하다.

행정기관인 방송통신심의위원회의 시정요구는 정보통신서비스제공자 등에게 조치결과 통지의무를 부과하고 있고, 정보통신서비스제공자 등이 이에 따르지 않는 경우 방송통신위원회의 해당 정보의 취급거부 · 정지 또는 제한명령이라는 법적 조치가 예정되어 있으며, 행정기관인 방송통신심의위원회가 표현의 자유를 제한하게 되는 결과의 발생을 의도하거나 또는 적어도 예상하였다 할 것이므로, 이는 단순한 행정지도로서의 한계를 넘어 규제적 · 구속적 성격을 갖는 것으로서 헌법소원 또는 항고소송의 대상이 되는 공권력의 행사라고 봄이 상당하다(헌재 2012.2.23. 2011헌가13).

14. 「행정소송법」 이외의 특별불복절차가 마련된 처분

통고처분, 검사의 공소제기 · 불기소처분, 형집행정지처분, 「질서위반행위규제법」에 따라 부과되는 과태료부과 처분 등과 같이 개별 법률에서 별도의 불복절차를 규정하고 있는 경우에는 행정심판의 대상이 되는 처분이 아니다.

통고처분은 행정심판이나 행정소송의 대상에서 제외되며 이러한 통고처분제도는 합헌

1. 통고처분은 상대방의 임의의 승복을 그 발효요건으로 하기 때문에 그 자체만으로는 통고이행을 강제하거나 상대방에게 아무런 권리의무를 형성하지 않으므로 행정심판이나 행정소송의 대상으로서의 처분성을 부여할 수 없고, 통고처분에 대하여 이의가 있으면 통고내용을 이행하지 않음으로써 고발되어 형사재판절차에서 통고처분의 위법 · 부당함을 얼마든지 다툴 수 있기 때문에 관세법 제38조 제3항 제2호가 법관에 의한 재판을 받을 권리를 침해한다든가 적법절차의 원칙에 저촉된다고 볼 수 없다(헌재결 1998.5.28. 96헌바4).
2. 도로교통법 제118조에서 규정하는 경찰서장의 통고처분은 행정소송의 대상이되는 행정처분이 아니므로 그 처분의 취소를 구하는 소송은 부적법하다(대판 1995.6.29. 95누4674).

과태료부과처분의 항고소송의 대상으로서 처분성 부정

1. 구 건축법 제56조의2 제1, 4, 5항 등에 의하면, 부과된 과태료처분에 대하여 불복이 있는 자는 그 처분이 있음을 안 날로부터 30일 이내에 당해 부과권자에게 이의를 제기할 수 있고, 이러한 이의가 제기된 때에는 부과권자는 지체 없이 관할법원에 그 사실을 통보하여야 하며, 그 통보를 받은 관할법원은 비송사건절차법에 의하여 과태료의 재판을 하도록 규정되어 있어서, 건축법에 의하여 부과된 과태료처분의 당부는 최종적으로 비송사건절차법에 의한 절차에 의하여만 판단되어야 한다고 보아야 하므로, 그 과태료처분은 행정소송의 대상이 되는 행정처분이라고 볼 수 없다(대판 1995.7.28. 95누2623).
2. 수도조례 및 하수도사용조례에 기한 과태료의 부과 여부 및 그 당부는 최종적으로 질서위반행위규제법에 의한 절차에 의하여 판단되어야 한다고 할 것이므로, 그 과태료 부과처분은 행정청을 피고로 하는 행정소송의 대상이 되는 행정처분이라고 볼 수 없다(대판 2012.10.11. 2011두19369).

「농지법」에 따른 이행강제금 부과처분에 대한 불복은 비송사건절차에 의하므로 행정소송법상의 항고소송의 대상이 될 수 없다.

농지법 제62조 제1항에 따른 이행강제금 부과처분에 대한 불복은 비송사건절차법에 따른 재판절차가 적용되어야 하고, 행정소송법상 항고소송의 대상은 될 수 없다(대판 2019.4.11, 2018두42955).

15. 반복된 처분

침익적 행정처분이 내려진 후에 내려진 동일한 내용의 반복된 침익적 처분은 새로운 의무를 부과하는 것이 아니므로 처분성이 인정되지 않는다. 그러나 거부처분 후 신청이 새로운 내용의 신청이라면 이를 거부하는 것은 처분성이 긍정된다.

반복된 계고(2차 계고)는 행정처분이 아니다.

행정대집행법상의 건물철거의무는 제1차 철거명령 및 계고처분으로서 발생하였고 제2차, 제3차의 계고처분은 새로운 철거의무를 부과한 것이 아니고 다만 대집행기한의 연기통지에 불과하므로 행정처분이 아니다(대판 1994.10.28. 94누5144).

새로운 신청에 대한 반복된 거부처분은 처분성이 인정된다.

거부처분은 당사자의 신청에 대하여 관할 행정청이 이를 거절하는 의사를 대외적으로 명백히 표시함으로써 성립되는 것인 바, 당사자가 한 신청에 대하여 거부처분이 있은 후 당사자가 다시 신청을 한 경우에 그 신청의 제목 여하에 불구하고 그 내용이 새로운 신청을 하는 취지라면 관할 행정청이 이를 다시 거절한 이상 새로운 거부처분이 있은 것으로 보아야 할 것이다(대판 1992.10.27. 92누1643).

경정청구기간을 도과한 후에 납세자가 제기한 경정청구의 거부는 항고소송의 대상이 되는 처분으로 볼 수 없다.

경정청구기간이 도과한 후 제기된 경정청구는 부적법하여 과세관청이 과세표준 및 세액을 결정 또는 경정하거나 거부처분을 할 의무가 없으므로, 과세관청이 경정을 거절하였다고 하더라도 이를 항고소송의 대상이 되는 거부처분으로 볼 수 없다(대판 2015.3.12. 2014두44830).

거부처분 관련 판례

(사례문제 대비 참조)

1. 거부처분의 성립요건

거부처분이 성립하기 위해서는 국민에게 처분의 발동을 요구할 법규상·조리상의 신청권이 있어야 한다.

국민의 적극적 행위 신청에 대하여 행정청이 그 신청에 따른 행위를 하지 않겠다고 거부한 행위가 항고소송의 대상이 되는 행정처분에 해당하는 것이라고 하려면, 그 신청한 행위가 공권력의 행사 또는 이에 준하는 행정작용이어야 하고, 그 거부행위가 신청인의 법률관계에 어떤 변동을 일으키는 것이어야 하며, 그 국민에게 그 행위발동을 요구할 법규상 또는 조리상의 신청권이 있어야 한다(대판 2007.10.11. 2007두1316).

건축계획심의신청에 대한 반려처분은 항고소송의 대상이 된다.

건축계획심의신청에 대한 반려처분이 항고소송의 대상이 되는 행정처분에 해당한다.(대판 2007.10.11. 2007두1316).

신청권은 구체적 사건에서 신청인이 누구인가를 고려하지 않고 관계법규의 해석에 의하여 일반 국민에게 그러한 신청권을 인정하고 있는가를 살펴 추상적으로 결정된다.

거부처분의 처분성을 인정하기 위한 전제요건이 되는 신청권의 존부는 구체적 사건에서 신청인이 누구인가를 고려하지 않고 관계 법규의 해석에 의하여 일반 국민에게 그러한 신청권을 인정하고 있는가를 살펴 추상적으로 결정되는 것이고, 신청인이 그 신청에 따른 단순한 응답을 받을 권리를 넘어서 신청의 인용이라는 만족적 결과를 얻을 권리를 의미하는 것은 아니다. 따라서 국민이 어떤 신청을 한 경우에 그 신청의 근거가 된 조항의 해석상 행정발동에 대한 개인의 신청권을 인정하고 있다고 보여지면 그 거부행위는 항고소송의 대상이 되는 처분으로 보아야 할 것이고, 구체적으로 그 신청이 인용될 수 있는가 하는 점은 본안에서 판단하여야 할 사항인 것이다(대판 1996.6.11. 95누12460).

2. 법규상·조리상 신청권

(1) 정보공개청구권

국민의 정보공개청구권은 법률상 보호되는 구체적인 권리이다.

국민의 정보공개청구권은 법률상 보호되는 구체적인 권리이므로, 공공기관에 대하여 정보공개를 청구하였다가 공개거부처분을 받은 청구인은 행정소송을 통해 공개거부처분의 취소를 구할 법률상 이익이 인정되고, 그 밖에 추가로 어떤 이익이 있어야 하는 것은 아니다(대판 2022.5.26. 2022두33439).

청구인에게는 특정한 공개방법을 지정하여 정보공개를 청구할 법령상 신청권이 있다.

청구인에게는 특정한 공개방법을 지정하여 정보공개를 청구할 수 있는 법령상 신청권이 있다. 따라서 공공기관이 공개청구의 대상이 된 정보를 공개는 하되, 청구인이 신청한 공개방법 이외의 방법으로 공개하기로 하는 결정을 하였다면, 이는 정보공개청구 중 정보공개방법에 관한 부분에 대하여 일부 거부처분을 한 것이고, 청구인은 그에 대하여 항고소송으로 다툴 수 있다(대판 2016.11.10. 2016두44674).

(2) 행정계획 등 변경신청권

1) 일반적 부정

일반적으로 지역주민에 대해서는 원칙적 계획변경청구권이 부정된다.

어떤 사정의 변동이 있다고 하여 지역주민에게 일일이 도시계획의 변경을 청구할 권리를 인정해 줄 수 없다.

도시계획법상 주민이 도시계획 및 그 변경에 대하여 어떤 신청을 할 수 있음에 관한 규정이 없을 뿐만 아니라, 도시계획과 같이 장기성·종합성이 요구되는 행정계획에 있어서는 그 계획이 일단 확정된 후에 어떤 사정의 변동이 있다고 하여 지역주민에게 일일이 그 계획의 변경을 청구할 권리를 인정해 줄 수도 없는 이치이므로 도시계획시설변경신청을 불허한 행위는 항고소송의 대상이 되는 행정처분이라고 볼 수 없다(대판 1984.10.23. 84누227).

국토이용계획상의 용도지역을 사설묘지를 설치할 수 있는 용도지역으로 변경하는 것을 허가하여 달라는 신청을 거부하는 것이 행정처분이라 볼 수 없다.

국토이용관리법상 주민이 국토이용계획의 변경에 대하여 신청을 할 수 있다는 규정이 없을 뿐만 아니라, 국토건설종합계획의 효율적인 추진과 국토이용질서를 확립하기 위한 국토이용계획은 장기성, 종합성이 요구되는 행정계획에 있어서는 그 계획이 일단 확정된 후에 어떤 사정의 변동이 있다고 하여 지역주민이나 일반 이해관계인에게 일일이 그 계획의 변경을 청구할 권리를 인정하여 줄 수도 없는 것이라고 할 것이므로, 이 사건 임야의 국토이용계획상의 용도지역을 사설묘지를 설치할 수 있는 용도지역으로 변경하는 것을 허가하여 달라는 원고의 이 사건 신청을 피고가 거부 내지 반려하였다고 하여 그 거부 내지 반려한 행위를 가지고 항고소송의 대상이 되는 행정처분이라고 볼 수는 없다(대판 1995.4.28. 95누627).

「도시계획법」, 「건축법」, 「도로법」 등 관계 법령상 주민에게 도로상 장애물의 철거를 신청할 수 있는 권리를 인정한 근거 법규가 없을 뿐 아니라 조리상 이를 인정할 수도 없다.

도시계획법, 건축법, 도로법 등 관계 법령상 주민에게 도로상 장애물의 철거를 신청할 수 있는 권리를 인정한 근거 법규가 없을 뿐 아니라 조리상 이를 인정할 수도 없고, 따라서 행정청이 인접 토지 소유자의 장애물 철거 요구를 거부한 행위는 항고소송의 대상이 되는 거부처분에 해당될 수 없다(대판 1996.1.23. 95누1378).

2) 예외적 인정

일정한 행정처분을 구하는 신청을 할 수 있는 법률상 지위에 있는 자의 국토이용계획변경신청을 거부하는 것이 실질적으로 당해 행정처분 자체를 거부하는 결과가 되는 경우 계획변경청구권 긍정

장래 일정한 기간 내에 관계 법령이 규정하는 시설 등을 갖추어 일정한 행정처분을 구하는 신청을 할 수 있는 법률상 지위에 있는 자의 국토이용계획변경신청을 거부하는 것이 실질적으로 당해 행정처분 자체를 거부하는 결과가 되는 경우에는 예외적으로 그 신청인에게 국토이용계획변경을 신청할 권리가 인정된다고 봄이 상당하므로, 이러한 신청에 대한 거부행위는 항고소송의 대상이 되는 행정처분에 해당한다(대판 2003.9.23. 2001두10936).

부록

도시계획구역 내 토지 등을 소유하고 있는 주민으로서는 입안권자에게 도시계획입안을 요구할 수 있는 법규상 또는 조리상의 신청권이 있다.

도시계획구역 내 토지 등을 소유하고 있는 주민으로서는 입안권자에게 도시계획입안을 요구할 수 있는 법규상 또는 조리상의 신청권이 있다고 할 것이고, 이러한 신청에 대한 거부행위는 항고소송의 대상이 되는 행정처분에 해당한다(대판 2004.4.28. 2003두1806).

문화재보호구역 내 토지소유자의 문화재보호구역 지정해제를 요구할 수 있는 법규상 또는 조리상의 신청권이 있다.

문화재보호구역 내에 있는 토지소유자 등으로서는 위 보호구역의 지정해제를 요구할 수 있는 법규상 또는 조리상의 신청권이 있다고 할 것이고, 이러한 신청에 대한 거부행위는 항고소송의 대상이 되는 행정처분에 해당한다(대판 2004.4.27. 2003두8821).
그 외 국가지정문화재의 보호구역에 인정한 나대지 소유자의 건물 신축을 위한 국가지정문화재현상변경 신청거부의 처분성을 인정한 판례(대판 2006.5.12.2004두9920)

(3) **조리상 임용신청권**
판례는 검사임용사안에서 검사임용여부에 대한 응답신청권을 인정하여 임용거부의 처분성을 인정하였고, 기간제 임용된 국·공립대학 교수에 대한 재임용거부의 처분성을 인정한 바 있다.

검사의 임용여부는 자유재량이나, 그 임용여부의 응답을 해줄 의무는 있다.

검사의 임용 여부는 임용권자의 자유재량에 속하는 사항이나, 법령상 검사임용신청 및 그 처리의 제도에 관한 명문규정이 없다고 하여도 조리상 임용권자는 임용신청자들에게 전형의 결과인 임용 여부의 응답을 해줄 의무가 있다고 보아야 하고, 원고로서는 그 임용신청에 대하여 임용 여부의 응답을 받을 권리가 있다고 할 것이다(대판 1991.2.12. 90누5825).

임용기간이 만료된 조교수에 대한 재임용 거부취지의 임용기간만료의 통지는 대학교원의 법률관계에 영향을 주는 것으로 항고소송의 대상이 된다.

기간제로 임용되어 임용기간이 만료된 국·공립대학의 조교수는 교원으로서의 능력과 자질에 관하여 합리적인 기준에 의한 공정한 심사를 받아 위 기준에 부합되면 특별한 사정이 없는 한 재임용되리라는 기대를 가지고 재임용여부에 관하여 합리적인 기준에 의한 공정한 심사를 요구할 법규상 또는 조리상 신청권을 가진다고 할 것이니, 임용권자가 임용기간이 만료된 조교수에 대하여 재임용을 거부하는 취지로 한 임용기간만료의 통지는 위와 같은 대학교원의 법률관계에 영향을 주는 것으로서 행정소송의 대상이 되는 처분에 해당한다(대판 2004.4. 22. 2000두7736).(대판 2004.4.22. 2000두7735).

대학교원임용지원자 중 유일한 유일한 면접심사 대상자로 선정되는 등으로 장차 나머지 일부의 심사단계를 거쳐 대학교원으로 임용될 것을 상당한 정도로 기대할 수 있는 지위에 이르렀다면 임용신청권이 인정된다.

임용지원자가 당해 대학의 교원임용규정 등에 정한 심사단계 중 중요한 대부분의 단계를 통과하여 다수의 임용지원자 중 유일한 면접심사 대상자로 선정되는 등으로 장차 나머지 일부의 심사단계를 거쳐 대학교원으로 임용될 것을 상당한 정도로 기대할 수 있는 지위에 이르렀다면, 그러한 임용지원자는 임용에 관한 법률상 이익을 가진 자로서 임용권자에 대하여 나머지 심사를 공정하게 진행하여 그 심사에서 통과되면 대학교원으로 임용해 줄 것을 신청할 조리상의 권리가 있다고 보아야 할 것이다(대판 2004.6.11. 2001두7053).

(4) 직권취소 · 철회 신청권

직권취소나 철회할 사유가 있다는 사정만으로 이해관계인에게 처분청에 대하여 그 취소를 요구할 신청권이 부여된 것은 아니라는 것이 판례이다. 예외적으로 공사중지명령의 상대방은 그 원인사유가 소멸한 경우 철회를 요구할 신청권이 인정된다.

직권취소를 요구할 신청권의 부정된다는 판례

원래 행정처분을 한 처분청은 그 처분에 하자가 있는 경우에는 원칙적으로 별도의 법적 근거가 없더라도 스스로 이를 직권으로 취소할 수 있지만, 그와 같이 직권취소를 할 수 있다는 사정만으로 이해관계인에게 처분청에 대하여 그 취소를 요구할 신청권이 부여된 것으로 볼 수는 없으므로, 처분청이 위와 같이 법규상 또는 조리상의 신청권이 없이 한 이해관계인의 복구준공통보 등의 취소신청을 거부하더라도, 그 거부행위는 항고소송의 대상이 되는 처분에 해당하지 않는다(대판 2006.6.30. 2004두701).

공사중지명령의 상대방은 그 원인사유가 소멸한 경우 철회를 요구할 신청권이 인정된다.

지방자치단체장이 공장시설을 신축하는 회사에 대하여 사업승인 내지 건축허가 당시 부가하였던 조건을 이행할 때까지 신축공사를 중지하라는 명령을 한 경우, 위 회사에게는 중지명령의 원인사유가 해소되었음을 이유로 당해 공사중지명령의 해제를 요구할 수 있는 권리가 조리상 인정된다(대판 2007.5.11. 2007두1811).

행정청에 대해 제3자에 대한 건축허가의 취소나 준공검사의 취소 또는 건축물의 철거 등 필요한 조치를 명할 조리상 권리가 인정되지 않는다.

구 건축법및 기타 관계 법령에 국민이 행정청에 대하여 제3자에 대한 건축허가의 취소나 준공검사의 취소 또는 제3자 소유의 건축물에 대한 철거 등의 조치를 요구할 수 있다는 취지의 규정이 없고, 같은 법 제69조 제1항 및 제70조 제1항은 각 조항 소정의 사유가 있는 경우에 시장 · 군수 · 구청장에게 건축허가 등을 취소하거나 건축물의 철거 등 필요한 조치를 명할 수 있는 권한 내지 권능을 부여한 것에 불과할 뿐, 시장 · 군수 · 구청장에게 그러한 의무가 있음을 규정한 것은 아니므로 위 조항들도 그 근거 규정이 될 수 없으며, 그 밖에 조리상 이러한 권리가 인정된다고 볼 수도 없다(대판 1999.12.7. 97누17568).

(5) 기타

주민등록번호의 변경을 요구할 신청권을 인정한 경우

피해자의 의사와 무관하게 주민등록번호가 유출된 경우에는 조리상 주민등록번호의 변경을 요구할 신청권을 인정함이 타당하고, 구청장의 주민등록번호 변경신청 거부행위는 항고소송의 대상이 되는 행정처분에 해당한다(대판 2017.6.15. 2013두2945).

2013년 제1회 행정사 2차 기출문제

행정사실무법 모범답안

| 문제 1 | 도시개발사업의 시행자인 A는 개발 구역 내 토지가격을 평가함에 있어 반드시 거쳐야 하는 절차인 토지평가협의회의 심의를 거치지 아니하고 토지가격을 평가하였고, 관할 행정청은 이에 근거하여 환지예정지 지정처분을 내렸다. 처분을 받은 甲은 절차상 하자를 이유로 처분의 취소를 구하는 행정심판을 청구하고자 한다. 그런데 이 처분의 기초가 된 가격평가의 내용은 적정하였을 뿐만 아니라 환지예정지 지정처분을 받은 이해관계인들 중 甲을 제외하고는 아무도 이에 불복하지 않고 있다. 또한 만약 이 처분이 취소될 경우 다른 이해관계인들에 대한 환지예정지 지정처분까지지도 변경되어 사실관계가 매우 복잡해짐으로써 사회적 혼란이 발생할 수 있게 된다. 甲의 청구가 인용될 수 있는지에 관하여 논하시오. (40점)

모범답안

Ⅰ 사례의 쟁점

甲의 청구의 인용가능성과 관련해서 ① 환지예정지 지정처분이 절차상 하자로서 위법한 처분인지, ② 이에 대해 사정재결이 인정될 수 있을 것인지 문제된다.

Ⅱ 절차하자의 독립적 위법사유

1. 문제의 소재

행정처분이 내용상 적정하더라도 절차상의 위법이 있는 경우 이것만으로 독립적 위법사유가 될 수 있는지 견해대립이 있다.

2. 견해대립

① 절차상 하자를 이유로 취소재결이 있더라도 행정청은 절차상 하자를 치유하여 동일한 처분을 할 것이라는 이유로 부정하는 부정설, ② 행정절차의 실효성을 보장하기 위해 긍정하는 긍정설, ③ 기속행위의 경우 위법사유로 보지 않지만 재량행위의 경우 위법사유가 된다는 절충설의 견해대립이 있다.

3. 판례

처분이 기속행위인지 재량행위인지 구별하지 않고 독립적 위법사유로 보고 있다.

4. 결어

현행 행정심판법 제49조 제4항이 절차의 위법 또는 부당을 이유로 취소재결을 인정하고 있으므로 긍정설이 타당하다.

Ⅲ 사정재결

1. 의의

행정심판위원회는 심판청구가 이유가 있다고 인정하는 경우에도 이를 인용하는 것이 공공복리에 크게 위배된다고 인정하면 그 심판청구를 기각하는 재결을 사정재결이라 한다.

2. 주문에 위법 · 부당 명시

행정심판위원회는 재결의 주문에 그 처분 또는 부작위가 위법하거나 부당하다는 것을 구체적으로 밝혀야 한다.

3. 사정재결에 대한 구제조치

행정심판위원회는 사정재결을 할 때에는 청구인에 대하여 상당한 구제방법을 취하거나 상당한 구제방법을 취할 것을 피청구인에게 명할 수 있다.

4. 직권에 의한 사정재결

사정재결에 관하여는 당사자의 명백한 주장이 없는 경우에도 기록에 나타난 여러 사정을 기초로 직권으로 판단할 수 있다는 것이 판례이다.

5. 적용범위

취소심판과 의무이행심판에서 인정되고, 무효등확인심판에서는 인정되지 않는다.

Ⅳ 사안해결

개발 구역 내 토지가격을 평가함에 있어 반드시 거쳐야 하는 절차인 토지평가협의회의 심의를 거치지 아니하고 토지가격을 평가한 것을 근거로 이루어진 환지예정지 지정처분은 절차상의 위법에 해당하므로 인용재결이 가능하지만, 환지예정지 지정처분이 취소될 경우 다른 이해관계인들에 대한 환지예정지 지정처분까지도 변경되어 사실관계가 매우 복잡해짐으로써 사회적 혼란이 발생할 수 있으므로 사정재결이 인정될 수 있다.

| 문제 2 | 행정심판위원회의 위원 등의 제척, 기피, 회피를 설명하시오. (20점)

모범답안

Ⅰ 제도의 취지

행정심판에 있어서 심리·의결의 공정성을 확보하기 위해 행정심판위원회 위원 등에 대한 제척, 기피, 회피를 인정하고 있다.

Ⅱ 제척

1. 의의

제척은 법정사유가 발생한 경우 당연히 직무집행에서 배제되는 것을 뜻한다. 제척결정은 이를 확인하는 의미이다.

2. 절차

제척결정은 위원회의 위원장이 직권으로 또는 당사자의 신청에 의하여 한다.

3. 사유

① 위원 또는 그 배우자나 배우자이었던 사람이 사건의 당사자이거나 사건에 관하여 공동 권리자 또는 의무자인 경우
② 위원이 사건의 당사자와 친족이거나 친족이었던 경우
③ 위원이 사건에 관하여 증언이나 감정(鑑定)을 한 경우
④ 위원이 당사자의 대리인으로서 사건에 관여하거나 관여하였던 경우
⑤ 위원이 사건의 대상이 된 처분 또는 부작위에 관여한 경우

Ⅲ 기피

1. 의의

당사자가 공정한 심리·의결을 기대하기 어려운 사정이 있는 경우 위원장에게 스스로 배제를 신청하는 것을 기피라 한다.

2. 절차

당사자는 위원장에게 기피신청을 할 수 있다.

Ⅳ 회피

1. 의의

위원회의 회의에 참석하는 위원이 제척사유 또는 기피사유에 해당되는 것을 알게 되었을 때에는 스스로 그 사건의 심리·의결에서 회피할 수 있다.

2. 절차

회피하고자 하는 위원은 위원장에게 그 사유를 소명하여야 한다.

| 문제 3 | 비송사건의 심리방법을 설명하시오. (20점)

모범답안

Ⅰ 심리의 의의

비송사건의 심리는 사권관계형성을 위한 사실확정의 절차로서 대부분은 사실관계의 조사절차이다.

Ⅱ 비송사건에서 심리

1. 심문에 의한 심리

(1) 심문

① 비송사건의 심리는 일반적으로 심문의 방법에 의하여 심리한다. 심문은 필수적인 것은 아니고 임의적이다.

② 법률규정에 의해 재판 전에 관계인의 의견 또는 진술을 듣도록 규정하고 있는 경우에도 반드시 심문기일을 열어 말로 진술하는 것을 청취할 필요는 없고, 서면진술만 허용하여도 무방하다.

(2) 심문의 비공개

심문은 공개하지 아니한다. 다만, 법원은 심문을 공개함이 적정하다고 인정하는 자에게는 방청을 허가할 수 있다.

(3) 심문기일의 통지

① 당사자나 그 밖의 관계인을 법정에서 심문하고자 하는 경우에는 심문기일을 지정하여 통지하여야 한다.

② 심문기일통지서 등을 송달받고도 아무런 답변을 하지 않고, 심문기일에 출석하지도 않은 때에는 진술포기한 것으로 보고, 그 진술을 듣지 않고 재판을 하여도 무방하다.

(4) 심문조서의 작성

증인 또는 감정인의 심문에 관하여는 조서를 작성하고, 그 밖의 심문에 관하여는 필요하다고 인정하는 경우에만 조서를 작성한다.

2. 사실인정의 방법

(1) 직권탐지

사실의 탐지를 하는 방식은 법원이 자료의 수집에 적합한 형태로 하면 충분하고 특별한 제한이 없다. 개인이나 단체에 대한 서면 조회 또는 전화 조회, 당사자나 관계인의 심문 등에 의한다.

(2) 증거의 조사

증거조사 방법 가운데 인증과 감정에 관해서는 민사소송법을 준용한다.

(3) 증거조사의 촉탁

증인 또는 감정인의 심문에 관해서는 수명법관 또는 수탁판사로 하여금 증거조사를 할 수 있고, 사실 탐지도 촉탁 가능하다.

(4) 증명정도

법정의 증거조사절차에 따르지 않는 간이한 증명방식으로 사실인정을 할 수 있는 자유로운 증명으로 충분하다.

(5) 입증책임

직권탐지주의에 의해 당사자의 입증책임이 없지만, 법원의 직권조사만으로 사실의 진상이 분명히 밝혀지지 않는 경우 증명책임의 위험을 당사자가 지게 된다.

| 문제 4 | 재판상 대위에 관한 사건을 설명하시오. (20점)

모범답안

Ⅰ 의의

채권자가 채권의 기한이 도래하기 전에 법원의 허가를 받아 채권자대위권을 행사하는 것을 재판상 대위라 한다.

Ⅱ 재판상 대위에 관한 사건

1. 관할법원

채무자의 보통재판적이 있는 곳의 지방법원을 관할로 한다.

2. 절차의 개시

(1) 신청

채권자의 신청에 의한다.

(2) 신청요건

① 채권이 기한 도래 전일 것, ② 채무자의 권리를 행사하지 아니하면 그 채권을 보전할 수 없거나 보전하는 데에 곤란이 생길 우려가 있을 것

(3) 신청방식

신청은 서면 또는 말로 할 수 있다.

3. 심리

① 비송사건절차법 총칙상 비공개, 검사의 참여에 관한 규정이 적용되지 않는다.
② 법원은 재판 전에 채권자와 변제자를 심문하여야 한다.
③ 법원은 직권으로 사실의 탐지와 필요하다고 인정하는 증거의 조사를 하여야 한다.

4. 재판

① 재판은 결정으로써 한다.
② 법원은 대위의 신청이 이유 있다고 인정한 경우에는 담보를 제공하게 하거나 제공하게 하지 아니하고 허가할 수 있다.
③ 신청인에게 고지하는 것 외에 대위의 신청을 허가한 재판은 직권으로 채무자에게 고지하여야 한다. 고지를 받은 채무자는 그 권리를 처분할 수 없다.

5. 불복방법

① 신청을 각하한 재판에 대하여는 채권자는 즉시항고를 할 수 있다.
② 신청을 허가한 재판에 대하여는 채무자가 즉시항고를 할 수 있다.
③ 항고의 기간은 채무자가 재판의 고지를 받은 날부터 기산한다.

6. 항고비용의 부담

① 신청을 허가한 재판은 채무자가 이를 부담한다.
② 항고절차의 비용과 항고인이 부담하게 된 전심의 비용에 대하여는 신청인과 항고인을 당사자로 보고 「민사소송법」 제98조에 따라 패소한 당사자가 이를 부담한다.

2014년 제2회 행정사 2차 기출문제

행정사실무법 모범답안

| 문제 1 | 甲은 운전면허취소사유에 해당하는 혈중알콜농도 0.15%인 상태로 운전하다가 경찰관 乙에게 적발되었다. 乙은 운전면허취소권자인 관할 지방경찰청장에게 甲에 대한 운전면허취소의 행정처분을 의뢰하였다. 한편 乙과 함께 근무하는 순경의 전산입력 착오로 甲은 운전면허정지 대상자로 분류되어 관할 경찰서장은 2014. 7. 20. 운전면허정지처분을 하였고, 甲은 운전면허증을 반납하였다. 이후 乙의 의뢰를 받은 관할 지방경찰청장은 2014. 8. 27. 甲의 운전면허를 취소하는 처분을 하였다. 甲은 운전면허취소처분의 취소를 구하는 행정심판을 청구하면서 자신은 운전면허정지처분을 신뢰하였으며, 그 신뢰는 보호되어야 한다고 주장한다. 甲의 청구가 인용될 수 있는지에 대하여 논하시오. (40점)

모범답안

Ⅰ 사례의 쟁점

甲의 청구가 인용될 수 있는지와 관련 신뢰보호원칙이 적용될 수 있을 것인지 문제된다.

Ⅱ 신뢰보호의 원칙

1. 의의

행정청은 공익 또는 제3자의 이익을 현저히 해칠 우려가 있는 경우를 제외하고는 행정에 대한 국민의 정당하고 합리적인 신뢰를 보호하여야 한다.

2. 성립요건

(1) 적극적 요건

① 신뢰의 대상되는 행정청의 선행조치(공적 견해표명), ② 상대방의 보호가치 있는 신뢰, ③ 신뢰에 따른 상대방의 조치, ④ 선행조치에 반하는 후행조치, ⑤ 이로 인한 상대방의 권리침해, ⑥ 인과관계의 존재가 있을 것을 요건으로 한다.

(2) 소극적 요건

공익 또는 제3자의 이익을 현저히 해칠 우려가 없어야 한다.

3. 위반의 효과

신뢰보호의 원칙을 위반한 행정처분은 위법한 행위가 되어 취소 또는 무효가 된다.

Ⅲ 행정처분이 행해진 경우

일단 행정처분이 행해진 경우 처분의 존속에 대한 신뢰가 형성된다. 따라서 직권취소나 철회사유가 아닌 한 처분을 변경하는 것은 원칙적 허용되지 않는다.

Ⅳ 사안해결

甲에 대한 운전면허정지처분이 행해진 경우 그 처분의 존속에 대한 신뢰가 이미 형성되었다. 처분의 존속이 현저히 공익에 반한다고 보이지 않으므로 보다 무거운 면허취소처분을 하는 것은 甲에 대한 신뢰를 크게 해치는 것으로 위법하므로 甲의 청구는 인용될 것이다.

| 문제 2 | 「행정사법」상 행정사의 업무정지사유와 업무정지처분효과의 승계에 대하여 설명하시오. (20점)

모범답안

Ⅰ 업무정지사유

1. 업무정지의 의의

행정사사무소(행정사합동사무소 또는 행정사법인의 경우에는 주사무소)의 소재지를 관할하는 시장등은 행정사 또는 행정사법인이 행정사법상 규정된 사유에 해당하는 경우에는 6개월의 범위에서 기간을 정하여 업무의 정지를 명할 수 있다.

2. 업무정지의 사유

① 두 개 이상의 사무실을 설치한 경우
② 행정사합동사무소를 구성하는 행정사 또는 법인구성원이 상근하지 아니한 경우
③ 휴업신고를 하지 아니한 경우
④ 위임인으로부터 보수 외에 금전 또는 재산상 이익이나 그 밖의 반대급부를 받은 경우
⑤ 소속행정사 및 법인구성원이 그 행정사법인의 사무소 외에 따로 사무소를 둔 경우
⑥ 보고 또는 업무처리부 자료 제출 등의 명령에 따르지 아니하거나 검사 또는 질문을 거부・방해 또는 기피한 경우

3. 제척기간

업무정지처분은 그 사유가 발생한 날부터 3년이 지나면 할 수 없다.

Ⅱ 업무정지처분효과의 승계

1. 지위승계

폐업신고를 한 후 업무를 다시 시작하는 신고를 한 행정사는 폐업신고 전 행정사의 지위를 승계한다.

2. 업무정지처분효과의 승계

① 폐업신고 전의 행정사에 대하여 한 업무정지처분의 효과는 그 처분일부터 1년간 업무를 다시 시작하는 신고를 한 행정사에게 승계된다.
② 업무를 다시 시작하는 신고를 한 행정사에 대하여 폐업신고 전 행정사의 위반행위를 사유로 업무정지처분을 할 수 있다. 다만, 폐업신고를 한 날부터 업무를 다시 시작하는 신고를 한 날까지의 기간이 1년을 넘은 경우는 그러하지 아니하다.

3. 업무정지기간

업무를 다시 시작하는 신고를 한 행정사에 대하여 업무정지처분을 하는 경우에는 폐업한 기간과 폐업의 사유 등을 고려하여 업무정지의 기간을 정하여야 한다.

| 문제 3 | 비송사건절차의 종료 사유에 대하여 설명하시오. (20점)

모범답안

Ⅰ 절차의 종료사유

비송사건의 절차의 종료는 법원의 종국재판에 의한 종료, 당사자의 행위에 의한 종료, 당사자의 사망 등에 의한 종료사유가 있다.

Ⅱ 법원의 종국재판에 의한 종료

1. 의의

종국재판은 법원이 비송사건을 종결하기 위하여 하는 재판으로 형식은 법원의 결정으로 한다.

2. 즉시항고가 허용되지 않는 경우

종국재판은 이를 받은 자에게 고지함으로써 효력이 발생한다. 재판의 고지와 동시에 절차는 종료된다.

3. 즉시항고가 허용되는 경우

즉시항고가 있는 경우 재판은 확정되지 않지만, 기간 내에 즉시항고가 없는 경우 재판은 확정되고 절차가 종료된다.

Ⅲ 당사자의 행위에 의한 종료

1. 신청의 취하

(1) 신청에 의해서만 절차가 개시된 경우

① 신청의 취하에 의하여 절차가 종료된다.

② 재판의 고지가 있기까지는 제1심에 계속 중이든 항고심에 계속 중이든 자유롭게 취하할 수 있다.

(2) 법원의 직권에 의해 절차가 개시된 경우

당사자의 신청에 의하여 절차가 개시되었더라도 신청의 취하에 의해 절차가 당연히 종료되는 것은 아니다.

2. 화해

① 비송사건절차법에는 재판상 화해에 관한 규정이 없다.

② 합의가 성립한 경우에 합의조서를 작성하고 신청의 취하라는 절차를 취할 수 있다.

Ⅳ 당사자의 사망에 의한 종료

1. 해당 절차에서 구하는 권리가 상속대상이 되는 경우

상속인이 그 절차를 승계하게 된다.

2. 해당 절차에서 구하는 권리가 상속대상이 되지 않는 경우

당사자의 사망으로 비송사건절차는 종료된다.

| 문제 4 | 「비송사건절차법」상 과태료 재판에 대한 불복방법을 설명하시오. (20점)

모범답안

Ⅰ 과태료 재판

1. 관할법원

과태료사건은 다른 법령에 특별한 규정이 있는 경우를 제외하고는 과태료를 부과받을 자의 주소지의 지방법원이 관할한다.

2. 재판의 형식

과태료재판은 이유를 붙인 결정으로써 하여야 한다.

3. 비용부담

① 과태료재판 절차의 비용은 과태료를 부과하는 선고가 있는 경우에는 그 선고를 받은 자가 부담하고, 그 밖의 경우에는 국고에서 부담한다.
③ 항고법원이 당사자의 신청을 인정하는 재판을 한 경우에는 항고절차의 비용 및 전심에서 당사자가 부담하게 된 비용은 국고에서 부담한다.

Ⅱ 과태료재판에 대한 불복방법

1. 정식재판

① 법원은 재판을 하기 전에 당사자의 진술을 듣고 검사의 의견을 구하여야 한다.
② 당사자와 검사는 과태료재판에 대하여 즉시항고를 할 수 있다. 이 경우 항고는 집행정지의 효력이 있다.

2. 약식재판

① 법원은 타당하다고 인정할 때에는 당사자의 진술을 듣지 아니하고 과태료재판을 할 수 있다.
② 당사자와 검사는 약식재판의 고지를 받은 날부터 1주일 내에 이의신청을 할 수 있다.
③ 약식재판은 이의신청에 의하여 그 효력을 잃는다.
④ 이의신청이 있는 경우 법원은 당사자의 진술을 듣고 다시 재판하여야 한다.

2015년 제3회 행정사 2차 기출문제
행정사실무법 모범답안

| 문제 1 | A시는 2014. 5. 30. 구(舊) 도심지의 도시재생사업을 수행할 사업자를 공모하였다. 이 공모에는 甲, 乙, 丙 3개 업체가 지원하였다. 공모심사 결과, 乙이 사업자로 선정되고 甲과 丙은 탈락하였다. 甲은 2015. 5. 4. 乙이 해당 사업을 시행할 능력이 부족하고 사업자 선정과정도 공정하지 못하였다고 주장하면서, A시장에게 ① 심사위원별 평가점수, ② 심사위원 인적 사항 및 ③ 乙업체의 재정상태와 사업실적의 정보공개를 청구하였다. 그런데 A시장은 2015. 5. 18. 위 청구 중 ③에 관한 정보를 보유하고 있지 않으며, ①과 ②에 관한 정보는 비공개대상이라는 사유로 공개를 거부하고, 같은 날 이를 甲에게 통지하였다. 甲은 A시장의 정보공개거부처분의 위법 · 부당함을 주장하면서 이의신청을 하였으나 2015. 6. 15. 기각결정서를 송달받았다. 이에 甲은 2015. 8. 31. A시장을 상대로 관할 행정심판위원회에 정보공개거부처분의 취소를 구하는 행정심판을 청구하였다. 위 행정심판 청구요건의 적법여부 및 A시장의 정보공개거부처분의 적법여부에 관하여 논하시오. (40점)

모범답안

Ⅰ 사안의 쟁점

甲의 취소심판의 청구가 취소심판청구의 청구요건을 구비했는지, A시장의 정보공개거부처분의 적법성여부와 관련해서 정보공개거부처분의 사유가 정당한지 문제된다.

Ⅱ 취소심판청구의 적법요건

1. 취소심판의 청구요건

취소심판은 ① 대상적격, ② 청구인적격, ③ 피청구인적격, ④ 청구기간의 준수를 요건으로 한다.

2. 대상적격

(1) 취소심판의 대상

① 행정청의 처분 또는 부작위를 대상으로 한다.

② "처분"이란 행정청이 행하는 구체적 사실에 관한 법집행으로서의 공권력의 행사 또는 그 거부, 그 밖에 이에 준하는 행정작용을 말한다.

(2) 거부처분의 성립요건

신청에 대한 거부가 처분이 되기 위해서는 ① 신청한 행위가 처분일 것, ② 그 거부행위가 신청인의 법률관계에 어떤 변동을 일으키는 것이어야 하며, ③ 국민에게 그 처분을 요구할 법규상 또는 조리상의 신청권이 있어야 한다.

3. 청구인적격

취소심판은 처분의 취소 또는 변경을 구할 법률상 이익이 있는 자가 청구할 수 있다. 처분의 효과가 기간의 경과, 처분의 집행, 그 밖의 사유로 소멸된 뒤에도 그 처분의 취소로 회복되는 법률상 이익이 있는 자의 경우에도 또한 같다.

4. 청구기간

(1) 취소심판의 청구기간

① 행정심판은 처분이 있음을 알게 된 날부터 90일 이내에 청구하여야 한다.

② 행정심판은 처분이 있었던 날부터 180일이 지나면 청구하지 못한다. 다만, 정당한 사유가 있는 경우에는 그러하지 아니하다.

⑵ 이의신청을 거친 경우

이의신청에 대한 결과를 통지받은 후 행정심판을 제기하려는 자는 그 결과를 통지받은 날부터 90일 이내에 행정심판을 제기할 수 있다.

5. 피청구인

행정심판은 처분을 한 행정청(의무이행심판의 경우에는 청구인의 신청을 받은 행정청)을 피청구인으로 하여 청구하여야 한다. 다만, 심판청구의 대상과 관계되는 권한이 다른 행정청에 승계된 경우에는 권한을 승계한 행정청을 피청구인으로 하여야 한다.

Ⅲ 정보공개거부의 적법여부

1. 보유 · 관리하고 있는 정보의 공개의무

공공기관이 보유 · 관리하는 정보는 공개 대상이 된다. 다만, 공공기관의 정보공개에 관한 법률상 비공개사유에 해당하는 정보는 공개하지 아니할 수 있다.

2. 비공개사유의 특정

공공기관은 공공기관의 정보공개에 관한 법률상 비공개사유를 특정하지 않고 개괄적 사유만을 들어 비공개하는 것은 허용되지 않는다.

3. 보유 · 관리하고 있지 않은 정보

공공기관이 보유 · 관리하고 있지 않은 정보는 공개할 의무가 없지만 이에 대한 증명책임은 공공기관에게 있다.

Ⅳ 사안해결

1. 청구요건의 적법여부

① 모든 국민은 공공기관에 대해 정보공개를 청구할 법률상 구체적 권리가 인정되고 공공기관은 보유 · 관리하고 있는 정보를 공개할 의무가 있으므로 A시장의 거부는 취소심판의 대상이 되는 거부처분에 해당한다.

② 모든 국민은 공공기관에 대해 정보공개를 청구할 구체적 권리가 인정되므로 이를 거부하는 것은 그 자체로 법률상 이익의 침해된다. 따라서 甲은 A시장의 거부처분에 대해 취소심판을 청구할 법률상 이익이 인정된다.

③ 甲의 심판청구는 이의신청을 통지받은 날인 2015. 6. 15.로부터 90일 내에 제기된 것이므로 적법한 심판청구에 해당한다.

④ 甲은 거부처분을 한 A시장을 피청구인으로 취소심판을 청구하였으므로 피청구인지정에 잘못이 없다.

⑤ 甲의 심판청구는 적법하다.

2. A시장의 정보공개거부처분의 적법여부

⑴ ①과 ②의 정보에 대한 비공개

A시장의 거부처분의 적법여부와 관련해서 ①과 ②의 정보에 대한 비공개는 그 사유가 특정되었는가에 따라 적법여부가 달라질 것이다. 주어진 사례에서는 A시장이 정보공개법상 비공개사유 중 어디에 해당하는지를 특정했다고 보이지 않으므로 A시장의 거부처분은 위법하다.

⑵ ③의 정보에 대한 비공개

③의 정보에 대해서는 보유 · 관리하고 있다는 점에 대해 구체적인 증명책임을 다하였는가에 따라 적법여부가 달라질 것이다. 주어진 사례에서는 A시장이 보유 · 관리하고 있지 않다고만 하였지 구체적인 이유를 증명했다고 보이지 않으므로 A시장의 거부처분은 위법하다.

| 문제 2 | 비송사건절차에서 항고의 의의 및 종류에 관하여 설명하시오. (20점)

모범답안

Ⅰ 항고의 의의

하급법원의 재판이 아직 확정되기 전에 상급법원에 대하여 그 취소·변경을 구하는 불복신청을 말한다.

Ⅱ 항고의 종류

1. 통상항고

① 통상항고 또는 보통항고는 기간제한 없이 어느 때나 제기할 수 있는 항고를 말한다.
② 비송사건의 재판에 대한 원칙적 항고가 이에 속한다.

2. 즉시항고

(1) 의의

① 사건의 신속한 해결의 필요에 의해 제기기간의 제한이 있는 항고를 말한다.
② 즉시항고는 법률에 명문의 규정이 있는 경우에 한해 인정된다.

(2) 제기기간

비송사건의 즉시항고는 재판이 고지된 날로부터 1주 이내에 하여야 한다.

3. 재항고

① 항고법원의 결정에 대한 항고를 재항고라 한다.
② 항고법원의 결정 및 명령에 대하여는 재판에 영향을 미친 헌법·법률·명령 또는 규칙의 위반을 이유로 드는 때에만 가능하다.

4. 특별항고

(1) 의의

불복할 수 없는 결정이나 명령에 대하여 재판에 영향을 미친 헌법 위반이 있거나, 재판의 전제가 된 명령·규칙·처분의 헌법 또는 법률의 위반 여부에 대한 판단이 부당하다는 것을 이유로 하는 때에만 대법원에 제기하는 항고를 말한다.

(2) 제기기간

재판이 고지된 날로부터 1주 이내에 하여야 한다.

| 문제 3 | 비송사건 관할에 관한 다음 물음에 답하시오. (20점)

(1) '토지관할'과 '우선관할 및 이송'에 관하여 설명하시오. (15점)
(2) 관할법원의 지정에 관하여 설명하시오. (5점)

모범답안

Ⅰ 토지관할

1. 의의
토지관할은 소재지를 달리하는 동종의 법원 사이에서 소재지에 따라 재판권의 분담을 정한 것이다.

2. 원칙
① 비송사건절차법은 토지관할에 관한 일반적 규정을 두고 있지 않고 있다. 각각의 사건마다 당사자와 법원의 편의를 고려하여 개별적으로 관할을 정하고 있다.
② 사람의 주소지, 주된 사무소 소재지, 물건소재지, 채무이행지, 소송계속지 등을 기준으로 사건별로 관할이 규정되어 있다.

3. 특칙
① 법원의 토지 관할이 주소에 의하여 정하여질 경우 대한민국에 주소가 없을 때 또는 대한민국 내의 주소를 알지 못할 때에는 거소지(居所地)의 지방법원이 사건을 관할한다.
② 거소가 없을 때 또는 거소를 알지 못할 때에는 마지막 주소지의 지방법원이 사건을 관할한다.
③ 마지막 주소가 없을 때 또는 그 주소를 알지 못할 때에는 재산이 있는 곳 또는 대법원이 있는 곳을 관할하는 지방법원이 사건을 관할한다.

Ⅱ 우선관할

1. 의의
특별히 당사자가 최초로 선택하여 신청을 한 법원에만 관할권을 인정하는 경우를 '우선관할'이라 한다.

2. 이송
관할법원이 여러 개인 경우에는 최초로 사건을 신청받은 법원이 그 사건을 관할한다. 이 경우 해당 법원은 신청에 의하여 또는 직권으로 적당하다고 인정하는 다른 관할법원에 그 사건을 이송할 수 있다.

| 문제 4 | 「행정사법」 제31조(감독상 명령 등)에 따른 '장부 검사'와 제30조(자격의 취소)에 따른 '자격 취소'에 관하여 설명하시오. (20점)

모범답안

Ⅰ 장부검사

1. 감독명령의 의의

행정안전부장관이나 행정사의 사무소 또는 법인의 주사무소를 관할하는 시장 등이 감독을 위하여 필요하다고 인정하는 경우 명령하는 것을 말한다.

2. 감독명령의 내용

① 업무에 관한 사항을 보고하게 하거나 업무처리부 등 자료의 제출 또는 그 밖에 필요한 명령할 수 있다.
② 소속 공무원으로 하여금 그 사무소에 출입하여 장부·서류 등을 검사하거나 질문하게 할 수 있다.

Ⅱ 자격의 취소

1. 필요적 취소

행정안전부장관은 행정사가 행정사법에 규정된 사항에 해당하는 경우에는 그 자격을 취소하여야 한다.

2. 자격취소의 사유

① 거짓이나 그 밖의 부정한 방법으로 행정사 자격을 취득한 경우
② 신고확인증을 양도하거나 대여한 경우
③ 업무정지처분을 받고 그 업무정지 기간에 행정사 업무를 한 경우
④ 행정사법을 위반하여 징역형이 확정된 경우

3. 청문

행정안전부장관은 행정사 자격을 취소하려는 경우에는 청문을 하여야 한다.

2016년 제4회 행정사 2차 기출문제

행정사실무법 모범답안

| 문제 1 | 甲은 A행정청이 시행한 국가공무원시험의 1차 객관식시험에 응시하였으나 불합격(이하 '처분'이라 함)하였다. 이 시험은 1차 객관식시험, 2차 주관식시험과 3차 면접시험으로 구성되고, 3차 면접시험에 합격한 경우에 최종 합격자가 된다. 또한 3차 면접시험에 응시하기 위해서는 2차 주관식시험에, 2차 주관식시험에 응시하기 위해서는 1차 객관식시험에 각각 합격하여야 한다. 甲은 위 처분에 대하여 행정심판을 청구하였으나, 관할 행정심판위원회가 2차 주관식시험 시행 전까지 재결하지 않을 것에 대비하여 법적 수단을 강구하고자 한다. 甲이 재결 전이라도 2차 주관식시험에 응시하기 위하여 취할 수 있는 「행정심판법」상 구제수단에는 어떠한 것이 있는지 논하시오. (40점)

모범답안

Ⅰ 사안의 쟁점

A행정청의 국가공무원시험의 1차 객관식시험에 대한 불합격처분에 대해 재결로 확정되기 전 「행정심판법」상 가구제 수단이 문제된다.

Ⅱ 집행정지

1. 집행정지의 의의

행정심판위원회가 직권 또는 당사자의 신청에 의하여 처분의 효력, 처분의 집행 또는 절차의 속행의 전부 또는 일부의 정지를 결정하는 것을 집행정지라 한다.

2. 집행정지결정의 요건

(1) 적극적 요건

집행정지는 ① 집행정지대상인 처분 존재, ② 적법한 심판청구의 계속, ③ 중대한 손해가 생기는 것을 예방할 필요성, ④ 긴급성을 요건으로 한다.

(2) 소극적 요건

집행정지처분으로 인하여 공공복리에 중대한 영향을 미칠 우려가 없어야 한다.

3. 거부처분에 대한 집행정지

(1) 쟁점

집행정지의 대상인 처분과 관련 거부처분에 대해 집행정지가 가능한지에 대해서 견해대립이 있다.

(2) 학설

① 거부처분에 대해 집행정지를 하더라도 행정청이 신청에 따른 처분을 할 의무를 부담하지 않는다는 점에서 부정설, ② 원칙적으로 인정되지 않지만 거부처분의 집행정지에 의하여 신청인에게 어떠한 법적 이익이 있다고 인정되는 예외적 경우에는 인정된다는 예외적 긍정설, ③ 집행정지결정의 기속력에 의해 행정청에게 잠정적인 재처분의무가 생긴다고 볼 수 있다는 점에서 긍정설의 견해대립이 있다.

(3) 판례

판례는 일률적으로 거부처분에 대한 집행정지를 부정한다.

(4) 결론

거부처분은 그 자체를 침익적 처분으로 볼 수 없고 거부처분에 대해서는 임시처분이 가능하다는 점에서 부정설이 타당하다.

Ⅲ 임시처분

1. 임시처분의 의의

임시처분이란 행정심판위원회가 직권 또는 당사자의 신청에 의하여 처분 또는 부작위에 대하여 인정되는 임시지위를 정하는 가구제이다.

2. 임시처분의 요건

(1) 적극적 요건

① 처분 또는 부작위가 위법·부당하다고 상당히 의심될 것, ② 당사자가 받을 우려가 있는 중대한 불이익이나 당사자에게 생길 급박한 위험의 방지의 필요성, ③ 임시지위를 정할 필요성의 존재를 요건으로 한다.

(2) 소극적 요건

① 임시처분으로 인하여 공공복리에 중대한 영향을 미칠 우려가 없을 것, ② 집행정지로 목적달성이 가능하지 않을 것을 요건으로 한다.

Ⅳ 사안해결

① 甲에 대한 불합격처분은 거부처분에 해당하고 거부처분에 대해서는 집행정지가 인정되지 않으므로 甲은 집행정지를 신청할 수 없다.

② 甲에 대한 불합격처분에 대해 재결이 나오지 않는 경우 甲은 2차 주관식 시험에 응시할 수 없다는 중대한 불이익이 발생되므로 임시처분으로 2차 주관식 시험에 응시할 임시지위를 정할 필요성이 인정된다. 다만, 1차 객관식시험의 불합격처분이 위법 또는 부당하다고 상당히 의심되어야 한다.

부록

| 문제 2 | 「비송사건절차법」상 재판의 방식과 고지에 대하여 설명하시오. (20점)

모범답안

Ⅰ 재판의 방식

1. 재판의 형식

① 재판은 결정으로써 한다.

② 결정에는 법률의 특별한 규정이 없는 한 반드시 이유를 기재할 필요가 없다.

2. 재판의 원본

재판의 원본에는 판사가 서명날인하여야 한다. 다만, 신청서 또는 조서에 재판에 관한 사항을 적고 판사가 이에 서명날인함으로써 원본을 갈음할 수 있다.

3. 재판의 정본과 등본

① 재판의 정본과 등본에는 법원사무관등이 기명날인하고, 정본에는 법원인을 찍어야 한다.

② 서명날인은 기명날인으로 갈음할 수 있다.

Ⅱ 재판의 고지

1. 의의

고지를 받는 사람으로 하여금 그 내용을 알 수 있는 상태에 두는 것을 말한다. 비송사건재판은 이를 받은 자에게 고지함으로써 효력이 발생한다.

2. 고지의 방법

① 재판의 고지는 법원이 적당하다고 인정하는 방법에 의한다. 공시송달을 하는 경우 민사소송법의 규정에 따른다.

② 고지에 관한 행위는 촉탁할 수 있다.

3. 고지의 상대방

① 고지의 상대방은 재판을 받은 자이다.

② 재판을 받은 자는 재판의 직접적 대상에 의하여 자기의 법률관계가 직접 영향을 받는 사람을 말하고, 간접적으로 자기의 법률관계에 영향을 받는 사람은 포함되지 않는다.

③ 재판을 받은 사람이 신청인과 반드시 일치하는 것은 아니다.

| 문제 3 | **B시의 X지구토지구획정리조합의 조합원인 甲 외 255명은 조합장의 배임행위를 이유로 임시총회 소집을 요구하였으나 조합장이 이에 응하지 않으므로 조합정관의 규정에 따라 법원에 비송사건인 임시총회 소집허가신청을 하였다. 이 절차에서 甲이 영업 중인 행정사 乙에게 소송행위를 대리하게 하였다. 이에 乙이 甲의 대리인으로서 진술하려고 하였으나 법원이 대리행위를 금지하고 퇴정을 명하였다. 법원의 명령이 적법한지 여부와 그 이유를 설명하시오. (20점)**

모범답안

Ⅰ 문제의 소재

비송사건에서 행정사 乙에게 소송행위를 대리하게 할 수 있는지와 법원의 금지명령이 적법한지 문제된다.

Ⅱ 비송사건의 대리

1. 비송사건의 대리인의 자격

비송사건에 있어서는 변호사대리의 원칙은 채택되지 않고, 소송능력자이기만 하면 제한 없이 비송사건의 대리인이 될 수 있다.

2. 대리가 허용되지 않는 경우

(1) 본인이 출석하도록 명령을 받은 경우

법원이 본인의 출석을 명령한 경우 대리하게 할 수 없다.

(2) 법원의 대리금지・퇴정명령

① 법원은 변호사가 아닌 자로서 대리를 영업으로 하는 자의 대리를 금하고 퇴정을 명할 수 있고 이 경우 대리가 허용되지 않는다.

② 이 명령에 대하여는 불복신청을 할 수 없다.

부록

Ⅲ 사안해결

① 행정사 乙이 대리를 영업으로 하는 자인 경우 법원은 대리를 금하고 퇴정을 명할 수 있다.

② 행정사 乙이 대리를 영업으로 하는 자가 아니라면 법원의 명령은 적법하지 않게 된다.

| 문제 4 | 「행정사법」상 과태료 부과대상자의 유형 및 내용에 대하여 설명하시오. (20점)

모범답안

Ⅰ 과태료부과권자

행정사법상 과태료는 행정안전부장관, 시 · 도지사 또는 시장등이 부과 · 징수한다.

Ⅱ 과태료부과대상자의 유형과 내용

1. 500만 원 이하의 과태료

① 행정사가 아니면서 행정사 또는 이와 비슷한 명칭을 사용한 자
② 행정사사무소, 행정사합동사무소 또는 그 분사무소나 행정사법인 또는 그 분사무소와 비슷한 명칭을 사용한 자
③ 손해배상책임 보장 조치를 취하지 아니한 행정사법인
④ 정당한 사유 없이 보고 또는 자료제출을 하지 아니하거나, 거짓으로 보고 · 자료제출을 하거나, 출입 · 검사를 방해 · 거부 또는 기피한 자

2. 100만 원 이하의 과태료

① 사무소 이전신고를 하지 아니한 자
② 행정사사무소, 행정사합동사무소 또는 행정사법인이라는 글자를 사용하지 아니하거나 그 분사무소임을 표시하지 아니한 자
③ 업무처리부를 작성하지 아니하거나 거짓으로 작성한 자
④ 연수교육을 받지 아니하고 행정사 업무를 수행한 사람

2017년 제5회 행정사 2차 기출문제

행정사실무법 모범답안

| 문제 1 | 행정사 甲은 "행정사와 그 사무직원은 업무에 관하여 법률이 정한 보수 외에 어떠한 명목으로도 위임인으로부터 금전 또는 재산상의 이익이나 그 밖의 반대급부(反對給付)를 받지 못한다."라는 「행정사법」의 규정에 위반하는 행위를 하였다는 이유로 관할 행정청인 A시장으로부터 1개월 업무정지처분을 한다는 내용의 처분서를 2017. 5. 1. 송달받았다. 그에 따라 甲은 1개월간 업무를 하지 못한 채, 그 업무정지기간은 만료되었다. 甲은 A시장으로부터 위 처분에 대한 행정심판 고지를 받지 못했다. 甲은 2017. 9. 8. 위 처분에 불복하여 행정심판위원회에 A시장의 업무정지처분의 취소를 구하는 행정심판을 제기하였다. 「행정사법 시행규칙」 [별표] 업무정지처분 기준에서는 제재처분의 횟수에 따라 제재가 가중되는 것으로 규정하고 있다. 다음 물음에 답하시오. (40점)

물음 1) 甲이 제기한 행정심판은 청구요건을 충족하는가? (30점)

물음 2) 행정심판의 청구요건이 충족되었다고 가정할 경우, A시장은 행정심판과정에서 처분시 제시하지 않았던 '甲이 2개의 행정사사무소를 설치 · 운영하였음'이라는 처분사유를 추가할 수 있는가? (10점)

모범답안

물음 1) (30점)

Ⅰ 사안의 쟁점

甲에 대한 1개월의 업무정지기간이 만료되었다는 점에서 취소심판을 청구할 법률상 이익이 있는 지, 2017. 9. 8.에 제기한 취소심판이 청구기간을 도과한 것이 아닌지 문제된다.

Ⅱ 취소심판의 청구인적격

1. 법률상 이익이 있는 자

취소심판은 처분의 취소 또는 변경을 구할 법률상 이익이 있는 자가 청구할 수 있다. 처분의 효과가 기간의 경과, 처분의 집행, 그 밖의 사유로 소멸된 뒤에도 그 처분의 취소로 회복되는 법률상 이익이 있는 자의 경우에도 또한 같다.

2. 법률상 이익의 의미

(1) 학설

법적으로 보호되는 직접적 · 구체적 이익을 침해당한 자에게만 행정심판의 청구인적격을 인정하는 법률상 보호이익설과 쟁송법적 관점에서 행정심판에 의해 보호할 만한 가치가 있는 이익이 침해된 자에게는 청구인적격을 인정하는 보호가치 있는 이익설의 견해대립이 있다.

(2) 판례

처분의 근거법규 및 관련법규에 의해 보호되는 직접적이고 구체적인 개인적 이익을 법률상 이익으로 보고 있다.

(3) 결론

행정심판은 법적 이익의 구제수단이고, 행정심판법에 법률상 이익으로 규정된 이상 법률상 보호이익설이 타당하다.

Ⅲ 제재처분의 기간이 경과한 경우 법률상 이익

1. 회복되는 법률상 이익의 의미

(1) 학설

심판청구인적격의 법률상 이익과 동일하다는 견해와 법률상 이익보다 넓게 파악하여 명예·신용등 인격적 이익까지 포함한다는 견해의 대립이 있다.

(2) 판례

원칙적으로 법률상 이익과 동일하게 보지만 사안에 따라 장래 불이익처분을 받을 위험성제거 및 명예·신용등 인격적 이익을 고려한 경우도 있다.

(3) 결론

국민의 권리구제확대라는 측면에서 판례의 입장이 타당하다.

2. 기간이 경과한 제재처분의 경우

제재처분의 기간이 경과한 경우 원칙적 제재처분의 취소를 구할 법률상 이익이 인정되지 않지만, 이후 가중제재처분의 요건이 되어 가중제재처분의 위험이 구제적이고 현실적이라면 기간이 경과한 제재처분의 취소를 구할 회복되는 법률상 이익이 인정된다.

Ⅳ 취소심판의 청구기간

1. 원칙

① 행정심판은 처분이 있음을 알게 된 날부터 90일 이내에 청구하여야 한다.

② 행정심판은 처분이 있었던 날부터 180일이 지나면 청구하지 못한다. 다만, 정당한 사유가 있는 경우에는 그러하지 아니하다.

2. 심판청구기간의 고지의무위반

(1) 오고지

행정청이 심판청구 기간을 처분이 있음을 알게 된 날부터 90일보다 긴 기간으로 잘못 알린 경우 그 잘못 알린 기간에 심판청구가 있으면 기간 내에 청구된 것으로 본다.

(2) 불고지

행정청이 심판청구 기간을 알리지 아니한 경우에는 처분이 있었던 날부터 180일 이내에 심판청구를 할 수 있다.

Ⅴ 사안해결

① 甲에 대한 1월의 영업정지처분은 기간이 경과하였지만 행정사법 시행규칙 [별표] 업무정지처분 기준에 가중제재처분의 사유로 규정되어 있어서 가중제재의 위험성을 방지할 회복되는 벌률상 이익이 인정된다.

② 甲은 A시장으로부터 위 처분에 대한 행정심판 고지를 받지 못했으므로 처분이 있었던 날로부터 180일 이내에 청구할 수 있고 甲의 심판청구은 심판청구기간을 준수한 적법한 청구이다.

물음 2) (10점)

Ⅰ 사례의 쟁점

甲에 대한 취소심판이 진행되는 중에 처분사유를 추가하는 것이 허용되는지 문제된다.

Ⅱ 처분사유의 추가 · 변경

1. 의의

행정청이 처분을 하면서 처분사유를 밝힌 후 당해 처분에 대한 심판의 계속 중 처분 당시 제시된 처분사유를 변경하거나 다른 사유를 추가하는 것을 처분사유의 추가 · 변경이라 한다.

2. 인정 여부

(1) 문제점

행정심판법에 명문의 인정규정이 없다는 점에서 인정 여부에 대한 견해대립이 있다.

(2) 견해대립

① 기본적 사실관계의 동일성이 유지되는 한도 내에서 인정된다는 기본적 사실관계동일성설, ② 소송물의 변경이 없는 한 인정해야 한다는 소송물기준설, ③ 처분의 유형 및 심판의 유형에 따라 허용범위가 달라진다는 개별적 기준설의 견해대립이 있다.

3. 판례

일반적으로 기본적 사실관계의 동일성이 유지되는 한도 내에서 처분사유의 추가 · 변경을 인정하고 있다.

4. 결어

분쟁의 일회적 해결의 필요성과 심판청구인의 예기치 못한 불이익을 방지해야 할 필요성을 균형 있게 조절해야 한다는 점에서 기본적 사실관계 동일성설이 타당하다고 본다.

Ⅲ 기본적 사실관계의 동일성의 의미

처분사유를 법률적으로 평가하기 이전의 구체적 사실에 착안하여 그 기초인 사회적 사실관계가 기본적인 점에서 동일한지에 따라 결정된다.

Ⅳ 사안해결

A시장이 처분시 제시한 '보수 외의 반대급부를 받지 못한다는 규정위반'과 '甲이 2개의 행정사사무소를 설치 · 운영하였음'이라는 처분사유는 기본적 사실관계의 동일성이 인정되지 않으므로 허용되지 않는다.

| 문제 2 | 「행정사법」상 업무신고와 그 수리 거부에 관하여 설명하시오. (20점)

모범답안

Ⅰ 업무신고

1. 신고권자

행정사 자격이 있는 사람으로서 행정사 업무를 하려는 자가 신고권자이다.

2. 신고서 제출기관

주된 사무소의 소재지를 관할하는 특별자치시장, 특별자치도지사, 시장, 군수, 자치구의 구청장에게 하여야 한다.

3. 신고기준

① 결격사유에 해당하지 않을 것, ② 실무교육을 이수했을 것, ③ 행정사 자격증이 있을 것, ④ 대한행정사회에 가입했을 것을 신고기준으로 한다.

4. 첨부서류

신고서에 ① 행정사 자격증 사본 1부, ② 실무교육 수료증 사본 1부, ③ 행정사회 회원증 1부를 첨부하여야 한다.

5. 신고확인증의 발급

시장등은 행정사업무신고를 받은 때에는 그 내용을 확인한 후 행정안전부령으로 정하는 바에 따라 신고확인증을 행정사에게 발급하여야 한다.

Ⅱ 업무신고의 수리거부

1. 수리 거부

① 시장등은 행정사업무신고를 하려는 사람이 행정사업무신고 기준을 갖추지 아니한 경우에는 그 행정사업무신고의 수리를 거부할 수 있다.

② 이 경우 지체 없이 행정사업무신고의 수리 거부 사실 및 그 사유를 당사자에게 알려야 한다.

2. 신고수리 간주

시장등이 업무신고를 받은 날부터 3개월이 지날 때까지 신고확인증을 발급하지 아니하거나 행정사업무신고의 수리 거부 통지를 하지 아니하면 3개월이 되는 날의 다음 날에 행정사업무신고가 수리된 것으로 본다.

3. 이의신청

① 행정사업무신고의 수리가 거부된 사람은 그 통지를 받은 날부터 3개월 이내에 행정사업무신고의 수리 거부에 대한 불복의 이유를 밝혀 시장등에게 이의신청을 할 수 있다.

② 시장등은 이의신청이 이유 있다고 인정하면 신고확인증을 발급하여야 한다.

| 문제 3 | **법원은 정당한 사유 없이 재판에 증인으로 출석하지 않은 甲에게 약식재판으로 과태료 500만 원을 부과하고, 甲에게 과태료 결정의 고지를 하였다. 甲은 이 고지를 받은 날부터 1주 이내에 즉시항고를 하였다. 이에 법원이 즉시항고에 따른 과태료 재판을 하면서 甲에게 진술기회를 주지 않았다면 그 재판은 적법한지를 설명하시오. (20점)**

모범답안

Ⅰ 문제의 소재

甲이 제기한 즉시항고를 약식재판에 대한 불복방법인 이의신청으로 볼 수 있을 것인지 문제된다.

Ⅱ 과태료 재판에 대한 불복방법

1. 정식재판
   ① 법원은 재판을 하기 전에 당사자의 진술을 듣고 검사의 의견을 구하여야 한다.
   ② 당사자와 검사는 과태료재판에 대하여 즉시항고를 할 수 있다. 이 경우 항고는 집행정지의 효력이 있다.
2. 약식재판
   ① 법원은 타당하다고 인정할 때에는 당사자의 진술을 듣지 아니하고 과태료재판을 할 수 있다.
   ② 당사자와 검사는 약식재판의 고지를 받은 날부터 1주일 내에 이의신청을 할 수 있다.
   ③ 약식재판은 이의신청에 의하여 그 효력을 잃는다.
   ④ 이의신청이 있는 경우 법원은 당사자의 진술을 듣고 다시 재판하여야 한다.

Ⅲ 사안해결

甲이 제출한 '즉시항고장'은 그 제목에도 불구하고 이의신청으로 보아 처리하여야 하고, 약식재판은 그 효력을 잃게 된다. 약식재판을 한 법원은 甲의 진술을 듣고 다시 재판을 하여야 함에도 의견진술기회를 주지 않았으므로 그 재판은 위법하다.

[관련판례]
기록에 의하면, 서울지방법원 2000나55163 임대차보증금 사건에서 그 사건 피고에 의하여 증인으로 신청된 재항고인이 2001. 2. 8. 같은 해 3월 2일 15:00에 열리는 제4차 변론기일에 출석하라는 소환장을 송달받고서도 위 변론기일에 출석하지 아니하자, 원심은 같은 달 6일 재항고인에 대한 진술의 기회를 주지 않은 채 재항고인에 대하여 과태료 금 500,000원에 처하는 결정을 내렸고, 재항고인은 같은 달 12일 위 결정문을 송달받고 같은 달 17일 '즉시항고장'을 제출하여 위 결정에 불복하고 있음을 알 수 있는 바, 원심의 같은 달 6일자 과태료 결정은 재항고인에게 진술의 기회를 주지 않고 한 비송사건절차법 제250조 제1항의 약식재판이라고 보아야 할 것이므로 재항고인이 제출한 이 사건 '즉시항고장'은 그 제목에 불구하고 같은 조 제2항의 이의신청으로 보아 처리하여야 할 것이다. 그렇다면 이 사건의 관할법원은 약식재판을 한 법원인 서울지방법원 본원 합의부라고 할 것이므로 민사소송법 제31조에 의하여 관할법원에 이송하기로 하여, 관여 법관의 일치된 의견으로 주문과 같이 결정한다(대판 2001.5.2.자 2001마1733).

| 문제 4 | 비송사건재판의 취소 · 변경을 설명하시오. (20점)

모범답안

Ⅰ 의의

재판의 취소는 재판의 효력을 소멸시키는 것을 말하고, 재판의 변경은 원재판에 대신하는 다른 내용의 재판을 하는 것을 말한다.

Ⅱ 재판의 취소 · 변경 자유의 원칙

1. 사유

재판을 한 후에 그 재판이 위법 또는 부당하다고 인정할 때 이를 취소하거나 변경할 수 있다.

2. 신청 여부

① 취소 · 변경의 재판은 항상 직권에 의하고, 신청이 필요하지 않다.
② 신청을 각하하는 재판은 항고할 수 없다.

3. 취소 · 변경을 할 수 있는 법원

① 원재판을 한 제1심법원에 한한다.
② 항고법원은 항고에 의해 원재판을 취소 · 변경할 수 있다.

4. 취소 · 변경시기

① 시기는 특별한 제한이 없다.
② 항고법원의 재판 중에도 취소 · 변경이 가능하다.

5. 취소 · 변경의 효과

재판의 취소 · 변경에 의해 대상되는 사권관계의 변동이 생기게 된다.
취소 · 변경의 소급효가 인정될 것인가에 대해서는 견해대립이 있다.

6. 취소 · 변경의 제한

(1) 신청을 각하한 재판

신청에 의하여만 재판을 하여야 하는 경우에 신청을 각하한 재판은 신청에 의하지 아니하고는 취소 · 변경할 수 없다.

(2) 즉시항고로써 불복하는 재판

즉시항고로써 불복할 수 있는 재판은 취소 · 변경할 수 없다.

Ⅲ 사정변경에 의한 취소 · 변경

1. 의의

재판이 처음부터 위법 · 부당한 것은 아니지만 사후에 사정변경으로 부당하게 된 경우 재판을 한 법원이 이를 취소 또는 변경하는 것을 말한다.

2. 대상

비송사건절차법에는 명문의 규정이 없지만, 판례는 법원이 계속적 법률관계에 대해 일정한 법률관계를 형성하였고 그것이 사정변경으로 말미암아 적절하지 않게 된 경우 사정변경에 의한 취소 · 변경의 대상이 된다고 본다.

2018년 제6회 행정사 2차 기출문제
행정사실무법 모범답안

| 문제 1 | A시는 영농상 편의를 위해 甲의 토지와 인근 토지에 걸쳐서 이미 형성되어 사용되고 있던 자연발생적 토사구거를 철거하고, 콘크리트U형 수로관으로 된 구거를 설치하는 공사를 완료하였다. 甲은 A시의 공사가 자신의 토지 약 75m^{2}를 침해하였다는 사실을 발견하게 되었다. 이에 甲은 A시에 자신의 토지 약 75m^{2}에 설치되어 있는 구거를 철거하고 자신의 토지 외의 지역에 새로 구거를 설치해달라는 민원을 제기하였다. 다음 물음에 답하시오. (40점)

물음 1) 甲이 제기한 민원에 대해 A시는 甲이 실제로 해당 구거에 의하여 상당한 영농상의 이득을 향유하고 있으며 구거를 새로 설치하려면 많은 예산이 소요된다는 이유로 甲의 청구를 거부하는 처분을 하였다. 만약 甲이 A시의 거부처분에 대한 취소심판을 제기하여 인용재결을 받았다면, A시는 전혀 다른 사유를 들어 甲의 청구에 대하여 다시 거부처분을 할 수 있는지를 논하시오. (20점)

물음 2) 甲이 민원제기와는 별도로 A시에 대하여 해당 토지에 설치되어 있는 구거의 철거와 새로운 구거의 설치를 요구하는 의무이행심판을 제기하였다면, 甲이 제기한 행정심판의 대상적격과 청구인적격의 적법여부에 관하여 논하시오. (20점)

모범답안

물음 1) (20점)

Ⅰ 사안의 쟁점

A시가 전혀 다른 사유를 들어 甲의 청구에 대하여 다시 거부처분을 하는 것이 기속력에 위반되는지 문제된다.

Ⅱ 기속력의 내용

1. 의의

① 피청구인인 행정청이나 관계행정청으로 하여금 재결의 취지에 따라 행동할 의무를 발생시키는 효력을 재결의 기속력이라 한다.

② 인용재결에서 인정되고 기각재결에서는 인정되지 않는다.

2. 내용

(1) 반복금지의무

① 인용재결의 내용에 모순되는 내용의 동일한 처분을 동일한 사실관계하에서 반복할 수 없다.

② 재결에 적시된 위법사유를 시정·보완한 처분이라면 재결의 기속력에 저촉되지 않는다.

(2) 재처분의무

① 거부처분이 취소되거나 무효 또는 부존재로 확인되는 경우 행정청은 재결의 취지에 따라 다시 이전의 신청에 대한 처분을 하여야 한다.

② 거부하거나 부작위에 대해 처분의 이행을 명하는 재결이 있으면 행정청은 지체 없이 이전의 신청에 대하여 재결의 취지에 따라 처분을 하여야 한다.

(3) 결과제거의무

처분의 취소재결 또는 무효확인재결이 있는 경우 행정청은 본래의 처분에 의해 발생한 상태를 제거할 의무를 진다.

3. 동일한 사유인지의 판단기준

동일한 사유인지 다른 사유인지는 종전 처분에 관하여 위법한 것으로 재결에서 판단된 사유와 기본적 사실관계에서 동일성이 인정되는 사유인지 여부에 따라 판단하는 것이 판례이다.

Ⅲ 기속력의 범위

1. 주관적 범위

피청구인인 행정청과 그 밖의 관계행정청을 기속한다.

2. 객관적 범위

재결의 주문 및 그 전제가 되는 요건사실의 인정과 효력의 판단에만 미친다.

3. 시간적 범위

취소재결의 경우 처분 시를 기준으로, 의무이행재결의 재결 시의 사실관계나 법령을 전제로 기속력이 발생한다.

Ⅳ 사안해결

A시의 거부처분에 인용재결의 기속력은 거부처분 당시의 위법·부당한 사유에 관해 재결의 주문 및 그 전제가 되는 요건사실의 인정과 효력의 판단에만 미치므로 A시는 재결에서 밝힌 사유와 전혀 다른 사유로 다시 거부처분을 할 수 있다.

물음 2) (20점)

Ⅰ 사안의 쟁점

甲의 민원제기와는 별도로 의무이행심판을 청구하는 것이 대상적격과 청구인적격을 구비하였는지 문제된다.

Ⅱ 대상적격

1. 의무이행심판의 대상

당사자의 신청에 대한 행정청의 거부처분이나 부작위를 대상으로 한다.

2. 거부처분의 성립요건

신청에 대한 거부가 처분이 되기 위해서는 ① 신청한 행위가 처분이어야 하고, ② 그 거부행위가 신청인의 법률관계에 어떤 변동을 일으키는 것이어야 하며, ③ 국민에게 그 처분을 요구할 법규상 또는 조리상의 신청권이 있어야 한다.

3. 부작위의 성립요건

부작위가 성립하기 위해서는 ① 처분에 대한 신청이 있을 것, ② 상당기간이 경과했을 것, ③ 행정청에 처분을 해야 할 법률상 의무가 있을 것, ④ 처분을 하지 않았을 것(무응답), ⑤ 법규상·조리상 신청권이 있을 것을 요건으로 한다.

4. 신청권의 존재

(1) 문제소재

거부처분이나 부작위의 성립요건으로서 신청권의 존재를 심판요건으로 볼 것인지, 본안판단의 문제로 볼 것인지 견해대립이 있다.

(2) 학설

1) 본안문제설

신청권을 심판요건으로 보면 행정심판법상의 처분개념을 부당하게 제한함으로써 국민의 권익구제의 길이 축소된다는 이유로 본안에서 판단할 문제라는 견해이다.

2) 심판요건설

심판요건설은 거부처분이나 부작위의 성립요건으로 보는 견해와 청구인적격의 문제로 보는 견해로 나누어진다.

(3) 판례

판례는 거부처분이나 부작위의 성립요건으로 보고 있다.

(4) 결론

신청권이 인정되지 않으면 처분의 의무가 성립되지 않으므로 심판요건 중 성립요건으로 보는 것이 타당하다.

5. 신청권존부의 판단기준

신청권의 존부는 관계 법규의 해석에 의하여 일반 국민에게 그러한 신청권을 인정하고 있는가를 살펴 추상적으로 결정한다.

Ⅲ 청구인적격

1. 법률상 이익이 있는 자

취소심판은 처분의 취소 또는 변경을 구할 법률상 이익이 있는 자가 청구할 수 있다. 처분의 효과가 기간의 경과, 처분의 집행, 그 밖의 사유로 소멸된 뒤에도 그 처분의 취소로 회복되는 법률상 이익이 있는 자의 경우에도 또한 같다.

2. 법률상 이익의 의미

(1) 학설

법적으로 보호되는 직접적·구체적 이익을 침해당한 자에게만 행정심판의 청구인적격을 인정하는 법률상 보호이익설과 쟁송법적 관점에서 행정심판에 의해 보호할 만한 가치가 있는 이익이 침해된 자에게는 청구인적격을 인정하는 보호가치 있는 이익설의 견해대립이 있다.

(2) 판례

처분의 근거법규 및 관련법규에 의해 보호되는 직접적이고 구체적인 개인적 이익을 법률상 이익으로 보고 있다.

(3) 결론

행정심판은 법적 이익의 구제수단이므로 법률상 보호이익설 타당하다.

Ⅳ 사안의 해결

甲은 민원제기와 별도로 의무이행심판을 청구했다는 점에서 처분을 신청하지 않았고 처분에 대한 거부나 부작위가 없다는 점에서 대상적격과 청구인적격이 인정되지 않는다.

| 문제 2 | 「행정사법」상 행정사와 그 사무직원의 금지행위와 이를 위반한 경우의 벌칙에 관하여 설명하시오. (20점)

모범답안

Ⅰ 의의

행정사법은 행정사와 그 사무직원의 일반적 업무상 의무 이외에 구체적인 금지행위를 별도로 규정하고 있다.

Ⅱ 행정사와 그 사무직원의 금지행위

① 정당한 사유 없이 업무에 관한 위임을 거부하는 행위
② 당사자 중 어느 한 쪽의 위임을 받아 취급하는 업무에 관하여 이해관계를 달리하는 상대방으로부터 같은 업무를 위임받는 행위, 당사자 양쪽이 동의한 경우는 제외
③ 행정사의 업무 범위를 벗어나서 타인의 소송이나 그 밖의 권리관계분쟁 또는 민원사무처리과정에 개입하는 행위
④ 업무수임 또는 수행 과정에서 관련 공무원과의 연고 등 사적인 관계를 드러내며 영향력을 미칠 수 있는 것으로 선전하는 행위
⑤ 행정사의 업무에 관하여 거짓된 내용을 표시하거나 객관적 사실을 과장 또는 누락하여 소비자를 오도하거나 오해를 불러일으킬 우려가 있는 내용의 광고행위
⑥ 행정사 업무의 알선을 업으로 하는 자를 이용하거나 그 밖의 부당한 방법으로 행정사 업무의 위임을 유치하는 행위

Ⅲ 벌칙

1. 1년 이하의 징역 또는 1천만 원 이하의 벌금

④, ⑤를 위반한 경우

2. 100만 원 이하의 벌금

①, ②, ③, ⑥을 위반한 경우

| 문제 3 | 비송사건의 재판에 형성력, 형식적 확정력, 기판력, 집행력이 있는지를 설명하시오. (20점)

모범답안

Ⅰ 재판의 효력발생시기

① 재판은 이를 받은 자에게 고지함으로써 효력이 생긴다.
② 재판의 일반적 효력으로 당사자 사이의 법률관계를 형성·변경하는 형성력, 집행력 등이 있다.

Ⅱ 재판의 형성력

① 비송사건은 재판에 의해 재판의 목적이 된 사권관계가 그 재판의 취지에 따라 변동하는 형성력이 인정된다.
② 형성력은 재판을 받은 사람 외에 다른 제3자에 대하여도 생긴다.

Ⅲ 형식적 확정력

1. 의의

일단 성립한 재판에 대해 법원 스스로 그 재판을 취소·변경할 수 없고, 당사자도 통상의 불복방법으로 다툴 수 없게 되어 더 이상 다툴 수 없게 되는 것을 형식적 확정력이라 한다.

2. 비송사건재판의 형식적 확정력

(1) 원칙

비송사건재판은 법원이 일단 재판을 한 뒤라도 그 재판이 위법 또는 부당하다고 인정할 때에는 이를 취소하거나 변경할 수 있으므로 원칙적으로 형식적 확정력이 부정된다.

(2) 예외

① 통상항고가 허용되는 재판은 항고에 대한 최종심의 실체적 재판이 있을 때 형식적 확정력이 발생한다.
② 즉시항고가 허용되는 재판은 불복신청이 없거나 즉시항고기간의 도과 또는 즉시항고권의 포기 등이 있을 때 형식적 확정력이 발생한다.

Ⅳ 재판의 기판력

민사소송의 판결에서 인정되는 기판력이 비송사건절차에서는 인정되지 않는다.

Ⅴ 집행력

① 비송사건은 사권관계의 형성을 목적으로 하므로 그 집행이 필요하지 않은 것이 일반적이다.
② 절차비용에 관한 재판, 과태료재판처럼 급부를 명하는 재판은 집행력을 갖는다.

| 문제 4 | 「비송사건절차법」상 '절차비용의 부담자'와 '비용에 관한 재판'에 관하여 설명하시오. (20점)

모범답안

Ⅰ 절차비용의 부담자

1. 비용부담의 원칙

① 비용을 부담할 자를 특별히 정한 경우를 제외하고는 신청인이 부담하고, 검사가 신청한 경우 국고에서 부담하도록 하고 있다.

② 법원이 직권으로 개시한 경우 명문의 규정이 없지만 국고에서 부담한다.

2. 비용의 공동부담

(1) 신청인이 여럿인 경우

공동소송인은 소송비용을 균등하게 부담한다. 다만, 법원은 사정에 따라 소송비용을 연대하여 부담하게 하거나 다른 방법으로 부담하게 할 수 있다.

(2) 불필요한 행위로 생긴 비용

공동소송인이라도 권리를 늘리거나 지키는 데 필요하지 아니한 행위로 생긴 소송비용은 그 행위를 한 당사자에게 부담하게 할 수 있다.

3. 국고에 의한 비용의 체당

법원이 직권으로 하는 탐지, 사실조사, 소환, 고지, 그 밖에 필요한 처분의 비용은 국고에서 체당하여야 한다. 비용부담자가 정해지면 국고는 비용부담장의 부담으로 돌린다.

Ⅱ 비용에 관한 재판

1. 의의

비용의 지출자와 비용의 부담자가 다를 때 이를 상환하기 위해 별도로 비용에 관한 재판을 할 필요성이 인정된다.

2. 요건

법원이 필요하다고 인정하는 때에 한하여 비용에 관한 재판을 한다.

3. 사건의 재판과 함께

① 사건의 재판과 함께 그 금액을 확정하여 비용에 관한 재판을 하여야 한다.

② 사건이 재판에 의하지 아니하고 종료하는 경우 필요하다면 비용의 재판만 가능하다.

4. 비용액의 확정

절차비용의 부담자가 그 예납자나 지출자에게 상환할 절차비용의 금액을 확정한다는 의미이다.

5. 비용의 재판에 대한 불복

① 비용부담의 명령을 받은 자는 항고할 수 있다.

② 본안의 재판과 독립하여 불복신청을 할 수 없고 항고와 동시에 하여야 한다.

③ 사건이 재판에 의하지 않고 종료하여 비용의 재판만을 하였거나, 항고권이 없는 사람에게 비용부담을 명하는 경우에 비용의 재판에 관하여 불복이 허용된다.

6. 강제집행

비용의 채권자는 비용의 재판에 의하여 강제집행을 할 수 있다.

2019년 제7회 행정사 2차 기출문제

행정사실무법 모범답안

| 문제 1 | 서울특별시 A구에 거주하는 甲은, 乙의 건축물(음식점 영업과 주거를 함께 하는 건물)이 甲 소유의 주택과 도로에 연접하고 있는데 乙이 건축관계법령을 위반하여 증개축공사를 하였고, 그로 인하여 甲의 집 앞 도로의 통행에 심각한 불편을 초래한다고 주장하면서 A구청을 상대로 지속적으로 민원을 제기하였다. 자신의 민원이 받아들여지지 않자 甲은 자신의 주장의 정당성과 乙이 행한 건축행위의 위법성을 입증하기 위하여 A구청장을 상대로 乙 소유 건축물의 설계도면과 준공검사내역 등의 문서를 공개해 달라며 정보공개를 청구하였다. 그러나 A구청장은 해당정보가 乙의 사생활 및 영업상 비밀보호와 관련된 것임을 이유로 비공개결정하였다. 乙 또한 정보공개를 강력하게 반대하고 있다. 그러나 甲은 이에 불복하여 행정심판을 청구하려고 한다. 다음 물음에 답하시오. (40점)

물음 1) 甲이 청구하는 행정심판은 어느 행정심판위원회의 관할에 속하는가? 또한 이 행정심판에서 乙은 어떠한 지위에서 자신의 권익을 주장할 수 있는가? (20점)

물음 2) 행정심판의 인용재결에도 불구하고 A구청장이 해당 정보를 공개하지 않는 경우 행정심판위원회가 재결의 구속력을 확보하기 위해 취할수 있는 방법은 무엇인가? (20점)

모범답안

물음 1) (20점)

Ⅰ 사례의 쟁점

甲의 A구청장의 정보비공개결정에 대한 관할 행정심판위원회와 乙이 행정심판에 참가할 수 있는 참가인의 지위가 있는지가 쟁점이다.

Ⅱ 행정심판위원회

1. 행정심판위원회의 종류

행정심판위원회는 ① 국민권익위원회에 두는 중앙행정심판위원회, ② 시·도지사 소속 행정심판위원회, ③ 해당 행정청 소속 행정심판위원회, ④ 해당 행정청의 직근 상급행정기관에 두는 행정심판위원회가 있다.

2. 관할 행정심판위원회

시·도의 관할구역에 있는 시·군·자치구의 장의 처분은 시·도지사 소속 행정심판위원회에서 심리·재결하므로 서울특별시장 소속 행정심판위원회가 이 사건을 관할한다.

Ⅲ 행정심판의 참가인

1. 의의

현재 계속 중인 행정심판에 심판의 결과에 대하여 이해관계가 있는 제3자나 행정청은 해당 심판청구에 대한 행정심판위원회의 의결이 있기 전까지 그 사건에 대하여 심판참가를 할 수 있다.

2. 참가요건

행정심판의 결과에 대하여 이해관계가 있는 제3자가 되어야 한다. 이해관계가 있는 제3자란 당해 심판의 결과에 의해 직접 자신의 권익이 침해당할수 있는 자를 말한다.

3. 참가방법

제3자의 신청에 의한 참가와 위원회의 요구에 의한 참가가 있다.

Ⅳ 사안의 해결

① 서울특별시 A구청장의 비공개결정에 대한 행정심판은 서울특별시장 소속 행정심판위원회에서 관할한다.

② 乙은 행정심판의 인용재결에 의해서 사생활과 영업상 비밀이 침해될 수 있으므로 행정심판참가가 허용된다.

물음 2) (20점)

Ⅰ 사례의 쟁점

인용재결에 대해 기속력을 확보하는 방안으로 위원회의 직접처분과 간접강제가 있다. A구청장의 정보비공개에 대해 위원회가 직접처분 또는 간접강제를 할 수 있는지 문제된다.

Ⅱ 행정심판위원회의 직접처분

1. 의의

행정청이 처분명령재결의 취지에 따라 이전의 신청에 대한 처분을 하지 아니하는 때에 위원회가 당해 처분을 직접 행하는 것을 말한다.

2. 요건

(1) 적극적 요건

① 처분이행명령재결이 있을 것, ② 위원회가 당사자의 신청에 따라 기간을 정하여 시정을 명할 것, ③ 해당 행정청이 그 기간 내에 시정명령을 이행하지 아니하였을 것을 요건으로 한다.

(2) 소극적 요건

처분의 성질이나 그 밖의 불가피한 사유로 위원회가 직접처분을 할 수 없는 경우에는 직접처분이 허용되지 않는다.

Ⅲ 간접강제

1. 의의

행정청의 거부나 부작위에 대한 인용재결에 의해 행정청이 재처분의무를 이행하지 않는 경우 손해배상을 통해 이행을 강제하는 것을 말한다.

2. 요건

① 거부나 부작위에 대한 취소재결 등이나 의무이행명령재결, ② 행정청의 부작위, ③ 청구인의 신청, ④ 위원회의 상당기간 경과에 대한 지연배상 또는 즉시배상명령이 있을 것을 요건으로 한다.

Ⅳ 사안의 해결

1. 행정심판위원회는 해당 정보를 보유하고 있지 않아 처분의 성질상 직접처분을 할 수 없으므로 직접처분은 재결의 이행강제수단으로 허용되지 않는다.

2. 행정심판위원회는 A구청장의 비공개에 대해 간접강제를 통해 인용재결의 기속력을 확보할 수 있다.

| 문제 2 | **「행정사법」 제4장에서는 행정사의 권리와 의무 및 책임에 관하여 각각 규정하고 아울러 금지행위를 열거하고 있다. 이 가운데 위 금지행위를 제외하고, 제21조의 행정사의 의무와 책임을 포함하여 「행정사법」 제4장에서 규정하는 행정사의 업무와 관련된 의무와 책임을 기술하시오. (20점)**

모범답안

Ⅰ 사무직원 지도 · 감독의 책임

① 행정사는 사무직원을 둘 수 있으며, 소속 사무직원을 지도 · 감독할 책임이 있다.
② 사무직원의 직무상 행위는 그를 고용한 행정사의 행위로 본다.

Ⅱ 보수와 관련된 의무

① 행정사는 업무를 위임한 자로부터 보수를 받는다.
② 행정사와 그 사무직원은 업무에 관하여 보수 외에 어떠한 명목으로도 위임인으로부터 금전 또는 재산상의 이익이나 그 밖의 반대급부를 받지 못한다.

Ⅲ 직무관련상 의무

1. 직무수행상 의무

① 행정사는 품위를 유지하고 신의와 성실로써 공정하게 직무를 수행하여야 한다.
② 행정사가 위임받은 업무를 수행하면서 고의 또는 과실로 위임인에게 재산상의 손해를 입힌 경우에는 그 손해를 배상할 책임이 있다.

2. 수임제한

① 공무원직에 있다가 퇴직한 행정사는 퇴직 전 1년부터 퇴직할 때까지 근무한 행정기관에 대한 인가 · 허가 및 면허 등을 받기 위하여 행정기관에 하는 신청 · 청구 및 신고 등의 대리(代理) 업무를 퇴직한 날부터 1년 동안 수임할 수 없다.
② 수임제한은 법인구성원 또는 소속행정사로 지정되는 경우를 포함한다.

3. 비밀엄수의무

행정사 또는 행정사이었던 사람(행정사의 사무직원 또는 사무직원이었던 사람 포함)은 정당한 사유 없이 직무상 알게 된 사실을 다른 사람에게 누설하여서는 아니 된다.

4. 업무처리부 작성

① 행정사는 업무를 위임받으면 업무처리부를 작성하여 보관하여야 한다.
② 행정사는 작성한 업무처리부를 1년간 보관하여야 한다.

Ⅳ 교육을 받을 의무

1. 실무교육

행정사 업무를 시작하려면 행정안전부장관이 시행하는 실무교육을 받아야 한다.

2. 연수교육

시 · 도지사가 직접 또는 위탁기관에게 위탁한 기관이나 단체에서 실시하는 연수교육을 받아야 한다.

| 문제 3 | 비송사건절차의 특징을 설명하시오. (20점)

모범답안

Ⅰ 비송사건의 의의

법원의 관할에 속하는 민사사건 가운데 사인의 생활관계의 후견적 감독을 대상으로 하는 사건, 민사사건 가운데 소송절차에 의하지 않는 사건을 말한다.

Ⅱ 비송사건의 특징

1. 직권주의

(1) 절차개시

사건에 따라 당사자의 신청에 의하는 경우, 검사의 청구 또는 법원의 직권으로 개시되는 경우가 있다.

(2) 심판의 대상

심판의 대상과 범위는 당사자의 신청에 구속되지 않으며, 법원은 당사자가 신청하지 아니한 경우라도 심판대상으로 삼을 수 있다.

(3) 절차의 종결

직권주의가 인정되는 경우 사건을 취하하는 것이 인정되지 않으나, 당사자의 신청에 의한 경우에도 사건의 취하가 인정되지만 청구포기 · 인낙이 인정되지 않는다.

2. 변호사독점주의 비채택

소송능력자라면 누구나 소송행위 대리가 가능하다.

3. 직권탐지주의

법원은 직권으로 사실의 탐지와 필요하다고 인정하는 증거의 조사를 할 수 있다.

4. 비공개주의

법원의 심문은 원칙 비공개로 하며 법원은 심문을 공개함이 적정하다고 인정하는 자에게 방청을 허가할 수 있다.

5. 재판의 기판력 결여

기판력이 인정되지 않으므로, 법원이 당사자의 신청을 받아들이지 않은 경우 당사자는 다시 이를 신청할 수 있고, 법원도 본래와 다른 결정이 가능하다.

6. 기속력의 제한

(1) 재판의 직권취소 · 변경

법원은 재판을 한 후에 그 재판이 위법 또는 부당하다고 인정할 때에는 이를 취소하거나 변경하는 것이 가능하다.

(2) 재판의 직권취소 · 변경 제한

① 신청에 의해서만 재판을 하여야 하는 경우 신청을 각하(却下)한 재판은 신청에 의하지 아니하고는 취소하거나 변경이 불가하다.

② 즉시항고로써 불복할 수 있는 재판은 취소하거나 변경 불가

7. 간이주의

(1) 간이한 진행

민사소송에 비하여 절차를 간이하게 진행하여 신속하게 사건을 결정한다.

(2) 이유제시

비송사건의 재판에는 이유를 붙이지 않는 것을 원칙으로 한다. 항고법원의 재판은 이유를 붙인다.

(3) **조서작성**

증인 또는 감정인의 심문에 관하여는 조서작성, 그 밖의 심문에 관하여는 필요하다고 인정하는 경우에만 조서작성를 작성한다.

(4) **재판의 고지**

법원이 적당하다고 인정하는 방법에 의하며, 공시송달을 하는 경우에는 민사소송법의 규정에 따라 송달한다.

| 문제 4 | 비송사건에서의 증거조사에 관하여 설명하시오. (20점)

모범답안

Ⅰ 직권탐지주의

사실의 탐지를 하는 방식은 법원이 자료의 수집에 적합한 형태로 하면 충분하고 특별한 제한이 없다. 개인이나 단체에 대한 서면 조회 또는 전화 조회, 당사자나 관계인의 심문 등에 의한다.

Ⅱ 비송사건에서 증거조사

1. 증거의 조사

증거조사 방법 가운데 인증과 감정에 관해서는 민사소송법을 준용하고, 나머지는 모두 사실의 탐지에 속하는 것으로 보는 것이 일반적 견해이다.

2. 심문

① 당사자에 대한 심문에 의해 사실인정이 가능하고 심문은 비공개를 원칙으로 한다.
② 증인 또는 감정인의 심문도 비공개로 이루어진다.
③ 심문은 법정 내에서 행해지지만 증인 등이 출석할 수 없을 때에는 법원 밖에서도 가능하다.

3. 증거조사의 촉탁

증인 또는 감정인의 심문에 관해서는 수명법관 또는 수탁판사로 하여금 증거조사를 할 수 있고, 사실 탐지도 촉탁이 가능하다.

4. 조서의 작성

증인 또는 감정인의 심문에 관하여는 조서를 작성하고, 그 밖의 심문에 관하여는 필요하다고 인정하는 경우에만 조서를 작성한다.

5. 증명의 정도

법정의 증거조사절차에 따르지 않는 간이한 증명방식으로 사실인정을 할 수 있는 자유로운 증명으로 충분하다.

6. 증명책임

직권탐지주의에 의해 당사자의 입증책임이 없지만, 법원의 직권조사만으로 사실의 진상이 분명히 밝혀지지 않는 경우 증명책임의 위험을 당사자가 지게 된다.

2020년 제8회 행정사 2차 기출문제

행정사실무법 모범답안

| 문제 1 | 甲은 관할 행정청인 A시장에게 노래연습장업의 등록을 하고 그 영업을 영위해 오고 있다. 甲은 2020. 3. 5. 13:30경 영업장소에 청소년을 출입시켜 주류를 판매 · 제공하였다는 이유로 단속에 적발되었다. A시장은 사전통지 절차를 거친 후 2020. 4. 8. 甲에 대한 3개월의 영업정지처분의 통지서를 송달하였고, 甲은 다음날 처분 통지서를 수령하였다. 통지서에는 "처분이 있음을 안 날부터 120일 이내에 B행정심판위원회에 행정심판을 제기할 수 있다"라고 청구기간이 잘못 기재되어 있었다. 甲은 해당 처분이 자신의 위반행위에 비하여 과중한 제재처분이라고 주장하면서 A시장을 피청구인으로 하여 B행정심판위원회에 2020. 8. 3. 취소심판을 제기하였다. 다음 물음에 답하시오. (40점)

물음 1) 甲이 제기한 행정심판은 청구기간을 준수하였는지 논하시오,(20점)

물음 2) B행정심판위원회가 A시장의 영업정지 처분이 비례원칙에 위반하여 위법하다고 판단하는 경우 어떤 종류의 재결을 할 수 있는지 논하시오. (단, 취소심판의 청구요건을 모두 갖추었다고 가정한다.) (20점)

모범답안

물음 1) (20점)

Ⅰ 사례의 쟁점

A시장이 "처분이 있음을 안 날부터 120일 이내에 B행정심판위원회에 행정심판을 제기할 수 있다."라고 잘못된 심판고지를 했다는 점에서 甲이 제기한 행정심판은 청구기간을 준수하였는지 문제된다.

Ⅱ 취소심판의 청구기간

1. 원칙

① 행정심판은 처분이 있음을 알게 된 날부터 90일 이내에 청구하여야 한다.

② 행정심판은 처분이 있었던 날부터 180일이 지나면 청구하지 못한다. 다만, 정당한 사유가 있는 경우에는 그러하지 아니하다.

2. 심판청구기간의 고지의무위반

(1) 오고지

행정청이 심판청구 기간을 처분이 있음을 알게 된 날부터 90일보다 긴 기간으로 잘못 알린 경우 그 잘못 알린 기간에 심판청구가 있으면 기간 내에 청구된 것으로 본다.

(2) 불고지

행정청이 심판청구 기간을 알리지 아니한 경우에는 처분이 있었던 날부터 180일 이내에 심판청구를 할 수 있다.

Ⅲ 사안해결

① A시장은 심판청구 기간을 처분이 있음을 알게 된 날부터 90일보다 긴 기간으로 잘못 알렸으므로 甲은 청구받은 120일 이내에 심판을 청구할 수 있다.

② 甲의 취소심판청구는 청구기간을 준수한 적법한 심판청구에 해당한다.

물음 2) (20점)

Ⅰ 사례의 쟁점

B행정심판위원회가 A시장의 영업정지 처분에 대해 인용하는 경우 취소심판의 인용재결의 종류가 문제된다.

Ⅱ 취소심판의 인용재결

1. 종류

위원회는 취소심판의 청구가 이유가 있다고 인정하면 처분을 취소 또는 다른 처분으로 변경하거나 처분을 다른 처분으로 변경할 것을 피청구인에게 명한다.

2. 전부취소와 일부취소

위원회는 처분을 취소하는 경우 전부취소할 수도 있고 가분성이 있는 경우 일부취소를 할 수도 있다.

Ⅲ 사정재결

1. 의의

행정심판위원회는 심판청구가 이유가 있다고 인정하는 경우에도 이를 인용하는 것이 공공복리에 크게 위배된다고 인정하면 그 심판청구를 기각하는 재결을 사정재결이라 한다.

2. 주문에 위법 · 부당 명시

행정심판위원회는 재결의 주문에 그 처분 또는 부작위가 위법하거나 부당하다는 것을 구체적으로 밝혀야 한다.

3. 사정재결에 대한 구제조치

행정심판위원회는 사정재결을 할 때에는 청구인에 대하여 상당한 구제방법을 취하거나 상당한 구제방법을 취할 것을 피청구인에게 명할 수 있다.

4. 직권에 의한 사정재결

사정재결에 관하여는 당사자의 명백한 주장이 없는 경우에도 기록에 나타난 여러 사정을 기초로 직권으로 판단할 수 있다는 것이 판례이다.

5. 적용범위

취소심판과 의무이행심판에서 인정되고, 무효등확인심판에서는 인정되지 않는다.

Ⅳ 사안해결

① 위원회는 甲에 대한 3개월의 영업정지처분이 비례원칙을 위반한 경우 전부취소재결을 할 수도 있고 일부취소도 가능하다.

② 위원회는 A시장에 대해 甲에 대한 3개월의 영업정지처분을 다른 처분으로 변경하도록 명할 수도 있다.

③ 甲에 대한 3개월의 영업정지처분을 취소하더라도 공공복리에 크게 위배되는 것은 아니므로 사정재결은 인정되지 않는다고 본다.

| 문제 2 | 「행정사법」상 업무신고의 기준과 행정사업무신고확인증에 관하여 설명하시오. (20점)

모범답안

Ⅰ 업무신고의 기준

1. 업무신고

행정사 자격이 있는 사람으로서 행정사 업무를 하려는 자는 주된 사무소의 소재지를 관할하는 특별자치시장, 특별자치도지사, 시장, 군수, 자치구의 구청장에게 신고하여야 한다.

2. 신고기준

① 결격사유에 해당하지 않을 것, ② 실무교육을 이수했을 것, ③ 행정사 자격증이 있을 것, ④ 대한행정사회에 가입했을 것을 신고기준으로 한다.

3. 첨부서류

신고서에 ① 행정사 자격증 사본 1부, ② 실무교육 수료증 사본 1부, ③ 행정사회 회원증 1부를 첨부하여야 한다.

Ⅱ 행정사업무신고확인증

1. 신고확인증의 발급

① 시장등은 행정사업무신고를 받은 때에는 그 내용을 확인한 후 행정안전부령으로 정하는 바에 따라 신고확인증을 행정사에게 발급하여야 한다.

② 신고확인증을 발급받은 사람은 신고확인증을 잃어버리거나 못쓰게 된 경우에는 행정안전부령으로 정하는 바에 따라 시장등에게 재발급을 신청할 수 있다.

2. 신고확인증의 대여금지

① 행정사는 다른 사람에게 신고확인증을 대여하여서는 아니 된다.

② 누구든지 다른 사람의 신고확인증을 대여받아 사용하여서는 아니 된다.

③ 누구든지 신고확인증의 대여를 알선하여서는 아니 된다.

3. 벌칙

① 신고확인증을 다른 자에게 대여한 행정사, 행정사법인과 이를 대여받은 자 또는 대여를 알선한 자는 3년 이하의 징역 또는 3천만 원 이하의 벌금에 처한다.

② 행정사의 사무직원이 이를 위반하면 그 행위자를 벌하는 외에 그 행정사에도 해당 조문의 벌금형을 과(科)한다. 다만, 행정사가 그 위반행위를 방지하기 위하여 해당 업무에 관하여 상당한 주의와 감독을 게을리하지 아니한 경우에는 그러하지 아니하다.

부록

| 문제 3 | 비송사건의 제1심 법원 재판에 불복하여 항고하는 경우, 항고기간과 항고제기의 효과에 관하여 설명하시오. (20점)

모범답안

Ⅰ 제1심 법원 재판에 불복하는 항고

항고는 상급법원에 대하여 하급법원의 재판의 취소·변경을 구하는 불복신청을 말한다.
통상항고와 즉시항고가 있다.

Ⅱ 항고기간

1. 통상항고

기간의 제한이 없으며 언제든지 제기할 수 있다.

2. 즉시항고

재판이 고지된 날부터 1주 이내에 하여야 한다.

Ⅲ 확정차단의 효력

1. 통상항고

통상항고로 불복하는 비송사건재판은 확정력이 없으므로 통상항고의 제기는 확정차단의 효력이 문제되지 않는다.

2. 즉시항고

즉시항고를 허용하는 재판에서는 즉시항고의 제기에 의하여 원재판의 확정이 차단된다.

Ⅳ 이심의 효력

원심법원에 항고의 제기가 있으면 원재판의 대상인 사건은 항고심으로 이심된다.

Ⅴ 집행정지의 효력

1. 원칙

항고를 하더라도 원심재판의 형성력, 집행력에는 아무런 영향을 미치지 않는 것이 원칙이다.

2. 예외

(1) 집행정지명령

항고법원 또는 원심법원이나 판사는 항고에 대한 결정이 있을 때까지 원심재판의 집행을 정지하거나 그 밖에 필요한 처분을 명할 수 있다.

(2) 법률의 특별한 규정

즉시항고의 경우 비송사건절차법에서 집행정지의 효력을 부여하는 경우가 있다.

| 문제 4 | 비송사건의 대리에 관한 다음 물음에 답하시오. (20점)

물음 1) 대리인의 자격 및 대리가 허용되지 않는 경우에 관하여 설명하시오. (10점)

물음 2) 대리권의 증명 및 대리행위의 효력에 관하여 설명하시오. (10점)

모범답안

물음 1) (10점)

Ⅰ 비송사건의 대리인의 자격

비송사건에 있어서는 변호사대리의 원칙은 채택되지 않고, 소송능력자이기만 하면 제한 없이 비송사건의 대리인이 될 수 있다.

Ⅱ 대리가 허용되지 않는 경우

1. 본인이 출석하도록 명령을 받은 경우

법원이 본인의 출석을 명령한 경우 대리하게 할 수 없다.

2 법원의 대리금지 · 퇴정명령

① 법원은 변호사가 아닌 자로서 대리를 영업으로 하는 자의 대리를 금하고 퇴정을 명할 수 있고 이 경우 대리가 허용되지 않는다.

② 이 명령에 대하여는 불복신청을 할 수 없다.

물음 2) (10점)

Ⅰ 대리권의 증명

1. 서면에 의한 증명

소송대리인의 권한은 서면으로 증명하여야 한다.

2. 사문서에 의한 증명

① 서면이 사문서인 경우 그 진정성이 의심스러울 때에는 대리인의 권한을 증명하는 사문서에 관계 공무원 또는 공증인의 인증을 받아오도록 소송대리인에게 명령할 수 있다.

② 이 명령에 대하여는 불복신청을 할 수 없다.

3. 증명제외

당사자가 말로 소송대리인을 선임하고, 법원사무관 등이 조서에 그 진술을 적어 놓은 경우에는 조서에 의하여 위임의 사실 증명되므로 대리권의 증명을 적용하지 않는다.

Ⅱ 대리행위의 효력

1. 유권대리의 효력

비송대리인이 그 대리권의 범위 내에서 행한 비송행위는 직접 본인에게 효력이 생긴다.

2. 무권대리의 효력

① 무권대리행위는 무효이다.

② 무권대리행위가 신청인 경우 법원은 이를 부적법 각하한다.

③ 법원이 부적법 사유를 간과하고 재판을 한 경우, 그 재판은 당연무효가 되는 것은 아니고, 재판으로 인하여 권리를 침해당한 자는 그 재판에 대하여 항고할 수 있다.

부록

2021년 제9회 행정사 2차 기출문제

행정사실무법 모범답안

| 문제 1 | 甲은 1988. 9. 1. A제철주식회사에 입사하여 발전시설에서 근무하다가 터빈 및 보일러 작동 소음에 장기간 노출되어 우측 청력에 중대한 장애가 발생하였다는 이유로 전보를 요청하였고, 2004. 3. 2. 시약생산과로 전보되어 근무하다가 2009. 2. 6. 퇴사하였다. 甲은 2009. 3. 6. 근로복지공단에 '우측 감각신경성 난청'에 대한 장해보상청구를 하였는데, 근로복지공단은 2009. 5. 9. 보험급여 청구를 3년간 행사하지 않아 장해보상청구권이 소멸하였다는 점을 사유로 장해급여 부지급 결정을 甲에게 통보하였다. 甲은 이에 불복하여 근로복지공단에 대한 심사청구를 거쳐 산업재해보상보험재심사위원회에 재심사청구를 하였다. 이에 근로복지공단은 甲의 상병이 업무상 재해인 소음성 난청으로 보기 어렵다는 처분사유를 추가하였다. 다음 물음에 답하시오. (40점)

※ 당시 산업재해보상보험법령에 따르면 장해보상청구권은 치유일부터 3년 이내에 행사하여야 하며, 그 치유시기는 해당 근로자가 더 이상 직업성 난청이 유발될 수 있는 장소에서 업무를 하지 않게 되었을 때로 한다고 규정하고 있었다.

물음 1) 근로복지공단이 행정심판의 피청구인이 될 수 있는지를 검토하고, 근로복지공단의 심사청구 및 산업재해보상보험재심사위원회의 재심사청구의 법적 성질에 관하여 논하시오. (20점)

물음 2) 근로복지공단에 의한 처분사유의 추가가 허용될 수 있는지를 검토하시오. (20점)

모범답안

물음 1) (20점)

Ⅰ 사례의 쟁점

근로복지공단이 행정심판의 피청구인이 될 수 있는지는 근로복지공단의 심사청구 및 산업재해보상보험재심사위원회의 재심사청구에 대해 행정심판을 청구할 수 있는가와 관련되어 있다.

Ⅱ 심사청구와 재심사청구의 법적 성질

1. 이의신청과 행정심판

개별법상 이의신청이 행정심판인 경우가 있고 행정심판이 아닌 경우가 있다. 이의신청이 행정심판인 경우 이에 대한 결정과 대상되는 처분은 행정심판을 청구할 수 없다.

2. 구별기준

(1) 학설

1) 심판기관기준설

처분청 자체에 제기하는 이의신청은 행정심판이 아닌 이의신청, 처분청의 직근상급행정청이나 행정심판위원회에 제기하는 이의신청은 행정심판인 이의신청으로 보는 견해이다.

2) 불복절차기준설

개별법률에서 이의신청 중 준사법절차가 보장되는 것만을 행정심판으로 보고 그렇지 않은 것은 행정심판이 아닌 이의신청으로 보는 견해이다.

(2) 판례

절차 및 담당기관을 기준으로 구분한다.

(3) 소결

헌법 제107조 제3항은 행정심판절차는 사법절차를 준용되어야 한다고 규정하고 있는 점에서 준사법절차가 보장되는 것만 행정심판으로 봐야 한다.

3. 근로복지공단의 심사청구

근로복지공단의 심사청구는 근로복지공단으로 하여금 스스로의 심사를 통하여 당해 처분의 적법성과 합목적성을 확보하도록 하는 근로복지공단 내부의 시정절차로서 이의신청에 해당한다.

4. 위원회의 재심사청구의 법적성질

위원회의 재심사청구는 특별행정심판으로서 준사법적 절차를 거친다는 점에서 특별행정심판으로 봐야 한다.

Ⅲ 사안해결

① 근로복지공단의 심사청구는 내부시정절차에 해당하나 산업재해보상보험법상 행정심판을 청구할 수 없고 산업재해보상보험재심사위원회에 재심사청구를 할 수 있다.

② 근로복지공단의 심사청구와 위원회의 재심사청구에 대해서는 행정심판을 청구할 수 없으므로 근로복지공단은 행정심판의 피청구인이 될 수 없다.

물음 2) (20점)

Ⅰ 사례의 쟁점

근로복지공단이 산업재해보상보험재심사위원회의 재심사과정에서 甲의 상병이 업무상 재해인 소음성 난청으로 보기 어렵다는 처분사유를 추가할 수 있는지 문제된다.

Ⅱ 처분사유의 추가 · 변경

1. 의의

행정청이 처분을 하면서 처분사유를 밝힌 후 당해 처분에 대한 심판의 계속 중 처분 당시 제시된 처분사유를 변경하거나 다른 사유를 추가하는 것을 처분사유의 추가 · 변경이라 한다.

2. 인정 여부

(1) 문제점

행정심판법에 명문의 인정규정이 없다는 점에서 인정 여부에 대한 견해대립이 있다.

(2) 견해대립

① 기본적 사실관계의 동일성이 유지되는 한도 내에서 인정된다는 기본적 사실관계동일성설, ② 소송물의 변경이 없는 한 인정해야 한다는 소송물기준설, ③ 처분의 유형 및 심판의 유형에 따라 허용범위가 달라진다는 개별적 기준설의 견해대립이 있다.

(3) 판례

일반적으로 기본적 사실관계의 동일성이 유지되는 한도 내에서 처분사유의 추가 · 변경을 인정하고 있다.

(4) 결어

분쟁의 일회적 해결의 필요성과 심판청구인의 예기치 못한 불이익을 방지해야 할 필요성을 균형 있게 조절해야 한다는 점에서 기본적 사실관계 동일성설이 타당하다고 본다.

Ⅲ 기본적 사실관계의 동일성의 의미

처분사유를 법률적으로 평가하기 이전의 구체적 사실에 착안하여 그 기초인 사회적 사실관계가 기본적인 점에서 동일한지에 따라 결정된다.

Ⅳ 사안해결

① 근로복지공단이 심사청구과정은 내부시정절차이므로 기본적 사실관계의 동일성과 상관없이 처분사유를 추가할 수 있다.

② 위원회의 재심사청구과정에서는 기본적 사실관계의 동일성이 인정되지 않으므로 허용되지 않는다고 본다.

[관련판례]
산업재해보상보험법 규정의 내용, 형식 및 취지 등에 비추어 보면, 산업재해보상보험법상 심사청구에 관한 절차는 보험급여 등에 관한 처분을 한 근로복지공단으로 하여금 스스로의 심사를 통하여 당해 처분의 적법성과 합목적성을 확보하도록 하는 근로복지공단 내부의 시정절차에 해당한다고 보아야 한다. 따라서 처분청이 스스로 당해 처분의 적법성과 합목적성을 확보하고자 행하는 자신의 내부 시정절차에서는 당초 처분의 근거로 삼은 사유와 기본적 사실관계의 동일성이 인정되지 않는 사유라고 하더라도 이를 처분의 적법성과 합목적성을 뒷받침하는 처분사유로 추가·변경할 수 있다고 보는 것이 타당하다(대판 2012.9.13. 2012두3859).

| 문제 2 | 행정사법령상 행정사법인의 설립과 설립인가의 취소에 관하여 설명하시오. (20점)

모범답안

Ⅰ 행정사법인

행정사는 업무를 조직적이고 전문적으로 수행하기 위하여 3명 이상의 행정사를 구성원으로 하는 행정사법인을 설립할 수 있다.

Ⅱ 행정사법인의 설립

1. 설립인가

행정사법인을 설립하려면 행정사법인의 구성원이 될 행정사가 정관을 작성하여 대통령령으로 정하는 바에 따라 행정안전부장관의 인가를 받아야 한다. 정관을 변경할 때에도 또한 같다.

2. 설립등기

① 행정사법인은 그 주사무소의 소재지에서 설립등기를 함으로써 성립한다.
② 설립등기는 설립인가증을 받은 날부터 14일 이내에 주사무소 소재지의 관할 등기소에서 한다.
③ 행정사법인의 구성원이 될 행정사 전원이 공동으로 신청하여야 한다.
④ 행정안전부장관은 법인이 설립등기한 내용을 확인하여야 한다.

Ⅲ 설립인가의 취소

1. 의의

행정안전부장관은 행정사법인이 행정사법에 규정된 사유에 해당하는 경우 설립인가를 취소하여야 하거나 할 수 있다.

2. 임의적 설립인가 취소

① 법인구성원에 관한 요건을 6개월 이내에 보충하지 아니한 경우
② 업무정지처분을 받고 그 업무정지 기간 중에 업무를 수행한 경우
③ 법령을 위반하여 업무를 수행한 경우

3. 필수적 설립인가 취소

거짓이나 그 밖의 부정한 방법으로 설립인가를 받은 경우

4. 청문

행정안전부장관은 행정사법인의 설립인가를 취소하려는 경우에는 청문을 해야 한다.

부록

| 문제 3 | 비송사건절차의 개시 유형에 관하여 설명하시오. (20점)

모범답안

Ⅰ 절차의 개시

비송사건은 당사자의 신청에 의하여 개시되는 '신청사건', 법원이 직권으로 개시하는 '직권사건', 검사의 청구에 의하여 개시되는 '검사청구사건'이 있다.

Ⅱ 신청사건

1. 의의

당사자의 신청에 의해서만 절차가 개시되는 사건으로 비송사건의 대부분은 신청사건에 해당한다.

2. 신청의 방식

신청은 특별한 규정이 없는 한 서면 또는 말로 할 수 있다.

3. 신청의 보정

기재사항에 흠이 있는 경우 상당한 기간을 정하여 보정을 명하고 보정에 응하지 않을 때 신청을 부적법 각하한다.

Ⅲ 직권사건

1. 의의

당사자의 신청이 없더라도 법원이 일정한 처분을 하거나 또는 절차를 개시할 수 있는 사건을 말한다. 대표적으로 과태료사건이 있다.

2. 절차의 개시

법원은 법률의 규정에 의하여여 직권으로 절차를 개시하는 경우 그 사건을 알게 된 경위를 불문하고 즉시 절차를 개시한다. 관할 관청의 통지의 취하나 철회가 있더라도 법원은 절차를 개시하거나 계속 진행할 수 있다.

Ⅳ 검사청구사건

1. 의의

검사청구사건은 청구권자로서 검사만 규정한 경우는 없고 이해관계인의 청구나 법원의 직권을 절차개시요건으로 같이 규정하고 있다.

2. 검사의 청구

검사는 비송사건절차를 개시하여야 할 경우를 알게 되면 법원에 재판을 청구하여야 한다.

3. 법원의 통지

법원 등은 검사의 청구에 의하여 재판을 하여야 할 경우가 발생한 것을 알았을 때에는 그 사실을 관할법원에 대응한 검찰청 검사에게 통지하여야 한다.

| 문제 4 | 비송사건과 민사소송사건의 구별 기준 및 차이점에 관하여 설명하시오. (20점)

모범답안

Ⅰ 비송사건의 의의

법원의 관할에 속하는 민사사건 가운데 사인의 생활관계의 후견적 감독을 대상으로 하는 사건, 민사사건 가운데 소송절차에 의하지 않는 사건을 말한다.

Ⅱ 비송사건과 민사소송사건의 구별 기준

1. 학설

(1) 소송사건

법원의 행위를 기준으로 민사에 관한 사항의 처리에 있어서 법원의 판단기준을 단순히 적용하여 권리·의무의 존부를 판단하는 것을 소송사건이라 한다.

(2) 비송사건

법원이 사인의 생활관계에 후견적으로 개입하여 가장 합목적적이라고 생각하는 바에 따라 처리하도록 맡긴 사항을 비송사건이라 한다.

2. 판례

사건마다 조금씩 다르지만 법원의 합목적적 재량과 절차의 간이·신속의 필요성이라는 비송사건의 특성을 기준으로 합목적적으로 판단한다.

3. 결어

법률의 규정이 명확하지 않은 한, 비송사건과 소송사건의 구별은 반드시 절대적인 것이 아니며, 사건의 특성상 비송사건의 특성이 강하게 요구되느냐에 따라 구별된다고 본다.

Ⅲ 비송사건과 민사소송의 차이

1. 절차의 개시와 취하

(1) 민사소송

① 절차의 개시는 당사자의 신청을 필요로 한다.

② 당사자는 소의 취하를 통해 절차 종료가 가능하다.

(2) 비송사건

① 절차개시는 사건에 따라 당사자의 신청에 의하는 경우, 검사의 청구 또는 법원의 직권으로 개시되는 경우가 있다.

② 직권주의가 인정되는 경우 사건을 취하하는 것이 인정되지 않으나, 당사자의 신청에 의한 경우에도 사건의 취하가 인정되지만 청구포기·인낙이 인정되지 않는다.

2. 심리방식

(1) 민사소송

원고와 피고 간의 대심구조를 취하며, 공개된 법정에서 구술변론을 열어 양쪽 당사자에게 충분한 주장·증명의 기회를 보장하여야 한다.

(2) 비송사건

① 엄격한 대심구조를 취하지 않으며, 비공개 원칙가 원칙이다.

② 법원이 증인 또는 감정인의 심문에 관하여는 조서를 작성하고, 기타의 심문에 관하여는 필요하다고 인정하는 경우에 한하여 조서를 작성한다.

부록

3. 자료의 수집

(1) 민사소송

① 원칙적으로 당사자가 제출한 자료만이 재판의 기초가 되며, 당사자가 주장하지 않은 사실을 법원이 인정할 수 없다.

② 당사자의 사실에 대한 자백이 있으면 법원 및 당사자를 구속한다.

(2) 비송사건

① 법원이 당사자가 제출한 자료에 구속되지 않으며 직권으로 사실을 탐지할 수 있다.

② 당사자의 주장이나 자백에 구속되지 않으며 필요한 경우 증거조사를 할 수 있다.

4. 재판의 형식과 효력

(1) 민사소송

판결의 형식에 의하며, 선고법원은 원칙적 자신들의 판결을 취소·변경할 수 없다.

(2) 비송사건

결정의 형식에 의하며, 법원의 결정이 있은 후에도 결정이 위법·부당하다고 생각되는 경우 그 취소, 변경이 가능하다.

5. 재판의 불복

(1) 민사소송

항소와 상고에 의한다.

(2) 비송사건

항고와 재항고에 의한다.

6. 기판력(기속력)

(1) 민사소송

확정된 종국판결에 기판력이 발생하므로, 판결로 확정된 사안과 동일한 사항에 대해 당사자는 소송으로 다툴 수 없고 법원도 그와 모순·저촉되는 판단을 할 수 없다.

(2) 비송사건

기판력이 인정되지 않으므로, 법원이 당사자의 신청을 받아들이지 않은 경우 당사자는 다시 이를 신청할 수 있고, 법원도 본래와 다른 결정이 가능하다.

2022년 제10회 행정사 2차 기출문제

행정사실무법 모범답안

| 문제 1 | 甲은 '사실상의 도로'로서 인근 주민들의 통행로로 이용되고 있는 토지(이하 '이 사건 토지'라 한다)를 매수한 다음 관할 구청장 乙에게 그 지상에 주택을 신축하겠다는 내용의 건축허가를 신청하였으나, 乙은 '위 토지가 「건축법」상 도로에 해당하여 건축을 허용할 수 없다'는 사유로 건축허가를 거부하였다. 이에 甲은 위 거부행위에 대해 취소심판청구 및 집행정지신청을 하였다. 다음 물음에 답하시오. (40점)

물음 1) 乙은 '甲의 건축허가 신청을 거부한 행위는 취소심판의 대상이 되는 거부처분이 아니고, 또 건축허가 거부행위에 대해서는 집행정지가 허용되지 않는다.'고 주장한다. 乙의 주장은 타당한가? (20점)

물음 2) 이 사건 토지는 「건축법」상 도로에 해당하지 않는다는 이유로 행정심판위원회가 甲의 취소심판청구를 인용하는 재결을 하자 乙은 '이 사건 토지는 인근 주민들의 통행에 제공된 사실상의 도로인데 그 지상에 주택을 건축하여 주민들의 통행을 막는 것은 사회공동체와 인근주민들의 이익에 반하므로, 甲이 신청한 주택 건축을 허용할 수 없다'는 이유로 다시 건축허가를 거부하였다. 위 재결에도 불구하고 乙이 다시 건축허가를 거부한 것은 적법한가? (20점)

모범답안

물음 1) (20점)

Ⅰ 사례의 쟁점

甲의 건축허가신청에 대한 乙의 거부가 행정심판의 대상이 되는 처분요건을 갖추었는지 이에 대한 집행정지가 허용되는지 문제된다.

Ⅱ 거부처분의 성립요건

1. 성립요건

신청에 대한 거부가 처분이 되기 위해서는 ① 신청한 행위가 처분이어야 하고, ② 그 거부행위가 신청인의 법률관계에 어떤 변동을 일으키는 것이어야 하며, ③ 국민에게 그 처분을 요구할 법규상 또는 조리상의 신청권이 있어야 한다.

2. 신청권의 존재

(1) 문제소재

거부처분이나 부작위의 성립요건으로서 신청권의 존재를 심판요건으로 볼 것인지, 본안판단의 문제로 볼 것인지 견해대립이 있다.

(2) 학설

신청권을 심판요건으로 보면 행정심판법의 처분개념을 부당하게 제한함으로써 국민의 권익구제의 길이 축소된다는 이유로 본안판단의 문제라는 견해와 신청권을 거부처분의 성립요건으로 보는 심판요건설의 견해대립이 있다.

(3) 판례

판례는 거부처분의 성립요건으로 보고 있다.

(4) 결론

신청권이 인정되지 않으면 처분의 의무가 성립되지 않으므로 심판요건 중 성립요건으로 보는 것이 타당하다.

Ⅲ 거부처분에 대한 집행정지

1. 문제소재

집행정지의 대상인 처분과 관련 거부처분에 대해 집행정지가 가능한지에 대해서 견해대립이 있다.

2. 학설

① 거부처분에 대해 집행정지를 하더라도 행정청이 신청에 따른 처분을 할 의무를 부담하지 않는다는 점에서 부정설, ② 원칙적으로 인정되지 않지만 거부처분의 집행정지에 의하여 신청인에게 어떠한 법적 이익이 있다고 인정되는 예외적 경우에는 인정된다는 예외적 긍정설, ③ 집행정지결정의 기속력에 의해 행정청에게 잠정적인 재처분의무가 생긴다고 볼 수 있다는 점에서 긍정설의 견해대립이 있다.

3. 판례

판례는 일률적으로 거부처분에 대한 집행정지를 부정한다.

4. 결론

거부처분은 그 자체를 침익적 처분으로 볼 수 없고 거부처분에 대해서는 임시처분이 가능하다는 점에서 부정설이 타당하다.

Ⅳ 사안해결

① 일반국민에게는 건축법상 건축허가 신청권이 인정되므로 거부처분에 해당하지 않는다는 乙의 주장은 타당하지 않다.

② 거부처분은 집행정지의 대상이 되지 않으므로 집행정지가 허용되지 않는다는 乙의 주장은 타당하다.

물음 2) (20점)

Ⅰ 사례의 쟁점

乙이 다시 건축허가를 거부할 수 있는지 재결의 기속력과 관련해서 문제된다.

Ⅱ 기속력의 내용

1. 의의

① 피청구인인 행정청이나 관계행정청으로 하여금 재결의 취지에 따라 행동할 의무를 발생시키는 효력을 재결의 기속력이라 한다.
② 인용재결에서 인정되고 기각재결에서는 인정되지 않는다.

2. 내용

(1) 반복금지의무

① 인용재결의 내용에 모순되는 내용의 동일한 처분을 동일한 사실관계하에서 반복할 수 없다.
② 재결에 적시된 위법사유를 시정 · 보완한 처분이라면 재결의 기속력에 저촉되지 않는다.

(2) 재처분의무

① 거부처분이 취소되거나 무효 또는 부존재로 확인되는 경우 행정청은 재결의 취지에 따라 다시 이전의 신청에 대한 처분을 하여야 한다.
② 거부하거나 부작위에 대해 처분의 이행을 명하는 재결이 있으면 행정청은 지체 없이 이전의 신청에 대하여 재결의 취지에 따라 처분을 하여야 한다.

(3) **결과제거의무**

처분의 취소재결 또는 무효확인재결이 있는 경우 행정청은 본래의 처분에 의해 발생한 상태를 제거할 의무를 진다.

3. 동일한 사유인지의 판단기준

동일한 사유인지 다른 사유인지는 종전 처분에 관하여 위법한 것으로 재결에서 판단된 사유와 기본적 사실관계에서 동일성이 인정되는 사유인지 여부에 따라 판단하는 것이 판례이다.

Ⅲ 기속력의 범위

1. 주관적 범위

피청구인인 행정청과 그 밖의 관계행정청을 기속한다.

2. 객관적 범위

재결의 주문 및 그 전제가 되는 요건사실의 인정과 효력의 판단에만 미친다.

3. 시간적 범위

취소재결의 경우 처분시를 기준으로, 의무이행재결의 재결시의 사실관계나 법령을 전제로 기속력이 발생한다.

Ⅳ 사안해결

위원회가 이사건 토지는 건축법상 도로에 해당하지 않는다는 이유로 인용재결을 한 것은 乙에 대해 기속력이 발생하므로 乙이 사실상의 도로로서 건축허가를 거부하는 것은 기본적 사실관계가 동일한 것으로 기속력에 위반되어 허용되지 않는다.

| 문제 2 | 「행정사법」상 행정사법인의 업무신고 및 수리의 거부와 행정사법인의 업무수행방법에 관하여 기술하시오. (단, 행정사법인의 업무신고기준 및 절차에 관한 것은 제외함) (20점)

모범답안

Ⅰ 행정사법인의 업무신고 및 수리거부

1. 업무신고

(1) 신고절차

① 행정사법인이 행정사의 업무를 하려면 주사무소의 소재지를 관할하는 시장등에게 행정사법인 업무신고 기준을 갖추어 신고하여야 한다. 신고한 사항을 변경할 때에도 또한 같다.

② 신고는 신고서를 제출함으로써 한다.

(2) 신고기준

① 법인구성원 및 소속행정사가 결격사유에 해당하지 않을 것

② 법인구성원 및 소속행정사가 실무교육을 이수했을 것

③ 법인구성원 및 소속행정사가 행정사 자격증을 보유하고 있을 것

④ 법인구성원 및 소속행정사가 대한행정사회에 가입했을 것

⑤ 행정안전부장관의 인가를 받고 설립등기를 했을 것

(3) 수리간주

시장등이 업무신고를 받은 날부터 3개월이 지날 때까지 법인업무신고확인증을 발급하지 아니하거나 법인업무신고의 수리 거부 통지를 하지 아니하면 3개월이 되는 날의 다음 날에 법인업무신고가 수리된 것으로 본다.

2. 수리 거부

(1) 수리 거부

① 시장등은 법인업무신고를 하려는 자가 법인업무신고 기준을 갖추지 아니한 경우에는 그 법인업무신고의 수리를 거부할 수 있다.

② 이 경우 지체 없이 법인업무신고의 수리 거부 사실 및 그 사유를 당사자에게 알려야 한다.

(2) 이의신청

① 법인업무신고의 수리가 거부된 사람은 그 통지를 받은 날부터 3개월 이내에 법인업무신고의 수리 거부에 대한 불복의 이유를 밝혀 시장등에게 이의신청을 할 수 있다.

② 시장등은 이의신청이 이유 있다고 인정하면 법인업무신고확인증을 발급하여야 한다.

Ⅱ 행정사법인의 업무수행방법

1. 법인명의 업무수행

행정사법인은 법인의 명의로 업무를 수행하여야 한다.

2. 업무담당자 지정

① 수임한 업무마다 그 업무를 담당할 법인구성원 또는 소속행정사(이하 "담당행정사"라 한다)를 지정하여야 한다. 다만, 소속행정사를 담당행정사로 지정할 경우에는 법인구성원과 공동으로 지정하여야 한다.

② 행정사법인이 수임한 업무에 대하여 담당행정사를 지정하지 아니한 경우에는 법인구성원 모두를 담당행정사로 지정한 것으로 본다.

3. 담당행정사의 지위

담당행정사는 지정된 업무에 관하여 그 법인을 대표한다.

4. 업무관련 서면

행정사법인이 그 업무에 관하여 작성하는 서면(書面)에는 행정사법인의 명의를 표시하고 담당행정사가 기명날인하여야 한다.

| 문제 3 | 「비송사건절차법」상 기일에 관하여 설명하시오. (20점)

모범답안

Ⅰ 의의

법원과 당사자 또는 그 밖의 관계인이 일정한 장소에 모여 비송사건에 관한 행위를 하기 위하여 정하여진 일정한 시간을 말한다.

Ⅱ 기일의 종류

'심문기일'과 '증인심문기일'이 있다.

Ⅲ 기일의 지정

1. 지정권자

① 기일의 지정은 재판장이 직권으로 지정한다.
② 수명법관 또는 수탁판사가 신문하거나 심문하는 기일은 그 수명법관 또는 수탁판사가 지정한다.

2. 기일 지정의 효력발생

기일의 지정은 성질상 즉시 효력이 발생하고 고지된 때에 효력이 생기는 것은 아니다.

Ⅳ 기일의 통지

1. 송달

기일은 원칙적으로 기일통지서 또는 출석요구서를 송달하여 통지한다. 다만, 그 사건으로 출석한 사람에게는 기일을 직접 고지하면 된다.

2. 공시송달

당사자의 주소 또는 근무장소를 알 수 없는 경우 등 공시송달의 일정한 요건을 갖춘 경우 공시송달도 허용된다.

3. 간이한 방법에 의한 통지

법원은 대법원규칙이 정하는 간이한 방법에 따라 기일을 통지할 수 있다. 이 경우 기일에 출석하지 아니한 당사자·증인 또는 감정인 등에 대하여 법률상의 제재, 그 밖에 기일을 게을리함에 따른 불이익을 줄 수 없다.

4. 검사에 대한 심문기일의 통지

① 검사는 사건에 관하여 의견을 진술하고 심문에 참여할 수 있다. 사건 및 심문의 기일은 검사에게 통지하여야 한다.
② 검사에 대한 통지 없이 재판을 하여도 위법은 아니라고 본다.

Ⅴ 기일의 해태

1. 절차진행

당사자나 대리인이 심문기일에 출석하지 않은 경우 절차를 그대로 진행할 수 있다.

2. 증인·감정인

증인, 감정인이 출석하지 않은 경우에는 민사소송법 규정이 준용된다.

| 문제 4 | 비송사건의 재량이송과 그 이송재판의 효력에 관하여 설명하시오. (20점)

모범답안

Ⅰ 우선관할

1. 관할의 경합

관할법원이 여러 곳인 경우 당사자는 임의로 그 하나를 선택할 수 있다. 일반적으로 선택에 의해 다른 법원의 관할권이 소멸하는 것은 아니므로 이송이 가능하다.

2. 우선관할

(1) 의의

특별히 당사자가 최초로 선택하여 신청을 한 법원에만 관할권을 인정하는 경우를 우선관할이라 한다.

(2) 중복제소와 관계

비송사건은 동일한 사건의 신청을 2중으로 하는 것도 금지되지 않는다. 2중의 신청이 있는 경우 우선관할에 의한 대응을 하고 있다.

(3) 직권으로 절차가 개시되는 경우

법원이 직권으로 절차를 개시한 경우의 우선관할에 관한 명문의 규정은 없다. 이경우에도 최초로 신청을 받거나 직권으로 절차를 개시한 법원만이 관할권을 가지는 것으로 해석한다.

Ⅱ 이송

1. 적당한 법원으로 이송

우선관할을 갖는 법원은 신청 또는 직권으로 적당하다고 인정하는 다른 관할법원에 그 사건을 이송할 수 있다.

2. 관할권이 없는 법원의 이송

우선관할로 인해 다른 법원은 관할권을 잃게 되므로, 해당 사건을 최초로 신청을 받은 관할법원에 이송하여야 한다는 것이 일반적 견해이다.

3. 이송의 효력

(1) 다른 법원에 이송금지

이송받은 법원은 이송결정에 따라야 한다. 소송을 이송받은 법원은 사건을 다시 다른 법원에 이송하지 못한다.

(2) 재판 계속의 효과

이송결정이 확정된 때에는 소송은 처음부터 이송받은 법원에 계속된 것으로 본다.

4. 불복

이송의 재판으로 인하여 권리를 침해당한 자는 그 재판에 대하여 항고할 수 있다.

2023년 제11회 행정사 2차 기출문제

행정사실무법 모범답안

| 문제 1 | A시의 공공주택난을 해소하기 위한 청년대상 공공아파트 1개 동을 건설하기 위하여 甲은 시장 乙에게 주택건설사업계획승인신청을 하였다. 이 신청에 대하여 乙은 관계 법령에 따라 아파트 건설이 가능하다고 구술로 답을 하였다. 그러나 乙의 임기 만료 후에 새로 취임한 시장 丙은 공공아파트 신축 예정지역 인근에 시 지정 공원이 있어 아파트 건설로 A시의 환경, 미관 등이 손상될 우려가 있다는 이유로, 주택건설사업계획승인신청을 반려하는 처분(이하 '이 사건 반려처분'이라 한다)을 하였다. 甲은 이에 불복하여 이 사건 반려처분의 취소를 구하는 행정심판청구및 집행정지신청(이하 '이 사건 취소심판'이라 한다)을 하였다. 다음 물음에 답하시오. (40점)

물음 1) 이 사건 취소심판에서 집행정지의 인용 여부를 검토하시오. (20점)

물음 2) 丙은 이 사건 취소심판에 대한 인용재결이 있었음에도 불구하고 이 사건 반려처분에 대하여 아무런 조치를 취하지 않았다. 이때 甲이 취할 수 있는 「행정심판법」상 구제수단에 관하여 설명하시오. (20점)

모범답안

물음 1) (20점)

Ⅰ 사례의 쟁점

丙의 반려처분에 대해 집행정지가 가능할 것인지 문제된다.

Ⅱ 집행정지

1. 집행정지의 의의

행정심판위원회가 직권 또는 당사자의 신청에 의하여 처분의 효력, 처분의 집행 또는 절차의 속행의 전부 또는 일부의 정지를 결정하는 것을 집행정지라 한다.

2. 집행정지결정의 요건

(1) 적극적 요건

집행정지는 ① 집행정지대상인 처분 존재, ② 적법한 심판청구의 계속, ③ 중대한 손해가 생기는 것을 예방할 필요성, ④ 긴급성을 요건으로 한다.

(2) 소극적 요건

집행정지처분으로 인하여 공공복리에 중대한 영향을 미칠 우려가 없어야 한다.

3. 거부처분에 대한 집행정지

(1) 쟁점

집행정지의 대상인 처분과 관련 거부처분에 대해 집행정지가 가능한지에 대해서 견해대립이 있다.

(2) 학설

① 거부처분에 대해 집행정지를 하더라도 행정청이 신청에 따른 처분을 할 의무를 부담하지 않는다는 점에서 부정설, ② 원칙적으로 인정되지 않지만 거부처분의 집행정지에 의하여 신청인에게 어떠한 법적 이익이 있다고 인정되는 예외적 경우에는 인정된다는 예외적 긍정설, ③ 집행정지결정의 기속력에 의해 행정청에게 잠정적인 재처분의무가 생긴다고 볼 수 있다는 점에서 긍정설의 견해대립이 있다.

(3) 판례

판례는 일률적으로 거부처분에 대한 집행정지를 부정한다.

(4) 결론

거부처분은 그 자체를 침익적 처분으로 볼 수 없고 거부처분에 대해서는 임시처분이 가능하다는 점에서 부정설이 타당하다.

Ⅲ 사안해결

丙의 반려처분은 집행정지의 대상이 되는 처분에 해당하지 않으므로 집행정지는 인용되지 않는다.

물음 2) (20점)

Ⅰ 사례의 쟁점

丙의 이 사건 취소심판에 대한 인용재결에 대한 부작위에 대한 구제조치로서 행정심판법상 직접처분과 간접강제가 가능할 것인지 문제된다.

Ⅱ 행정심판위원회의 직접처분

1. 의의

행정청이 처분명령재결의 취지에 따라 이전의 신청에 대한 처분을 하지 아니하는 때에 위원회가 당해 처분을 직접 행하는 것을 말한다.

2. 요건

(1) 적극적 요건

① 처분이행명령재결이 있을 것, ② 위원회가 당사자의 신청에 따라 기간을 정하여 시정을 명할 것, ③ 해당 행정청이 그 기간 내에 시정명령을 이행하지 아니하였을 것을 요건으로 한다.

(2) 소극적 요건

처분의 성질이나 그 밖의 불가피한 사유로 위원회가 직접처분을 할 수 없는 경우에는 직접처분이 허용되지 않는다.

Ⅲ 간접강제

1. 의의

행정청의 거부나 부작위에 대한 인용재결에 의해 행정청이 재처분의무를 이행하지 않는 경우 손해배상을 통해 이행을 강제하는 것

2. 요건

① 거부나 부작위에 대한 취소재결 등이나 의무이행명령재결, ② 행정청의 부작위, ③ 청구인의 신청, ④ 위원회의 상당기간 경과에 대한 지연배상 또는 즉시배상명령이 있을 것을 요건으로 한다.

Ⅳ 사안의 해결

취소심판에 대한 인용재결에 대해서는 위원회의 직접처분이 인정되지 않는다. 丙의 부작위에 대해서는 간접강제 신청을 통해 간접강제로 구제가 가능하다.

| 문제 2 | 「행정사법」상 행정사의 자격취소와 업무정지에 관하여 설명하시오. (20점)

모범답안

Ⅰ 행정사법상 행정사의 자격취소

1. 의의

행정사법에 규정된 사유에 해당하는 경우 행정안전부장관이 행정사의 자격을 박탈하는 것을 의미한다.

2. 자격취소의 사유

① 거짓이나 그 밖의 부정한 방법으로 행정사 자격을 취득한 경우
② 신고확인증의 대여 등의 금지의무를 위반하여 신고확인증을 양도하거나 대여한 경우
③ 업무정지처분을 받고 그 업무정지 기간에 행정사 업무를 한 경우
④ 행정사법을 위반하여 징역형이 확정된 경우

3. 기속행위

행정안전부장관은 자격취소사유에 해당하는 경우 그 자격을 취소하여야 한다. 행정안전부장관에게는 자격취소에 대한 재량권이 인정되지 않는다.

Ⅱ 행정사법상 행정사의 업무정지

1. 의의

행정사법에 규정된 사유에 해당하는 경우 행정사사무소의 소재지를 관할하는 시장등이 6개월의 범위에 업무의 정지를 명하는 것을 말한다.

2. 업무정지 사유

① 행정사가 두 개 이상의 사무실을 설치한 경우
② 행정사합동사무소를 구성하는 행정사 또는 법인구성원이 상근하지 아니한 경우
③ 행정사 또는 행정사법인이 3개월이 넘도록 휴업할 때 휴업신고를 하지 아니한 경우
④ 행정사 또는 행정사법인이 위임인으로부터 보수 외에 금전 또는 재산상 이익이나 그 밖의 반대급부를 받은 경우
⑤ 법인소속의 행정사 또는 법인구성원이 따로 사무소를 둔 경우
⑥ 행정사 또는 행정사법인이 보고 또는 업무처리부 자료 제출 등의 명령에 따르지 아니하거나 검사 또는 질문을 거부·방해 또는 기피한 경우

3. 재량행위

업무정지는 시장등이 6개월의 범위에서 선택재량권을 갖는다.

4. 제척기간

업무정지처분은 그 사유가 발생한 날부터 3년이 지나면 할 수 없다.

5. 업무정지처분효과의 승계

(1) 행정사의 지위승계

폐업신고를 한 후 업무를 다시 시작하는 신고를 한 행정사는 폐업신고 전 행정사의 지위를 승계한다.

(2) 제재처분의 승계

폐업신고 전의 행정사에 대하여 업무정지처분의 효과는 그 처분일부터 1년간 업무를 다시 시작하는 신고를 한 행정사에게 승계된다.

(3) 제재처분사유의 승계

① 업무를 다시 시작하는 신고를 한 행정사에 대하여 폐업신고 전 행정사의 위반행위를 사유로 업무정지 처분을 할 수 있다. 다만, 폐업신고를 한 날부터 업무를 다시 시작하는 신고를 한 날까지의 기간이 1년을 넘은 경우는 그러하지 아니하다.

② 이 경우 폐업한 기간과 폐업의 사유 등을 고려하여 업무정지의 기간을 정하여야 한다.

부록

| 문제 3 | 비송사건의 토지관할과 이송에 관하여 설명하시오. (20점)

모범답안

Ⅰ 비송사건의 토지관할

1. 의의

토지관할은 소재지를 달리하는 동종의 법원 사이에서 소재지에 따라 재판권의 분담을 정한 것이다.

2. 원칙

① 비송사건절차법은 토지관할에 관한 일반적 규정을 두고 있지 않다. 각각의 사건마다 당사자와 법원의 편의를 고려하여 개별적으로 관할을 정하고 있다.

② 사람의 주소지, 주된 사무소 소재지, 물건소재지, 채무이행지, 소송계속지 등을 기준으로 사건별로 관할이 규정되어 있다.

3. 특칙

(1) 주소가 없거나 알지 못할 때

거소지(居所地)의 지방법원이 사건을 관할한다.

(2) 거소가 없거나 알지 못할 때

마지막 주소지의 지방법원이 사건을 관할한다.

(3) 마지막 주소지가 없거나 알지 못할 때

재산이 있는 곳 또는 대법원이 있는 곳을 관할하는 지방법원이 사건을 관할한다.

Ⅱ 비송사건의 이송

1. 관할의 경합과 우선관할

관할법원이 여러 개인 경우에는 최초로 사건을 신청받은 법원이 그 사건을 관할한다. 이를 우선관할이라 한다.

2. 이송

(1) 적당한 법원으로 이송

우선관할을 갖는 법원은 신청에 의하여 또는 직권으로 적당하다고 인정하는 다른 관할법원에 그 사건을 이송할 수 있다.

(2) 관할권이 없는 법원의 이송

우선관할로 인해 다른 법원은 해당 비송사건에 대한 관할권을 잃게 된다. 다른 법원은 민사소송법 제34조 제1항을 준용하여 해당 사건을 최초로 신청을 받은 관할법원에 이송해야 한다는 것이 일반적 견해이다.

(3) 이송의 효력

① 이송받은 법원은 이송결정에 따라야 한다. 소송을 이송받은 법원은 사건을 다시 다른 법원에 이송하지 못한다.

② 이송결정이 확정된 때에는 소송은 처음부터 이송받은 법원에 계속(係屬)된 것으로 본다.

(4) 불복

이송의 재판으로 인하여 권리를 침해당한 자는 그 재판에 대하여 항고할 수 있다.

| 문제 4 | 비송사건 재판에 대한 항고의 종류와 효과를 설명하시오. (20점)

모범답안

Ⅰ 항고의 종류

1. 항고의 의의

비송사건에서의 항고는 하급법원의 재판이 아직 확정되기 전에 재판으로 인하여 권리를 침해당한 자가 상급법원에 대하여 그 취소·변경을 구하는 불복신청을 말한다.

2. 항고의 종류

(1) 보통항고

보통항고는 항고제기의 기간에 제한이 없는 항고로서 항고의 이익이 있는 한 어느 때나 제기할 수 있는 항고이다. 비송사건에서 항고는 원칙적 보통항고를 뜻한다.

(2) 즉시항고

즉시항고는 신속한 해결의 필요상 그 제기에 있어 기간의 정함이 있는 항고로서 재판이 고지된 날부터 1주 이내에 하여야 한다. 즉시항고는 법률에 명문의 규정이 있는 때에 한하여 허용된다.

(3) 재항고

최초의 항고에 대한 항고법원 또는 고등법원의 결정에 대한 항고이다. 재항고에는 상고에 관한 규정이 준용된다.

(4) 특별항고

특별항고는 불복할 수 없는 결정이나 명령에 대하여 재판에 영향을 미친 헌법 위반이 있거나 재판의 전제가 된 명령·규칙·처분의 헌법 또는 법률의 위반 여부에 대한 판단이 부당하다는 것을 이유로 하는 때에만 대법원에 하는 항고이다.

Ⅱ 항고의 효과

1. 확정차단의 효력

(1) 통상항고

통상항고로 불복하는 비송사건재판은 확정력이 없으므로 통상항고의 제기는 확정차단의 효력이 문제되지 않는다.

(2) 즉시항고

즉시항고를 허용하는 재판에서는 즉시항고의 제기에 의하여 원재판의 확정이 차단된다.

2. 이심의 효력

원심법원에 항고의 제기가 있으면 원재판의 대상인 사건은 항고심으로 이심된다.

3. 집행정지의 효력

(1) 원칙

비송사건의 재판은 고지에 의하여 즉시 효력이 생기므로 재판의 확정을 기다리지 않고 집행력 및 형성력이 생긴다. 항고를 하더라도 형성력, 집행력에는 아무런 영향을 미치지 않는 것이 원칙이다.

(2) 예외

1) 재판에 의한 집행정지

민사소송법 제448조가 준용되어 항고법원 또는 원심법원이나 판사는 항고에 대한 결정이 있을 때까지 원심재판의 집행을 정지하거나 그 밖에 필요한 처분을 명할 수 있다.

2) **법률의 특별한 규정**

즉시항고의 경우에는 비송사건절차법에서 집행정지의 효력을 부여하여 항고법원의 재판의 확정시까지 원재판에 기한 집행을 할 수 없고, 그 원재판으로 인한 권리관계형성이 되지 않는 경우가 있다.

2024년 제12회 행정사 2차 기출문제
행정사실무법 모범답안

| 문제 1 | 甲은 자신이 소유한 토지에 주택을 건축하기 위하여 관할 행정청인 구청장 乙에게 토지형질변경허가를 신청하였으나 乙은 이 토지가 지형조건 등에 비추어 주택을 건축하기에 매우 부적합하다는 점을 이유로 허가를 거부하였다. 다음 물음에 답하시오. (40점)

물음 1) 乙의 거부행위가 행정심판의 대상이 되는지 그 요건을 검토하고, 乙의 거부행위에 대한 불복방법으로서 적합한 행정심판의 유형에 관하여 설명하시오. (20점)

물음 2) 甲은 위 거부행위에 대하여 관할 행정심판위원회에 행정심판을 제기하였고 그 결과 인용재결이 내려졌다. 그런데 乙은 이 토지는 도시계획변경을 추진 중이므로 공공목적상 원형유지의 필요가 있는 지역으로서 법령에서 정하고 있는 다른 불허가 사유에 해당한다는 이유로 다시 불허가 처분을 하였다. 乙에 대한 거부행위가 법적으로 정당한지를 설명하시오. (20점)

모범답안

물음 1) (20점)

Ⅰ 문제의 소재

甲의 신청에 대한 구청장 乙의 토지형질변경허가거부가 거부처분의 성립요건을 갖추었는지 성립한다면 청구할 수 있는 행정심판의 유형이 무엇인지 문제된다.

Ⅱ 행정심판의 대상적격

1. 행정심판의 대상

행정청의 처분 또는 부작위를 대상으로 한다.

2. 행정심판법상 처분

행정청이 행하는 구체적 사실에 관한 법집행으로서의 공권력의 행사 또는 그 거부, 그 밖에 이에 준하는 행정작용을 처분이라 한다.

Ⅲ 거부처분의 성립요건

1. 성립요건

신청에 대한 거부가 처분이 되기 위해서는 ① 신청한 행위가 처분이어야 하고, ② 그 거부행위가 신청인의 법률관계에 어떤 변동을 일으키는 것이어야 하며, ③ 국민에게 그 처분을 요구할 법규상 또는 조리상의 신청권이 있어야 한다.

2. 신청권의 존재

(1) 문제소재

거부처분의 성립요건으로서 신청권의 존재를 심판요건으로 볼 것인지, 본안판단의 문제로 볼 것인지 견해대립이 있다.

(2) 학설

1) 본안문제설

신청권을 심판요건으로 보면 행정심판법상의 처분개념을 부당하게 제한함으로써 국민의 권익구제의 길이 축소된다는 이유로 본안에서 판단할 문제라는 견해이다.

2) 심판요건설

심판요건설은 거부처분의 성립요건으로 보는 견해와 청구인적격의 문제로 보는 견해로 나누어진다.

(3) 판례

판례는 거부처분의 성립요건으로 보고 있다.

(4) 소결

신청권이 인정되지 않으면 처분의 의무가 성립되지 않으므로 심판요건 중 성립요건으로 보는 것이 타당하다.

3. 신청권존부의 판단기준

신청권의 존부는 관계 법규의 해석에 의하여 일반 국민에게 그러한 신청권을 인정하고 있는가를 살펴 추상적으로 결정한다.

Ⅳ 거부처분에 대한 행정심판의 유형

1. 행정심판법상 행정심판의 종류

(1) 취소심판

행정청의 위법 또는 부당한 처분을 취소하거나 변경하는 행정심판

(2) 무효등확인심판

행정청의 처분의 효력 유무 또는 존재 여부를 확인하는 행정심판

(3) 의무이행심판

당사자의 신청에 대한 행정청의 위법 또는 부당한 거부처분이나 부작위에 대하여 일정한 처분을 하도록 하는 행정심판

2. 거부처분에 대한 행정심판

거부처분은 취소심판, 무효등확인심판, 의무이행심판 모두 심판청구가 가능하다.

Ⅴ 사안해결

① 甲은 토지의 소유권자로서 토지형질변경허가를 신청할 신청권이 인정되며 처분에 대한 신청으로 이를 거부당하는 경우 토지소유권행사에 제한을 받게 되므로 거부처분의 대상적격이 인정된다.

② 乙의 거부처분에 대해 인용재결이 있는 경우 재처분의가 발생하고 재처분의무를 이행하지 않는 경우 간접강제 등의 구제방안이 있다는 점에서 취소심판, 무효등확인심판, 의무이행심판 모두 적합한 행정심판에 해당한다.

물음 2) (20점)

Ⅰ 문제의 소재

거부처분에 대해 인용재결이 있은 후 새로운 사유를 들어 다시 불허가 처분을 하는 것이 인용재결의 기속력에 위반되는지 문제된다.

Ⅱ 재결의 기속력의 내용

1. 의의

① 피청구인인 행정청이나 관계행정청으로 하여금 재결의 취지에 따라 행동할 의무를 발생시키는 효력을 재결의 기속력이라 한다.

② 인용재결에서 인정되고 기각재결에서는 인정되지 않는다.

2. 내용

(1) 반복금지의무(부작위의무)

① 인용재결의 내용에 모순되는 내용의 동일한 처분을 동일한 사실관계하에서 반복할 수 없다.

② 종전 처분시와 다른 사유를 들어 처분을 하는 것은 기속력에 저촉되지 아니한다.

(2) 재처분의무(적극적 의무)

① 거부처분이 취소되거나 무효 또는 부존재로 확인되는 경우 행정청은 재결의 취지에 따라 다시 이전의 신청에 대한 처분을 하여야 한다.

② 거부하거나 부작위에 대해 처분의 이행을 명하는 재결이 있으면 행정청은 지체 없이 이전의 신청에 대하여 재결의 취지에 따라 처분을 하여야 한다.

(3) 결과제거의무(원상회복의무)

처분의 취소재결 또는 무효확인재결이 있는 경우 행정청은 본래의 처분에 의해 발생한 상태를 제거할 의무를 진다.

3. 동일한 사유인지의 판단기준

동일한 사유인지 다른 사유인지는 종전 처분에 관하여 위법한 것으로 재결에서 판단된 사유와 기본적 사실관계에서 동일성이 인정되는 사유인지 여부에 따라 판단하는 것이 판례이다.

Ⅲ 기속력의 범위

1. 주관적 범위

피청구인인 행정청과 그 밖의 관계행정청을 기속한다.

2. 객관적 범위

재결의 주문 및 그 전제가 되는 요건사실의 인정과 효력의 판단에만 미친다.

3. 시간적 범위

취소재결의 경우 처분시를 기준으로, 의무이행재결의 재결시의 사실관계나 법령을 전제로 기속력이 발생한다.

Ⅳ 사안해결

이 토지가 지형조건 등에 비추어 주택을 건축하기에 매우 부적합하다는 점을 이유로 허가를 거부한 사유와 토지는 도시계획변경을 추진 중이므로 공공목적상 원형유지의 필요가 있는 지역으로서 법령에서 정하고 있는 다른 불허가 사유에 해당한다는 이유는 기본적 사실관계의 동일성이 인정되지 않고 재결에서 밝힌 사유가 아닐 것이므로 乙의 거부행위는 기속력에 위반되지 않는다.

| 문제 2 | 행정사법령상 일반행정사가 다른 사람의 위임을 받아 수행하는 업무에 관하여 설명하시오. (20점)

모범답안

Ⅰ 행정사의 업무개시

행정사 자격시험에 합격한 사람은 행정사 자격이 있다. 업무를 개시하기 위해서는 사무소소재지 시장등에게 신고하여야 한다.

Ⅱ 행정사의 업무

행정사는 다른 사람의 위임을 받아 업무를 수행한다. 다만, 다른 법률에 따라 제한된 업무는 할 수 없다.

1. 행정기관에 제출하는 서류의 작성

① 진정 · 건의 · 질의 · 청원 및 이의신청에 관한 서류
② 출생 · 혼인 · 사망 등 가족관계의 발생 및 변동 사항에 관한 신고 등의 각종 서류

2. 권리 · 의무나 사실증명에 관한 서류의 작성

개인(법인을 포함) 간 또는 국가나 지방자치단체와 개인 간의 ① 각종 계약 · 협약 · 확약 및 청구 등 거래에 관한 서류, ② 그 밖에 권리관계에 관한 각종 서류 또는 일정한 사실관계가 존재함을 증명하는 각종 서류 서류를 작성하는 일

3. 제1호부터 제3호까지의 규정에 따라 작성된 서류의 제출 대행

다른 사람의 위임에 따라 행정사가 제1호부터 제3호까지의 규정에 따라 작성하거나 번역한 서류를 행정기관 등에 제출하는 일

4. 인가 · 허가 및 면허 등을 받기 위하여 행정기관에 하는 신청 · 청구 및 신고 등의 대리

다른 사람의 위임을 받아 인가 · 허가 · 면허 및 승인의 신청 · 청구 등 행정기관에 일정한 행위를 요구하거나 신고하는 일을 대리하는 일

5. 행정 관계법령 및 행정에 대한 상담 또는 자문에 대한 응답

행정 관계법령 및 제도 · 절차 등 행정업무에 대하여 설명하거나 자료를 제공하는 일

6. 법령에 따라 위탁받은 사무의 사실 조사 및 확인

법령에 따라 위탁받은 사무의 사실을 조사하거나 확인하고 그 결과를 서면으로 작성하여 위탁한 사람에게 제출하는 일

| 문제 3 | 비송사건절차에서의 사실인정의 원칙과 방법에 관하여 설명하시오. (20점)

모범답안

Ⅰ 사실인정의 원칙

① 비송사건절차에서는 사실인정에 대하여 진실발견을 위한 직권탐지, 직권에 의한 증거조사의 원칙을 채택하고 있다.
② 민사소송의 경우와 달리, 당사자의 자백에 법원이 구속되지 않는다.

Ⅱ 직권탐지

① 사실의 탐지를 하는 방식은 법원이 자료의 수집에 적합한 형태로 하면 충분하고 특별한 제한이 없다.
② 개인이나 단체에 대한 서면 조회 또는 전화 조회, 당사자나 관계인의 심문 등에 의한다.

Ⅲ 비송사건에서 증거조사

1. 증거의 조사

증거조사 방법 가운데 인증과 감정에 관해서는 민사소송법을 준용하고, 나머지는 모두 사실의 탐지에 속하는 것으로 보는 것이 일반적 견해이다.

2. 심문

① 당사자에 대한 심문에 의해 사실인정이 가능하고 심문은 비공개를 원칙으로 한다.
② 증인 또는 감정인의 심문도 비공개로 이루어진다.
③ 심문은 법정 내에서 행해지지만 증인 등이 출석할 수 없을 때에는 법원 밖에서도 가능하다.

3. 증거조사의 촉탁

증인 또는 감정인의 심문에 관해서는 수명법관 또는 수탁판사로 하여금 증거조사를 할 수 있고, 사실 탐지도 촉탁이 가능하다.

4. 조서의 작성

증인 또는 감정인의 심문에 관하여는 조서를 작성하고, 그 밖의 심문에 관하여는 필요하다고 인정하는 경우에만 조서를 작성한다.

5. 증명의 정도

법정의 증거조사절차에 따르지 않는 간이한 증명방식으로 사실인정을 할 수 있는 자유로운 증명으로 충분하다.

6. 증명책임

직권탐지주의에 의해 당사자의 입증책임이 없지만, 법원의 직권조사만으로 사실의 진상이 분명히 밝혀지지 않는 경우 증명책임의 위험을 당사자가 지게 된다.

| 문제 4 | 비송사건절차의 종료 원인에 대하여 설명하시오. (20점)

모범답안

Ⅰ 절차의 종료사유

비송사건의 절차의 종료는 법원의 종국재판에 의한 종료, 당사자의 행위에 의한 종료, 당사자의 사망 등에 의한 종료사유가 있다.

Ⅱ 법원의 종국재판에 의한 종료

1. 의의

종국재판은 법원이 비송사건을 종결하기 위하여 하는 재판으로 형식은 법원의 결정으로 한다.

2. 즉시항고가 허용되지 않는 경우

종국재판은 이를 받은 자에게 고지함으로써 효력이 발생한다. 재판의 고지와 동시에 절차는 종료된다.

3. 즉시항고가 허용되는 경우

즉시항고가 있는 경우 재판은 확정되지 않지만, 기간 내에 즉시항고가 없는 경우 재판 확정되고 절차가 종료된다.

Ⅲ 당사자의 행위에 의한 종료

1. 신청의 취하

(1) 신청에 의해서만 절차가 개시된 경우

① 신청의 취하에 의하여 절차가 종료된다.

② 재판의 고지가 있기까지는 제1심에 계속 중이든 항고심에 계속 중이든 자유롭게 취하할 수 있다.

(2) 법원의 직권에 의해 절차가 개시된 경우

당사자의 신청에 의하여 절차가 개시되었더라도 신청의 취하에 의해 절차가 당연히 종료되는 것은 아니다.

2. 화해

① 비송사건절차법에는 재판상 화해에 관한 규정이 없다.

② 합의가 성립한 경우에 합의조서를 작성하고 신청의 취하라는 절차를 취할 수 있다.

Ⅳ 당사자의 사망에 의한 종료

① 해당 절차에서 구하는 권리가 상속대상이 되는 경우에는 상속인이 그 절차를 승계하게 된다.

② 해당 절차에서 구하는 권리가 상속대상이 되지 않는 경우에는 당사자의 사망으로 비송사건절차는 종료된다.

2025 박문각 행정사 2차

임병주 행정사실무법 기본서

초판인쇄 | 2024. 11. 1. **초판발행** | 2024. 11. 5. **편저자** | 임병주

발행인 | 박 용 **발행처** | (주)박문각출판 **등록** | 2015년 4월 29일 제2019-000137호

주소 | 06654 서울시 서초구 효령로 283 서경 B/D 4층 **팩스** | (02)584-2927

전화 | 교재 문의 (02)6466-7202

저자와의 협의하에 인지생략

정가 25,000원

ISBN 979-11-7262-303-6